高质量发展与中国式现代化

中国特色社会主义市场经济理论与实践探索

本书编委会 · 编

復旦大學出版社

20 世纪 50 年代尹伯成老师(右二)在复旦大学求学期间

1978 年恢复研究生招生制度后复旦大学经济学系第一届研究生(左二为尹伯成)

2005 年 3 月 24 日黄方亮向尹伯成老师请教博士论文修改事项

2006 年王长城与尹伯成老师(中)和洪远朋老师(右)在复旦大学

2008 年 12 月 25 日尹伯成老师在经济学院“老教师迎春茶话会”上吹笛子

2015 年 4 月尹伯成老师受邀到中南财经政法大学作学术报告时与夫人在校园

2018 年 1 月 12 日尹伯成老师应邀给杭州市房产管理局作报告时在下榻酒店与何建华

2020 年 9 月路颖和姚兴涛看望尹伯成老师

2021 年 7 月 1 日汪建新和刘康兵看望尹伯成老师

2021 年 7 月 1 日尹伯成老师在复旦大学优秀共产党员表彰大会上与许晓茵和尹晨

2022 年 11 月 27 日尹伯成老师在纪念复旦经济学科百年主题大会上发言

2024 年 2 月 14 日孙佚与尹伯成老师和师母

序言

尹伯成

这本论文集由我的学生所写的文章汇集而成，作者多数是我曾经指导的博士研究生，也有随我一道做研究的博士后。当然，这只是他们所写的（包括已发表的）论文中极小的一部分。由学生提议并组织，汇成这个集子，算是为我从教 63 周年做一个记录。

我的人生之旅已经历了近 90 个春秋，其中一大半的时间与复旦大学有缘。1956 年，我考入复旦大学经济系，1961 年毕业，任教于苏州丝绸工业学院等单位。1964 年再考入复旦大学经济系，成为攻读外国经济思想史专业的研究生，后因“文化大革命”中断学业。1978 年三进复旦经济系学习，重新成为硕士研究生。1980 年春提前毕业，留校任教。1993 年任教授，同年开始担任博士研究生导师，指导方向为外国经济思想史和西方经济学。从 1978 年第三次进入复旦经济系开始算起，我就没有离开过复旦大学，教过的学生已无从计数，指导过的研究生也有上百人了。授业解惑，著书立说，是一位大学教师的本职，也是我的最大乐趣。我一直以为，为人师，最大的成就不在于自己有多大的作为，而在于教出的学生有什么样的“造化”。学生毕业后若有所成就，为国家和社会做出贡献，就是为师者的最大成功。

2022 年 11 月 27 日，在纪念复旦大学经济学科建立 100 周年主题活动的大会上，我作为老教授代表作了一个发言，强调教书立言要做到与时俱进、理论联系实际，还要突出中国语境和中国特色。这也是我的一贯思想，并用在课堂教学和对学生的指导上。

一是教学内容要现代化，就是用现代市场经济的理论武装学生的头脑，使他们掌握现代经济学的知识，能够用已学到的理论分析各种经济现象。要跟得上时代的步伐，善于用最新的市场经济理论教化于人，如供给与需求的动态平衡、加快形成国内国际双循环的新发展格局等新理论。

二是教学思想中国化，就是在教学工作中讲好中国故事，讲好中国特色社会主义建设的故事。一方面，要始终坚持理论联系实际，善于从实践中总结提炼理论知识；另一方面，讲出中国社会主义经济建设巨大成就的经济学含义，讲好中国改革开放的伟大实践如何为丰富人类经济学理论宝库做出贡献的精彩故事。例如，中国脱贫攻坚的实践就是成功处理公平与效率这对矛盾的典型经验，是当代发展经济学新理论的重要来源。要使学生明白这些重要贡献，把爱党爱国爱人民的思想教育有机地融入教学实践中。

三是教学方法通俗化，就是以已故蒋学模教授所要求的“深入浅出”为标准，讲课和写文章做到通俗易懂。深入，就是要努力钻研和弄懂自己要讲和要写的东西，包括高深难懂的内容；浅出，就是要用别人也能懂的语言和文字去表达，把深奥的内容讲明白。例如，现在已步入数字经济时代，数字化与信息化以及智能化是什么关系？如何用经济学基本原理解释当下的数字经济形态？诸如此类的问题，一定要深入浅出地讲出来、写出来。

我教过的学生中有不少人后来也成了大学教师，其中不乏教授、博士生导师或硕士生导师，他们也在授业解惑，培养自己的弟子，其学生数量加起来远远超过我所教过的学生。如果我的教学观、立言观对他们有所影响，对他们的育人撰文有所帮助，那就起到放大作用了。于我而言，就是莫大的回报。

这本集子题为《高质量发展与中国式现代化——中国特色社会主义市场经济理论与实践探索》，反映了今日经济学研究的根本目的：要为国家的发展和时代的进步做贡献。我在复旦大学指导研究生的学术方向是外国经济思想史和西方经济学，研究的主要是外国的学说传承，但一直鼓励学生“古为今用”“洋为中用”，用所掌握的现代经济学理论（其源头来自国外的古典政治经济学）去分析当今社会的经济问题，尤其是中国经济发展的现实问题。中国的社会主义市场经济建设，既有大量要用一般经济学原理去揭示的规律性现象，需要建立符合市场经济基本规则的制度框架，又有许多具有中国国情特色的重大现实问题，这些问题仅靠已有的经济学理论是难以回答好的，必须从中国实践出发，将经济学的基本原理与中国实际紧密结合，在总结事物发展规律中提炼新理论，揭示新规律，用从中国发展的成功经验总结中提炼出来的成果去丰富经济学的理论。

2021 年我在《江海学刊》上发表了一篇文章，题目是《双循环新发展格局下供给和需求的动态平衡与良性互动》。文章开头写道：供给和需求，谁先谁后，谁决定谁，是一个老问题，也是一个新问题。说它是一个老问题，是因为它本身属于经济学历史上长期存在并争论过的问题。说它是一个新问题，是因为 2020 年召开的党的十九届五中全会和中央经济工作会议提出，不仅要紧紧扭住供给侧结构性改革这条主线，也要注重需求侧管理。尤其是面对当前复杂多变且不确定性增大的世界经济形势，党中央及时作出了加快构建以国内大循环为主体、国内国际双循环相互促进的新发展格局的重大战略部署。立足新阶段、新格局，科学理解如何形成需求牵引供给、供给创造需求的更高水平动态平衡与良性互动的供求关系的问题，对于顺利实现“十四五”规划的预期目标和第二个百年奋斗目标有重要的现实意义。这篇文章引出了一个经济学的基本问题，即供给与需求的关系，这是一个不断变化中的现实问题，理论上要有新解释、新发展。

关于供给与需求，经济学的历史上有多位代表性人物有过论述，也有过争论。萨伊的名言就是“供给本身创造需求”，这种理论曾长期占统治地位，被称为“萨伊法则”。凯恩斯提出了有效需求的理论，其核心观点是需求决定供给、决定经济发展。马克思也有过精彩论述，突出了生产与消费之间的辩证关系，强调生产与消费之间必须相互平衡,实际上反映了供给与需求之间的平衡问题。历史上的经济学家主要是从静态平衡的角度论述供给与需求之间的关系,但当代经济发展的复杂性和中国经济发展的现实性要求我们必须高度关注供求之间的动态平衡问题。中国经济在经历了几十年的高速增长后进入经济发展新常态,以供给侧结构性改革为主线,同时加强需求侧管理,正是从中国实际出发,以构建国内国际双循环新发展格局,推动高质量发展,来试图破解有效需求不足这个经济学传统理论难以化解的固有矛盾。

供给与需求的关系是认识和理解经济活动的基本范式,再过几百年,这个基本范式也不会消失。掌握现代经济学的基本原理,有助于深刻领会认识复杂世界的一些基本范式。从这个意义上说,经济学的基本道理永远不会过时。然而,回答重大现实问题、解决发展中的实际难题,又必须不断地进行理论创新,不能固守原有的理论。中国经济发展的伟大实践是经济学理论创新的丰富宝藏,关注中国经济现实问题,从中国国情出发研究发展的重大现实问题,有助于经济学理论的创新。反过来,坚持经济学上的理论创新,用新的观点学说,尤其是总结中国发展的成功经验不断丰富和完善现有的经济学理论,更好地指导经济建设实践。

中国式现代化是当前和今后一段时期我国经济学研究的最大课题,内容极其丰富,意义非常重大。中国式现代化,既有各国现代化的共同特征,更有基于自己国情的中国特色。我们要研究世界现代化的一般规律,从已经实现现代化的国家发展道路中汲取经验,避免其中的过失教训,更要研究中国自己的现代化道路,坚持中国特色社会主义,坚持高质量发展,实现全体人民共同富裕。中国将把 14 亿多人口整体带进一个现代化社会,势必创造世界现代化进程中的重大奇迹,面临的困难与挑战当然也前所未有。辩证地看,这个过程也为中国经济学的发展进步和理论创新提供了难得的机遇,中国式现代化的实现不仅是世界现代化的巨大成功,也将是国际上经济学理论创新发展的实践源泉。

这本论文集题材广泛，涵盖理论研究、实践探索和制度建构，从各个方面研究中国特色社会主义市场经济建设相关问题，各有所长，自有建树，当然，也都是一家之言。中国特色社会主义市场经济建设是一个无尽的研究话题，学术研究只有进行时，没有完成时，但不管如何，能够在近鲐背之年见到自己学生论文汇成的集子，是一件十分高兴的事情。期待他们今后有更多、更好的学术成果问世。

是为序。

2024 年 5 月 3 日

目录

理论研究篇

实践研究篇

制度研究篇

理论研究篇

双循环新发展格局下供给和需求的动态平衡与良性互动

尹伯成*

供给和需求，谁先谁后，谁决定谁，是一个老问题，也是一个新问题。说它是一个老问题，是因为它本身属于经济学历史上长期存在并争论过的问题。说它是一个新问题，是因为2020年召开的党的十九届五中全会和中央经济工作会议提出，不仅要紧紧扭住供给侧结构性改革这条主线，也要注重需求侧管理。尤其是面对当前复杂多变且不确定性增大的世界经济形势，党中央及时作出了加快构建以国内大循环为主体、国内国际双循环相互促进的新发展格局的重大战略部署。立足新阶段、新格局，科学理解如何形成需求牵引供给、供给创造需求的更高水平动态平衡与良性互动的供求关系的问题，对于顺利实现"十四五"规划的预期目标和第二个百年奋斗目标有重要的现实意义。

一、供给和需求的内在联系：理论溯源与作用机理

据经济史学家测算，在公元前漫长的历史年代中，世界各地经济增长和人口增长保持稳定的比例关系，人均GDP处于几乎不变的局面。1800年以后，生产力开始空前提高，在此后的两百多年中创造的财富远超过此前数千年的总和，人均国内生产总值（gross domestic product，GDP）直线上升，而且各国贫富差距开始逐步扩大[1]。这是近代资本主义发展和工业革命的结果。中国改革开放四十多年来，所创造的经济高速增长奇迹更是有目共睹。那

* 尹伯成，复旦大学经济学院教授、博士生导师。

么，这些财富增加或者说经济增长究竟是由什么因素决定的呢？

一种观点认为，财富增加或经济增长是由供给也就是生产决定的，因为在市场经济中人们的生产主要不是为了仅仅满足自己的消费需要，而更多是为了交换。生产商品是为了出售，换成货币，而换成货币又是为了购买自己所需要的东西，货币不过是短时间留在手中的交换媒介物，因此，本质上“我卖就是你买，我买就是你卖”。“在以产品换钱、钱换产品的两道交易过程中，货币只一瞬间起作用。……交易总是以一种货物交换另一种货物”，所以“单单一种产品的生产，就给其他产品开辟了销路”[2]。概言之，生产或者说供给本身就能创造需求，这就是经济学史上的萨伊法则。

另一种观点认为，财富增加或经济增长是由需求决定的，理由是在市场经济中，如果商品生产出来了没有销路，不过是堆在仓库里的一堆废品。企业生产出来的大量商品如果卖不出去，资金就不能回笼，原材料就不能再购买，工人工资也发不出来。在这种情况下，不仅生产不能扩大，简单的再生产都无法维持，工人就要失业，社会经济就要进入萧条状态。因此，财富增加或经济增长归根结底是由需求决定的。需要指出，这里的需求是指有支付能力的有效需求，而不是人们要不要购买商品的主观欲望。大量事实也证明，有购买能力的需求对市场经济发展是最重要、最关键的。一个大超市之所以愿意开设到某个地区，是因为那里有旺盛的市场需求。一个企业之所以要大量生产某种产品，是因为这种产品有很好的市场销路。最早提出经济由有效需求决定的是英国经济学家凯恩斯。凯恩斯所说的有效需求，是指按照当时市场价值，社会上所有商品市场的购买价格和卖出价格相一致状态下的社会总需求。以萨伊为代表的所谓经典学派认为，有多少供给就有多少需求，因此，“所谓有效需求，不是只有一个唯一的均衡值，而是有无穷数值，每值都同样可能”[3]。凯恩斯认为，其实不是这样的，因为人们购买是为了消费，而消费要靠真正收入即真实所得，“但社会心理往往如斯：总真实所得增加时，总消费量也增加，但不如所得增加之大。故若整个就业增量，都用在满足消费需求之增加量上，则雇主们将蒙受损失。故欲维持某特定就业量，则当前投资量必须足以吸收在该就业量之下，总产量超过社会消费量之部分”[3]。这种理论被称为需求决定供给、决定经济的理论。

在经济学历史上，前一种理论即供给本身会创造需求的理论曾一直占据统治地位。由于这种理论认为供给本身会创造需求，因此，只要让市场经济自由运行，经济就能发展。或者如萨伊所说："仅仅鼓励消费并无益于商业，因为困难不在于刺激消费的欲望，而在于供给消费的手段，我们已经看到，只有生产能供给这些手段。所以，激励生产是贤良的政策，鼓励消费是拙劣的政策。"[2]但是，20世纪30年代，西方国家发生了一场经济大萧条，生产大幅度下降，工人大规模失业，堆积如山的商品卖不出去，工厂和银行纷纷倒闭。在这样的背景下，人们转而相信凯恩斯的理论和主张，每逢经济不景气时就采用一系列刺激经济的政策来提高有效需求，期望通过政府干预来保障社会经济正常运行。诚如凯恩斯所说，"要达到离充分就业不远之景，其唯一办法，乃是把投资这件事情，由社会来综揽"，"这种事情可以让国家之权威与私人之策动力相互合作"[3]。这里"让国家之权威与私人之策动力相互合作"实际上就是后来所谓的混合经济理论。这样，上面两种理论事实上就成为经济自由主义和国家干预主义的理论根据。

马克思关于这个问题也有一些精彩论述。他说："生产直接就是消费，消费直接就是生产。每一个直接就是它的对方，可是同时在两者之间存在着一种媒介运动。生产媒介着消费，它创造出消费的资料，没有资料，消费就没有对象。但是消费也媒介着生产，因为正是消费替生产物创造了它们对之成其为生产物的那个主体。生产物要在消费中才得到最后的完成。一条铁路，如果没有通车、不被磨损、不被消费，它只是潜能上而不是实际上的铁路。"[4]马克思还明确论述了生产和消费的相互关系。他说："如果没有生产，就没有消费，但是，如果没有消费，也就没有生产，因为如果这样，生产就没有目的。消费从两方面生产着生产。因为要在消费中生产物才成为实际的生产物，例如，一件衣服由于穿的行为才实际上成为衣服；一间房子无人居住，事实上就不成为实际的房子。因为消费给新的生产创造出需要，因而创造出成为生产的前提的观念上的内在动力。消费创造出生产的动力；它也创造出在生产中当做目的决定者发挥作用的对象。""与此相应，就生产方面来说，它为消费提供物质，提供对象。消费而无对象，不成其为消费；因而，就这方面说，生产创造着、生产着消费。但是，生产为消费创造的不只是对象。它给消费以消费的规定、性质、完成。""生产不仅为需要提供了一种物质，并且它为物质也提供了一种需要。"[4]

萨伊的论述概括来说，供给本身会创造需求，因此，社会经济运行用不着国家或者政府来管理，经济应当自由运行。凯恩斯的论述是要说明，要达到经济平衡，实现充分就业，国家必须干预经济，用财政政策和货币政策特别是财政政策调节经济。马克思的论述是要说明：一方面，消费需求要靠生产或者说供给来满足并且为其提供了动力。另一方面，生产或者说供给确实是为了满足消费需求并且会带来新的消费需求；生产是手段，需要是目的，二者必须相互平衡。

但是，以上观点所谈到的供给与需求平衡都是一种静态的平衡。萨伊认为，供给和需求自然会达到平衡。凯恩斯认为，供给和需求必须达到平衡，否则工人就要失业，经济就要出现危机。马克思实际是从社会生产一般角度讨论生产和消费的关系。这种供求之间的静态平衡并不是本文要讨论的重点，本文重点关注经济发展过程中供求之间的动态平衡问题。从根本上说，供给和需求的关系是在人类经济活动中产生的。众所周知，人类进化后，就有了经济活动，因为人和动物的本质区别在于，动物只能靠本能（与生俱来的能力，如蜘蛛织网、蜜蜂酿蜜）来实施觅食、保温、栖息、逃生等行动从而达成生存和繁衍的目标，而人能进行有目的的活动，靠生产和消费来实现自身的生存和发展。这里的生产和消费就是经济活动。生产就是供给，消费就是需求，生产和消费的关系就是供给和需求的关系。然而，理解这种关系时需要注意如下三个方面。

其一，供给和需求不是简单的生产和消费的关系。现代市场经济既不是自给自足的自然经济，也不是简单买卖的小商品经济。生产和消费之间要插入分配和流通两个环节。作为生产者的企业销售产品所得到的收入要分配给参与相关活动的人，人们用所得到的收入去购买商品，不消费的部分就用于储蓄和投资。投资在短期内形成对生产资料和劳动力的需求，长期内又形成新的生产能力。但是消费从来就是商品需求的主要部分，而消费者主要是占据人口绝大部分的普通劳动者。他们首先要有工作，才能有收入消费。因此，保障他们的就业，就成为促进消费的首选。

其二，供给和需求是相互影响的。供给不但为需求提供产品，使产品成为真正意义上的产品，而且会刺激人们新的欲望和需求；反过来，需求又会牵引供给。由于人们要求不断改善和提高生水平，这种要求会推动人们去研究、发明和创造更新的产品。这样,供给和需求的相互影响、相互作用就是一个时期内的动态平衡过程,而不是一个时点上的静态平衡状态。

其三,政府可以用政策引导供给和需求。供给和需求本来都是市场行为,因为这些行为都是消费者和生产者的自发行为,但现代市场经济都是市场运行和国家调节相结合的混合经济,特别是我国实行的是中国特色社会主义市场经济,政府应当也能够对供给和需求主动进行调节。一个有效、有为的政府就是要在适当的时机以适当的方式对市场进行引导、管理和调节。供给侧结构性改革和需求侧管理就是这种引导、管理和调节的具体表现。

二、我国供给与需求关系中的主线问题:供给侧结构性改革与需求侧管理

供给侧结构性改革指从提高供给质量出发,用改革办法推进结构调整,矫正资源配置扭曲,扩大有效供给,增强供给结构对需求变化的适应性,提高全要素生产率,更好满足广大人民群众日益增长的美好生活需要的政府行为。需求侧管理是指对需求的数量、结构和时间分配进行调节的政府行为。供给侧结构性改革主要影响供给行为,如企业生产、居民就业等,而需求侧管理主要影响需求行为,如企业投资、居民消费等。供给侧结构性改革主要依靠市场规制、产业扶持等微观经济政策,需求侧管理主要依靠引导、控制社会经济运行的宏观经济政策。一般来说,供给侧结构性改革属于中长期政策,需求侧管理主要是短期政策。统筹实行供给侧结构性改革和需求侧管理,有助于更好实现需求牵引供给、供给创造需求的良性互动循环。

那么,为什么当前我国仍然要坚持供给侧结构性改革这条主线呢?

首先,这是发展我国生产力、提高劳动生产率的要求。我国改革开放以来,国民经济发展取得了史无前例的伟大成就,GDP 总量已稳居世界第二。但这种发展还是主要靠劳动力和资源的大量投入取得的粗放型发展,而不是主要靠提高劳动生产率实现的内涵型发展。单位 GDP 的能源消耗与发达国家相比,还有很大差距,技术创新能力也存在诸多不足。一个国家在世界上的综合竞争实力和未来的发展潜力,归根结底是由社会生产力决定的。因此,在发展这个第一要务中,一定要把发展生产力,特别是创新这个第一动力

放在最重要的位置上。深化供给侧结构性改革是发展我国生产力的现实需要，之所以在供给侧结构性改革中强调“去杠杆、降成本”，就是因为前些年在投资拉动的经济发展中，杠杆率和成本都太高了。

其次，这是适应我国人民群众需求变化的要求。当前我国经济生活中的需求结构已发生明显变化。一方面，随着收入水平的提高和中等收入群体的扩大，人民群众对物质生活、精神生活和生态环境等各方面的需求层次明显提高，多样化、个性化、高端化的需求与日俱增。另一方面，随着恩格尔系数的持续下降、居民受教育水平的普遍提高和人口老龄化的加快，旅游、养老、教育、医疗等服务需求快速增长，服务需求在消费需求中的占比明显上升。此外，产业价值链提升对研发、设计、供应链管理、营销网络、物流配送等生产性服务也提出了更高要求。当前的供给侧明显不适应需求结构的这些变化，无效和低端供给过多，一些传统产业产能严重过剩，有效和中高端供给不足，深化供给侧结构性改革就是为了提升供给体系的质量和效率以适应不断升级的需求结构。

最后，这是实现我国经济高质量发展的需要。高质量发展要求以提高质量和效益为中心，既能更好满足人民日益增长的美好生活需要，又能提高劳动生产率，保持我国经济持续健康发展。高质量发展的关键是实现投资有回报、企业有利润、职工有收入、政府有税收，促进生产、流通、分配、消费的循环畅通。当前，我国高质量发展的短板弱项集中体现在贫困人口和生态环境保护两个方面，所以我国把精准脱贫、污染防治作为三大攻坚战的两项。高质量发展的根本动力在于创新，而推进供给侧结构性改革的核心任务是提高创新能力。党的十九届五中全会确立了创新在我国现代化建设全局中的核心地位，并强调坚持创新驱动发展，全面塑造发展新优势，这主要是因为当前我国有效供给不足，创新能力偏低。

然而，推进供给侧结构性改革并不意味着放弃需求侧管理，而是要更加重视打通需求侧的一些“堵点”。需求侧管理重在实施短期调控，引导市场预期。在国际市场动荡不安、国内经济面临下行压力的背景下，做好需求侧管理可以改善市场预期，增强人们对经济的信心，避免经济增速短期内过快下行激化各种矛盾和潜在风险。例如，2020 年 12 月 31 日，央行联合中国银保监会发布了关于针对房地产贷款占比设置上限的文件，对各档房地产贷款和个人住房贷款在银行总贷款中的占比做出了上限要求。为什么要如此？一是要控制房地产贷款和个人住房贷款可能形成的金融风险；二是要使银行把资金真正用于支持制造业和小微企业；三是为了进一步落实"房子是用来住的，不是用来炒的"重要精神。显然，这就是需求侧管理的一个重要举措。

又如，巩固脱贫攻坚伟大成果，真正全面振兴乡村经济，既是供给侧结构性改革的重要使命，又是需求侧管理的艰巨任务，因为这两大任务如果不能从根本上完成，我国很大一部分人口就会游离于供给和需求的循环圈子之外。还有一条非常重要，那就是一定要扩大中等收入群体，努力使低收入者变成有固定职业、有房产和努力向上理想信念的中等收入者。其中，好好发展教育是一个重要举措，创新是教育的函数，教育发展了，才有人才，才有创新。因此，扩大中等收入群体既是扩大需求所必需，又是提高供给能力的根本要求。

有些人把我国的供给侧结构性改革和西方经济学的供给学派简单类比，甚至把供给侧结构性改革看成是供给学派思想观点的翻版，想借此来宣扬新自由主义那一套。其实，我国的供给侧结构性改革和西方供给学派的思想和主张是完全不同的。第一，出发点不同。我国的供给侧结构性改革是为了使供给能够适应新时代人民群众需求的变化，而西方供给学派的思想和主张旨在解决当时美国所面临的凯恩斯主义无法解决的"滞胀"问题。第二，方向不同。我国供给侧结构性改革强调用改革办法推进结构调整，扩大有效供给，属于结构性改革政策，而西方供给学派的思想和主张则是期望通过减少总量税收等办法来提高有效需求的总量调整政策。第三，政策思想体系不同。我国供给侧结构性改革属于政府为推动供给有效适应需求而主动实施的干预政策，而西方供给学派的政策则秉承了要求减少政府干预的新自由主义思想。显然，我国的供给侧结构性改革和西方经济学的供给学派是不能同日而语的，把二者混为一谈，不仅是错误的，也是非常有害的。

三、供给和需求关系视域下内外循环中的主体问题

"加快形成以国内大循环为主体、国内国际双循环相互促进的新发展格局"，是以习近平同志为核心的党中央对"十四五"乃至更长一段时期我国经

济发展战略作出的重要部署。什么是以国内大循环为主体？通俗点说，就是我国经济要以向内而生为主，产品要以满足国内市场需求为主，以国内市场需求促进国内生产，以国内生产保障国内消费和投资需要，从而实现供给和需求的安全稳定的良性循环。

为什么要这样？众所周知，自改革开放尤其是加入世界贸易组织（World Trade Organization，WTO）以来，我国抓住新一轮产业科技革命和欧美发达国家制造业全球梯度转移的重要机遇，积极对接全球产业链和价值链，充分利用全球市场和资源要素，迅速成为世界制造业中心。但是，2008 年国际金融危机之后，欧美国家为克服产业“空心化”的弊端，纷纷出台了旨在促使制造业回流本土的“制造业再造”计划。尤其是 2020 年以来，席卷全球的新冠疫情对世界经济运行和发展造成了严重冲击，使世界经济陷入深度衰退，包括发达经济体和新兴经济体在内的国际需求大幅萎缩，逆经济全球化趋势愈加显现，世界经济发展中的不确定性持续增加。从国内来看，2020 年以来的新冠疫情对我国经济增长产生了较为明显的冲击，但随后经济逐步回暖，总体上呈现趋稳向好的态势。同时，我国拥有 14 亿人口的巨大消费市场，人均 GDP 跨过 1 万美元的门槛，消费已经连续 6 年成为经济增长的第一推动力。但是，现阶段我国供需两端的匹配性还不够，所导致的直接影响就是相当部分购买力外流。很多国外的产品在中国市场很受欢迎，这说明国内企业的供给无法适应市场需求，供给能力和质量尚有提高空间，14 亿人的消费潜力仍有待释放。

以国内大循环为主体，就是要坚定实施扩大内需战略，加快消费升级步伐，建立健全国内的有效需求体系，帮助本土企业拓展销售渠道、提升利润水平，从而保障国内产业链和供应链的安全稳定。当前，逆全球化浪潮和新冠疫情的叠加影响使得我国的产业链和供应链安全面临严峻挑战，特别是部分高科技领域的“卡脖子”技术问题已非常严重。因此，只有畅通国内大循环，才能保障国内产业链的安全稳定，才能更多吸引国外资源要素、更好利用国际市场，从而提升我国在国际大循环中的地位和竞争力。

在双循环新发展格局中以国内大循环为主体，不仅是必要的，也是完全可行的。中国是一个有 14 亿人口的发展中大国，无论供给还是需求，都不能完全依赖外国。尽管中国积极参与全球分工和国际市场是必要的，但完全依赖国际贸易是不安全、不可靠的。例如中国的粮食问题，进口一定的农产品是必要的，但饭碗必须端在自己手里，否则就极其危险。同样，在工业领域，无论是技术和原材料供给，还是市场需求和销售，都应主要靠自己。2021年1月11日，习近平总书记在省部级主要领导干部学习贯彻党的十九届五中全会精神专题研讨班开班式上的讲话中指出，“构建新发展格局，实行高水平对外开放，必须具备强大的国内经济循环体系和稳固的基本盘”[5]。这些都清楚说明，为什么构建国内国际双循环相互促进的新发展格局要以国内大循环为主体。事实也证明，只有稳住了强大的国内经济循环体系的基本盘，人家才会来和你做生意，才会来投资。目前中国已经是日本、韩国、欧盟等120多个国家和地区最大的贸易伙伴，更是诸多国家和地区最大的出口市场。同时，我们也必须看到，当今的中国完全有能力做到以国内大循环为主体。我国改革开放四十多年来积累了坚实的物质技术基础，有广阔的市场空间，有强劲的发展韧性，有完整的产业体系和配套能力，这是以国内大循环为主体的重要保障。

或许有人会问，现在提出构建以国内大循环为主体的国内国际双循环是不是要回到过去提出的“自力更生为主，力争外援为辅”的老路？这完全是一种误解。实际上，前者是在新中国成立初期，我国经济力量还很弱小，以美国为首的列强对我国实行经济封锁，只有少数国家和我国有经济往来的形势下，所作出的无奈之举。然而，今天历史已经翻开了新的一页，中国不但“站起来”了、“富起来”了，而且正在“从富起来到强起来”的大道上阔步前行[6]，世界各国包括西方国家都对我国刮目相看，纷纷要来与我国开展贸易、投资等活动。正是基于这种背景，党中央才提出加快构建以国内大循环为主体、国内国际双循环相互促进的新发展格局的大思路、大决策。

当然，以国内大循环为主体，绝不是要搞闭关锁国。经济学的基本原理已经证明，基于专业分工和比较优势开展生产和贸易活动，对于居民个人、企业和国家都有好处。居民个人可以通过获得更多物美价廉的商品、更好的就业岗位，而提升自身福利水平；企业则可以通过便捷获取原料和中间品、借鉴先进技术和管理经验等，而提升自身的产品质量和利润水平；国家则可以依托全球资源要素和国际市场来平衡市场供求关系、协调社会再生产，提升国际竞争优势。然而，近年来随着逆全球化浪潮的兴起，部分国家和地区实施贸易保护主义的政策，这虽然在短期内可以为本国企业发展提供一定庇护，但在长期会阻碍整个国家的经济发展，导致总体国民福利的损失。当前，国际政治经济形势动荡不安，加上新冠疫情的严重冲击，世界区域经济和市场一体化进程充满了不确定性。为此，各个国家和地区都将战略重心转向扩大内需和促进内部的一体化发展，以应对各种不确定性的挑战和冲击。但是，中国的发展离不开世界，世界的发展也离不开中国，必须加快构建一种国内国际相互促进的双循环新发展格局。国内国际双循环相互促进，就是坚持发挥好国内市场和国际市场、国内循环和国际循环的相互作用，全面统筹国内国际两个大局，在持续推进国内高质量发展的前提下，坚定扩大对外开放，形成新的更好的发展格局。

四、结语

供给和需求的关系是认识和理解经济活动的基本范式，无论是供给侧结构性改革和需求侧管理，还是加快构建以国内大循环为主体、国内国际双循环相互促进的新发展格局，本质上都是追求供求关系动态平衡与良性互动的过程。从供给和需求的关系视角来看，供给侧结构性改革和需求侧管理是基于时间过程层面的重大战略，而双循环新发展格局则是基于空间布局层面的重大战略，这些重大战略可为我国在社会主义市场经济进程中实现供给和需求更高水平的动态平衡和良性互动提供重要支撑。供给和需求更高水平的动态平衡和良性互动，是指供给和需求关系的一种优质状态及其实现过程，具体来说，就是生产发展了，供给能力增长了，居民的收入和购买力也会随之增加，居民生活水平提高后对商品数量和质量的要求也会随之增加，从而促使企业千方百计开展创新活动、开发新产品、开拓新市场，而这又将进一步提高生产能力和市场供给能力，进而提升居民消费能力和生活水平，如此循环往复，形成一个螺旋式上升过程。不断实现供给和需求更高水平的动态平衡与良性互动，是在双循环新发展格局下推动经济高质量发展的根本路径，也将为建设社会主义现代化强国提供不竭的动力支撑。

参考文献

[1] 张维迎. 经济学原理[M]. 西安：西北大学出版社，2015.
[2] [法]萨伊. 政治经济学概论[M]. 北京：商务印书馆，2009.
[3] [英]凯恩斯. 就业利息和货币通论[M]. 新1版. 北京：商务印书馆，1963.
[4] [德]马克思. 政治经济学批判[M]. 北京：人民出版社，1955.
[5] 习近平. 习近平谈治国理政(第四卷)[M]. 北京：外文出版社，2022.
[6] 尹伯成. 改革开放：从富起来到强起来的必由之路[J]. 江海学刊，2018(2)：37—43，238.

原载《江海学刊》2021年第3期

市场制度的正义性及其局限

何建华*

市场制度是人类有史以来最有效率的经济制度。市场尽管通常被看作一种经济制度，但其在社会正义这一政治和伦理目标的实现过程中也具有重要作用。市场制度有利于增进自由、实现平等、维护秩序，从而为实现社会正义创造制度环境。不仅如此，市场制度按贡献分配的原则体现了正义的应得原则，是社会正义的重要内涵，也是实现社会正义的重要前提和基础。

一、市场制度的正义性

市场作为一种经济制度，它首先具有实现经济繁荣的能力。“市场如同组织一样，是一个能够协调人的行为的社会构成物。它与组织的不同之处则在于市场上不存在中心权威。市场是交换的场所和机遇所在。买卖双方相聚于市场之上，并在那里定出价格。市场能够借助价格形成对行为的刺激来控制产品及服务的生产与分配。”[1]市场协调着大量的交易，它通过价格提供信息、激励和引导个人与企业进行使用资源和买卖产品的理性选择。市场通过允许个人进行互利的交易来实现效率。市场是一种提高经济资源可利用性和生产率的有力机制。由于市场的激励作用，将有更多的资源可被利用，资源的质量会提高，创新和承担风险将受到鼓励。市场能极为灵活地对消费者偏好、技术和资源可利用性的变化作出反应。这些变化会通过价格机制，迅速地引起企业和消费者的反应，相应地调整其生产和消费决策。总之，市场通过提高效率促进经济增长，保持经济稳定，实现经济繁荣。

---

* 何建华，中共浙江省委党校（浙江行政学院）教授。

市场不仅具有实现经济繁荣的功能，作为一种制度，它又具有实现社会正义的功能，它能促进正义的三个基本价值，即自由、平等和秩序。第一，市场增进人的自由。市场提供了广泛的自由空间。在市场制度下，个人有权利在就业、居住地、消费方式、社会关系等方面做出自由选择。第二，市场促进了人的平等。市场通过由供给和需求决定的资源价格，按照每个人提供有价值的资源的能力分配报酬。同时，机会的多样性也增强了市场实现平等的能力。在一个完全竞争的市场中，种族、性别、信仰、出身等个人品质与个人的成就无关。第三，市场制度体现了秩序原则。市场弱化了以特权和等级制度为基础的传统人际关系。选择的自由和自主的感受有利于使人们感到满足，而人们满足程度的提高有利于形成一个有秩序的社会。市场促进了专业化的劳动分工，使以往分散的、互不相关的群体相互依存，从而促进秩序的形成[2]。总之，市场为人们提供了广泛的自由空间，促进了人的平等，有利于秩序的形成。

市场制度的正义性主要体现在两个方面：一是机会平等，即在市场经济的自由竞争中，每个人都应当具有平等竞争的机会和权利；二是规则公平，即市场规则对任何人一视同仁。它不考虑在道义上是否应当，也不考虑该规则运作的实际结果对哪些人有利或不利。这也就是哈耶克和诺齐克等人提出的程序正义原则。在西方市场经济制度演进过程中，尽管人们对市场秩序是自发的还是可设计的问题有不同的看法，对市场制度的正义性有不同的评价，但对市场制度中的自由平等原则都予以肯定。在一定意义上，强调自由权利和机会规则公平的原则，强调人人享有不可剥夺的自由平等权利，这历来是西方市场经济制度的价值核心。

当代自由平等主义者罗尔斯的正义理论的特色在于差别原则，但他并没有忽视市场制度所具有的自由平等权利和机会平等原则。在罗尔斯看来，自由平等权利、公平竞争的机会和财产都是人类具有不可侵犯和不可剥夺性质的基本权利。罗尔斯把社会基本结构作为致思的出发点，认为“正义的主要问题是社会的基本结构，或更准确地说，是社会主要制度分配基本权利和义务，决定由社会合作产生的利益之划分的方式”[3]。在现代社会里，经济制度无疑是现代社会的主要制度安排。“一个经济体系调节下述事情：生产什么，使用什么资料，谁得到它们并回报以什么贡献，多大比例的社会资源被用于储存和公共利益的供应。理想地说，所有上述事情应该以满足两个正义原则的方式被处理。”[3]在罗尔斯看来，市场是一种人类迄今为止最方便的成本最小的分配方式，他“认可”现代市场经济制度下的“社会不平等和经济不平等”，并认为“这些不平等在现代国家中对于工业经济运行是必需的或是能够极大提高效率的”[4]。罗尔斯正义理论的主要贡献在于他提出的两个正义原则。第一个原则又称平等自由原则，它是第二个原则的基础；第二个原则又称不平等的自由原则，是第一个原则的延伸和发展。它包括两个子原则，即“差别原则”和“机会平等原则”。其中，机会平等原则又优于差别原则。罗尔斯在阐述两个正义原则时所强调的两个词典式的优先原则，恰当地表达了市场制度所具有的正义性。

二、市场分配原则的正义价值

市场制度是以劳动、资本、技术和管理等生产要素按贡献参与分配的原则为基础的分配制度。市场通过由供给和需求决定的资源价格，按照每个人提供有价值的资源的能力分配报酬。通过将个人收入多少的责任交给个人，市场以独立于政治权威的方式分配着社会生产活动的收益和负担。在市场经济条件下，一个人的收入取决于自身的能力、努力程度及拥有的财产（也称资本）量，从经济学角度讲就是取决于其所拥有的生产要素。市场分配制度总体贯彻按贡献分配或按生产要素分配的原则。

市场分配是受价值规律支配的分配方式。作为一种初次分配，市场分配“是指不同财富源泉的所有者之间所进行的分配”[5]，是指社会成员通过自己的劳动付出或生产要素的投入对于社会经济作出贡献之后直接获得的、尚未经过诸如税收等项目扣除的“收益”。在市场经济条件下，各种分配关系是各种生产要素分配的结果，这是它们的共同点。但由于市场分配是一个非常复杂的系统工程，它涉及被分配的对象、分配的对象以及相应的制度安排。由于人们对被分配对象的认识不同，对市场分配原则也有不同的认识。以亚当·斯密为代表的劳动价值论者认为被分配的对象是价值，认为劳动是价值的源泉，只有劳动才能参与价值的分配，资本和土地等生产要素参与价值的分配是对劳动的剥削。以克拉克为代表的效用价值论者以财富作为被分配的对象，认为劳动、资本和土地都具有生产力，都参与了财富的生产，都有权参与财富的分配，从而认为要以生产财富的边际生产力作为分配的理论依据。

实践表明，按生产要素贡献分配是市场经济的分配方式，也是市场分配的基本原则。所谓按生产要素分配，也就是指社会根据各生产要素在商品和劳务生产服务过程中投入的比例和贡献大小给予相应的报酬。换句话说，按生产要素分配也就是劳动力、资本、技术和自然资源等诸多生产要素共同参与收益分配，国民收入的分配则根据各生产要素的“功能”进行，每种生产要素的收入来自其对生产的贡献。任何社会财富都是人们投入的劳动力、资金、技术、经营力以及自然资源等多种生产要素相互作用的结果。在市场经济条件下，这些生产要素又分别属于不同的利益主体，要素所有者进行生产投入、转让要素所有权，都要取得相应的一份报酬。这是生产要素参与分配的理论依据。因此，生产成果的分配必须在各生产要素的供给者之间、依据各生产要素在财富生产中所实际作出的贡献来进行，多贡献多得，少贡献少得。由于生产要素具有报酬，使各种要素能够进入市场流动并形成要素价格，价格信号的市场波动引导着各种生产要素流向最需要的部门，从而有效地实现了社会资源的优化配置。并且，生产要素的有偿使用迫使每一个生产经营者在进行投入时都要精打细算，寻求生产要素的最佳组合，以使用最低的生产成本来获取最大的利润，这就提高了社会生产效率。市场经济配置资源具有效率的秘诀也就在于此，即人们的所得必须与其所作的努力和贡献直接联系起来，收入要与投入相对应。

市场制度按贡献进行分配的规则，是社会正义规则体系中的一项重要内容。社会正义是一个由人的自由权利原则、机会平等规则、按照贡献进行分配的规则（市场分配规则）和社会调剂规则共同组成的规则体系。其中每一项规则均有着自己特定的功能，市场分配规则的主要功能在于认可和保证社会成员的个性差异和各自不同的具体贡献。市场分配规则使机会平等规则得以兑现，使得社会再分配规则具备基本的财富基础。显然，市场分配规则是一个正义的社会必不可少的重要支撑。市场分配作为一种初次分配，固然重视效率，但同时也必须遵循公正的规则，否则就无法取得真正的、持续的效率，或只能得到一种畸形的效率。从伦理的角度来看，根据每个社会成员的具体贡献进行有所差别的初次分配，隐含着社会正义价值。

第一，市场分配体现了自由和平等的理念，充分尊重并承认了个人对于社会各自不同的具体贡献。市场分配规则体现了个人的自主选择。在前市场经济时期，社会形成了一个严密的等级体系，社会成员不可能具有独立的人格。绝大多数社会成员既不平等，也不自由，不存在自主选择的可能性。相反，绝大多数社会成员只能形成强烈的人身依附性，较低等级中的社会成员的生存状态只能由较高等级中的社会成员来决定。与之不同的是，在现代社会和市场经济的条件下，社会成员的自主意识得以形成。社会成员之间是平等的。市场分配涉及市场主体之间的交换关系，它的核心原则是公平价格和公平对待原则。市场分配由一套规范市场结构的公平条件和市场交换过程的规则构成，如平等交换、老少无欺、诚实守信等。在正常情况下，当两个或两个以上当事人出于自由而非胁迫地交换产品和服务时，所达成的契约就符合市场分配正义的原则。市场活动中分配正义要求交换双方达成的契约是在公平的讨价还价条件下实现的，交换物的价值应该体现投入的价值或物品给人们带来的满足能力，而不是产品交换者的权力和地位。市场分配规则体现了个人之间的差异。与传统社会对社会成员“整齐划一”的要求不同，在市场经济条件下，社会成员的个性得到了最大限度的认同和保护。市场分配规则体现了对个人发展的认同和保障。

第二，市场分配强调“付出”同“获得”之间的对称，体现了社会正义的应得原则。市场分配规则之所以是公正的，根本就在于它注重、强调个人在生产要素方面的付出数量和付出质量同自己的获得（收益）之间的对称，即“付出”与“获得”之间具有一种恰如其分的对应关系。在很大程度上，“一个正义的社会是这样一个社会：其制度被安排成使人们能够得到他们应得的利益，而关于现实社会的许多正当的抱怨可以通过诉求这一原则得以表达。”[6] 如果社会成员的付出与收益之间出现不对称的情形，且具有某种持续性和稳定性，则意味着分配制度甚至这个社会存在着不同程度的弊端。如果一部分社会成员付出少而收益多，同时多数社会成员却是付出多而收益少，那就意味着这个社会存在着不同程度的“剥削”和“被剥削”的现象；如果社会成员不论付出多与少，而收益却是一样的，那就意味着这个社会存在着不同程度的平均主义现象，而平均主义说到底也是一种“剥削”和“被剥削”的现象，是能力弱、贡献少的社会成员剥削能力强、贡献大的社会成员。市场按贡献分配的原则体现了付出与获得之间的对称，体现了正义的应得原则。

第三，市场分配凸显个人依靠自身的成就所获得的回报，体现了对平等竞争结果和个人自身努力的认同。社会成员之所以能够对社会经济作出不同程度的贡献，既有个人努力的成分，也有社会合作的成分。不过，从某种意义上讲，市场分配规则的重点在于对个人依靠自身努力所形成的贡献的回报，体现了对个人现有能力和贡献的承认，体现了对个人差异的尊重。与传统社会的分配方式不同，市场分配规则强调社会成员通过自身的努力、通过平等竞争作出对社会经济有所差别的贡献，并以此贡献作为参与初次分配的依据。唯有如此，才符合平等和自由的原则，符合市场经济的基本规则。市场分配规则可以大面积地激活社会潜能，最大限度地开发人力资源，提升了社会经济的效率和可持续发展能力；而且，市场分配规则对于每一个社会成员来说还具有较大的导向意义，它提示着众多的个体在确定其基本发展路径时应以对社会的具体贡献作为重要的目标。

显然，市场分配规则是整个公正体系不能缺少的。市场分配作为初次分配，事关每一个社会群体、每一个社会成员最为重要的切身利益。这一问题如果处理不好，便会引发种种社会矛盾甚至社会冲突。一个社会的初次分配制度能否具有公正的属性，在很大程度上可以还原为这样一个问题：在这个社会中，社会成员的基本权利是否已经得以普遍地确立。正是从这个意义上讲，在一个社会成员基本权利得不到保证的社会中，其初次分配不可能是公正的。

三、市场制度正义的局限

当然市场制度也有自己的局限，主要体现在市场经济的起点平等、规则平等与结果平等之间的矛盾。在以交换关系为基础的市场经济中，起点平等和规则平等是其最基本的经济秩序，但是市场经济的运作本身又不断地产生结果上的不平等，进而又影响新的起点平等和规则平等，这样，市场经济就受到它自身逻辑的阻抑，从而陷入了平等-不平等的矛盾之中。市场经济中的这种平等-不平等的矛盾主要是由市场经济平等原则的特殊的历史规定性和市场化分配机制的作用造成的。

市场经济平等原则的矛盾首先是由机会平等原则的矛盾性引起的。如前所述,机会平等原则在市场经济平等原则中具有逻辑和历史的优先性。然而正如有的学者所指出的那样,机会平等本身是一个难以捉摸的概念,机会平等可以是:(1)前途的考虑——每个人都有达到一个既定目标的相同的可能性,如工作机会;(2)手段的考虑——每个人都有达到一个既定目标的相同的手段[7]。这两种机会平等又是相互冲突和矛盾的,实际上不可能在机会平等的两种意义上都坚持平等。如果坚持前一种机会平等,你就会忽视那些缺乏手段的人的平等要求;如果照顾后一种机会平等,你就可能因为剥夺那些拥有较多手段的人而损害前一种机会平等。机会平等的这种悖论表明,机会平等中仍然包含着差别和不平等。当代自由主义在由单纯强调"机会平等"转向"结果平等"时,承认作为市场逻辑基础的"机会平等"有两个缺陷。一是机会平等在事实上并不能做到。尼克松写道:"付得起千百万元法律费用的人在法庭中有的机会比付不起这么多钱的人在法庭中有的机会好。在布朗克斯南区的贫民窟出生的孩子拥有的机会比不上在斯卡斯代尔别墅里出生的孩子拥有的机会。"[8]二是机会平等"认为在自然的能力与才智基础上的不平等结果是容许的",这与承认社会不平等并无根本区别。罗尔斯提出:"没有一个人应得他在自然天赋的分配中所占的优势,正如没有一个人应得他在社会的中最初有利出发点一样——这看来是我们所考虑的判断中的一个确定之点。"[3]"贵族制等级社会不正义,是因为它们使出身这类偶然因素成为判断是否属于多少是封闭的和有特权的社会阶层的标准。这类社会的基本结构体现了自然中发现的各种任性因素。"[3]在詹姆斯·M.布坎南看来,"'起点平等'即使作为一种理想,也不真正意味着每个人在进入每个亚竞争时在所有四个因素方面(指出身、运气、努力和选择——引者著)与其他人都平等。"[9]正是被机会平等所掩盖的不平等因素,造成了人们收入的不平等。在市场经济的条件下,这些因素被市场化分配机制放大或缩小的效应所扭曲,造成收入差距拉大。这将带入下一轮竞争,市场经济所要求的平等就失去其真实的内涵,只能是一种形式上的平等。这样,市场经济所追求的平等原则就因其内在的差别而必然走向它的反面:经济的不平等。

同时,市场经济平等原则的矛盾也是由市场化分配机制的作用造成的。

市场经济的分配机制可能导致财富分配的不平等。从分配关系来说，市场机制中的分配在于它按市场的供求关系来进行功能分配。这种分配的一个基本特点是，它把个人的收入与其贡献支出密切联系起来，并通过这种分配方式来达到高经济效率。然而，竞争性市场经济体系虽然能够导致生产要素的最佳配置，但却不能实行最佳的国民收入人际分配。从社会公平的视角看，市场分配存在着明显的局限。

市场分配导致收入差距的扩大。市场分配是一种功能性分配，即按生产要素的绩效、要素的份额进行分配。在竞争的市场经济中，生产要素(包括劳动力、土地、资本等)所有者的收入是由生产要素的边际生产力决定的。那些拥有较多生产要素或其要素边际生产力较高的所有者，获得的收入就多；反之，拥有较少生产要素或其要素边际生产力较低的所有者，获得的收入就少。并且，收入的差距具有累积效应。如果一个人在第一轮竞争中获得了高收入，在下一轮竞争中他就会继续处于优势；相反，那些在第一轮竞争中处于不利地位的人，在下一轮的竞争中往往会处于更加不利的地位。因而，市场机制本身没有抑制收入差距不断拉大的力量。在市场活动中，由于人们的能力、努力程度及其经济条件存在着差异，市场机制的公正分配必定造成人与人之间收入和财富分配量的差距。市场经济中的平等要求机会均等，但在竞争导致了收入和财富分配不均等的情况下，一些人的机会就会受到限制。即使在完全竞争的市场中，在市场经济制度运作尽善尽美的情况下，依然总是会有相当一部分人口承受着贫困的风险：失业者、丧失劳动能力者、孤儿、老人、伤者、病者和残疾人。当前，所有的国家都存在不同程度的贫困，这充分表明市场分配功能的局限。

市场对平等主体间分配关系的调整也存在着明显的不足。市场调整的是一种由市场交易而产生的平等主体间的分配关系。但市场对平等主体间分配关系的调整有可能对微观层面上的分配不公正和宏观层面上的分配不合理无能为力。具体言之，平等主体间分配公正性的实现主要依赖于交易双方的讨价还价行为。但在现实中，在不同的情势之下，交易双方的讨价还价能力是有差异的，产生这种差异的原因是多方面的。如交易弱势者因交易的信息不足而不能讨价还价，因力量相对薄弱而不敢讨价还价，因安于现状而不想讨价还价。对弱者而言，讨价还价的能力和欲望越强，则分配公正性实现的可能性就越大。但既为弱者，其与强者在实质上不可能处于同一地位，其自身正当权利的实现也就会有障碍，作为弱者的劳动者就有可能不能按贡献而取得报酬。这种因实质上的地位差异而导致的分配不公平是讲求形式公平的市场所无力克服的。此外，平等主体间的分配因通过协商而产生利益分配结果，这种分配在利益导向上常常是内向的，分配主体一般都尽量实现其自身利益，而对公共利益则少有关注。这在经济发展时并不会产生大的影响，但在经济过热时，有可能导致分配过度，从而诱发或激化通货膨胀；或在经济萧条时，可能产生分配不足，从而诱发需求不足，进一步加剧经济萧条。这种因分配而产生的宏观上的问题是市场所不能解决的。

总之，市场作为一种经济制度，其具有的正义性是一种程序性正义，它主要体现在两个方面，即机会平等与规则公平。市场分配是一种平等主体的分配关系，它排除了市场交换关系中权力和暴力的干扰，为人们提供了一种规范的、与直接生产活动相关的程序性正义原则。虽然市场竞争不能创造每个人都满意的结果，但却给每个人提供了平等的机会，体现了非歧视和平等对待的正义要求。尽管任何市场经济社会都无法单靠市场分配来实现社会正义，但健全市场机制无疑是实现社会正义的前提和基础。当然，在市场活动中，由于人们的能力、努力程度及其经济条件存在差异，市场机制的公正分配必定造成人与人之间收入和财富分配量的差距。在市场经济条件下出现收入分化并非偶然现象。如果没有别的机制（如政府调控）的作用，发生两极分化是必然的。这不仅不利于经济社会的稳定，有损经济效率，而且在政治上或伦理道德上显然不能为人们所接受。这就是现代社会通过法律和政策手段改善收入分配的原因所在。任何市场经济社会都无法单靠市场分配来实现社会正义。市场制度的局限为政府宏观调控让出了空间。也正因为如此，政府宏观调控已经成为现代市场经济体制的有机组成部分。实践表明，市场和政府都不能单独地组织社会实现繁荣和公正。只有市场和政府相互促进、相互补充，才能共同促进经济繁荣，实现社会公正，提高人类整体福利水平。

参考文献

[1] [德]乔治・恩德勒.经济伦理学大辞典[M].李兆荣，等译.北京：上海人民出版社，2001.

[2] [美]巴里·克拉克.政治经济学——比较的视点[M].王询,译.北京:经济科学出版社,2001.
[3] [美]罗尔斯.正义论[M].何怀宏,等译.北京:中国社会科学出版社,1988.
[4] [美]罗尔斯.作为公平的正义[M].姚大志,译.上海:上海三联书店出版社,2002.
[5] [英]拉姆塞.论财富的分配[M].李任初,译.北京:商务印书馆,1984.
[6] [英]戴维·米勒.社会正义原则[M].应奇,译.南京:江苏人民出版社,2001.
[7] [美]罗伯特·A.达尔.现代政治分析[M].王沪宁,等译.上海:上海译文出版社,1987.
[8] [美]理查德·尼克松.角斗场上[M].北京:新华出版社,1990.
[9] [美]詹姆斯·M.布坎南.自由、市场和国家[M].平新乔,等译.北京:上海三联书店,1989.

原载《第19次中韩伦理学国际学术研讨会暨第五次全国经济伦理学学术研讨会论文集》,2011年

面向军队财务管理领域的军事大数据应用

周炎明　兰　旭　熊俊芬*

一、引言

随着信息技术的发展，全球已经进入大数据时代。截至2013年，全球数据量为4.3 ZB，2017年数据总量为21.6 ZB，2020年有望达到40 ZB，年增长速度在40%左右[1]。对于大数据尚未有一个公认的定义，不同的定义皆是从大数据的特征出发，通过归纳这些特征总结得出。在这些定义中，比较有代表性的是"3V"定义，即认为大数据需要满足规模性、多样性和高速性三个特点[2]。大数据处理的关键技术一般包含大数据采集技术、大数据预处理技术、大数据存储和管理技术、大数据分析和挖掘技术以及大数据展现和应用技术等。军事大数据是在军队系统运行过程中产生、与军事活动密切相关的其他各类数据的集合，其本质还是大数据，只是应用领域侧重于军事方面。

每一次信息技术的进步必然引发财务管理方式的变革。依托互联网技术，会计电算化走向财务信息化，大数据技术的深入发展是财务领域又一次里程碑式的革命。军事大数据在军事领域的应用逐渐深入，必将对军队财务管理的观念和方式产生深刻影响。利用好军事大数据这一战略资源，推进军队财务管理智能化，对于打赢未来智能化战争尤为必要。

* 周炎明，陆军勤务学院院长，教授，少将；兰旭，陆军勤务学院研究生；熊俊芬，中部战区总医院会计师。

二、军队财务管理应用军事大数据的需求

从军费投入到军事能力生成，主要经历需求、规划、预算、执行和评估等基本环节[3]。军队财务管理大数据技术应用的需求是将需求、规划、预算、执行和评估等基本环节产生的大量数据汇集起来，再通过对这些数据进行加工和分析，动态监管军费运行过程，以达到最大限度地将军费投入转化为战斗力的目的。

从军费运行环节来看，军队财务管理应用军事大数据的需求主要体现在经费需求测算、预算编制、军费支出和军费绩效评估四个方面。

1. 经费需求测算

经费需求测算是军费配置的首要环节，经费需求测算的结果与预算编制有直接联系。因此，以作战需求引导军费精准投入，建立以需求为牵引、以规划为主导的军费配置运行机制，需要运用科学的方法在数据分析上做文章。

徐扬黎[4]在《我国军费开支需求的影响因素分析》一文中指出，影响军费开支需求的因素主要有国民收入、进出口贸易额、国内政治因素、国际安全环境、军事技术进步水平和国家军事战略等。另外，军队经费的种类繁多，按使用主体可以分为战区经费、陆军经费、海军经费、空军经费、火箭军经费、战略支援部队经费和军委机关经费七大类；按开支性质可以分为正常经费、专项经费和作战费；按管理办法可分为专项管理经费、实报实销经费、标准领报经费和定额包干经费[3]；按开支用途和部门业务分工又可具体细分为许多种经费。根据不同类型经费管理办法的不同，经费需求测算的方法也不同。

可见，对经费需求进行科学测算需要综合考虑和分析大量数据，传统的估算方法难以做到精确测算经费需求，军队经费需求测算需要运用军事大数据。

2. 预算编制

预算编制环节是将规划转化为具体经费收支计划的环节，是一项涉及面广、政策性强的财务活动。提高预算编制的科学性和精准性需要军事大数据的辅助支持。预算编制的依据包括国家和军队的财经方针、政策和法规，军队建设发展规划和各领域、各系统的建设计划，军委年度工作要点，

各级各部门年度工作安排，全军军事需求工作指导意见，军队建设重要资源指南，经费标准、开支限额、供应实力以及历年经费收支情况等。其中既有文本型的结构化数据，如经费供应标准、经费管理规定、预算科目等；也包括以音频、视频、图片和网络日志等形式存在的半结构化数据和非结构化数据，如存量资产状况、物资储备情况等。要想利用好日益增多的军事大数据，挖掘军事大数据中的有效信息辅助预算编制工作，需要将军事大数据技术运用到预算编制过程中。因此，军队预算编制过程也需要运用军事大数据。

3. 军费支出

军费支出环节也是预算执行环节，是经费计划得以落实的重要环节。军费支出环节对应会计上的经费结算报销过程，不仅涉及发票、合同和出货单等各类票据，在购买固定资产或生产武器装备时还涉及图片和视频等非结构化数据。由于结算报销是日常性工作，每天要产生大量的交易行为，因此采集到的数据量非常庞大，如何真实、完整地采集结算报销数据，并且对半结构化和非结构化数据进行加工和处理，为更高层次的数据分析打下坚实基础，也需要军事大数据技术的运用。

4. 军费绩效评估

军费绩效评估即运用全面、系统和科学的评估指标体系，对军费支出的数量结构以及效益进行客观、公正和准确的评价。在对军费支出基础数据进行采集和预处理的基础上，如何科学建设军费绩效评估指标体系，分析预算执行情况，核算成本，衡量效益，都需要引进更高级的数据处理技术，即军事大数据。

三、军队财务管理应用军事大数据面临的挑战

据统计，在 2018—2020 年军事大数据在军队财务管理应用方面的研究文献数量不足 10 篇，说明军队财务管理应用军事大数据的研究仍处于起始阶段。军队财务管理应用军事大数据面临的主要挑战有管理观念落后、数据采集困难、数据挖掘处理能力弱、数据安全威胁以及军事大数据人才缺乏五个方面。

1. 管理观念落后

军队财务管理创新首先需要创新管理观念。虽然现阶段系统可以满足传统的业务需求，包括财务核算工作以及初级的年度分析，但距离应用军事大数据还有一定空间。

2. 数据采集困难

军队财务部门是数据密集型的综合管理部门，凡是涉及经费开支的业务数据，都要在财务部门汇集。因此，在财务部门进行数据采集是效率最高的选择。

军队财务人员处理业务的主要系统在采集大数据时存在内部“盲区”。同时，由于军队内部网和民用互联网的物理隔绝，也存在与政府数据、银行数据、物价水平数据等外部数据共享的“盲区”。内外部因素带来的数据采集困难是军队大数据应用方面的基础性挑战。

3. 数据挖掘处理能力弱

军事大数据在军队财务管理中的应用，最有价值的就是数据挖掘和数据分析。这是指财务人员对海量的财务大数据进行挖掘处理，从中提取出有价值的信息用于辅助决策。现有系统难以进行复杂的数据挖掘和分析，存在较大的误差和主观干扰因素，难以实现财力资源的精确分配。

4. 数据安全威胁

安全是一切军事行动的基础，军事大数据的安全也是军队财务应用军事大数据的基础[4]。军队财务数据是军队管理的核心数据，也是最敏感、保密要求较高的数据，虽然有极高的价值，但是一旦泄露就会暴露军事设施、军事力量、军事实力和军事活动等重要情报，因此必须将数据安全问题摆在首位。

5. 军事大数据人才缺乏

在军队财务领域应用军事大数据，对财务人员的综合素质要求也有所提高。当前军队财务管理方面没有较好地运用军事大数据，原因在于缺乏既精通军队财务管理又掌握军事大数据的高素质复合型人才。要对海量的军队财务数据进行采集、预处理、存储、分析、展现，需要财务人员既熟悉军队财务业务，又能够熟练运用计算机、网络信息技术等工具处理数据，这对军队财务人员的要求越来越高。然而，现阶段军事大数据发展仍处于初始阶段，军事大数据人才缺口大、引进难、培养周期长，没有形成一定规模的人才队伍。

四、军队财务管理应用军事大数据的思路

1. 正确树立军队财务大数据应用观念

思想是行动的先导。正确树立军队财务大数据应用观念，是指导军队财务大数据应用具体工作开展的基础。军队财务大数据应用观念主要包含三点。一是认识到军队财务管理应用军事大数据的必然趋势。建设现代化后勤的要求决定了军队财务管理必须顺应时代发展趋势，军队财务管理应用军事大数据是必然趋势。二是重视军队财务数据的应用价值。随着信息技术的发展，数据成为国家战略性基础资源。同样，军队财务数据也逐渐成为提高军队财务保障效益的重要资源，是进行财务数据分析与挖掘的“原材料”，其中蕴含的重要信息有待进一步发掘。因此，军队财务数据具有重要的应用价值。三是强化不断提升军队财务人员素质的观念。现代信息技术的发展给军队财务人员带来了新的挑战，要求财务人员既精通财务管理知识，又具有较高的信息素养和数据处理能力。因此，军队财务管理应用军事大数据需要强化提升财务人员素质的观念。

2. 更新软硬件设备，提升算力

在信息化战争条件下，“计算力就是战斗力”，数据计算能力将成为未来智能化战争取胜的关键点。在硬件方面，应更新中央处理器(CPU)。当前，军队绝大多数计算机的中央处理器使用传统 CPU，难以满足军事大数据对于大规模并行计算的需求。近年来，拥有多核并行计算的基础结构、更高的访问速度以及更高的浮点运算能力的 GPU 的出现，为硬件设备的更新提供了一种选择。在软件方面，应更新军队财务管理系统。现有系统在数据联通上仍存在不足，“信息孤岛”的现象比较明显，制约了财务数据的集成和统一利用。打通军队财务数据内部的流通以及军队财务数据与其他业务部门数据的联通，对于应用军事大数据具有重要意义。

3. 重视数据中心的建设

随着信息化和智能化的飞速发展，财务数据的高度集中促使发达国家军队大多采用集权式财务管理模式，这不仅由军队高度集中统一的特性所决定，也是提升财务管理效率的客观要求。

军队财务管理领域应用军事大数据，其面向客户端，要研发出一线财务人员易于使用的财务智能处理系统。在现有系统的基础上添加决策分析模块，利用计算机高效、准确的计算能力和财务数据中心的海量数据，采用科学的模型和方法，根据不同级别财务人员设置不同的决策分析功能和权限，满足各级决策者对于辅助决策信息的需求。

4. 构建军队财务大数据应用框架

大数据关键技术一般包括大数据采集、大数据预处理、大数据存储、大数据分析及挖掘和大数据展现等。军队财务管理领域应用军事大数据，也离不开上述关键技术。针对上文中分析的财务大数据应用需求及面临的挑战，结合军事大数据的关键技术特点，本文提出一种军队财务管理应用军事大数据的设想，具体财务大数据应用框架如图 1 所示。

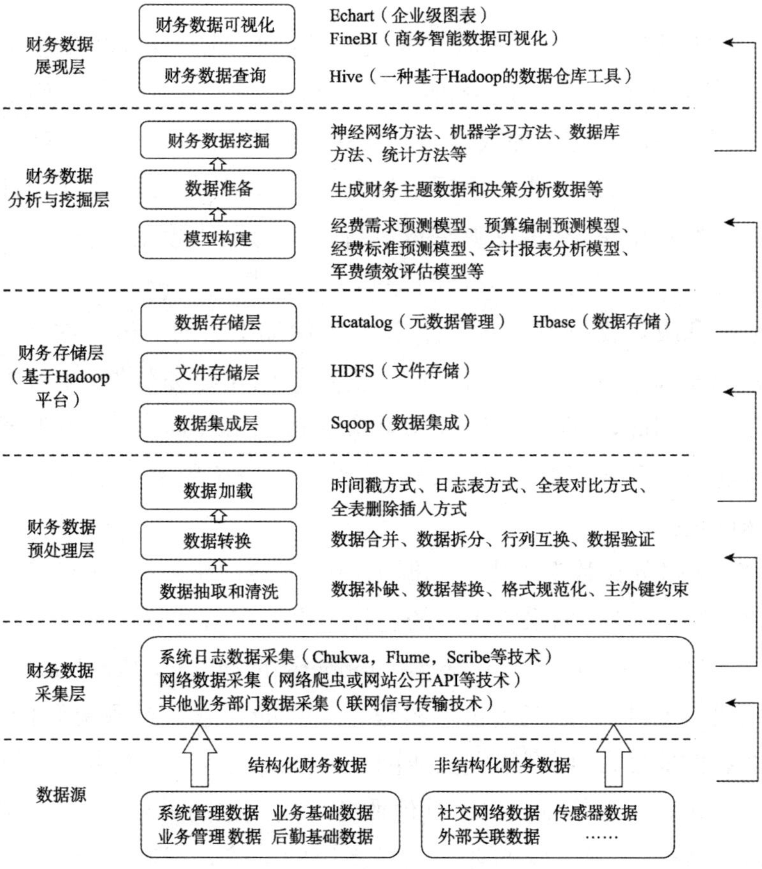

图 1 军队财务大数据应用设想

在图 1 中，军队财务大数据应用框架包含数据源、财务数据采集层、财务数据预处理层、财务数据存储层、财务数据分析与挖掘层和财务数据展现层。图中按照由下至上的顺序依次展示了军队财务大数据“产生—采集—预处理—存储—分析挖掘—数据展现”的运行轨迹。其中每一层又按照数据处理逻辑细分为几个步骤，如军队财务大数据数据源分为结构化数据和非结构化数据，财务数据采集层根据数据源类型不同分别对系统日志数据、网络数据及其他业务部门数据进行采集，财务数据预处理层依次完成财务数据的抽取、清洗、数据转换以及数据加载，财务数据存储层根据存储对象不同分为数据集成层、文件存储层和数据存储层，财务数据分析与挖掘层将依次完成模型构建、数据准备和财务数据挖掘，最后财务数据展现层可完成财务数据查询和财务数据可视化两个主要功能。下文将对各层级具体含义及功能进行阐述。

（1）军队财务数据源。军队财务数据按照管理层级可初步分为底层基础数据、主要业务数据和上层分析数据三类，如图 2 所示。其中底层基础数据包括“军财工程”系统管理数据和业务基础数据，是业务处理和数据分析的基础；主要业务数据是以业务管理数据为中心、以外部关联数据和社交网络数据为辅助的数据集合，是反映军费运行过程的主体数据；上层分析数据是在底层基础数据和主要业务数据的基础上根据数据分析需要提取出来的主题分析数据和决策支持数据的集合，是经过深加工后的高价值数据。军队财务管理领域发挥军事大数据的作用，既需要结构化财务数据，又需要非结构化财务数据。因此，军队财务管理领域应通过网络互通、引入各类智能传感器以及打通各业务部门数据交换渠道等方式积极拓展财务数据源并重视其价值的深度挖掘。

（2）军队财务大数据采集。数据源中既有结构化数据，又有半结构化和非结构化的数据，在数据采集工具的选择上也要有所区分。对于系统日志数据采集，可采用 Hadoop 的 Chukwa，Cloudera 的 Flume，Facebook 的 Scribe 等分布式架构工具，它们能满足每秒数百 MB 的日志数据采集和传输需求。对于网络数据采集，采用网络爬虫或网站公开应用程序编程接口（API）等方式从网站上获取数据信息。对于其他业务部门数据的采集，应建立统一的数据接口，打破财务信息系统与业务信息系统的屏障，做到线上传输。对于传

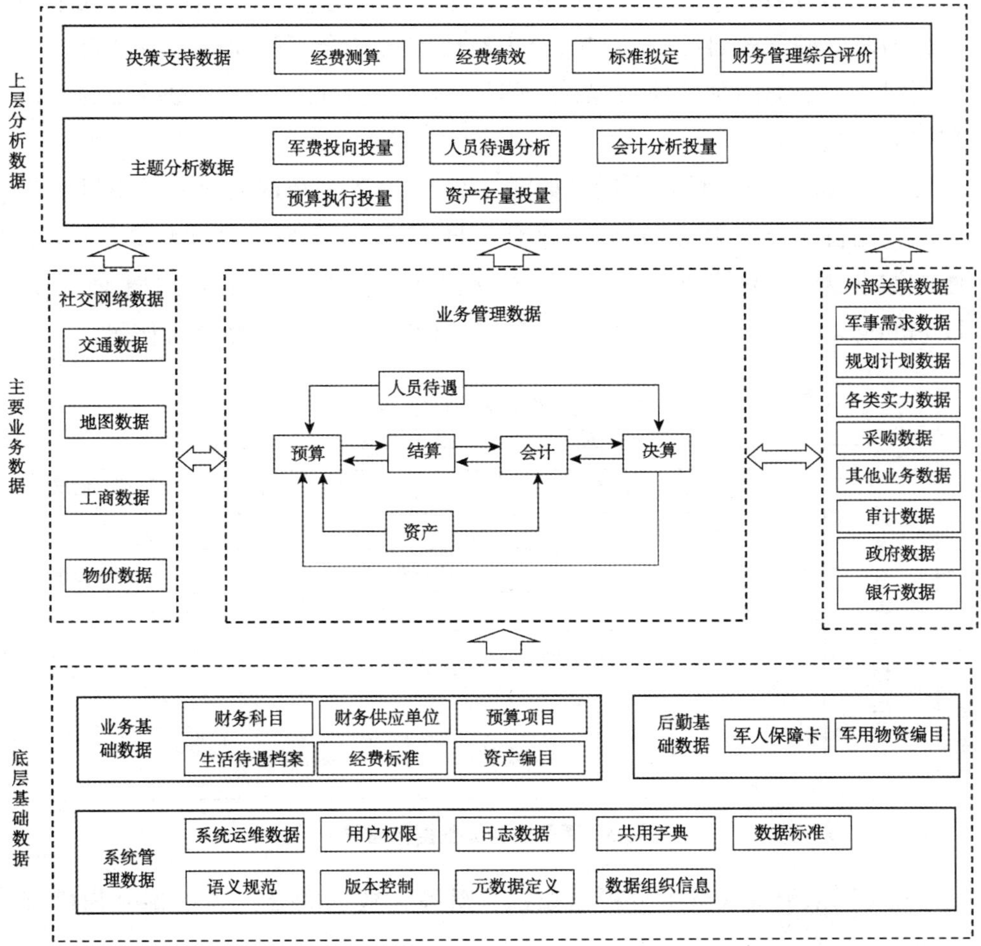

图 2　军队财务数据框架

感器获取的数据，采用联网信号传输的方式实现数据动态采集。

(3) 军队财务大数据预处理。大量财务原始数据在采集工作完成之后是杂乱无章的，要想进一步对数据进行分析和挖掘，必须要对原始数据进行预处理。引入目前相对成熟的数据仓库(ETL)技术，即数据抽取和清洗、数据转换以及数据加载。数据抽取和清洗即从数据源中抽取数据，发现并纠正数据文件中可识别的错误，常使用数据补缺、数据替换、格式规范化和主外键约束等方法；数据转换，即将清洗后的数据从不同表示形式转换为统一的表示形式的过程，常使用数据合并、数据拆分、行列互换和数据验证等方式；数据加载是指将转换后的数据保存到数据库或数据仓库中,根据加载方式不同可分为时间戳方式、日志表方式、全表对比方式和全表删除插入方式等。完成了财务大数据的预处理后,数据就具有了一定的价值,可以为后续的分析和挖掘提供有效信息。

(4) 军队财务大数据存储。如图 3 所示,财务大数据的存储基于目前相对成熟完备的开源项目 Hadoop 平台。Hadoop 具有高可靠性和高扩展性,通过数据集成系统 Sqoop、分布式文件系统 HDFS、元数据管理工具 Hcatalog 以及开源数据库 Hbase,能够实现高效率的数据存储与管理。

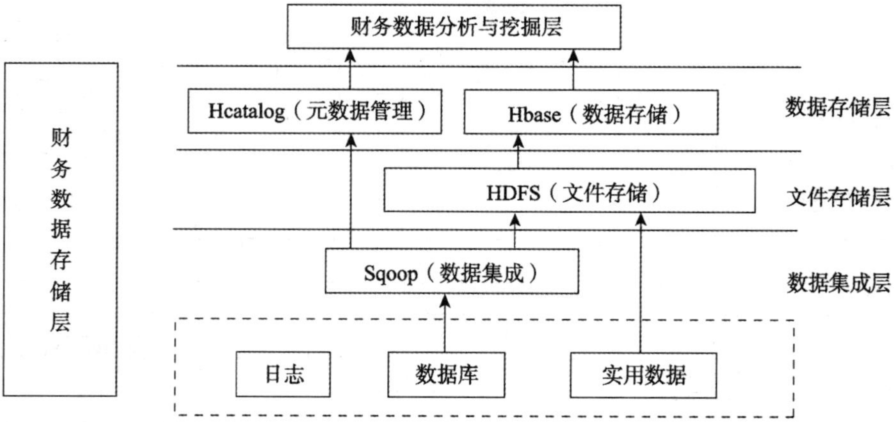

图 3　军队财务大数据存储层

(5) 军队财务大数据分析与挖掘。财务大数据的分析与挖掘分为模型构建、数据准备和财务数据挖掘三个步骤。首先,军队财务人员根据实际需求构建数据分析模型,如经费需求预测模型、预算编制预测模型、经费标准预测模型、会计报表分析模型和军费绩效评估模型等。然后,军队财务人员根据特定数据分析模型的需要,从数据库中提取主体分析数据和决策支持数据,进行数据分析与挖掘前的准备工作。最后,将准备好的数据与模型相结合,运用神经网络方法、机器学习方法、数据库方法及统计方法等主流大数据分析方法进行计算和求解。

(6) 军队财务大数据展现。财务大数据展现是大数据分析与挖掘结果的最终表达,是人机交互的窗口,包括财务数据查询和财务数据可视化。财务数据查询运用基于 Hadoop 平台的 Hive 工具。Hive 的优点是学习成本低，可以通过类似 SQL 语句实现快速 MapReduce 统计，使 MapReduce 变得更加简单，而不必开发专门的 MapReduce 应用程序。财务数据可视化中运用 Echart（企业级图表）和 FineBI（商务智能数据可视化）等工具，将单一的数据转换成不同形式的图表和可视化驾驶舱，便于财务人员和决策者更加直观地获取辅助决策信息。

5. 完善财务管理信息化制度

军事大数据发展要求全军“一盘棋”。财务大数据在遵照全军军事大数据标准的基础上，也要根据业务需要完善财务信息化制度。

一是制定财务管理信息化标准规范。对数据标准、技术规范、数据库建立标准和软件开发规范等进行统一，确保财务数据管理在全军军事大数据管理框架之内。二是制定财务数据集成规范。规范各业务部门数据接口，以便各类数据能够顺畅高效地在财务部门综合集成。三是规范财务各级的职责和权限，不能出现责任的“无人区”，也不能出现责任的重叠交叉，这样才能优化财务人员之间的分工合作，提高财务保障效益。

6. 加强军队财务数据的安全管理

大数据战略的前提是大数据本身的安全。首先，要严格落实安全管理职责，职责界限的明确有利于各司其职、各负其责及密切协作，共同维护财务数据安全。其次，要制定、执行安全规章制度，使军队财务数据安全管理有法可依、有章可循。最后，要及时更新安全防护体系，军事大数据带来了新的安全防护挑战，应从物理设施、网络、计算环境、数据、应用和运行维护六个层面及时更新安全防护体系[7]，筑牢财务数据安全的防护墙。

7. 建设大数据财务人才队伍

对军队财务人员而言，军事大数据的应用既可以将他们从繁杂的流程化业务中解脱出来，又对他们的能力和素质提出了更高的要求。因此，要将军事大数据应用于军队财务管理，必须建立军队大数据财务人才队伍。具体来说，一是培养和引进财务数据挖掘人才。财务数据挖掘人才必须在熟悉会计核算的基础上，接受过数据挖掘的专业培训。二是打造军队财务大数据专家队伍。打造一支能够不断升级现有系统的研发人员队伍，针对实践中出现的问题对系统进行更新和改造，推动军队财务软实力不断提升。三是完善人才考核制度。定期组织业务能力考核，引进复合型高素质财务人才。四是大力实施军事职业教育。财务部门要充分利用网络资源，有针对性地开展大数据、人工智能等课程的学习，推动财务系统人员提升自身业务素质，适应大数据应用的需要，使此项工作尽快推广应用。

五、结语

信息技术的发展影响并改变着军队财务管理方式。20 世纪 80 年代初，随着计算机在我国推广使用，军队财务初步实现了电算化。在之后 30 多年的探索实践中，军队财务信息化经历了分散研究、单项应用、系统建设到综合集成，由低级到高级的发展历程。近年来，随着大数据、云计算和人工智能等为代表的新信息技术的快速发展，传统的财务管理方式已经不能满足日益增长的军费智能化管理需求。军队财务管理必将顺应时代发展潮流，接受并应用军事大数据，不断改进财务管理方式、更新财务管理系统，进一步提高财务保障效率，为打赢未来智能化战争奠定后勤保障基础。

参考文献

[1] 中国信息通信研究院. 大数据白皮书(2019 年)[R]. 北京：中国信息通信研究院，2019.
[2] 孟小峰，慈祥. 大数据管理：概念、技术与挑战[J]. 计算机研究与发展，2013，50(1)：146—169.
[3] 周炎明. 紧扣使命任务强化军费战略管理[N]. 解放军报，2018-03-21(10).
[4] 徐扬黎. 我国军费开支需求的影响因素分析[D]. 长春：吉林大学，2013.
[5] 熊友存，李劲松. 军队财务管理学[M]. 北京：解放军出版社，2012：89.
[6] 邹鼎杰. 美军大数据战略特点分析[J]. 中华医学图书情报杂志，2018(4)：50—53.
[7] 任皓. 大数据安全防护体系及访问控制技术研究[J]. 中国数字医学，2019(2)：52—53.
[8] 刘志峰. 军队财务信息系统应用[M]. 北京：海潮出版社，2017：4.

原载《国防科技》2020 年第 5 期

中国改革开放实践对主流经济理论的挑战与贡献

赵红军*

一、引言

四十多年来，国内外经济学界有关中国改革开放伟大实践的理解和认识在不断深化，国内外有关中国经济、改革开放研究的文献也像中国经济一样取得了令世界都非常惊讶的增长和进步。然而，四十多年来大多数的文献都只关注了中国改革开放实践的某一个方面、某一环节或者某一瞬间，而相对缺乏系统性地对比和回顾改革开放实践对主流经济理论之挑战和理论贡献等方面的综合性研究[1—2]。原因主要有两方面：一是，四十多年来，中国的实践仍不断发展，国内外的经济学家需要时间来理解中国改革开放的方方面面；二是，从研究角度来看，倘若学术界不能很好地把握中国改革开放方方面面的话，恐怕就很难展开之后相对综合性的研究。如今，这样的条件已经成熟了。一方面，四十多年的时间跨度已经足够，而截至目前方方面面的研究也已经非常充分，这就使得我们进行这样一个非常有意义的回顾和综述成为可能；另一方面，站在这个关键的时间点上，还可以好好地总结中国改革开放实践的利弊得失。从经济理论角度来看，通过审视中国改革开放实践与主流经济理论之间的异同、中国改革开放伟大实践对主流经济理论的挑战与贡献，还可以更加清楚地看出中国改革开放伟大实践的时代意义、历史意义、理论意义与现实意义。此外，清楚了中国改革开放伟大实践在主流经济学中的方位，也才能更好地辨识中国未来改革前进的方向。

---

* 赵红军，上海师范大学商学院副院长、教授。

本文的核心观点是，中国改革开放实践绝非一项或几项改革举措或制度变革，而是一项涉及经济、社会、政治、法治、生态、文化等多领域、涵盖社会多层次、多角度的伟大社会变革与转型过程。中国改革开放伟大实践仍然在动态的发展进程之中，但过去四十多年伟大改革开放实践所积累的若干宝贵经验，已经对西方经典经济理论形成了挑战。这种挑战主要体现在三个方面。一是西方经济学的经典理论是在西方时代背景和社会条件下的产物，中国改革开放伟大实践所带来的理论创新是在中国时代背景和社会条件下的产物，任何不顾这些时代背景和社会约束条件的简单理论复制和照抄照搬在中国都行不通，也不可能对经典经济理论的发展和完善作出贡献。二是中国改革开放伟大实践中政府能够扮演积极而有效的作用，相反，西方经济理论对此问题的分析和概括却太过简单。三是市场经济所需要的制度体系非常复杂。从计划经济到市场经济所需要的制度转型比想象中的要更加漫长，比经典理论想象的要更加复杂，中国在这方面的经验和贡献有很多，值得认真总结。本文将其总结成中国改革开放实践与西方经典理论在五个方面的异同。在此基础上，从六个方面总结了改革开放实践对主流经济学的理论贡献。从人类经济思想史的发展和演进角度来看，我们认为中国特色的制度转型理论和中国特色的政治经济学这两个理论，也许能更加全面和系统地概括改革开放伟大实践对经济理论的挑战和贡献。

二、对有关中国改革开放伟大实践现有理论流派的评述

纵观四十余年国内外经济学界有关中国改革开放伟大实践的诸多理论，主要可归纳为 12 个流派。

(1) 渐进改革论：主要是 20 世纪八九十年代西方经济学家提出的有关中国改革和发展道路的经济学流派[3—9]。其核心观点是渐进改革能够避免额外的改革成本；能避免改革初期国民生活水平的过度下降；它允许试错和政策调整，并有助于政府获得持续的支持[10]。这种理论只指出了中国发展进程的渐进改革路径之优越性，但对于中国改革开放的内涵和本质的分析却较少涉及。特别是，渐进改革论基本认定中国未来的发展道路将毫无疑问地走向西方市场经济和自由民主这条唯一道路。很显然，这与近年来不断发展

的中国特色社会主义发展道路之间尚存在较大偏差。

（2）乡镇企业论：主要是20世纪八九十年代在国内外比较流行的一种解释中国经济发展奇迹的理论观点[11—13]。该理论认为，在早期改革的制度环境下，乡镇企业拥有与政府的良好关系且具有相对于民营经济的所有权优势，因而乡镇企业成为推动20世纪80年代及90年代中期“中国经济奇迹”的重要原因。然而，随着中国政府对民营领域管制的放松以及很多国有企业包括乡镇企业的民营化，乡镇企业对中国经济的推动作用正在迅速递减[14]。相对于渐进改革论而言，这一理论深入到中国经济现实之中来探索“中国经济奇迹”产生的原因，这是其优点所在；然而，该理论也是一种过渡性的理论，因为它只探讨了推动中国经济发展的一个阶段性变量，即乡镇企业，相对缺乏对整个中国改革开放实践内核的解释与概括，因而也难以对中国改革开放实践的系统框架和特征给出令人信服的解释。

（3）产权与新制度经济学解释：主要是20世纪90年代以及21世纪初解释中国经济发展的代表性观点[15—19]。该观点认为，之所以会产生“中国经济奇迹”，乃是中国在产权改革以及制度改革等方面“做对了”事情。这种观点至今仍然在中国经济学界拥有大量的支持者，原因在于中国乡镇企业包括部分国有企业的民营化以及由此所推动的市场化改革正在越来越强化产权和新制度经济学观点对中国问题的解释力。然而，这种理论观点却在很大程度上低估了中国政府包括中央和地方政府在推动经济发展进程中的积极而重要的作用，并且也比较武断地认为，只有完全的私有产权和市场化才是中国经济发展的唯一方向，因而在某种程度上并不完全符合中国经济发展的真实情景。

（4）财政分权论：主要是20世纪90年代中期之后比较流行的一种解释中国经济发展的理论[20—25]。该理论认为，改革开放以来的中国之所以有高速增长的奇迹，是中国政府在财政、税收体制改革方面“做对了”事情。这被称为分税制，就是中央和地方政府在财政和税收方面实行了明确的包干和分成制度，刺激了地方政府在推动经济发展方面的积极性和创造性，因而是研究中国发展奇迹的最核心解释变量。该理论强调了政府在经济发展进程中的积极作用，如提供基础设施、减少贫困、缩小地区差距等方面，同时又强调了激励制度对于经济改革的重要性。但该理论回答不了中国为什么从改革前的财政集权走向改革后财政分权，同时也不能很好地回答财政分权之外的其他政府治理变量对于中国经济发展转型所发挥的积极作用。难道财政分权是推动中国发展和强大的唯一正确的政策选择？对中国发展而言，分权一定越多越好吗？笔者认为财政虽然是考察政府发展经济、保持稳定等方面最核心的一个变量，但财政之外的政府政治决策、领导人在其中的作用、社会稳定、环境危机、外来的经济冲击等都是对中国经济发展进程产生影响的重要变量，所有这些恐怕不是财政分权所能清楚解释与概括的。

（5）区域性分权式权威主义体制：这是由许成钢[26]提出来的一个解释中国经济发展奇迹和面临的诸多困境的分析框架。他认为这种体制的显著特征是政治上集权，也就是中央政府主要通过控制下一级政府领导人的人事任免和重要产业的国家所有而保持中央政府对下级政府和重要产业的控制；此外，在经济上这种体制却是地区性分权的，主要体现在省级、市级、县级的经济发展大权（包括推动经济发展、提供公共产品、保持社会稳定等权力）主要掌握在地方官员手中。由于各地区有经济发展的积极性，就有了所谓的“中国经济奇迹”；但由于在政治上是集权的，所以，国家和社会保持了基本的稳定，但很多严重的经济、社会问题的存在也证明，这种体制存在着很多有待完善的空间。这一理论的优点是将中国经济、社会、政治问题置于制度经济学和政府管理体制的角度思考，并且对中国历史、政治、地理等环境下内生出来的一系列颇具创造性的制度进行了很好的诠释，但这一理论也与大多数制度经济学研究一样，认为自由民主、独立司法、联邦体制是中国改革成功的唯一方向。

（6）官员晋升锦标赛理论：代表性的文献有周黎安[27—28]、杨瑞龙等[29]。该理论认为中国经济之所以持续增长，一个非常重要的原因在于政府对各级官员和下属实行了以增长和业绩为绩效的晋升锦标赛管理模式，因而官员们普遍选择了那些生产性、相对短期、快速见效的推动增长和发展绩效的投资与建设。该理论深入中国政府管理体制内部，将中央管理地方官员、地方政府管理下属的这套管理体制与经济增长绩效联系起来，从而触及改革开放进程中最为核心的领导和管理体制的内容。然而，该理论无论如何不能算作中国经济发展转型的全部，毕竟经济发展除了政府对官员的领导之外，还有教育、安全、基础设施、公共服务、民营经济、市场化等多个层面的问题。此外，官员晋升锦标赛这种机制往往对经济增长或者业绩容易衡量的目标而言效果明显，但随着中国经济发展的深入，发展将进入很多非增长维度、业绩也更加难以衡量的非经济领域，因此，这种理论的解释力必然会大打折扣。

（7）改革开放与国际直接投资（FDI）论：该理论认为中国之所以取得令人瞩目的经济发展绩效，根本原因在于中国实行了改革开放，并大力引进了外国资本。如果没有对外开放和外国资本的进入，国内就难以学习到先进技术和管理经验，也不会带动国内民营经济的发展以及市场化程度的提升、市场环境的好转[30]。近年来，该理论已经演化到外资的技术、知识在空间和区域的溢出层面。另外，该理论也日益强调与开放伴随的政治、经济、社会改革的重要性，因为如果没有这些改革相配套，仅仅开放是难以取得如此巨大的成绩的。该理论正确地指出了改革开放与 FDI 在塑造我国经济奇迹中所扮演的非常积极的作用。然而，如果不能将此理论上升到“以开放倒逼改革”的地步，恐怕就难以抓住这一观点的核心要义所在。

（8）新结构经济学：该理论是林毅夫及其合作者近年来试图建构的一个用于解释中国经济奇迹的经济学分析框架[31]。该框架强调了政府及其所制定的产业政策和发展战略在中国经济发展进程中的重要作用，同时，还强调政府与市场之间互动的重要性。比如，政府在制定发展战略时要遵循国家或地区的比较优势，要尊重当地的资源禀赋，并因势利导地推动经济发展。此外，该分析框架将中国经济发展置于欠发达国家到发达国家经济结构转型的大背景下来分析中国的经济发展问题。应该说，这一理论是对中国改革开放进行最为深入研究的经济理论流派之一。但新结构经济学对法治化、国际化以及市场经济所需要的国际化制度环境着墨不多。

（9）中国改革开放的政治经济学：该理论是姚洋[32]试图建立的一个解释中国经济发展的经济学框架。中国的新政治经济学应研究四大问题，涉及国家与经济、社会的互动，即研究什么样的体制有利于经济增长、政府在经济运行中扮演了什么样的角色、国家层面的制度和制度变迁，以及官员的激励问题。该理论对中国经济发展的实践给予了重视，认为其中所体现的政治经济学很可能是中国对经济学最可能作出贡献的领域。笔者认为该理论对中国改革开放实践以及 1949 年以来的历史经验与教训进行了较好的反思，对改革开放以来中国经济发展经验的总结也比较到位，因而很可能成为对中国改革开放进行最为深入研究的经济学理论流派之一。

(10) 经济发展的"胚胎发育"理论:该理论是文一[33]提出的一个解释中国工业化进程的理论。该理论认为中国1978年以来的改革开放之所以能够成功,就是因为它找到了通往劳动分工、工业化、规模化生产、市场发展这一促进经济发展的康庄大道,作者称之为经济发展的"胚胎发育"理论,也就是市场和经济发展就像婴儿成长一样,需要合理科学的顺序和完备的营养条件,舍此,恐怕难以找到通往工业革命的正确道路。可喜的是,中国政府在其中扮演了非常重要的作用。一方面,它在改革之初和改革的过程中保持了政治与社会稳定;另一方面,它在每一步的关键时期都选择了正确的发展战略。比如1978—1988年,政府选择了以棉纺织工业为主的原始工业化,为后来的工业化创造了条件;1989—2000年,中国又开始了以轻工业为主的发展阶段;进入21世纪后,中国开始了重工业建设阶段;一旦中国经济完成了胚胎发育以及婴儿时期的成长,中国就必将步入经济崛起阶段。该理论的优点是强调了政府意志在培养市场、推出正确发展战略中的作用;但同时倾向于认为,中国工业革命的秘密其实与英国、日本、美国一样,并没有明显的中国特色。这与中国改革开放的现实以及当下很流行的强调中国特色的理论形成了一定的反差。

(11) 中国改革的机制设计理论:该理论由田国强和陈旭东[34]提出,其主要观点从信息和激励的核心思想出发,认为中国经济改革之所以成功的根本原因就在于政府意识到了中国改革所面临的历史、文化和初始条件约束,充分认识到了中国改革的艰巨性、复杂性,通过经济自由化、市场化和民营化的市场导向的渐进改革和开放,不失时机地适时推动深层次制度变革,正确处理好改革、发展、稳定、创新、治理之间的辩证动态关系,推动了中国经济从信息无效、激励扭曲的计划经济到信息有效、激励相容的市场经济的平稳制度转型。

(12) 后发优势(劣势)理论:后发优势理论[35]认为,由于中国的改革相对于发达国家要晚,这种更晚的改革可以学习很多发达国家的政策、经验和制度、技术,因而中国的经济崛起可以被视为后发优势的代表。与此理论相反,杨小凯[36]提出了后发劣势理论。他认为,如果单纯模仿西方的技术而不是制度,最终会发现这一模仿并不一定奏效,而可能延误发展时机。只有同时模仿制度和技术,或者更主要地通过模仿制度,后发才能变成优势。前者的优点是在一定程度上解释了中国利用后发学习优势能够获得一定的经济发展绩效,但是该理论从根本上无法解释中国改革前以及世界上那么多比改革前的中国更加落后的国家经济反而没有发展的原因。后者正确地指出了体制转型的复杂性以及简单模仿所面临的困境,也是我们今后应进一步研究的一个重要方面。

三、分析改革开放伟大实践之理论贡献的方法论视角

(一) 改革开放伟大实践的成功绝非任何一个经典理论所作出的贡献

在过去的四十多年中,曾经有无数的经济学家先后运用了乡镇企业、放松管制、产权理论、合约理论、工业化、城市化、财政分权、委托代理、博弈论、国企改革、金融改革、国际直接投资、制度变迁等众多的经济理论,来解释中国改革开放伟大实践所带来的经济奇迹。毫无疑问,这些理论在某种程度上是正确的,因为它们对于理解和把握改革开放成功实践的某一个侧面或者某一个时期发挥了非常积极的作用。可以想象一下,如果没有这些理论的引导,恐怕四十多年的改革开放进程就不会如此顺利,甚至还要走很多弯路。不过,让人颇为欣慰的是,在改革开放实践的发展进程中,中国政府包括经济学界并没有抱着一种唯理论、唯经典的倾向,而采用了一种实事求是的态度。这样良好的改革开放氛围跟改革之初全国上下所掀起的有关"真理问题"的大讨论很难分开。通过讨论,全社会上下形成了这样一种基本的共识:当理论能够很好地指导中国实践时,我们就大胆地采用;反之,当理论在中国实践出现很大的水土不服时,我们就暂缓或者终止这些理论在中国的简单应用。应该说,正是这种"不唯理论""不唯经典""洋为中用""实验主义"的改革方法论,在很大程度上解释了改革开放实践进程中我国所取得的伟大成绩,也使得中国的改革开放实践成了当今国内外经济学术界研究的焦点所在。

(二) 改革开放实践的成功并不纯粹是由某一部分人进行理论创新的结果

马克思、恩格斯认为人民群众是历史的创造者,是人类社会过去和现存

一切的“造物主”，是推动历史前进的真正动力。安徽小岗村农民通过“签字画押”进行土地承包经营的创举，就来自基层人民群众的首创精神和十足干劲。同理，20 世纪 80 年代初，中国的深圳、厦门、珠海、汕头等地之所以率先走上改革开放的道路，也来自当地领导、干部和群众的大胆创举以及中央对改革开放道路和首创精神的大力支持。

在讨论改革开放成绩的过程中，现实中往往存在着一种强调各个部门、各个个体自身贡献作用的倾向。其实，一方面，像邓小平这样的具有远见卓识的领导者审时度势地根据中国的实际情况，首先提出了改革开放的伟大构想和号召。另一方面，邓小平之后的几代中国领导人、各级政府、干部、工人、农民、知识分子、外国专家和科学家、国内外企业等都不约而同地发现，这一设想是如此契合他们每一个个体的想法以及生活中、工作中、学习中和企业经营中的实际情况，于是，大家不约而同地通过各自的行动，最终形成了推动中国改革开放向前发展的滚滚洪流。在庆祝改革开放四十年周年大会上，中共中央和国务院表彰了 100 名改革开放杰出贡献人员的名单，其中不仅有科学家、工程师、专家学者，也有工人、农民、解放军指战员，还有企业家、艺术家。这就证明了人民群众是改革开放历史的真正创造者。

（三）改革开放实践的成功并非一个经济体从管制到放松管制的线性发展历程

现实中，还有一种“一边倒”“非此即彼”的理论极端主义倾向，并倾向于认为改革开放实践的成功完全是经济体从高度管制到放松管制的结果。常见的理由是，计划经济时期，政府包办一切，从生产、运输、分配到消费，几乎每个环节都掌握在政府手中，结果，人民的生活水平并没有如预期那样不断提高并赶上发达国家，相反，还随着全体社员生产热情高涨而出现某种程度恶化的趋势。比较典型的例子是，1952 年，我国占世界的 GDP 比重为 5.2%，到 1978 年我国占世界 GDP 的比重反而只有 4.9%[37]。改革开放以后，政府在很多行业和部门放松了管制，于是，中国经济就出现了所谓经济增长奇迹。其实，这并不应该被视为放松管制的结果。准确地说，并不是政府一放松了那些不该管的竞争性领域，市场的积极性和潜力就得到了充分发挥；相反，政府还是抓住了那些不该放松和比较重要的国计民生部门，结果是,中国在改革开放的同时,并没有出现类似俄罗斯、东欧那样的激进转型及其所导致的生产率大退步。这是一种最优的或者结构性的放松管制和加强管制的中国特色的发展道路。

(四) 改革开放实践也不是中国政府按照事前规划“按部就班”改革的结果

中国改革开放进程中的很多改革其实都有着基本类似的经历。如乡镇企业改革,一开始,政府并不确切地知晓乡镇企业是否能提高生产效率,相反,当时当地的政府就是抱着一种让农民“离土不离乡”又有活干的朴素想法,结果,乡镇企业很快就成为少数省区市继家庭联产承包责任制之后的另一个改革亮点。类似的是,在新时代,我们建设开放型经济新体制,也是先从上海自贸区的试点开始,然后从上海推广到广东、天津和福建,进而推向东、中、西、南、北共 12 个自贸区,目的也是在试验和总结经验教训的基础上,更加稳健地推动下一步改革。

值得注意的是,如果说改革前期我们缺乏相对清晰的改革路线图[①],而改革后期随着时间的延续、经验的积累,有关改革的路线图可能变得更加清晰,并有可能出现一些事先有清晰的规划、事后也按照这一规划按部就班地执行的改革情形,这完全是可能的。但不可争辩的事实是,“先试点、后推广,先市场试验,后政府规范”的发展和治理逻辑乃是改革开放伟大实践的基本推进方式。

综上所述,我们可以比较稳妥地说,改革开放伟大实践就是一个理论和实践相互结合,政府渐进设定目标,市场、企业积极探索,由开放推动制度改革、经济和制度良性互动,从而出现经济增长的一系列实践和理论创新的综合体,是一项伟大的制度创新和经济由欠发达到发达的转型过程。只有从这样的角度,我们才能真正看清改革开放在中国历史上的重大意义,即它绝不是一次改革、一种经济增长模式的变迁,而是涉及企业经营、政府管理、领导体制、体制改革、产权与国有企业改革等诸多部门和个体的政府治理模式

---

① 罗斯基也指出,中国的改革并没有清晰的路线图,而是从一个个临时性的调整开始的。国家并没有一个清晰界定的改革战略,国家的领导对改革进程也只拥有有限的控制权,这一过程持续到 20 世纪 90 年代早期。

变迁[38]。

四、改革开放伟大实践与主流经济理论的五大异同

（一）在法治尚未健全的背景下，推行彻底的私有产权改革并不可行；相反，采用承包制、合同制与激励措施却非常有效

按照经典经济学理论，明晰、彻底的私有产权是市场经济发展的必要条件[39—43]。但改革开放的中国经验表明，真正明晰、彻底的私有产权改革首先需要全社会法治观念深入人心这一前提条件。假若这一前提条件尚不具备，盲目推行彻底的私有产权改革，其结果就可能会走上苏联、东欧国家很多产业被私人财阀所控制的歧途。中国改革开放四十多年的经验表明，明晰、彻底的私有产权改革的条件尚不具备；相反，无论对国有企业或者私营企业而言，还是对企业老板、员工、劳动者与技术人员或者政府官员而言，真正重要的是，是否存在适合这些组织和个体的足够激励，使得他们有激励对原有的制度和政策作出改变与创新，使得他们能够按照既定的约束行事，而不会造成因为变革导致车毁人亡的系统性风险。

中国国有企业改革的例子证明，国有产权并不一定如哈耶克所说的那样是一条“通往奴役之路”；相反，只要给予工人以及经营者足够的激励，即使是国有产权或者任何形式的混合所有制，也都可能创造出好的企业绩效。类似的是，在浙江的民营企业当中，也有很多发展绩效欠佳的例子，原因是企业老板没有很好地运用激励机制或者合同、契约来调动手下工作人员的积极性，因此，即使是私营企业且产权明晰，也出现了激励不足、绩效难堪的现象[44]。改革开放四十多年的实践已经清楚地证明，这种针对企业、政府或者经理、工人或政府官员的承包制、底薪加佣金或者财政分权体制等，都是调动代理人行为，使之朝着有利于企业或者政府方向发展的、好的激励制度或者举措。

（二）完全的自由贸易在当今世界上并不存在，而有管理的自由贸易才是人间正道

完全的自由贸易在人类历史上一直没有真正存在过，就像完全竞争的市场在人类社会中没有完全存在过一样。人们常常将十八九世纪的英国看作

自由贸易的代表,但熟悉中国和世界历史的人们很快就会发现,当时在英国人眼里的自由贸易,对于像中国这样的半殖民地半封建国家来说,则完全是坚船利炮作为后盾的强迫贸易和不平等条约[45]。即使是当今已经非常全球化和扁平化的时代,同样也不存在完全的自由贸易。有学者[46]指出,今天所谓的公平贸易,其目的既不是保护国内的经济或者就业,也不是希望他们贸易伙伴的工人受到剥削、环境不断恶化;相反,公平贸易的目的就是反对国外在环境和劳动条件基础上建立不受限制的贸易,这对自由贸易可能是个威胁。其他学者[47]也指出,自由贸易与资本主义都有一个神话,那就是口头上标榜的是自由贸易,事实上从美国到任何一个西方大国,它们发家的秘密都是奉行了恬不知耻的保护主义和政府干预。

虽然1978年以来中国借鉴了西方自由贸易的理论和思想,并在此基础上推动了中国的改革开放进程,但我们并没有不顾中国的国情照抄照搬西方课本上的自由贸易理论,而是根据我国的国情与实际情况,按照渐进试错的策略,一步一步找到了适合中国国情的改革开放道路——我们摒弃了西方以坚船利炮作为后盾的所谓“自由贸易”,而采用了一种和平共处、合作共赢与融入WTO国际贸易大家庭的策略,在儒家和谐文化与人类命运共同体的理念下,让自由贸易和跨国投资的好处在全世界得到了极大发挥。正因为中国在对外开放的过程中采用了一种渐进的、有管理的自由贸易政策,使得中国并未出现类似20世纪90年代的东南亚金融危机的情况,也能够比较顺利地渡过2008—2009年美国金融危机、2011—2012年的欧洲债务危机。

(三)政府的规模并非越小越好,而能够有效发挥作用的政府才是最好的政府

西方主流经济学中有一个理论影响颇为深远,那就是小的政府是美好的;相反,大的政府却是市场经济的大敌[48—49]。非洲和南美第二次世界大战后以及过去几十年的经济发展事实已经证明,在政府无法有效发挥作用的条件下,引入市场机制往往并不能真正有效地解决经济增长问题;相反,还可能造成原有发展难以为继,甚至陷入社会秩序的混乱[50]。

中国过去四十多年改革开放的实践证明,政府并不是越小越好,因为太小的政府往往无法有效发挥作用,甚至想要修通一条乡村公路往往都难上加

难。若要依赖市场机制来解决问题，那就必须有足够的利润或者市场激励，否则市场主体往往都不愿意进行投资。因此，贫穷地区要想较快地走上发展和繁荣的康庄大道，光靠市场的作用很难较快达到目标。一个可行的做法是，在发展的初期阶段，先由政府强力推动，其表现形式可能是政府作为初期基础设施的主要投资人，或者政府作为主要的协调者，调动和协调各方利益，从而使得有利于经济发展的制度变迁变得可行；在发展的中期阶段，政府往往要适度退出竞争性的市场和产业领域，并充分调动市场力量，使得市场扮演起后续发展的主要动力；到了发展的后期阶段，政府可能要起身而退，承担起公共政策和公共服务监管者、提供者和护航者的角色，以保证经济、社会发展健康有序地运行。中国四十多年鲜活的实践证明，政府的规模大小只是一个相对的概念，只要能充分有效地发挥作用，并适合一国一地的情形，就是最优的政府规模。

（四）传统的增长理论对中国基本有效，但创设有利于增长的环境、改革和制度创新才至关重要

无论是古典增长模型、新古典增长模型，还是新增长模型，在过去四十多年中，它们的确成为指导中国经济发展的重要理论工具。可以这样说，中国改革开放伟大实践所积累的经验已经雄辩地证明了传统经济增长理论的有效性，即劳动、资本、技术等要素对于一国的经济增长而言十分重要。这些因素固然重要，但通过改革与制度创新等形式，解放阻碍这些因素有效发挥作用的体制、机制和制度创新更加重要。

比如，传统增长理论告诉我们，劳动力的数量和质量对于健康的经济增长至关重要，但改革前我国劳动力数量众多，却不能在地区之间自由流动，更不能完全靠自我意愿来自谋职业，我国的经济增长难以走上正轨。于是，要给这些劳动力松绑，让这些在农村的剩余劳动力进入城市并在城市的制造业部门务工，但这又涉及政策和制度障碍，如人口流动政策、户口政策、公共安全、住房制度、子女教育、劳动与社会保障甚至医疗卫生制度等。可以说，改革开放实践中，每一个中国故事的背后都有大量鲜活生动的制度和政策创新实践，而绝不是照抄照搬西方经济学那些经典理论本身那么简单。

（五）市场化改革是走上现代发展道路的人间正道，但不受限制、不受监管、没有法治作为保障的市场经济将可能意味着灾难

新中国成立 70 多年的历史，大致可以划分为两个阶段：前三十年是计划经济时期，后四十多年是改革开放时期。两相对比就会发现，前三十年的实践证明：单凭计划经济难以让一个贫穷、落后的大国实现现代化；相反，很可能还会在很大程度上妨碍劳动、资本、技术等生产要素作用的有效发挥，甚至挫伤它们的积极性和创造力。后四十多年中国改革开放的实践生动地诠释了市场化改革才是发展中国家走上现代发展道路的人间正道。但值得注意的是，中国改革开放四十多年的教训在某种程度上也是相当深刻的，即在法治不健全的条件下，如果政府不积极主动作为，或者放松服务与监管能力，任由市场自由发挥作用，那食品安全、医疗健康、卫生、生态环境保护、文化保护、灾害救助、贫困救济等企业与社会真正需要的公共安全、社会公正和社会秩序，很可能就成为一味发展经济的牺牲品。其结果是，纯粹市场化改革所带来的正面好处将会完全被这些负面影响消耗殆尽。

总之，我们与经典经济理论对比后所获得的初步结论是，任何经济理论都有用，因为它是一个时代、一种体制条件下的产物，一定描述了那个国家、那个时代的经济规律。如果说它是一种经济规律的话，那它一定是一个假设、一个时代条件下的产物，而绝不是任何普适的、放之四海而皆准的规律。很显然，忽略其假设和时代条件进行理论推演不仅是可怕的，也可能会误国误民。中国改革开放伟大实践的经验，正是在关注这些假设、关注其不同的历史、社会和制度条件的基础上所取得的理论共识。

五、改革开放伟大实践的六大经济理论贡献

（一）中国改革开放最伟大的变迁就是政府治理模式、体系和能力渐进地发生了有利于市场经济体的变化[①]

如果中国传统时期的强势政府自身认识不转变，对商人的歧视不停止，

① 罗斯基认为，逐步用市场配置代替政府对经济体的控制是中国改革成功的基础。其中政府权力的逐步变弱不仅是一个未曾预料的结果，而且也变成了中国改革的有力的发动机本身。

对商业活动的产业歧视不改变，就不会有改革开放以来的中国经济奇迹。那么，到底是怎么实现这一伟大转变的？笔者认为，要从20世纪中国共产党这一强大的政治组织来分析和寻找原因。在传统农业经济时代，以儒家学说为指导的大量知识分子始终是中国历朝历代发展治理的主体，但缺乏一个强大政治组织领导的广大知识分子最终常常陷入各种政治集团、利益集团或者商人集团的圈套之中难以自拔。于是，各种有违公众利益和公共利益的统治或治理措施就纷纷出台。接着，广大被压迫的农业阶级的反抗就葬送了传统经济时代的经济发展成就，使之陷入所谓的"高水平均衡陷阱"[51]，或者"中国均衡"[52]之中。

在中国共产党诞生之后，它历经风雨，始终以最大多数人的利益为自己的奋斗目标，它始终坚持政治学习，以马克思主义作为理论指导，同时，又不惑于这种来自西方的理论教义，而以马克思主义中国化也就是活的马克思主义来指导中国的实践；此外，共产党成功地借鉴了传统政府治理的优点即通过促进最广大人民群众的利益而让自己保持青春活力，同时，又能通过自身的组织创新和制度创新，让整个组织始终与时俱进。在共产党的领导下，中国政府从原先的歧视商业和商人转变为支持商业和爱护商人，从原先最大的农业经济体，在四十多年的时间内迅速转变为"世界工厂"，从敌视创新和变革转变为主动性制度创新的主体之一，从原先的封闭转变为以"开放倒逼改革"，从中央集权转变为财政分权，政府的角色也从传统的"掠夺之手"，一步步转变为真正的"帮助之手""扶持之手"。在这种政府治理模式、体系和能力变革的推动下，中国的经济也真正从"一穷二白"一步步走向国家和人民富强，乃至中华民族的伟大复兴。

（二）中央与地方之间的财政分权加上官员的晋升锦标赛这种独特的政府组织方式，使得各级政府和官员成为推动经济发展的主要推手

上述强势政府的渐进性和结构性变迁的一个重要标志就是中央政府和地方政府关系的变化。处于这种关系变化核心的是所谓的财政分权与政府官员的晋升锦标赛。在传统农业经济时代，中央集权，地方政府仅仅是中央政府的一个下属机构，官员没有太大的积极性和主动性推动改革和发展；但在财政分权体制下，中央和地方政府之间的关系变成合作共赢，变成了激励

相容。处在这种财政分权体制核心的是所谓的官员晋升锦标赛，即那些能听命于中央和上级政府、积极完成任务、政绩突出的官员，就能得到政治晋升和相应的经济和政治利益；相反，那些不如此做的官员的政治和经济利益就可能会双双受损[28]。于是，地方政府成为推动经济发展的主要推手。当地方经济获得更大的增长时，财政分权体制又使得这种增长能够惠及地方和执政官员，于是，官员得到晋升，地方经济得到发展，中央获得了全局最优的目标。

（三）垂直的中央集权加上水平的财政联邦主义这种国家治理方式，使得政府的激励和约束得到很好匹配

上述强势政府渐进性和结构性变迁的另一个重要标志就是垂直的中央集权和水平的财政联邦主义。水平的财政联邦能够激励地方政府推动发展的积极性，但如果没有垂直的中央集权，拥有较高发展绩效的地方政府往往就成为挑战中央政府的可能力量。所谓垂直的中央集权，主要体现在重要官员或者高层次官员的中央任命，政策和法令的集中统一，交通、电信、国防、水利等基础设施的全国统一运营，重要资源和骨干产业国有企业的中央和国家所有等，通过这些形式来保持中央对地方政府的适度约束和控制。这样，中央与地方政府之间的激励与约束、集权与分权就得到了很好的统一和协调。这是中国改革以来发展治理最为重要的核心特征之一[26]。在中国历史上曾经有过非常惨痛的教训，比如唐朝的“藩镇”之所以最终形成地方割据局面，并威胁到中央和国家统一，一个重要的教训是垂直的中央集权在一定程度上被削弱，而水平上的财政联邦由于地理区位的相对偏僻而被隔断，于是久而久之，“藩镇”就形成了军事、经济上的统一体，并成为威胁中国政治上统一的力量源泉[53]。

（四）渐进的经济和市场化改革的道路成就了过去四十多年的经济腾飞

所谓渐进的经济和市场化改革，是强势政府渐进性和结构性地发生了有利于经济体的变化的另一种表述。如果没有强势政府本身性质和功能的转变，恐怕就不会有相应的经济和市场化改革与由此带来的经济腾飞。然而，这一渐进的经济和市场化改革并不是一蹴而就的，而是政府在与市场长期博

弈、渐进试错和尝试的过程中逐步找到的。政府并不能准确地预测政策转变的效果与市场的反应，于是寻找少数的省区市进行政策试点；试点一段时间之后就是经验总结，如果试验取得较好的效果并且没有对整个经济和社会造成毁灭性破坏，这一试点就会在更多地区推广；反之，就可能被叫停。此外，这一渐进的经济和市场化改革，开始时往往表现为管制在一定程度上的放松，是一种相对被动的政策和试验，然而随着这种试验效果的不断显现，地方政府开始越来越多地从被动的放松管制转变为主动的制度创新，其中，中国的经济学家作出巨大的贡献。比如，吴敬琏、周小川[54—55]就认为，在整个改革的过程中，经济学家对于改革理论和实际问题自由而切实的讨论对于推进中国改革的向前发展起到非常重要的作用。

(五)“以开放倒逼改革”成为推动中国发展的最大动力

改革开放以来的中国发展，为什么是“以开放倒逼改革”的逻辑？原因就在于在像中国这样一个有着五千年文明、历史源远流长的国家搞任何改革往往都是非常艰难的。中国历朝历代的改革、变法之所以大多数失败，主要原因就是利益集团的政治乃至军事反对。当中国关起门来的时候，往往就会沉浸在自我陶醉和繁荣的氛围中难以自拔；当中国打开国门看世界的时候，往往就能学习其他文明所积累的优秀成果，并能以“拿来主义”的态度学习人类文明的一切优秀成果并能为我所用。

十八届三中全会以来，我们继续坚持“开放倒逼改革”的思路，逐步落实自由贸易试验区、自由贸易港、市场监管局、电子营业执照、“一口受理，并联办事”、负面清单、权力清单和市场监管的责任清单，并将政府治理体系和治理能力现代化确立为全面深化改革的总目标。这些都是中国“以开放倒逼改革”的逻辑推动中国发展改革的现实证明。

(六)从改革开放一开始，中国就没有忽视地理空间因素在经济发展进程中的作用，而是通过经济发展活动在不同地理空间的渐次展开而实现了经济增长的奇迹

中国最初的改革是在农村和农业部门，原因是农村相对落后，即使改革出现了一定偏差，也不会造成大的影响；此外，农业生产效率如果不提高，劳

动力就不可能被解放出来，工业生产、服务业生产就必然受到约束；但随着农业生产效率的上升、农村活力的提升，中国的改革从农村推向了城市，并开始在工业相关的领域展开；到后来，当工业的生产效率得到提高、市场得到扩展后，农业和农村又变成相对低效的地区和部门，于是，自 2006 年以后，中国发展的重心又出现一定程度偏向农村的回摆。到现在，当城市和农村的各项改革得到较大推动并遭遇更多障碍之后，中国又开始在全国范围内推行全面深化改革。中国这种从农村到城市，再到农村，最后到全国的渐次改革进程，其实也表明了中国是空间和区域经济发展的最佳实践者。

总之，中国改革开放伟大实践对主流经济学的挑战主要在于，主流经济学理论是在西方经济和社会基础上构建的理论，当将它运用于像中国这样的国家时，必然面临着很大的挑战。一是其初始条件与西方不同，因而改革开放的过程中不存在一个放之四海而皆准的普遍真理，需要因时因地进行调整。二是中国的经济、社会、文化和制度背景也与西方存在很大差异，因此，即使同样的政策改革也不一定取得预期的效果。三是经济学的现有分析工具对于理解中国经济改革发挥了很大作用，但中国改革开放实践也证明了经济学分析工具的局限，中国改革开放注定将对主流经济学作出巨大贡献；四是在改革的进程中，中央政府、地方政府和市场机制都能够发挥很大的作用，关键是如何很好地界定和协调二者的作用和地位。

六、改革开放伟大实践的经济理论贡献在经济思想史中的地位

如果要我们在经济思想史或者经济学说史的图谱中，概括改革开放实践的经济理论贡献的历史方位，恐怕我们只能用以下两个比较综合性的理论流派来归纳：一是中国特色的制度变迁理论；二是中国特色的转型政治经济学。

从前者来看，改革开放实践的中国经验表明，传统以市场和价格理论为重点的西方经济学理论在很大程度上忽视了一国初始的制度、历史、文化和传统元素；相反，在考虑了中国制度、历史、文化和传统元素以后，新中国成立以来特别是改革开放以来从落后走向富强、从欠发达走向发达的过程，既有与西方经济学经典理论一致的地方，也存在着大量与其不一致的地方。可以

这样说，中国改革开放实践最伟大的经济理论贡献就是中国特色的制度变迁理论，不仅变迁的内容涉及经济、社会、政治、文化、生态等方方面面，而且这些制度变迁的初始条件也与西方完全不同；不仅这些制度变迁所依赖的文化、社会和制度环境与西方不同，而且也意味着中国制度变迁的路径与西方存在着很大差别；中国特色的制度变迁进程中充满的复杂性、曲折性也可能意味着我们将具有与西方不同的制度变迁结果。这就意味着，中国特色的制度变迁完全有可能创造出一个不同于西方的社会和经济治理模式，而全人类并不一定只有一种经济和社会模式[56]。

就后者来说，从经济学理论演进的历史长河来看，1890 年以前的古典经济学被称为政治经济学，但 1890 年以后直至 20 世纪 80 年代的经济学则被冠以现代经济学的响亮名字，“政治”二字在不知不觉中消失了，这仿佛在告诫人们经济学理论已然成了可以忽略国情、历史、文化和政治过程的纯粹科学了。然而，无论是罗斯基[1—2]对中国改革经验所做的总结那样（中国改革经验证明了新古典经济学的局限，也必然能强化经济分析的基础），罗兰[57]对转型经济学过去这些年研究成果的总结和反思（政治在大规模制度变迁中起着重要作用），霍奇逊对经济学如何忘记历史所做的反思[58]，还是习近平总书记在十九大报告中对中国特色社会主义进入新时代所做的总结[59]，改革开放以来中国与世界的发展都表明了同样一个事实，那就是经济学并不是可以忽略国情、历史、文化和政治过程的纯粹科学，也没有发展到可以忘记国情、历史、文化和政治过程的阶段，相反，经济学更可能是一个需要时刻谨记这些条件、这些约束，必须在此基础上进行推理的社会科学，而不是纯粹科学。很显然，中国改革开放的伟大实践在很大程度上已经雄辩地证明了，政治过程、政府作用和政治经济学在理解像中国这样的发展中国家的经济发展进程中仍然扮演着不可或缺的重要作用。这意味着，在中国改革开放实践中，不仅不能忽视政治和政府在其中的重要作用，而且还要正确地认识政治和政府在其中扮演的积极作用；政治和政府并不像西方经典理论所假定的那样是越小越好、越小越美丽；相反，是否有效，是否发挥作用，是否受到企业、群众和市场的欢迎才是判断的基本准则。换句话说，用中国特色的转型政治经济学才能较好也更全面地理解改革开放这一伟大变迁。

七、小结

四十年在人类历史上仅仅是一瞬间，然而就是在这一瞬间，中国改革开放实践却创造了令全世界都刮目相看的历史。要用现有经济学理论很好地解释中国改革开放实践并非易事。这种困难不仅可能来自经典理论的固有偏见，而且也可能来自经典理论与中国改革开放实践之间的脱离或者不一致。无论学界喜欢不喜欢、研究者同意不同意，中国改革开放所取得的巨大成绩都将永载史册。本文从一个长期研究中国改革开放、同时具有企业从业经验与多年研究经验的国内学者的视角，对过去四十多年相关的理论进行了综述，指出了分析中国改革开放伟大实践的四个方法论视角，梳理了中国改革开放实践与经典理论之间的五个差异；在此基础上从六个方面对改革开放实践的理论贡献进行了总结；最后，提出了两个相对综合性的概括中国改革开放实践的理论流派。本文的研究肯定会存在一定局限和不完善之处，但愿这一研究对于该领域综合性研究相对稀缺的学术界能增加一点国内学者的真知灼见。

参考文献

[1] Rawski G T. Implications of China's Reform Experience[J]. China Quarterly, 1995, 144(144): 1150-1173.

[2] Rawski G T. Reforming China's Economy: What Have We Learned? [J]. China Journal, 1999, 41(1): 139-156.

[3] Harrold P. China's Reform Experience to Date[R]. World Bank Discussion Papers, World Bank, Washington DC, 1992.

[4] Chen K, Jefferson G, Singh I. Lessons from China's Economic Reform[J]. Journal of Comparative Economics, 1992(16): 201-225.

[5] Lin J Y. Rural Reforms and Agricultural Growth in China[J]. American Economic Review, 1992, 82(1): 34-51.

[6] Macmillan J, Naughton B. Reforming Asian Socialism: The Growth of Market Institutions[M]. Ann Arbor: University of Michigan Press, 1996.

[7] Perkins P. Completing China's Move to the Market [J]. Journal of Economic Perspectives, 1994, 8(2): 23-46.

[8] Yusuf S. China's Macroeconomic Performance and Management During Transition[J].

Journal of Economic Perspectives, 1994, 8(2): 71-92.
[9] Zou H. On the Dynamics of Privatization[J]. China Economic Review, 1994, 5(2): 221-233.
[10] Wei S. Gradualism versus Big Bang: Speed and Sustainability of Reforms[J]. Canadian Journal of Economics, 1997, 30(4): 1234-1247.
[11] Chang C, Wang Y. The Nature of the Township-Village Enterprise[J]. Journal of Comparative Economics, 1994, 19(4): 434-452.
[12] Che J, Qian Y. Institutional Environment, Community Government, and Corporate Governance: Understanding China's Township-Village Enterprises[J]. Journal of Law Economics & Organization, 1998, 14(1): 1-23.
[13] Li D. A Theory of Ambiguous Property Rights: The Case of the Chinese Non-state Sector[J]. Journal of Comparative Economics, 1996, 23(1): 1-19.
[14] Kung J K, Lin Y. The Decline of Township-and-Village Enterprises in China's Economic Transition[J]. World Development, 2007, 35(4): 569-584.
[15] 张五常. 佃农理论[M]. 北京:中信出版社,1969.
[16] 张五常. 中国的经济制度[M]. 北京:中信出版社,2009.
[17] 黄少安. 产权经济学导论[M]. 北京:经济科学出版社,2004.
[18] 费方域. 企业的产权分析[M]. 上海:上海人民出版社,1998.
[19] 盛洪. 中国的过渡经济学[M]. 上海:上海人民出版社,2009.
[20] 张军. 分权与增长:中国的故事[J]. 经济学(季刊),2007,7(1):21—52.
[21] 范子英,张军. 财政分权与中国经济增长的效率[J]. 管理世界,2009(7):15—25.
[22] 范子英,张军. 财政分权、转移支付与国内市场整合[J]. 经济研究,2010(3):53—64.
[23] 张晏,龚六堂. 分税制改革、财政分权与中国经济增长[J]. 经济学(季刊),2005,5(1):75—108.
[24] 周业安,章泉. 财政分权、经济增长和波动[J]. 管理世界,2008(3):6—15.
[25] 王永钦,张晏,章元,陈钊,陆铭. 中国的大国发展道路[J]. 经济研究,2007,(1):4—16.
[26] Xu C. The Fundamental Institutions of China's Reforms and Development[J]. Journal of Economic Literature, 2011, 49(4): 1076-1151.
[27] 周黎安. 晋升博弈中的政府官员的激励与合作——兼论我国地方保护主义和重复建设问题长期存在的原因[J]. 经济研究,2004(6):33—40.
[28] 周黎安. 中国地方官员的晋升锦标赛模式研究[J]. 经济研究,2007(7):36—50.
[29] 杨瑞龙,王元,聂辉华. "准官员"的晋升机制:来自中国央企的证据[J]. 管理世界,2013(3):23—33.
[30] 罗长远,赵红军. 外国直接投资、国内资本与投资者甄别机制[J]. 经济研究,2003(9):49—57.
[31] 林毅夫. 新结构经济学——重构发展经济学的框架[J]. 经济学(季刊),2011,11(1):1—31.
[32] 姚洋. 构建中国的新政治经济学[J]. 南风窗,2016(24):24—26.
[33] 文一. 伟大的中国工业革命[M]. 北京:北京大学出版社,2016.

[34] 田国强,陈旭东.中国改革:历史、逻辑与未来[M].北京:中信出版社,2016.
[35] Sachs J, Woo W T. China's Transition Experience, Reexamined[J]. Transition, 1996, 7(3/4): 1-40.
[36] 杨小凯.后发劣势[J].新财经,2004(8):120-122.
[37] [英]安格斯·麦迪森.中国经济的长期表现:公元960—2030[M].袁晓鹰,等译.北京大学出版社,2008.
[38] 赵红军.中国政府治理模式变迁的历史考察[J].社会科学,2016(2):4—12.
[39] [南]斯韦托扎尔·平乔维奇.产权经济学[M].蒋琳琦,译.北京:经济科学出版社,1999.
[40] [美]R.科斯,A.阿尔钦,D.诺斯,等.财产权利与制度变迁——产权学派与新制度学派译文集[M].刘守英,等译.上海:上海人民出版社,1994.
[41] [美]巴泽尔.产权的经济分析[M].费方域,等译.上海:上海人民出版社,上海三联书店,1997.
[42] [美]哈罗德·德姆塞茨.所有权、控制与企业[M].段毅才,译.北京:经济科学出版社,1999.
[43] Boycko M, Shleifer A, Vishny R. Privatizing Russia[M]. Cambridge: The MIT Press, 1995.
[44] 浙江大学企业成长研究中心.浙江民营企业调查报告[R].北京:社会科学文献出版社,2009.
[45] 赵红军.海外白银流入、被迫通商与中国银铜平行本位体制有效性——来自清代宁波府的经验证据[R].上海师范大学商学院工作论文,2018.
[46] Ehrlich S. The Politics of Fair Trade: Moving Beyond Free Trade and Protection[M]. Oxford: Oxford University Press, 2018.
[47] Joon C H, Samartans B. The Myth of Free Trade and the Secret History of Capitalism [M]. New York: Bloomsbury Press, 2008.
[48] Alesina A, Spolaore E. On the Number and Size of Nations[J]. Quarterly Journal of Economics, 1997, 112(4): 1027-1056.
[49] Alesina A, Spolaore E. The Size of Nations[M]. Cambridge: The MIT Press, 2003.
[50] Leff H N. Underdevelopment and Development in Brazil: Volume II: Reassessing the Obstacles to Economic Development[M]. UK: Routledge, 2010.
[51] 姚洋.高水平陷阱——李约瑟之谜再考察[J].经济研究,2003(1):71—79.
[52] Zhao H. China's Long Run Economic Development, How Have Institutions and Governance Evolved Since 500 BC[M]. UK: Edward Elgar Publishing Co. Limited, 2018.
[53] 赵红军.良性政府治理怎样发挥作用[N].东方早报,2012-12-18.
[54] 吴敬琏,周小川.中国经济改革的整体设计[M].北京:中国发展出版社,1990:14.
[55] 吴敬琏.经济学家、经济学与中国改革.吴敬琏自选集[M].北京:学习出版社,2008.
[56] 赵红军.从历史视角展望中国政府治理模式的未来[J].经济社会体制比较,2016(4):87—95.
[57] [比]热若尔·罗兰.转型与经济学[M].张帆,潘佐红,译.北京:北京大学出版社,2002.

[58] [英]杰弗里·M.霍奇逊.经济学是如何忘记历史的[M].高伟,等译.北京:中国人民大学出版社,2008.
[59] 习近平.决胜全面建成小康社会,夺取新时代中国特色社会主义伟大胜利——在中国共产党第十九次全国代表大会上的报告[M].北京:人民出版社,2017.

原载《江西财经大学学报》2019年第2期

治堵从转变城镇化观念始
——经济学的解读

孟祥仲[*]

当下中国城市化遇到的第一个难题，就是伴随城市规模的不断扩大而出现的城市交通拥堵。

中国高铁在速度、里程、舒适度等方面都是世界第一。中国高铁绝大部分设计时速都在350公里左右，从天津到济南330公里只需要70分钟就可以走完全程(包含在途停靠车站时间)。目前我国市内交通拥堵的状况究竟如何，这里笔者用自己的亲身经历来具体描述一下济南市内的交通拥堵状况。

目前因拥堵而驰名全国的济南经十路，笔者在学校两校区之间(燕山校区和圣井校区，两校区都位于经十路附近，燕山校区在西边，圣井校区在东边，相距大约30公里)某交通高峰期用了90分钟，这个时间乘高铁可以从济南到北京了。

因为学校系多校区办学，一周五日，如果每天在两校区之间来回需多耗费两小时(正常速度每天来回一次可以节约2小时)，这样算下来一年有多少时光就这样无谓地耗费在了拥堵的市内道路上了。这种情况并非笔者所居城市所独有，而是我国很多城市都存在的现象。

虽然政府及社会各个方面采取了多种措施，包括不断地修建更多的城市道路，甚至各个城市出台不少限行政策以缓解交通问题，但随着汽车数量的不断增加，市内交通拥堵状况越来越严重。

市内交通拥堵(行车难，驻车难)不仅出现在中国的大城市，而且中小城

---

* 孟祥仲，山东财经大学教授。

镇也存在。我国东部的许多中等城市和一些县级市，甚至个别乡镇，随着近几年城镇化的进度加速，市内交通拥堵日益加剧。

近年来，我国城镇化建设规模发展较快，拥堵问题更趋严峻。伴随城镇化的发展而密集建设起来高楼大厦群，以及交通工具更新加快，人们出行普遍以小型汽车作为代步工具，交通拥堵不可避免。

因此，适时转变城市化观念，城市拥堵才可能有所改善。城镇化建设的初心是提高居民的生活水平，让居民享受更多现代城市文明的效用。

目前我国秉持的城市化观念是基于高速交通网和信息化网络没出现以前认知形成的城镇化观念，滞后于现实的发展。

就我国目前的城市状况而言，假如人们都放弃家庭汽车这种代步交通工具而改用自行车作为主要交通工具，或者主要用公共交通工具作为出行的首选，就当下的中国城市容积及交通道路状况而言，市内交通拥堵现象就会大大缓解。但这也只能是假如。

大中城镇市内交通拥堵来自城镇化建设本身，改变城市交通拥堵的出路就是随着客观世界的变化而更新城市化观念，城镇化的建设理念要随着工商文明的进步适时做出调整。

所谓传统的城市化观念就是人们居住的集中化，社会分工的专业化，生活方式的便利化。也有的学者认为，城市化是多维的概念，城市化内涵包括人口城市化、经济城市化(主要是产业结构的城市化)、地理空间城市化和社会文明城市化(包括生活方式、思想文化和社会组织关系等的城市化)。

城市化的动力源泉用经济学语言来表述就是居民在收入既定的前提下，集中居住的效用高于分散居住的效用，这个效用包括商品与劳务的效用及居民收入的效用。城市的收入高于乡村收入，城市的生活成本又大大低于分散的乡村生活成本，越靠近城市中心这种经济效用越明显。于是人们纷纷从边远的乡村涌向城市，使得城市规模不断扩大。

这种城市类型出现的基础条件是传统的交通工具和信息传递方式及物流方式。100 多年前，大都市的居民欣赏一场音乐会是一种普通的文化消费方式，但对于边远乡村居民就是十分昂贵的奢侈品。要享受到和大城市居民一样的生活水平就必须搬到大城市里去，这种生产生活方式需求的刺激使世界上工商业发达国家都先后建设起了世界上著名的大都市，而且城市规模的大小还成了衡量国家经济发展水平的标志。

伦敦、巴黎、纽约、东京、旧金山、香港、上海等大都市兴起，都是这一城市观念下的产物。凡按此种城市观念建设的城市，几乎无一例外都出现过或今天仍然存在着市内交通拥堵的难题。

20 世纪 60 年代以后，随着高速公路的建设和普及以及航空业的发展，城市之间的距离相对地缩小了，建设大都市的势头就渐渐地改变了。除了少数新兴工业化国家还在建设居民集中化的大城市，传统的工业化国家已经改变了传统的居民集中化导致高楼大厦林立的城市建设模式，而散点发展城镇成了城市建设的新模式。

散点建设中小城镇观念确立的主要原因就是由于过分密集的城市化群和拥堵的市内交通环境，居民花费在道路上的时间增加，使得人们的生活成本大大提高，再加上生态环境的因素，人们纷纷选择郊区或乡村居住。同时由于发达、高速和高效的交通网的建设，人们在路途的时间比集中居住在拥堵城市所耗费时间还要少，这样居住在乡村的生活成本就下降了。

特别是最近几年移动互联网和电商等新生产生活方式发展迅速，加之快递物流网的建设，城市中心地带和边缘地带的居民生活差别几乎消失，避开拥堵喧闹的都市到幽静的乡村生活自然成了人们的理性选择之一。

本文所称的旧的城镇化建设理念就是指依然停留在高速交通网络和信息化时代出现以前的城镇化观念。这种理念认为：城镇化就是居民集中居住，城市化就是高楼大厦化，而不是追求市民生活的现代的城市化本身。所以，当下解决我国不断严重的城市市内拥堵问题的关键就是改变旧的城镇化观念，树立起基于高速交通网和大数据时代的现代城乡一体化的城镇化观念。

新的城镇化观念是居民生活的城市化而不是单单的集中居住化。由集群建设城镇逐步转变为分散多点建设城镇，不追求集中居住的大城市建设模式，用高速交通网和信息化网络将分散的中小城镇串联起来。按这种理念搞城镇化建设不仅会加快我国的城市化进程，同时也会给我国的交通运输业拓展出更大的市场空间。各地可以基于本地的自然和文化背景，建设各具特色的城镇，既保留了传统的文化又发展起各有特点的现代城镇群，可使居民低成本地享受现代化城市文明的福利。

散点建设各具特色的中小城镇，可避免和改变千城一面的城市发展模式。曾经有一种观点认为,城市化就是高楼云集化,各大城市都建百米以上的地标建筑。不仅千万人口的特大城市,有些县城、乡镇建设也是清一色的高层建筑。使人们普遍感觉不这样建设就好像就不是城镇化建设了,把城市化与高楼大厦化等同起来,片面认为城镇化就是高楼大厦化。

我国现在已基本建成了县级以上的城市互连、东部地区乡镇驻地互连的高铁或高速公路网,电力设施已完备,各种气管网也已基本建成,快递网络等生活需要的网络也基本实现了城乡一体化,因此,散点建设城镇的客观条件已经完全具备了。

有人认为,中国地少人多,尤其是人均有效土地少,城镇化只能搞集中化度高的大中等城镇建设模式,散点式乡村田园式的城镇建设模式不适合我国。这种观点看似科学实则不然。随着当下的交通运输模式、物流方式等新型生产生活方式的出现,这种集约化城镇模式可以被打破。

也有人认为,高楼大厦集中连片的城镇化建设模式可以节约土地资源,提高土地使用效率。这种观点也值得商榷。经济学意义上的资源不仅指土地一项,它包括一切可以创造财富的元素,包括劳动力时间价值。城市拥堵所导致的时间成本支出以及由此带来的精神疲劳也是一种资源浪费。同时,各城镇为解决市内拥堵必须建设更多的城市道路等附属设施,也要付出巨大的成本。

如把这些因素包含在内的话,散点建设城镇的成本支出未必一定大于集中居住的城市模式。集中连片建设城镇表面上看土地资源可能节约了,而其他的资源支出却大幅提高了,两者相抵总量资源反而会增加。

我国有不少城镇化研究方面的专家学者,不仅仅是城镇规划方面的专家,也包括经济学家,根据我国城市和乡村的比较,通过模型演算得出结论:城市面积越大,城市的人口容积率越高,城市的经济效率越高,城市的经济效率与城市规模呈正相关。因此,他们主张通过建造北京、上海、广州、深圳等特大城市的模式来推进中国的城镇化。

随着我国城镇化建设进程加快而出现的市内交通严重拥堵问题,这与我国的土地制度有关系的,过时的城市化观应是主要的因素之一,也希望后续可以有更多这方面的研究。

原载《经济学家茶座》2021年第2期

数学在经济学研究中的角色：基于金融危机视角的思考

刘康兵　尹伯成　申　朴*

经济学与数学本是两门相互独立的学科，无论研究对象还是学科性质都互不相同，但经济学与数学却有着非同一般的关系。现代经济学已经表现出强烈的数学化倾向，经济学的研究已经不再完全使用纯文字的表达和推理方式，而是越来越多地借助严密的数学语言、复杂的数学工具和先进的数学方法。数学在经济学中的运用由来已久。古典经济学并未充分使用数学，例如，古典经济学大师亚当·斯密和大卫·李嘉图只是用数字例子来描述其理论，即使在约翰·穆勒和马克思的著作中，数学公式和图表也仅被用作速记语言或解释性工具。然而，随着古诺、杰文斯、门格尔、瓦尔拉斯、埃奇沃思、马歇尔等一批经济学家的作品问世，也就是新古典经济学的诞生，传统的经济学研究方法论发生了“剧变”，数学开始成为经济学研究的主要方法，持续至今。

诚然，现代经济学的发展对逻辑性和严密性提出了更高要求，这使得经济学与数学的结合成为必然。但是，尽管数学的语言、工具和方法也被运用于其他许多学科，然而可能其在经济学中的运用所引起的争论是最为激烈和持久的。目前，在处理经济学和数学之间的关系问题上有两种偏向：一是对现代经济学中的数学运用持否定态度，认为数学模型没有多大用处，只是花架子、装门面；二是对经济学中的数学运用过分崇拜，完全迷信，认为只有运用数学模型表达的经济学论文或者著作才有深度，才科学。总体来说，当前

* 刘康兵，经济学博士，上海大学国际工商与管理学院副教授；尹伯成，复旦大学经济学院教授、博士生导师；申朴，华东理工大学商学院讲师。

经济学的主流过度依赖数学模型。但是，在2008年金融危机爆发后，经济学界长期信奉的许多理论被颠覆了，人们曾坚信市场会始终以高效、理智的方式发挥作用，然而金融市场的此次巨变粉碎了人们的信心。学术界正在深刻反思那些数十年来被商界、投资者和政府视为圣经的数学经济模型。正如英国剑桥大学嘉治(Judge)商学院的迈克尔·基特森(Michael Kitson)所言："经济学思想的最大转变通常发生于危机之后。"[1]因此，在此背景下研究经济学如何正确使用数学工具、如何辩证地看待经济学与数学之间的关系，就显得尤为重要了。

一、经济学要用数学作工具

经济学研究经济现象的本质，而经济现象的本质不但要定性表示，还要定量表示，如失业率、通胀率、垄断力、贫富差距等。如果在经济学范畴分析各种量以及量与量之间的复杂关系，数学的推理就十分必要。如果经济理论仍然基于纯粹的定性分析，而不设法度量各变量或因素在数量上的重要性，那么实际上可以获得和捍卫任何我们想要的"结论"。例如，在经济衰退时，一些人会说，有必要降低工资，因为那将增加企业利润从而刺激经济活动；另一些人则会说，有必要增加工资，因为那将刺激消费需求从而刺激产出和就业。某些人会说，有必要降低利率因为这将刺激企业投资增加或新企业的创建；而其他人则可能说，有必要提高利率，因为这有助于增加银行储蓄，进而提高银行的放贷能力。如果我们不考虑间接影响，也不考虑各种正向效应和负向效应的相对大小，孤立地考察上述各种政策建议，它们都会包含一点真理。"公说公有理，婆说婆有理"可能是"文字经济学家"(literary economist)①们遭遇的最苦恼的一件事[2]。如果我们尝试对经济概念进行定量化分析，问题就没那么复杂了。这也许是经济学需要数学的最一般也是最好的原因。我们能朝这个方向走多远是另外一个问题，倘若经济学想成为一门科学，就必须至少进行这方面的尝试。

在尝试将数学方法引入经济分析领域并推动经济理论发展方面，古诺、

① Samuelson将文字经济学家定义为对非数理经济学家的一种委婉称呼，我们沿用了这一称呼。

埃奇沃思、杰文斯、瓦尔拉斯等人功不可没。无论这些经济学家使用数学广泛与否，他们都认为数学是必不可少的。早在1838年，古诺就在其《财富理论的数学原理的研究》中指出："大多数致力于政治经济学研究的学者，对于在财富理论上应用数学分析也存在偏见，他们认为，利用数学符号与公式只能进行数字运算……数学工具即使不是必然导致荒谬的结果，至少也是迂腐无用的。但是真正娴于数学分析的人都知道，数学的用处绝非单纯是计算出数字结果，它还可以用来发现不能用数字表达的量之间的关系，以及不能由代数表达式来表述的函数之间的关系。"[3]古诺是在经济学中应用数学方法取得巨大成功的第一人。埃奇沃思也表达了类似的思想，在《数学心理学》中，他论述了使用数学推理而不涉及数字的可能性，"我们不能数清生活中的金色沙粒，我们也不能数清爱的海洋中'无数'的微笑，但看来我们能够观测到或多一些、或少一些的快乐单位以及幸福程度，而这已经足够了"[4]。埃奇沃思是经济分析工具的发明者，他给我们带来了效用函数的一般形式、无差异曲线及这些曲线的凸性、契约曲线等，如果没有这些，今天的经济学会是什么样子？杰文斯和瓦尔拉斯的工作则激起了经济学界对数理方法的认真关注。杰文斯指出，对古典经济学家充分利用的演绎法无须予以替代，而只需予以改革，这种改革在很大程度上在于公开使用数学技术，因为"经济学如果是一门科学，它必须是一门数学的科学……我们所处置的量，必定是连续可变的……那就要应用微分学来分析我们所熟悉的财富、效用、价值、需求、供给、资本、利率和劳动等概念，几乎其他每门学科的完备理论都包含对微积分的应用，经济学理论自不能例外"[5]。瓦尔拉斯认为："我们要做到这一点，只有依靠数学的语言、方式和原理。因此，我断言，在纯粹经济学的表述中，数学的使用不仅是可能的，而且是必要的，绝不可少的。""当同样的事物，用数学语言可以做出简洁、精确而清楚得多的表达时，为什么一定要像李嘉图经常所做的那样，或者像穆勒在《政治经济学原理及其在社会哲学上的若干应用》中一再所做的那样，用日常语言，在极其笨拙并且不正确的方式下来解释这些事物呢？"[6]实际上，若仔细回顾一下自19世纪中叶以来的经济学文献，可以毫不夸张地说，这一百多年中对经济学理论发展做出最重要贡献的是那些具有数学头脑的人（注意，这里并不是指数学家）。

的确，许多经济问题的解决都需要数学工具的帮助。例如，竞争性市场中一般均衡的存在性及其福利含义的证明和分析必须借助角谷(Kakutani)不动点定理、李雅普诺夫(Lyapunov)定理、支撑超平面定理及其他一些集合理论等数学工具;效用函数的存在性证明要依赖微分学或拓扑方法;保险学中保费的计算以及养老金的计算正是利用了大数定律等概率论知识才得到科学的解决;随机微分方程与数理统计在期权定价、投资风险分析与优化等金融问题中扮演着重要角色;经济学研究经济行为人活动的规律,经济行为人的理性要求决策优化,静态最优化问题要运用微分学和矩阵代数的基本工具,动态最优化问题则需要应用变分法、最优控制理论、动态规划等复杂数学技术……这类例子很多,不胜枚举。对这些问题的肤浅处理可能导致谬误,为了根除谬误,哪怕花些代价学习和掌握必要的数学技术,也是非常值得的。

不可否认,若不怕麻烦、不避冗长,最复杂的数学问题也可用普通文字叙述,其答案亦不难用文字探求。但与纯粹的文字逻辑相比较,运用数学推理确实具有如下优点:(1)所运用的“数学语言”更为简练、严谨和精确,可防止漏洞和谬误,使我们能够更深刻地理解所研究的问题;(2)可用已有数学模型或数学定理推导新的结果,得到凭直觉无法或不易得出的结论;(3)它促使我们在推理的每一阶段都做出明确的假设,这是运用数学定理的先决条件,从而可以避免用纯文字语言分析时经常出现的下意识采用不明确假设的缺点;(4)使我们能够处理 n 个变量的一般情形,有助于从具体的经济现象中抽象出事物的本质,从而揭示出现象之间的普遍联系,进而提高经济理论的解释力和预测性,使经济思想和经济理论具有更深刻、更一般的意义,所获结论适用于更广泛的问题;(5)在合理的假设前提下,使对复杂问题的分析变得简单化而不改变其本质且不失一般性;(6)运用数学模型可以更清楚地确定学术争议的焦点,这就是或不同意对方前提假设,或找出对方论证的错误,或发现修改原模型假设而导致不同的结论。

二、数学经济模型的功能和局限性

什么是数学经济模型?数学经济模型是为了解决经济领域中的问题而作的抽象的、简化的数学结构的刻画,或者说,数学经济模型是为了经济目的,用字母、数字及其他数学符号建立起来的等式或不等式以及图表、图像、框图等描述客观经济事物的特征及内在联系的数学结构的画。

所谓数量经济学的方法,实际上主要就是数学经济模型方法,其内容包括经济系统分析、经济计量分析、投入产出分析、成本收益分析、最优规划分析、电子计算机模拟等。这些方面的建模在实际经济研究和工作中,有相当大的用途,如扩大再生产的数量分析、部门联系的平衡研究、国民经济的最优计划和管理、经济预测、企业经济决策等都可应用。

构建数学经济模型的一般步骤:(1)了解实际经济问题及有关背景;(2)通过假设把所要研究的问题简化和抽象化,明确模型中诸多影响因素,用变量和参数表示这些因素,并用数学知识和技巧来描述这些变量、参数之间关系,这些关系用数学表达式表示,从而初步构建一个数学经济模型;(3)使用已知数据或观测到的数据对所建模型中的参数给出估计值;(4)运用模型所得到的结果与实际观测到的情况做分析比较,看模型结果与实际情况是否相符,如不一致,要找原因,包括假设是否恰当、是否忽略了不该忽略的因素或保留了不该保留的因素,以对模型做出必要修正。

从上述可见,经济学不是数学,数学只是一种分析工具,数学作为工具和方法必须在经济理论或思想的合理框架中才能有用,而不能代替经济学。经济思想是最重要的,数学和计量方法只是体现和执行经济思想、帮助理解和分析的工具。分析工作,即数学推理,必须预先假定我们对事实及其意义的洞察力足够清晰,以至可以提出有意义的问题和假设,进而据此建立相应理论。如果不能做到这一点,数学方法不仅毫无帮助,反而可能把我们引入歧途。在经济学中,多数的情况是,直接研究一个经济问题,并用到一些数学,但不是做纯粹的数学问题。若本末倒置,过分依赖数学,不加限制地将经济学"数学化",可能阉割经济学本质,损害经济思想,使经济研究误入歧途。

第一,经济学不是数学概念和模型的简单汇集。作为社会科学的分支学科,经济学是人类活动中有关经济现象和经济行为的理论,而人类经济活动受文化的、道德的、历史的和制度的诸多因素的影响,若把经济学变为一系列抽象假定、复杂公式的科学,就忽视了经济学作为一门社会科学的特性,失去了经济学的人文性和科学性。

第二,经济学运用数学工具,离不开一定假设条件,不是无条件适用于任何场合，否则会导致理论指导现实失效。微观经济学的奠基人马歇尔和宏观经济学的奠基人凯恩斯都使用了抽象的研究方法，但都充分认识到了抽象分析的局限性。尽管马歇尔早期接受的是数学教育，也承认经济学中“如果没有数学符号或图形的帮助，我们要完全明了这一方面的连续性是不容易的”，但是，马歇尔并不迷信数学，“纯数学在经济问题上的主要用途，似乎在于帮助一个人将他的思想的一部分迅速地、简短地并正确地记录下来供他自己之用，并使他确信他的结论已有足够的——仅仅是足够的——前提。但是，当我们必须使用许多符号时，除了作者自己之外，任何人都觉得非常麻烦，将经济学说改成冗长的数学符号之后，是否有人会细心阅读不是由他自己改写的这种数学符号，似乎还存疑问”[7]。凯恩斯同样指出：“把一组经济分析用充满符号的伪数学方法变成公式，加以形式化，其最大弊端，乃在于这些方法都明确地假定：其所讨论之各因素绝对独立，倘若这个假设不成立，则此等方法之说服力与可靠性便一扫而尽。”[8]

例如，瓦尔拉斯的一般均衡理论可谓对经济学理论的最伟大的贡献之一，但其一般均衡模型并非无可争议，学术界对这一模型的批评主要在于瓦尔拉斯的一系列假定造成了一个纯粹假设的经济模型，与过去、现在的经济都极不相符，甚至作为经济行为的一种高度抽象的分析工具也没有什么用处。之所以这样，是因为该模型的设计旨在符合某些数学条件——那就是为了一组方程式的求解——而不是一套用来解释经济行为的假设和数学条件[9]。

再如，西方经济学假设经济行为主体都是自利的，或者说经济活动的参与者在追求自身利益时是具有理性的，这在消费者行为理论中被描述为消费者有固定不变的偏好，从而在预算约束下选择购买一篮子商品以最大化其效用水平。由于自利是西方文化的主导特征，并且经济学家创立消费者行为理论的目的在于解释西方社会消费者的购买行为，因此，用有约束的效用最大化模型来刻画消费者的理性是完全符合西方文化传统的，采用上述最优化技术分析消费者的经济活动再合适不过了。但是，对于自利不是其主导文化特征的那些社会来说，最优化模型就不适用于解释其消费者的购买行为，日本的情况就是如此[10]。在这种文化差异背景下，僵化地应用自利假设下的最优化技术分析消费者行为，不仅会导致误解，而且会误导经济政策的制定。自金融危机以来开始普及的行为金融学批驳了纯理性活动的观点，并把对市场参与者的行动具有推动作用的心理因素纳入其中。同样，由于制度、文化等差异，西方经济学的厂商理论也不太适用于解释我国企业特别是国有企业的行为，生搬硬套必将搬起石头砸自己的脚。

三、经济学运用数学工具要恰当

经济学用数学作为工具是必要的，数学对研究经济问题是有用的，但工具终归是工具，不能当作目的，工具运用要恰当，不能滥用、乱用、误用。现在有两种不良倾向。一是把工具当目的：有人在经济学研究和教学中单纯或过分追求数学化，把经济学当成数学，以数学公式多寡作为区分经济学的初、中、高级的标准，实际上区分初、中、高级的标准是内容和思想，而非数学工具运用的多少。二是乱用、滥用：有些论文或著作很简单的观点或结论，却要编制一大套数学模型，制造连串推导；有些为编制模型，抽象掉不该被抽象的实际情况，开列的假定条件与客观情况不符；有些把不适用于中国实情的西方经济学模型，硬套用于中国，得出一些错误的结论。

马歇尔和凯恩斯等经济学大师重视的是思想，他们对滥用数学保持高度警惕，因此将数学推理只放在附录或脚注。马歇尔认为，滥用数学会导致人们走上追求智力玩具和与实际生活条件不相干的幻想问题的歧途，“近年来对经济学的研究使我日益感到，一个能够处理经济假说的好的数学定理极不可能成为好的经济学”[11]。为此，马歇尔确立了使用数学的几个原则：(1)将数学用作一种速记语言，而不是一种研究工具；(2)在完成工作之前一直使用数学；(3)将数学转化成文字；(4)然后用现实生活中重要的例子来说明；(5)去掉数学；(6)如果不能成功做到第4步就去掉第3步。凯恩斯也是数学专业出身，数学的思维能力隐藏在凯恩斯著作中的纯科学部分里，但他从未把他的精力悉数投入这个领域。凯恩斯认为：“近代所谓‘数理’经济学，太多一部分只是杂凑，其不精确如其开始所依据的假设条件，而其倡导者，却在自命不凡但毫无用处的符号迷阵中，把现实世界之复杂性与息息相通性置之脑后了。”[8]

凯恩斯对宏观经济学的贡献之一是提出：国民总收入以某种方式与意愿的储蓄和意愿的投资相联系，在均衡收入水平上，意愿储蓄等于意愿投资。

后来的经济学者不断用几何图形和代数方程将这一思想形式化，构建相应的数学模型。但这种表述使人们迷惑于数学的精妙，却忘记了凯恩斯的许多函数根本不存在确切具体的形式。实际上真正需要我们做的工作是从实证角度考察消费和投资(作为国民收入)函数的存在性和性质，而不是如何把数学技术做得更漂亮。同样的问题也发生在对经济周期的研究中：研究者们惊喜于动态方程组可以产生波动效果，进而运用它们来模拟经济周期，但却忘记了这些模型是否有效还未可知，它们可能甚至根本经不起实证的检验。

在现实生活中，能够对经济主体的行为产生决定性影响的变量非常之多，并且这些变量之间存在广泛的相互联系。如果研究者为了使问题变得可控或使计量模型变得可操作而省略或删除某些(不能测度的)变量，据此建立的数学模型将完全与现实经济问题脱节。微观经济学中的厂商理论假设厂商追求利润最大化，在这里利润被表述为厂商的收益与生产成本之差。但这个分析框架忽略了一些重要变量——货币资本。现代企业的生产、投资和融资决策不仅是相互影响的，而且都是为了满足利润目标而制定的。因此，如果在实际分析中将企业行为仅仅描述为最大化收益与生产成本之差就完全偏离了正轨。

因此，经济学研究运用数学工具必须十分当心，必须恰如其分。应当认为，经济学中的数学运用和分析只能是一种近似，可为人们提供一些参考性意见，不可能达到绝对精确。其原因有四。

一是经济现象本身是十分复杂的，在大量复杂现象和要素中很难通过数学分析找到最佳值、最佳方案。如赫伯特·西蒙(Herbert Simon)所说，次优就不错了，如从边际分析中找出利润最大化的价格和产量值，只能是数学计算值，现实经营决策中难有。

二是经济现象往往是相互联系、受众多因素影响的，很难抽出一个或几个因素做定量的或函数的分析。如企业投资不仅受利率影响，还受对未来预期(产品销路、价格走势、政策、地区投资环境、竞争对手策略等)的影响。然而也不能因此认为数学分析没有意义，经济分析必须使用抽象法。马克思说，经济分析不能用显微镜，也不能用化学试剂，只能用抽象法代替二者，否则经济研究就变得不可能。经济研究往往先建立一个简单模型，然后再把现实条件逐步加入，如宏观经济分析从简单的收入-支出模型到扩展的 IS-LM 模型再到完整的 AD-AS 模型的发展，就是遵循了这一逻辑。

三是经济学研究的是人,人是活的,有思想的。经济生活是多变的、不确定的,较难用一个固定公式来概括经济变化规律。如边际消费倾向会随人们预期而变化;经济分析中的函数关系很少会是线性的,非线性的形状也难以规则;经济生活中未来是不可知的、不可逆的,犹如凯恩斯所说的“动物精神”。当然,不能因此认为数学模型不存在,静态分析是动态分析的基础,时点分析是时期分析的前提,这些都需要数学分析。

四是信息是不对称的。再完美的制度也难以消除人们的机会主义倾向,逆向选择和道德风险都使数学分析受到限制。美国次贷危机引发金融危机的事实证明,依据有效市场理论建立起来的投资理论靠不住。凯恩斯曾将金融市场蔑视为赌场,但这种观点逐渐被经济学家抛弃,别说自由主义经济学家,连新凯恩斯主义中也有不少人相信投资者和消费者是理性的以及市场总体是有效的理念。20 世纪 70 年代左右,在金融市场研究中,关于投资者非理性、泡沫以及破坏性投机等的讨论事实上已从学术话语中消失了,理论舞台为尤金·法玛(Eugene Fama)倡导的“有效市场假说”所支配,给定所有公众可获知的信息,金融市场上所有产品的定价都会反映公司的价值,投资者都会理性权衡风险和收益,在这一假设基础上建立起来的所谓资本资产定价模型(capital asset pricing model, CAPM)将十分有用。然而,金融产品过度创新导致信息传递效率大幅下降,金融产品一层一层地打包出售,对投资者而言,这明显地影响了产品信息的传递,再加上人类行为中“贪婪”与“自私”的极端配合,各种以创新为名的会计及账目操作,各种不计后果的杠杆模式,最终导致这场百年一遇的金融灾难的发生,并颠覆了“有效市场假说”这一经济学殿堂级理论。相信了这套精巧数学模型的投资者们,哪怕是最聪明、最精明的那些投资机构也在这场严重的金融危机中栽了大跟头,甚至连雷曼兄弟公司这样的老牌金融机构也未能幸免,不得不倒闭破产。其根源在于,所有那些漂亮的数学模型的建立都有个前提:信息是充分的、对称的,经济活动主体并不是机会主义者。

四、结论

如果一名学生来向你讨教如下问题:“我对经济学理论非常感兴趣,但对数学几乎一窍不通。当我翻阅经济学杂志时，我感到很困惑。我应该放弃成为一名经济学家的梦想吗？我必须学习数学吗？如果是，那学习多少数学知识就够了？”你会如何帮他解惑？

且先看马歇尔给熊彼特的建议：忘掉经济学理论吧，报酬递减规律早就被证明了，这个世界正等着数以千计的有意义的应用呢！熊彼特不认为这是一条好的建议，他没有接受，众所周知，后来熊彼特成长为世界上最伟大的经济学家之一。萨缪尔森给我们的建议就要好得多：许多著名经济学家对数学根本一无所知，也确有许多杰出经济学家懂得一些数学知识，因此，即使你不懂数学，也不妨碍你成为一名伟大的经济学家，当然，条件是你的智力和智慧更超群。例如，科斯在数学上一窍不通，高中数学都考不过，但他有超凡的能力使用文字语言进行分析，科斯定理没有数学，但逻辑严密，为解释重要的产权问题奠定了基础。科斯是天才，马克思亦然，这样的人，不使用数学工具，用哲学逻辑也能把问题想透。不过，我们也必须清楚一个事实，历史上那些卓越的经济学家中，绝大多数人至少接受过中级水准的数学培训，如马歇尔、马尔萨斯、维克塞尔、凯恩斯等，这还不包括数理经济学家埃奇沃思、古诺、瓦尔拉斯、帕累托等。同样，在 1969—2009 年获得诺贝尔经济学奖的 64 位经济学家中，有 13 位获得过数学学位，另有 11 人获得过统计学、物理学、工程学等学位。

经济学需要数学的帮助，需要进行微观、宏观、数理、计量等一系列基本训练，才能帮助学生掌握分析的手段。在当今社会，这些是成为经济学家的基本条件。但是，观察能力和分析能力要两者并重，不能只强调数学分析能力，必须同时强调观察能力，两者是互补的。

我们须始终将熊彼特的话铭记于心：“从原则上说，先有对事实及其意义的洞察力而后有分析工作，分析工作是为洞察力服务的，然后分析工作与洞察力便不断相互促进，携手并进。”[13] 瓦尔拉斯因为分析经济生活的许多侧面而形成丰富的经济思想和洞察力，如果没有这些思想和洞察力，他的一般均衡理论就会变成空洞的、干枯的数学外壳；同时，瓦尔拉斯为了支撑那些经济思想和洞察力而设计了一个精妙的数学模型，如果没有这个分析框架，它们的意义以及在经济系统中的地位就不可能充分地展现出来。

经济学要用数学作工具，但数学工具不是经济学。数学工具的运用要从经济思想表达的需要出发，服务于经济学研究。以数学工具运用与否及多少来衡量经济理论的深浅和理论水平的高低是错误的，离开了一定前提条件滥用、乱用或迷信用数学工具构建起来的经济模型，在实际生活中毫无用处。经济学需要数学吗？当然！但我们不能以牺牲经济思想为代价，使经济学让位于数学。

参考文献

[1] Gardiner B. Economists Rethink Theories After Crisis[J]. Wall Street Journal, 2010, 14(6): 1-8.
[2] Samuelson P, Introduction: Mathematics in Economics—No, No or Yes, Yes, Yes? [J]. Review of Economics and Statistics, 1954, 36(4): 359.
[3] [法]奥古斯丹·古诺. 财富理论的数学原理的研究[M]. 陈尚霖，译. 北京：商务印书馆，1994.
[4] Edgeworth F Y. Mathematical Psychics: An Essay on the Application of Mathematics to the Moral Sciences[M]. London: C. Kegan Paul&Co., 1881: 8-9.
[5] [英]斯坦利·杰文斯. 政治经济学理论[M]. 郭大力，译. 北京：商务印书馆，1984.
[6] [英]约翰·穆勒. 政治经济学原理及其在社会哲学上的若干应用[M]. 朱泱，等译. 北京：商务印书馆，1991.
[7] [英]马歇尔. 经济学原理(上卷)[M]. 朱志泰，译. 北京：商务印书馆，1964.
[8] [英]约翰·梅纳德·凯恩斯. 就业、利息与货币通论[M]. 高鸿业，译. 北京：商务印书馆，1999.
[9] 新帕尔格雷夫经济学大辞典(第四卷)[M]. 北京：经济科学出版社，1996.
[10] Katzner D W. Western Economics and the Economy of Japan[J]. Journal of Post Keynesian Economics, 1999, 21(3): 503-521.
[11] Pigou A C. Memorials of Alfred Marshall[M]. New York: A M Kelley, 1966.
[12] 熊彼特. 经济分析史(第三卷)[M]. 北京：商务印书馆，1996.

原载《江海学刊》2010 年第 5 期

《中世纪欧洲商业史:1200—1550》译后小记

司　艳*

2023年年底,我翻译的《中世纪欧洲商业史:1200—1550》正式付梓刊行。适逢恩师尹伯成教授从教63周年纪念活动,提笔简要介绍本书梗概,祈予指正。

一、内容简介

本书系上海财经大学出版社从剑桥大学出版社引进出版的"剑桥·全球经济专题史"丛书之一。该丛书的作者均为世界顶尖高等学府的经济学家和历史学家,以经济学为分析视角,以历史史料为分析基础,研究中世纪以来不同经济专题领域的发展脉络。本书作者埃德温·S.亨特(Edwin S. Hunt)和詹姆斯·M.默里(James M. Murray)分别是美国辛辛那提大学经济史教授和助理教授。

作者以14世纪暴发的"黑死病"为时间界限,上篇从不同侧面呈现中世纪早期鼎盛时期的商业活动并简要追溯各个领域的演进过程;下篇首先讲述商界在延绵不绝的灾难中适者生存的故事,然后介绍他们如何别开生路,想尽办法找到廉价的货源。作者研究基督教、各种类型政府对商业的影响,探讨从小手工作坊到跨国生产经销商等超级公司的组织形式,金融、会计等技术的创新发展,重点行业的演进历程。

本书的核心观点有两个。一是精英阶层是经济发展的主要动力和指路

* 司艳,上海世博滨江置业有限公司董事。

人。他们的饮食偏好影响了农业演变的走势;他们对佳肴、华服、威望象征物的欲望奠定了国际商贸的基础;他们掌控资源,决定了剩余产品是投入军事冒险行动,或是修建激发自豪感和信仰的纪念碑,还是建设有助于创造经济效益的基础设施。同时,精英阶层通过政府及其官僚机构的权力之手竭尽所能地控制商贸流通,监管商贸活动。尤其是"黑死病"大流行过后,政府的需求影响投资方向,继而影响创新的方向。伴随政府需求而来的是越来越多强制执行的规章制度。

二是人们以独具匠心的创新精神发明了商业和贸易工具。创意来源于五湖四海,既有本土的,也有舶来品。欧洲的创业者是优秀的拿来主义者,他们不仅承继古罗马的遗产,而且吸收并改进远东地区和伊斯兰文化地区的发明创造,包括应用于产业的农机具、纺织机、研磨器、漂洗机、风箱装置、导航仪、造纸术等,引进栽培的棉花、蔗糖、丝绸等,以及使用"康孟达"合同、海事贷款、海险等商业工具。

中世纪欧洲本土的发明有风车和印刷机,更具特色的是在商业组织方面的创新。行会虽然不算完全欧洲原创的概念,但是欧洲人规定了生产过程,同时强化公共秩序。此外,中世纪欧洲产生的商业组织形式五花八门,有单打独斗或是同胞联号的独资经营,也有超群绝伦的多人合伙制超级公司,还有类似"驳船号互助社"(maone)的大型半官营性质的热那亚贸易公司,乃至威名远扬的商贸联盟组织"德意志商业行会"(German Hanse)。这些商业组织独创了有利于自身商贸活动和经营控制的工具,其中名垂青史的有汇票和复式记账法。

正如作者开宗明义所指出的:"商业可谓欧洲释放到世界其他地区威力最大的革命性力量,但其并非一贯如此,本书的目的之一就是追本溯源,探索商业的早期历史。卡尔·马克思是研究欧洲商业历史意义的先行者,如他所言,剧烈变革不是'凭空'造出来的,而是本书所研究的这段时期的历史条件的产物。"本书透过商业这个欧洲经济社会深刻变革的窗口,摒弃传统认为中世纪末期停滞不前甚至退步的萧条论,呈现欧洲商业生机勃勃、多姿多彩、顺势变通的全新形象,为早期现代欧洲在16世纪的大扩张奠定基础。

二、读书心得

这本书的翻译初稿是在2020年开春完成的，彼时新冠疫情袭来，外界一片喧嚣，我则借由这项任务乐享宅家时间，边读边查资料边敲键盘。根据丛书统一安排的出版时间，我在2023年年初完成出版前校稿。历经三年疫情跌宕起伏，再次回望"黑死病"前后欧洲的饥荒、瘟疫、王朝争霸、货币危机等坎坷，不禁感叹人类历史循环往复，天下没有新鲜事。仅此分享几个小观点。

(一) 气候、商业、政府干预

两千多年前，我国思想家已经直言"民以食为天"。《中世纪欧洲商业史》的作者同样高度重视饮食对于欧洲经济制度的重要意义，开篇就从公元700—1000年北欧的饮食习惯和农业入手，认为风调雨顺、内部政治环境相对平稳、人口稳步增长、农业发展、聚落扩张是中世纪欧洲在1000—1300年经济发展的主要原因。进入14世纪，北欧降雨增加且气温下降，"1333年洪水滔天，直到1966年才再度出现同样惨烈的水灾"，南欧地区更加干旱，南北欧普遍气候波动，加之动物疫病，欧洲农业经济增长与稳定的时代到1350年告终。农业损失及随之而来的饥荒给国际粮商创造了商机，但粮食严重短缺同样促使政府不断加大市场干预力度，进一步固化供过于求与资源稀缺的不平衡状态。

(二) 重大疫情后的政治经济特征

"黑死病"是欧洲文明史上的重大事件，标志着中世纪早期的经济环境戛然而止。这种表现为致命性极强的肺炎和败血症的疫情事实上起伏连绵一百年，欧洲人口骤减了三分之一甚至一半，结果却是幸存者的普遍生活质量大大提高，而且价值观发生变化，尽情挥霍"买买买"，极大地刺激了消费经济。

资源匮乏、经济萧条，随之而来的就是战火连绵。引述本书作者的观点："战争给商业制造的麻烦绝不仅是货物损失风险加大或者遭受打劫和海盗的几率增加。真正干扰商业的是要命的贸易禁运，反映了逐渐壮大的民族国家意欲打击对手经济的趋势。经商者不仅要面对那些破坏行径和土崩瓦解的局面,还要对付越发独断专行的政府官僚。欧洲很多国家和公社需要税款为战争筹资,于是想尽办法横征暴敛。政府进而控制羊毛和贵金属等商品,同时固定工资水平来影响服务成本。政府还为了筹措资金而降低铸币的成色,在中世纪这个做法相当于印钞票。他们步步加码,常常事无巨细地监管所有重要的商贸活动,有时提供资金,有时直接从事商务活动。按照今天的标准看,当时的政府更像是企业。于是,政府成为每个商业企业都必须重视的一股势力。”

(三)欧洲政权与商业的关系

如前所述,政府在中世纪欧洲商业史上扮演着十分重要的角色,本书第四章《商业政治》选择四类代表性市镇,介绍欧洲政商关系的特点和演化。中世纪西欧市镇的统治者(包括君主、罗马教皇和拉丁基督教会)与商人在12—14世纪都逐步演化出某种共生关系,最终达成利益共同体。市镇本地管理基本上掌握在商人手中,他们组织公共服务,建立起有序的商业性社会。对于独立的城邦来说,商人还控制外交政策,外交手段辅以武力或金钱抑或兼而有之,谋求更大利益。外贸、外商、特惠贸易,中世纪商业的政治权谋集中在这个领域争奇斗艳。十字军东征和殖民地扩张,从动机和效果来看,都是为了攫取海外商业利益,16世纪以后欧洲的探险与贸易帝国显然是中世纪欧洲的2.0升级版。

事实上,政商互动是全书贯穿始终的线索,两者之间的合作与竞争、共谋与制约、成就与挫败,读完近一千年前欧洲人的商业故事,超级公司“起高楼、宴宾客、楼塌了”的命运多舛以及国际政治风云与商贸纠纷的逻辑关系与实施策略,如一面镜子,折射出欧洲政治基因的特色,提示我们以史为鉴,洞察当今人类社会生态的本源与必然性。

(四)“危机”的解读

从某种意义上说,本书下篇用中世纪欧洲商业的案例生动翔实地诠释“危中有机”的辩证关系。在混乱无序的多事之秋,政治、战争、技术、社会态度的演变给中世纪商人制造麻烦的同时也提供了机遇,当他们不得不每天想尽办法应对这些状况的时候，通过不断实践和学习，储备知识，利用新的机遇寻求发展，从而在逆境时代获得丰硕成果。

显然，当前人类社会的气候条件和政治经济格局与中世纪欧洲“黑死病”暴发期间有着诸多相似之处。《中世纪欧洲商业史》一书有助于我系统地观察理解现代西方文明的政治经济关系底色，进而在学习领会“中国式现代化”和“新质生产力”的理论与实践意义时能够举一反三，站在世界发展大趋势的层面上，以全球视野和战略思维，正视挑战背后的机遇、创新孕育的变革，深刻理解扩大高水平开放和高质量发展的意义，认识以科技创新为主导的新质生产力发展方向，积极地参与中国式现代化的实践。

正确鉴史而知兴替:"广场协议"的真实影响与教训

徐康宁*

一、引言

"广场协议"是20世纪下半叶世界经济的一个重大事件,在美日经济关系史上具有重要里程碑意义。以重要亲历者之一、后来任日本首相的宫泽喜一的话说,对于日本而言,"广场协议"是20世纪最重大的经济事件[1]。研究日本经济由繁盛到失落的过程及其对中国经济的启示或教训,"广场协议"是一个绕不过去的话题。很多年来,在许多文字中,"广场协议"几乎成了日本经济"失去的20年"①由盛而衰的耻辱柱,成了中国引以为戒的"前车之鉴"。"广场协议"演变成了一个传奇般的故事。"广场协议"为什么会签署?该协议对日本经济究竟产生了什么样的影响?"广场协议"的真实教训是什么?中美之间会不会有新的"广场协议"?这些都是值得深入研究的重要问题。回答这些问题不仅有助于真实还原历史,而且对中国正确应对当前极其复杂的国际经济政治环境具有重要现实意义。

正如美国哥伦比亚大学教授伊藤隆敏(Takatoshi Ito)所言,对于"广场

* 徐康宁,东南大学教授、中国世界经济学会副会长。

① 关于日本"失去的20年"的说法,国内有一种不同的观点,即认为过去20多年日本经济并未衰落,在许多领域仍保持相当的竞争力。日本经济仍有较强竞争优势的判断,并不能否定该国自20世纪90年代初开始的长达20年增长近乎停滞这一事实。"失去的10年"或"失去的20年"之说法首先出自日本,《失去的二十年》一书就出自日本学者之笔。本文论及的日本经济失落,或由盛而衰,主要指日本经济由高速增长转向基本停滞的变化,并非对日本经济是否仍有竞争力做出判断。

协议”的评价具有“罗生门效应”(Rashomon Effect)①,即不同的人观察同一件事却得出不同的结论[2]。当年参与“广场协议”谈判的美国和日本官员对其多持肯定态度,但他们之间亦有细微差别。时任美国财政部长的詹姆斯·贝克(James Baker)认为,“广场协议”不仅非常有效,而且开创了多国就货币政策进行合作的成功典范[2]。日本的官员虽也持积极态度,但调门有所不同。如当年参加“广场协议”谈判的日本大藏省(2001 年前主管财政金融的中央部门)最高主官竹下登认为,对于日本而言,“广场协议”至少留下两个教训:第一,日本不该仅仅借助汇率调整来纠正外部失衡;第二,美国没有兑现自己的诺言[3]。当年日本驻美国负责财经事务的公使、“广场协议”亲历者之一内海孚(Makoto Utsumi)则对该事件给予很高评价,他认为“广场协议”不仅创造了历史,而且永远不会被历史遗忘[4]。美国学者和智库专家一般对其评价较高,如美国哈佛大学肯尼迪学院杰弗里·富兰克(Jeffery Frankel)教授把“广场协议”在国际货币史上的地位比作当年的《大宪章》[5],美国彼得森国际经济研究所创始所长弗雷德·伯格斯滕(Fred Bergsten)则认为,“广场协议”是布雷顿森林体系以后国际经济合作最成功的范例[2]。但也有美国学者称其是多此一举,美国斯坦福大学约翰·泰勒(John Taylor)教授就认为,由于当时美元汇率已进入下降通道,即使没有“广场协议”,美元也会自行贬值,因此该协议实际并无效果[6]。和美国学者相比,日本学者持“广场协议”有害于日本的经济的观点明显见多。《失去的二十年》这部以总结教训为主的著作就认为“广场协议”是日本泡沫经济的原因,而后者直接导致了“失去的 20 年”[7]。日本的一些史书,如《日本经济史 1600—2000》,也把“广场协议”写成日本经济景气倒退的主要原因[8]。浜田宏一与冈田康认为,“广场协议”导致日元币值过高,逐渐使日本产业失去竞争力,是日本经济进入失落年代的重要原因[9]。

中国学者对此问题的研究大体上有三种代表性的观点。第一种观点认为“广场协议”是美国精心设计的陷阱,日本不仅落入了陷阱,而且辛苦积累的财富也被美国“巧取豪夺”了,这种观点再加以引申就是“阴谋论”[10]。第二种观点则将“广场协议”和日本经济衰落看作两件独立的事件,前者不是后

---

① 《罗生门》是由日本著名导演黑泽明执导的一部电影。影片故事围绕一位武士被杀而展开,各位当事人以及武士的灵魂对武士被杀事件,有着完全不同的陈述。而真相只有一个,但这个真相可能永远不被发现,因为每个当事人出于自己的私心和利益,或为了掩饰自己的不端行为,都不会说出真相。

者的原因[11]。第三种观点区分了“广场协议”与日本形成泡沫经济之间的联系与界限,认为日本出现泡沫经济另有原因[12]。中国官方没有就“广场协议”正式表明过态度,但不止一位重要官员在非正式场合表达过对“广场协议”的看法立场。例如,2016 年 2 月中国财政部部长楼继伟在出席论坛被问及 G20 财长会议会否协商一个如“广场协议”的方案来协调各国汇率时,曾直截了当地回答说,这是媒体的幻想,根本没有这样的方案[13]。再如,2018 年 8 月中国驻美国大使崔天凯在出席中美双方智库在华盛顿举办的一次联合论坛上明确发声:美国不要幻想把另一个“广场协议”强加给中国[14]。显然,在中国舆论的语境中,“广场协议”是一个更为负面的表述。

以史为鉴,可以知兴替。研究真实的“广场协议”或这个协议的真实影响,在当前新的中美经贸关系背景下有着特殊的意义。这不仅关系到严肃的学术研究,也是一个涉及对中美经贸关系做正确判断的重大现实问题。尽管有关“广场协议”的研究文献已不少,但仍有许多重要问题需要做出回答。例如,已有不止一篇的文章揭示,日本签署广场协议并非美国导演的阴谋,而是主动而为。但问题是,日元升值肯定不利于本国产品在国际市场上竞争,这是经济学的基本常识,为何日本会积极主动签下这明显对己不利的协议?还有,很多文献认定日本经济在“广场协议”后由盛而衰是日本经济自身出了问题,与该协议毫无关系,尤其是美国对此没有任何责任。果真如此吗?如果真的只是日本自身的责任,那为什么日本后来又要求反向操作即让日元贬值,而结果又令人啼笑皆非?更有之,中美经贸摩擦不断,作为历史事件的“广场协议”究竟对中国有何启示或警示?总之,“广场协议”是一个需要从更加广阔的视野和更为立体的角度加以深入研究的问题,既要真实还原历史,又要客观评价,正确做到以史为鉴。

二、历史会说话:不该忘却的过往场景

“广场协议”签订于 1985 年,但事件发生在美国和日本之间,有其必然的过往历史逻辑。从第二次世界大战结束到 20 世纪 80 年代,在美国人的眼里,日本这个国家经历了一个由弱到强如同幻象的变化。要真正理解“广场协议”,需要放宽历史的界河,把观察的视角移至 40 年前的真实一幕。

1945年9月2日，日本东京湾。美国太平洋舰队“密苏里”号战列舰(USS Missouri)停泊于此，吸引了众多新闻记者的关注。当日，就在这艘战舰的甲板上，举行了美国四星上将麦克阿瑟代表胜利一方的盟军接受战败国日本投降的仪式。麦克阿瑟、几位战胜国(包括中国)代表以及日本外相重光葵和军方代表梅津美治郎分别在受降书和投降书上签字，这一时刻标志着第二次世界大战正式结束。一位年轻的美国记者目睹并报道了这场载入史诗的重大事件，他当年的报道早已淹没在太多的同类新闻稿中，但40年后，这位记者的一篇重磅文章却震荡了整个美国，而文章就是从回顾40年前的“密苏里”号舰开始写起的。

1985年7月28日，美国《纽约时报》以显著位置刊登了著名记者和历史学家西奥多·怀特(Theodore White)一篇题为《来自日本的危险》(The Danger from Japan)的长文，此时的他已不再是那个默默无闻的年轻记者了，而是得过普利策奖的评论亚洲事务的权威人士①。作者在文章中提出一个发人深省并冲击美国人心灵的问题：究竟谁赢了战争(Who won the war)？他列举20世纪七八十年代发生的许多事例，描绘了一幅日本产品大举“侵入”美国的情景，写下美国制造业是如何在日本的攻击下瓦解消亡的。在他的笔下，由于日本产品的竞争，美国纺织业、钢铁业、造船业、汽车业、消费类电子业损失惨重，原先能提供200万个就业岗位的服装业，10年内只剩下75万个岗位。在日本雅马哈钢琴的挤压下，美国钢琴企业仅留下了唯一的“独苗”(施坦威父子钢琴)。就连当年把“密苏里”号战舰送下水的造船厂，也因造船业不景气而关闭。作者在文中直接写道，美国在第二次世界大战中打败了军国主义的日本，并为日本送去了和平，使日本成为自己受保护的盟友，但日本却利用了这场和平，不仅没有付出什么，反倒把美国逼到了墙根。文章结尾处的笔锋更是意味深长，明显带有几分对日本的教训。作者写到，日本人要清醒认识到，日本比美国更加需要对方，如果日本的经济政策彻底激

---

① 西奥多·怀特其实就是当年美国算得上“中国通”之一的白修德，白修德是他的中文名。他在哈佛大学学习时师从汉学家费正清，毕业后曾作为《时代》周刊记者前往中国，报道中国抗日战争活动。第二次世界大战期间，他主要负责东亚事务的报道和新闻写作，曾著有《中国的惊雷》等作品，1960年以非虚构作品《美国总统的诞生》获得新闻界普利策大奖。怀特在《纽约时报》的长文对美日都非同小可，颇有影响的历史著作《现代日本史：从德川时代到21世纪》专门提及。参见：[美]安德鲁·戈登. 现代日本史：从德川时代到21世纪[M]. 北京：中信出版集团，2017.

怒了美国的议员，美国一旦关闭自己的市场，对日本造成的伤害要远远大于日本给美国造成的伤害。日本人不要忘记，自己 40 年前是如何从成功偷袭珍珠港一步步走向"密苏里"号战舰甲板的[15]。

由于时间久远，现在已难以找到当年有关这篇文章的评论文献，但可以相信，怀特这篇长文在很多美国人的心灵深处引起激荡。《来自日本的危险》反映了美国对日本身份的重新界定，即日本不再仅仅是美国的保护国，也是一个对其造成危险的竞争国。这也再现了日本与美国的某种特殊关系，前者曾经挑起战争，却最终在战争中惨败于后者，战争的负罪感和对强大胜利者的恐惧感长期深深影响着日本的国家心理，这种特殊关系会在特定事件上产生必定的"化学反应"。巧合的是，仅仅两个月之后，日本与美国就签署了"广场协议"。

三、"广场协议"不是日本城下之盟，却由美国设计而成

当然，"广场协议"不是因怀特的这篇文章才有的，只是时间上巧合而已，但可以把该文看作该协议的一个最富历史色彩的注脚。虽然不是因怀特的文章才有"广场协议"，但"广场协议"是美国人设计的产物应该是符合史实的，其结局也与美国的目标一致。"广场协议"签订后，围绕这一重大事件陆续有不少文献和著作出版，借助其中一些重要文献，可以厘清它的基本脉络，还原真实的历史一幕①，有助于我们准确把握过去，避免以讹传讹，深刻领悟

① 关于"广场协议"的著作较多，其中有三部著作具有特别的参考价值。第一部是日本财经记者船桥洋一写的《管理美元》，该书为纪实性著作，是关于"广场协议"签订过程的详尽客观记录。该书作者采访了包括日本首相在内的多位"广场协议"实际参与者，在书中披露了大量历史细节。该书中译本 2018 年在中国出版。第二部是《国际货币合作：30 年后看广场协议的经验教训》（*International Monetary Cooperation: Lessons from the Plaza Accord After Thirty Years*），主编者是美国彼得森国际经济研究所创始所长伯格斯滕和美国莱斯大学的拉塞尔·格林（Russel Green）教授。该书是一部论文集，作者包括当年亲身参与"广场协议"谈判的美日两国官员、研究"广场协议"的学者和智库专家：前者如时任美国财政部长詹姆斯·贝克、美国联邦储备银行主席保罗·沃尔克（Paul Volcker）、美国财政部负责国际事务的部长助理大卫·马尔福德（David Mulford）、日本大藏省国际金融局局长行天丰雄（Toyoo Gyohten）、日本驻美公使内海孚；后者主要是对"广场协议"有研究的专业人士，包括最早参与"广场协议"方案设计的弗雷德·伯格斯腾。这部书涉及许多亲历者的回顾和总结，因此具有极大的参考价值。第三部是泷田洋一所著《日美货币谈判——内幕 20 年》，作者详细记录了包括"广场协议"在内的 20 世纪 80 年代日美之间多轮的货币谈判过程，采访了日美两国大量参与谈判的官员和相关人士，披露了许多官方文件没有记载的内容。

其中之真实教训。

毫无疑问,“广场协议”的始作俑者是美国。没有美国的动机与计划,就不会有“广场协议”的签订。在“广场协议”事件中,美国国家的人格化身就是当时的财政部长詹姆斯·贝克。贝克是律师出身,先后在里根、布什总统任上担任过白宫办公厅主任、财政部长和国务卿,是20世纪80年代和90年代美国政坛上的重要人物。贝克虽非财经专业出道,却为20世纪80年代的美国经济留下重要遗产,“广场协议”就是他的杰作之一。他曾自豪地回顾自己在里根总统任上做的三件足以让后人长期津津乐道的事情,即“广场协议”、减税和“美国-加拿大自由贸易协定”,“广场协议”列为其首[16]。贝克在1985年年初当上美国财政部长,当时美元已经连续五年升值,其中对日元累计升值了44%左右,导致美国贸易逆差不断扩大,最终在1984年超过了1 000亿美元,而逆差中有近一半来自与日本的贸易。作为新任的财政部长,贝克决定做些什么让过高的美元汇率降下来,或者说让日元和其他货币升值(美国方面更愿意的说法)①。贝克首先向里根总统汇报,得到总统的支持,然后与当时的美联储银行主席保罗·沃尔克(Paul Volcker)通气,沃尔克也表示支持②。在总统和美联储主席那里得到支持后,贝克很快指示部下与日本等国联系,既是试探,也是计划付诸实施的第一步。结果比意料中的还顺利,日本的态度相当积极。联邦德国刚开始有些抵触,后来也愿意配合。至于英国和法国,本来就没有这两国多少事情,自然乐见其成,这既给了美国一个面子,又扮演了一次见证历史的大国角色。于是,仅用了三个月的时间就一切准备完毕,在贝克的主持下,于1985年9月22日在纽约著名的广场饭店召开五国会议,签署了历史上有名的“广场协议”③。

“广场协议”的内容是爆炸性的,引起当时国际金融市场的巨大波动,对

---

① 在贝克做出决定之前,美国已经有智库专家提出通过多国联合行动方式让美元贬值的主张,最具有代表性的专家便是弗雷德·伯格斯腾,他当时的身份是国际经济研究所(The Institute of International Economics,当时该智库尚未具彼得森基金会之名)所长,之前曾任美国财政部长助理。从某种意义上讲,贝克是听取了智库的建议后采取的行动。

② 根据沃尔克《时运变迁》一书中的回忆文章,他对贝克采用干预方式推动美元贬值一事并不很热心,但明确表示不反对,实际上支持了后来形成的“广场协议”。

③ 根据日本作者船桥洋一的纪实性著作《管理美元》,贝克做出让美元贬值的决定,并指示部下与日本大藏省官员接触和通报信息,时间是在1985年6月,距正式签署“广场协议”相隔三个月左右。曾任大藏省国际金融局局长的行天丰雄在《时运变迁》回忆录中,也说美国财政部在1985年6月才向相关国家发出关于采取联合行动让美元贬值的提议。

国际货币制度的演变更是具有深远的影响①。采用五国联合干预的方式,促成日元和德国马克升值,造成美元贬值,这在国际货币史上是头一遭。后续的发展也证明,这是一次石破天惊的多国汇率磋商会议,日元到后来升值了一倍多!日本经济走上了一条谁也不曾料到的道路,美国则显示了一个新型领导者的角色。如此具有戏剧性内容的会议,一天就结束了(实际上核心内容在半天内就决定了,剩下半天是讨论协议文本的事情),关键原因就在于日本会前和会中主动而积极的态度。“广场协议”签订前,美元与日元的汇率是1∶240,即一美元兑240日元。美国方面原计划让美元贬值10%～12%,使美元兑日元的汇率贬至1∶216左右,日本不仅全盘接受,而且表示可以让日元升值至1∶200左右。时任美联储主席沃尔克事后回忆:“在此次会议中(指广场会议),最令我吃惊的事情就是当时的日本大藏大臣、后来成为首相的竹下登主动提出允许美元贬值百分之十几。他比我们想象的要大方得多。”[17]由于日本的积极主动,联邦德国也同意德国马克升值,只是升值的幅度小于日元,所以一切变得十分顺利。至于后来日元持续升值,不断突破日本官方的心理线,那是日本政府和参与谈判者从未料到的事情了。

“广场协议”并没有起到缩小美国贸易逆差的作用,后来的美国贸易逆差不断创新高,但达到了让美元贬值的目的。可以说,“广场协议”是美国在布雷顿森林货币体系瓦解后以“新领导者”身份出场的一次完胜,是美国利用国际多边机制解决国内经济问题的一次大胆尝试,而且成功了。此外,广场协议又是日本积极参与并热心出演的一场“双人舞”(自然是与美国共舞),是日本的主动而为,而不是美国逼日本就范的一场阴谋②。有足够多难以反转的史实证明,“广场协议”不是日本在美国的逼迫下签的“城下之盟”,而是日本积极主动参与的结果。当年日本首相和大藏大臣的许多谈话记录足以证明日本当时的态度,船桥洋一的《管理美元》一书中有许多有据可依的记载。

“广场协议”并非美国威逼日本签的“城下之盟”,但确由美国一方设计的这一事实也不应否定。美国精心设计在先,日本积极配合在后,这一点很重

① 为了减小对金融市场的震荡,五国财政部长和央行行长会议专门选择9月22日这一个周日召开,因为市场当天闭市。

② 关于“广场协议”的阴谋论,在协议签订后30多年内一直有不小的声音,主要集中在日本和中国的舆论,而中国的阴谋论说法又甚于日本。

要。值得一提的是，事后各方均把贝克称为“广场协议”的“设计师”（architect），贝克本人也笑纳不辞。既要消除长期以来有关“广场协议”的各种被人为演绎乃至走样的“阴谋论”，又要分清美国和日本在这一重大事件上的不同角色，才能做到真正还原历史。

四、“广场协议”是否日本“失去的20年”之罪魁？

“广场协议”之所以有很强的故事性，多少年后人们还念念不忘，主要有三个重要因素。第一是时代背景；第二是涉及两个特殊的主角国家，即美国和日本；第三是关于货币及其汇率的主题。

第一个重要因素是特殊的时代背景。20世纪80年代，为控制近乎脱缰的通货膨胀，美国采取了提高利率的手段，1984年的实际长期利率高达10%！（试比较一下，美国近十年的实际长期利率不足2%）。由于利率很高，引发大量美元回流和国际货币套利行为，美元持续升值，结果导致美国货物出口不畅，贸易逆差状况不断恶化。1984年，美国的贸易逆差突破了1 000亿美元大关，这个数字今天看来也许不值得大惊小怪，因为后来的逆差数字数倍于此，但在1976年才真正看到贸易逆差的美国人眼里，这近乎恐怖①。

对于日本而言，当时却是一个最好的时代，经济蒸蒸日上、国际地位不断上升。1968年，日本国内生产总值（GDP）规模超过联邦德国，成为西方第二大经济体。1973—1985年的世界经济处在两次石油危机的冲击下，日本经济增长率按年均计算仍达到3.6%，这与西方国家相比算是相当不错了[8]。1979年，美国哈佛大学傅高义（Ezra Feivel Vogel）教授出版了著名的《日本第一》（*Japan as Number One*），标志着美国人开始用新的眼光看待日本。《日本第一》还有一个副标题，叫作“对美国的启示”（*Lessons for America*），

---

① 美国第二次世界大战后首次出现经常账户贸易逆差是在1971年，差额为13亿美元，后有两年顺差，从1976年才开始进入持续性逆差，即连年逆差，当年为60.8亿美元。1980年，美国贸易逆差为194亿美元，1983年为577亿美元，1984年达到1 090亿美元，从几十亿美元到过千亿美元，仅仅用了8年。其后，美国贸易逆差扩大的步伐并没有停止。1999年，美国贸易逆差超过2 000亿美元，达到2 586亿美元，2006年创7 617亿美元历史纪录，2019年在6 000亿美元左右。以上数据来源于美国商务部。

讲美国人该如何以日本为镜、学习日本的成功之处①。那是一段日本政客、商人乃至普通民众感觉最好的时光,日本国内流行着一种"日本比美国还强大"的舆论观点②。20 世纪 80 年代末在日本出版的一本流传很广的小册子《日本可以说不》一定程度上反映了当时日本随经济繁荣而产生的特别的良好感觉③。

第二个因素是"广场协议"的两个主角国家非常特别。一个是老牌的超级大国,一个是突然蹿升的实力咄咄逼人的后起之秀,两国还曾经是战争对手。两个主角国家在协议签订后仅仅几年,地位和命运就发生了重大转折。美国重现往日荣耀,经历了很长一段经济繁荣的好时光,直到 2008 年的全球金融危机为止;另一个主角国家则很快进入"失去的 10 年",接着又是"失去的 20 年"。不管"广场协议"是不是真实的起因,这些都创造了非常丰富的故事性。

第三个造就故事性的因素就是货币及其汇率。货币是经济的血脉,是一国兴衰的关键。在非金属货币流通状态下,货币的发行、流通及其交换被赋予了许多复杂的内容,对经济运行自然产生更加复杂的影响。"广场协议"谈判的是货币汇率,协议签订后没几年,日本就经历了"失去的 20 年",这一经济事件当然难以摆脱故事性。

"广场协议"究竟是不是日本经济停止增长乃至进入"失去的 20 年"的原因呢?尽管有无数文献探讨了这一问题,给出了肯定或否定的答案,但笔者认为仍有进一步回答的必要,因为这不是一个简单的判断题。对此,本文的基本观点为,既是,也不是。关于"是"的一面,后面再做分析。先看"不是"的方面,主要有两点依据。第一,日本经济并没有因"广场协议"的签订而落入增长陷阱。事实上,在"广场协议"签订后,日本反而出现了几年的较高速增

---

① 书中第一节的标题就是"以日本为镜"(A Mirror for America)。参见:Vogel E F. Japan as Number One: Lessons for America[M]. Cambridge, USA: Harvard University Press, 1979.

② 据《战后日本经济史》的作者野口悠纪雄自述,对于在美国获得经济学博士并长期在日本大藏省任职的他而言,20 世纪 80 年代到 90 年代初,他和许多日本人一样,认为日本在经济上比美国更强大。参见:[日]野口悠纪雄. 战后日本经济史[M]. 张玲,译. 北京:民主与建设出版社,2018.

③ 这本只有七万字的小书中国也被译为《日本应该直言不讳——日美关系的新变化》,由中信出版社于 1990 年出版。该书作者之一盛田昭夫为日本著名企业家、索尼公司董事长,另一作者石原慎太郎为日本前议员、著名政治家。该书在中国翻译出版后,也曾引起很大轰动。

长。协议签订后五年的年均经济增速比协议签订前三年的年均增速更高，前三年年均只有3.76%，后五年年均为4.98%，其中1988年还达到6.8%的高经济增速[①]。也许有的学者认为，日本经济因“广场协议”而衰落有一个滞后期，但是，无论用什么经济学计量方法检验，合理的滞后周期都绝不会长达七年。第二，日本经济由增长而进入停滞，直接导火索是日本货币当局为抑制经济泡沫而突然大幅升息。基准利率在短短的15个月内由2.5%升至6%(1989.5—1990.8)，结果土地市场、股票市场一落千丈，严重影响了所有的市场预期，完全改变了经济增长的通道。这方面已有很多研究成果，此处不再过多讨论。

五、日本为什么心甘情愿让日元升值?

现在要回答另一个问题，就是当年日本为什么主动积极配合美国，心甘情愿地让日元升值？现有文献对这一问题很少涉足，但这是一个很重要的问题。日元升值肯定影响日本产品在国际市场的竞争力，而日本经济的外向度又很高，当年日本的政治家和财经官员不可能对此毫无顾忌。但是，历史就是这么难以预料，就像当年日本做出突袭珍珠港的决定，导致美国正式参战成为自己最强大对手并打败自己一样，不该发生的历史就是发生了。

关于为什么日本在“广场协议”上有积极主动行为，本文着重把握以下三点。第一，日本惧怕美国采取贸易报复行为，与其被动受报复，不如主动配合。第二，日本错误估计形势，以为日元升值能够被控制在一定范围内，没有大的风险。第三，日本急于提升国际地位，推进日元国际化心切。下面就这三点具体分析。

首先，由于历史的原因和战争的阴影，长期以来日本是“惧怕”美国的，没有把自身置于与美国同等的地位，上文提到的“密苏里”号战舰的历史场景，其实已为日本在“广场协议”中的特定角色留下伏笔。虽然1979年傅高义写了《日本第一》，20世纪70年代和80年代日本产品在国际市场上所向披靡，

① 据国际货币基金组织的资料，日本在广场协议签订前三年的经济增长率分别为2.7%(1982)、3.5%(1983)、4.5%(1984)，协议签订后五年的经济增长率分别为5.2%(1985)、3.3%(1986)、4.7%(1987)、6.8%(1988)、4.9%(1989)。

但日本的底气还是明显不足。当美国对外贸易连年逆差，美国国会的贸易保护主义声音不断抬高，一些议员酝酿要对日本进口产品加征高额关税时，日本紧张了，开始主动行动①。按照沃尔克的话说，"日本对当时美国日益上升的保护主义压力感到很惊恐，准备接受一次日元的大幅升值，以期那些压力得以转移"[17]。虽然几年后日本广泛流传那本书名为《日本可以说不》的小册子，但其骨子里对美国的"惧怕"是难以消除的。

第二次世界大战结束以后几十年，日本基本用一种仰视的姿态看待美国和美国的意志。此处举一例说明。后来成为美国驻日大使的埃德温·赖肖尔(Edwin Reischauer)曾是专门研究日本的学者，1950—1951年的一年多时间里，他为日本三大报纸之一《每日新闻》撰写了11篇专稿，每篇都登在报纸的头版头条[18]。如果不是日本，一个大国的一份全国性大报头版头条连续多篇让给一个外国人，似乎难以发生。这位"日本通"于1961年被肯尼迪总统任命为驻日本大使，成为当时三位著名的"学者大使"之一(另两位分别是驻印度大使经济学家约翰·加尔布雷斯(John Galbraith)和驻南斯拉夫大使国际关系学者乔治·凯南(George Kennan)，在日本引起了明星崇拜般的社会热潮。在曾长期居住于日本并对日本国情十分了解的赖肖尔眼中，这个国家有着难以克服的弱点。在他大使离任后出版的《日本人》一书中，他阐述道，美国人一直把日本人看作"免费乘车者"(free-rider)，日本人却迟迟难以认识到这一点。由于特殊的地理环境和历史传统，国际关系是日本人感到最缺乏信心的领域[19]。《日本人》一书出版于《日本第一》之前两年，应该说，赖肖尔比傅高义更懂日本。

有必要指出，由于美国的特殊地位和实力，任何与美国之间存在大量贸易顺差的国家都不会感到轻松，但日本无疑是最紧张的那个国家。在"广场协议"会议期间有一插曲算是花絮，但行文至此值得一提。协议签订时曾留下一张照片，是五国财政部长的合影。第一主角自然是贝克，站五人中间，紧

---

① 20世纪80年代，在美国发生了多起让日本人紧张的恶性事件。在底特律，当地的一些汽车工人砸毁日本汽车，以表达对日本汽车产业在竞争中胜过美国汽车产业的不满。其中有一事件十分惊恐：两名汽车工人用棒球棍殴打一名他们以为是日本人的亚裔男性并致其死亡，其实是一位无辜的美籍华人。该恶性事件的审判结果令人意外，两名被告被判缓刑3年，罚款仅区区数千美元。参见：[美]安德鲁·戈登.现代日本史：从德川时代到21世纪[M].李朝津，译.北京：中信出版集团，2017：480.

靠他两侧的分别是英国财政部长和法国财政部长。日本是“广场协议”中两个真正主角中的一个,代表日本的竹下登大藏大臣合影时却只能站在最边上。相比之下,联邦德国由于不如日本那么“惧怕”美国,只愿意接受自己是“轻度的顺差国”,并在“广场协议”的五国联合公报中与日本的表述和承诺有明显不同①。在“广场协议”之后一年多召开的五国集团“卢浮宫会议”中,接替竹下登担任大藏大臣的宫泽喜一欲竭力守住150日元的底线,要求市场美元汇率低于150日元就应该干预,但也没有成功,还遭到联邦德国的反对[3]。

其次,错误判断形势,对于日元升值的前景过于乐观,是日本愿意积极主动参与“广场协议”的第二个原因。虽然日本方面提出的日元升值方案超出美国的预料,即愿意主动升值的幅度比美国预估的还要大,但其初衷是以1美元兑200日元作为升值上限的,没想到日元升值很快就突破了这一界限。接着,日本又以180日元、170日元为防御底线,希望控制住日元升值的幅度,结果也很快被击破。日本把1美元兑150日元作为最后的防线,加以死守,仍然无济于事,日元最终在1987年12月30日升值到1美元兑120日元,比“广场协议”前整整升值了一倍。短时间内日元升值如此之高,这是当年日本政府未料到的。

最后,第三个原因是日本政府有升值日元的内在动机,想借此推进日元国际化,提升日本的国际经济地位。1982年,中曾根康弘出任日本首相,这是一位急于展现自己宏图大志的日本政治家。在“广场协议”尚无影子的时候,作为首相,中曾根康弘就委托大藏省前财务官细见隆设计了一个“日元升值计划”,这个计划的目标是日元升值至1美元兑170～180日元[3]。也是在中曾根康弘任上,日本与美国于1983年联合成立日元美元委员会,专门商讨两国汇率、金融和资本市场问题[20]。当时的日本不仅有积极推进日元国际

① 在五国财政部长和央行行长的联合公报中,联邦德国与美国、英国和法国一样,将“抵制保护主义”写在最后一条,而日本则将承诺国内市场开放的“抵制保护主义”写为第一条,“抵制保护主义,稳步实施7月30日宣布的对外国商品和服务进一步开放日本市场的行动计划”。日本在联合公报中明确承诺“大力推动金融市场自由化和日元国际化,让日元充分反映日本经济的潜力”(第四条),表明同意本币升值的立场。对比之下,联邦德国则没有在联合公报中明确官方对联邦德国马克汇率变动的态度,而是将重点放在鼓励国内投资和稳定经济增长上。在美国的超级大国地位面前,日本和联邦德国的国家心理还是有所不同的。

化的首相①，也有渴望看到日元高光时刻的大藏省。主管金融和财政政策的大藏省此时在政策上更加看重汇率的调整，并有通过日元国际化和日元升值增加大藏省官员的国际曝光机会而有利于其在国内政坛上竞争的动机[3]。加上日元升值有利于应对石油价格上涨，主动配合美国的主张似乎有足够的理由。当时的日本，尤其是官场和商界，普遍存在一种急于提升国家地位和摆脱低调甚至位卑的国民心理。前日本大藏省高官行天丰雄曾在书中记载了日本财经官员当年参加国际财经会议时的尴尬状况②。所以，在"广场协议"的政府联合公报中，日本人愿意写下"大力推动金融市场国际化，让日元充分反映日本经济的潜力"这样的条款也就不奇怪了。在民族荣誉感面前，日本政府官员内心确实愿意让日元升值。

今日，学者们在回顾"广场协议"时，可能觉得当年日本的决策不可思议，而且可能是最值得总结的启示和教训（自然包括对中国而言），但考虑到日本是一个长期低调并在欧美面前有点位卑的民族，在经历了世界舞台的黑暗之角和聚光灯下的瞬间变换后，似乎其所做的一切又变得很顺理成章。

六、美国该负什么责任？

回答这一问题，是对前文第四部分关于"广场协议"是否是日本经济繁荣不再之原因的问题的回应。

虽然"广场协议"不是日本经济由盛转衰的根本原因，日本方面固然有经济泡沫在先，还有决策失当之祸，但当年日本如此被动决策也事出有因，从研究的角度讲，此因似乎也不该放过。虽然日本出于自愿将日元升值，并非在

---

① 中曾根康弘虽然是一位非常有国际化视野的日本首相，热心于推动日元国际化，并与当时的美国总统里根保持着很好的私人关系，但在与里根之间的外交会谈和交往中，仍明显表现出被动和追随的角色定位。这在《管理美元》《日美货币谈判》等多部日本作者所写的书中有明确记载。

② 20世纪60年代，日本财经官员参加西方国家的国际会议时，经常被欧美同行讥笑为"3S"代表团，即日本人参会期间总是微笑（smile）、沉默（silence）和睡觉（sleep）。日本是西方发达国家俱乐部最早接纳的东方国家成员，包括"十国集团"、OECD、IMF等机构，日本都是最早加入的。但直到20世纪70年代，日本财经官员参加这些"俱乐部会议"时，仍能深刻体验满屋子喝白兰地、不停变换着说英语和法语的白人中唯独自己黑发黄肤的特殊身份感，位卑的心理难以消除。行天丰雄长期和国际同行打交道，参加"广场协议"谈判时为日本大藏省国际金融局局长，对此感受颇深，在其回忆录《时运变迁》中有多处记载。

美国压力下而为，但此事的确因美国谋划而起，加上日本对美国有几分特别的惧怕，才上了这条“风险之船”。如果把“广场协议”比作一条寻找远方宝藏的探险船，美国无疑是造船和掌舵的船长，日本则是水手。水手有几分想见大海和探宝的兴奋，上船出于自愿，但也是因惧怕船长而不得不上。船驶向何方由船长决定，行船中水手不慎，遇风浪呛上几口水，甚至落入水中，那是水手自己的命。从这一角度讲，日本经济在“广场协议”签订七年后遭遇“滑铁卢”，进入“失去的 20 年”，美国无疑是有责任的。

可从两个层面分析美国的责任。第一层面是协议的非对等性，日本配合美国让美元大幅贬值，但美国却不出手帮助日本避免日元过快升值。第二层面是根本性的，就是美国国内出现了经济矛盾，化解矛盾的成本却由其他国家尤其是日本来承担。

先来分析第一层面的责任。从许多史料、当事人回忆文章看①，当日本人明显感到日元升值过快、幅度过大时，开始寻求美国采用同样的联合干预方式帮助解决，而美国的态度是不予理睬。船桥洋一在《管理美元》中明确做了这样的记载：“1986 年 3 月 19 日，日元兑美元升到了战后的最高水平——174.3，此前的高点是 1978 年的 175.5。作为应对，日本银行在纽约市场上进行干预……并尝试说服美国财政部同他们一起干预市场……但美国财政部拒绝行动。”[3]大藏大臣宫泽喜一还曾为守住 1∶150 的底线专门访美，寻求美方支持配合，均无果。日元升势如虹，很快就到了 1 美元兑 120 日元左右。“广场协议”是日本主动上门签的，但美国多少有点过河拆桥、见死不救。从有记录的各国官方动用外汇干预市场的情况看，直到 1987 年 1 月 28 日，美国才自“广场协议”以来第一次出手在外汇市场上买入美元，以响应日本希望美国和日本联手制止日元升值过快的请求，数目不过区区 5 000 万美元，可以看作仅仅是做做样子[1]。美国贝克等官员为敷衍日本同行，几次在口头上表态要让美元汇率稳定，但并无采取像样的行动。

---

① 此处的当事人主要是指时任美国财政部长贝克、美联储主席沃尔克、日本大藏省国际金融局局长行天丰雄、日本驻美国公使内海孚以及财经记者船桥洋一。船桥洋一虽不是当年参与“广场协议”谈判的日本官员，但作为日本最大新闻媒体之一《朝日新闻》驻美国负责经济事务报道的资深记者，他身在美国紧密跟踪报道“广场协议”的全过程，对几乎所有参与“广场协议”酝酿和谈判的核心人物做了深入采访，包括时任日本首相中曾根康弘，留下详细的记录，并最终写下《管理美元》一书，实际上可以算作另一种身份的当事人。

再来看第二层也是更深层次的问题。“广场协议”是美国一手计划出来的一次多国协调行动，目的是让美元贬值，主要设计者是美国财政部长贝克。作为政治家，贝克之所以下决心搞“广场协议”，是因为当时美国政府正承受着来自国会的压力，国会议员对强势美元不满。美元强势或美元汇率高估的问题，其根源是美国国内经济问题，导致白宫和财政部面对来自国内的政治压力，但最后的结果是，化解这些矛盾的成本却由“广场协议”的参与国共同承担了。准确地说，美国并没有付出什么，日本承担了最主要的成本。一个有意思的插曲是，明明是帮助美国推动美元贬值，但为了面子和听起来“顺耳”一些，根据美国的要求，正式的公告却写为:“鉴于基本面的现状和潜在变化，主要非美元货币对美元进一步有序升值是可取的。”①

回到“广场协议”究竟是不是日本经济陷入“失去的 20 年”原因这个问题上。在前文第四部分，我们已经做出了否定的回答，但现在又必须指出，两者之间在逻辑上有一定甚至紧密的关联。虽然日本出现“失去的 20 年”现象的主因是其内因，是日本经济结构自身的问题，以及宏观决策上的巨大失误，但外因(“广场协议”)也并非完全在逻辑之外。由于日元过快并过大幅度升值，导致市场投机心加重，资本外流普遍，日本货币当局期待以低利率吸引资本留在国内投资，结果导致投资成本骤降，引发资产膨胀和严重的经济泡沫，局面混乱不堪，再以提升利率急刹车，最终使经济付出巨大代价。其最初导火索还是日元的过快过猛升值，让日本在宏观管理层面上乱了手脚。这一过程从形成到结局，美国不可能没有一点责任。虽然历史不能假设，但不妨想象，如果美国不是那么强势，也不会设计和实施让其他国家买单的“广场协议”;没有“广场协议”，日元不会在短时间内大幅升值;没有日元大幅升值，日本经济也许会有不一样的结局也未可知。有学者根据联邦德国当时也有货币升值却与日本结局不同，断定“广场协议”与日本经济后来走低没有任何关系，这种说法值得进一步讨论。第一，联邦德国不像日本那么在意本国货币与美元之间的汇率联系，因为其主要市场在欧共体，对美出口只占其全部出口的十分之一左右，而日本对美出口占其全部出口的一半左右。第二，也是最重要的，由于其特别的历史

① 《五国财政部长和央行行长联合公告》之总结部分，1985 年 9 月 22 日。转引自《管理美元》一书，第 364 页。

传承和经济结构，金融投资向来不是德国经济的重头戏，即便当时的德国马克升值与日元一样快、一样猛，德国人也不会拿升值的马克到处去买股票和房地产，实体经济还是会有充足的资金，结局自然和日本不同。

七、会有“新广场协议”吗？

日本当年前遇到的国际经济环境，尤其是与美国之间的经济贸易恩怨，现在已或隐或现地出现在中国的面前。贸易逆差问题、产业竞争问题、美国国会的保护主义势力问题等，中国似乎面临比日本当年更为严峻的局面。中美两国之间会不会有一个新的“广场协议”，或者说用所谓的“广场协议2.0”，来解决中美两国之间的经济矛盾？

上述问题并非完全无中生有，不仅中国舆论有很强烈的抵触性表达，如标题类似“中国不能重蹈广场协议覆辙”[21]“新广场协议离我们有多远”[22]的文章不在少数，美国也的确有通过“新广场协议”来解决中美之间经济矛盾的诉求。当年最早提出“广场协议”方案思想的美国彼得森国际经济研究所创始所长伯格斯滕就一直主张，中美两国之间需要有一个2.0版本的“广场协议”。他认为，中国现在面临的情况与日本当年十分相像，美国国会辩论的报复对象已经由当年的日本变为中国。他还认为，未来一两年出现“广场协议2.0”是具有现实可能性的[3]。

在上述分析的基础上，可以肯定的是，在可预见到的未来，中美之间不会出现新的“广场协议”或类似于“广场协议”的货币制度安排，国际上也不会形成所谓“广场协议2.0”的磋商机制。主要有如下四点理由。

第一，虽然当前国际经济金融格局与“广场协议”当年有相似之处，但总体形势要比当年复杂得多，不能做简单类比推论。当年讨论国际货币制度问题主要是在五国集团(G5)或七国集团(G7)的框架内进行，美国有绝对的号召力，而如今国际经济格局大为不同，涉及国际货币制度安排的重大讨论绝非G7或增加一两个国家就能够解决。今天更适宜的对话平台是二十国集团(G20)框架，而G20框架绝不可能孕育出类似“新广场协议”的制度安排。

第二，虽然“广场协议”不是日本在美国逼迫之下签订的“城下之盟”，但与日本经济后来表现不佳难脱干系。有这样的历史教训摆在前面，中国自然不会接受新的“广场协议”。虽然“阴谋论”的历史解读缺乏依据,不是严肃的学术研究之道,但如前文所述,美国在日本经济后来停止增长这一问题上是有责任的,“广场协议”不仅隐含国家间不对等利益等问题,而且被赋予了强烈的感情色彩,很难想象中美两国之间会达成一个类似“广场协议”的双边机制。

第三,如同当年一样,如果有新的“广场协议”,就必须有领导者(伯格斯滕和内海孚都反复强调,新的“广场协议”仍然必须由美国来领导),必须有积极的配合者(就像当年的日本)和紧密的参与者(就像当年的英国、法国和联邦德国)。今天如何去找这样的配合者以及参与者呢?正如美国著名历史学家詹姆斯·亚当斯(James Adams)在其著作《重铸大英帝国》描述当年的英国境况时所述:英国是孤立的,因为强大到没有朋友,原因部分在于道德,部分在于政治[23]。美国也在重复历史。

第四,中国对美国的态度与当年日本有很大不同,尤其是在强国面前的国民心理相差很大,这可能是不会有“新广场协议”出现的最大原因。中国与美国打交道的历史背景和各自所处地位与当年日本完全不同,不会接受一个隐含屈辱(哪怕是被人解读为屈辱)的货币制度协议,官方货币当局对所谓的“新广场协议”更会小心避开。

尽管从学术探讨的角度讲,不能赋予“广场协议”过多的政治符号和感情色彩,可是基于真实的历史,并审视今天国际经济格局的大背景,“新广场协议”只能是假想的概念。

本文写下最后一段时,历史时钟已经超越了美国的智库专家期待“一两年”出现“新广场协议”的时间表,有理由相信再过“一两年”中美之间也不会有“新广场协议”。但是,中美之间的经贸摩擦和矛盾确实存在,而且有新的积累。2020年突如其来的一场人类罕见疫情又在一定程度上加重了中美两国之间的互信危机,并必然反映在国家的经贸关系上。两国无论政界还是学界,最应做之事,莫过于在尊重历史和事实的基础上,以建设性的主张和政策为指引,尽力促进中美两国之间形成更多的共同利益。任何单边的、一时的利益追求,都会有损于两国间特殊的大国关系,而这种特殊的大国关系对于整个世界的繁荣稳定有着难以替代的重要影响。“广场协议”对中国真正的启示或警示则在于,一个国家的综合实力是这个国家在经济谈判桌上的最大筹码，这种实力也来自对国家身份的认同。此外，当一国实力尚不足以与世界经济强国平等议事时，本国货币的国际化不能操之过急。

参考文献

[1] [日]泷田洋一. 日美货币谈判——内幕20年[M]. 北京：清华大学出版社，2009.
[2] Bergsten C F, Green R. International Monetary Cooperation: Lessons from the Plaza Accord After Thirty Years[M]. Washington D.C.: Peterson Institute for International Economics, 2016.
[3] [日]船桥洋一. 管理美元：广场协议与人民币的天命[M]. 于杰，译. 北京：中信出版集团，2018.
[4] Utsumi. The Plaza Accord Viewed from Japan [M]//Bergsten C F, Green R. International Monetary Cooperation: Lessons from the Plaza Accord After Thirty Years. Washington D.C.: Peterson Institute for International Economics, 2016.
[5] Frankel J. The Plaza Accord 30 Years Later[M]//Bergsten C F, Green R. International Monetary Cooperation: Lessons from the Plaza Accord After Thirty Years, Washington D.C.: Peterson Institute for International Economics, 2016.
[6] John B. Remarks on Monetary Rules for a Post-crisis World [J]. Journal of Macroeconomics, 2017, 54: 7-11.
[7] [日]池田信夫. 失去的二十年[M]. 胡文静，译. 北京：机械工业出版社，2015.
[8] [日]滨野洁，井奥成彦，中村宗悦，等. 日本经济史：1600—2000[M]. 彭曦，刘姝含，郭秋燕，等译. 南京：南京大学出版社，2010.
[9] Hamada K, Okada Y. Monetary and International Factors Behind Japan's Lost Decade [J]. Journal of the Japanese and International Economies, 2009, 23(2): 200-219.
[10] 杨惠昶，杨会晏. 日本经济怎样掉进了美国设计的陷阱[J]. 东北亚论坛，2001(4)：7-11，94.
[11] 姚洋. 广场协议25年后看日本经济[J]. 金融博览，2010(8)：33-34.
[12] 徐奇渊. "广场协议"之后日本经济泡沫化原因再探——基于泰勒规则的日德比较分析[J]. 日本学刊，2015(1)：109-125.
[13] 安邦咨询. 中国对"广场协议"很不感冒，搜狐财经[EB/OL]. (2020-08-20)[2022-05-25]. https://business.sohu.com/20160224/n438320859.shtml.
[14] 崔天凯. 美国别幻想将另一个"广场协议"强加给中国[EB/OL]. (2020-08-20)[2022-05-25]. https://www.sohu.com/a/251398874_600497.
[15] White T H. The Danger from Japan[N]. The New York Times, 1985-07-28.
[16] Baker J A III. The Architect[M]//Bergsten C F, Green R. International Monetary Cooperation: Lessons from the Plaza Accord After Thirty Years, Washington D.C.: Peterson Institute for International Economics, 2016.
[17] [美]保罗·沃尔克，[日]行天丰雄. 时运变迁[M]. 贺坤，译. 北京：中国金融出版社，1996.

[18] 归泳涛.赖肖尔与美国对日政策：战后日本历史观中的美国因素[M].重庆：重庆出版社，2008.
[19] [美]埃德温·赖肖尔.日本人[M].孟胜德，译.上海：上海译文出版社，1980.
[20] [日]久保田勇夫.日美金融战的真相[M].路邈，译.北京：机械工业出版社，2015.
[21] 张荐华.中国不能重蹈广场协议覆辙[J].国际融资，2008(2)：40—42.
[22] 姜超."新广场协议"离我们有多远[J].股市动态分析，2016(6)：18—19.
[23] [美]詹姆斯·T.亚当斯.重铸大英帝国：从美国独立到第二次世界大战[M].桂林：广西师范大学出版社，2018.

原载《国际经济评论》2020年第6期

实践研究篇

对新质生产力的几点理解

——以上海市闵行区为例

陈华文*

2023年9月，习近平总书记在黑龙江考察时首次提出新质生产力，为新时代新征程加快科技创新、推动高质量发展提供了科学指引。新质生产力是创新起主导作用，摆脱传统经济增长方式、生产力发展路径，具有高科技、高效能、高质量特征，符合新发展理念的先进生产力质态。2024年3月，习近平总书记在参加十四届全国人大二次会议江苏代表团审议时强调，发展新质生产力是推动高质量发展的内在要求和重要着力点，要牢牢把握高质量发展这个首要任务，因地制宜发展新质生产力。上海市委书记陈吉宁强调，要把培育发展新质生产力作为构建现代化产业体系的重中之重，作为建设“五个中心”、强化“四大功能”的发力点和落脚点。加快培育和形成新质生产力，发展是首要目标，创新、人才是主要动力和资源，生态、效率是重要保障。本文结合地方工作实践，从以下五个方面作分析阐释。

一、发展是第一要务

面对新时代发展的新形势新任务新挑战，必须坚持以发展为第一要务，把加快培育和发展新质生产力作为推动高质量发展的核心内容。新质生产力是新形态的生产力类型，已经在实践中形成并展示出对高质量发展的强劲推动力、支撑力，能够大力推动经济发展质量变革、效率变革、动力变革[1]。2023年，上海市闵行区地区生产总值已突破3 000亿元，规模以上工业产值

* 陈华文：上海市闵行区委副书记、区长。

达到 3 365 亿元，结合地区发展形势和自身发展条件，高质量发展亟须新质生产力的有力支撑。加快实现产业体系升级发展，要在重点领域提前布局，全面提升产业体系现代化水平，既巩固传统优势产业领先地位，又创造新的竞争优势[2]。要通过构建现代化产业体系，着力推进未来产业、战略性新兴产业发展以及传统产业提升，努力实现新质生产力规模不断扩大、带动作用不断增强，推动地区经济持续健康发展。

（一）积极发展未来产业

闵行区的大零号湾未来产业先导区是上海市三大先导产业区之一，要围绕未来智能、未来能源、未来空间三大未来产业方向，推进通用人工智能（AI）、量子科技、新型能源、新型储能以及空天资源利用等细分产业领域，打造未来产业集群品牌。要鼓励龙头企业、领军企业打造未来产业创新中心，加快推进基础共性技术研究和未来产业场景应用创新。加强对数字经济、绿色低碳、元宇宙、智能终端等新赛道产业布局，加速推进宁德时代未来能源研究院等项目建设，推动未来产业新赛道底层技术率先突破，加快形成产业生态。

（二）构建战略性新兴产业集群

生物医药产业是闵行区重点发展的制造业四大产业之一，闵行区和浦东新区是上海发展生物医药产业的重点区域。要努力打造产业集群，重点推进基因与细胞治疗、智能医疗机器人、低碳绿色合成、合成生物学等前沿细分赛道的技术研发和转化应用。要培育人工智能产业集群，聚焦 AI 算力生态、科学智能、大模型、计算生物、人形机器人及仿真机器人等重点领域，依托上海马桥人工智能创新试验区加速发展“四智”产业。布局新能源产业集群，推进新能源汽车产业基础能力提升，加强燃料电池汽车示范应用工作组织实施，推进“示范应用联合体”创建。积极参与并举办世界人工智能大会等重大活动，支持闵行区氢能源产业联盟等行业组织发展壮大，打造产业资源对接的平台窗口。

（三）巩固提升重点优势产业

围绕食品、饮料、服装服饰等闵行区传统优势产业，加快制造业向智能化、绿色化、融合化方向升级，引导企业加快机器人应用、设备联网和绿色化改造。聚焦航天、航空、船舶、先进核能、空间信息等优势领域打造“国之重器”，加快高端装备技术双向转化和成果应用。推动吴泾老工业基地的化学化工产业与高校协同的绿色化转型，推动生产性服务业向专业化和价值链高端延伸，促进服务型制造业态加快发展，加快应用与推广智能产品、创新设计、个性化定制、信息增值等服务型制造模式。

二、创新是第一动力

新质生产力发展过程中，创新起主导作用[3]。科技创新能够促进产业创新，特别是以颠覆性技术和前沿技术催生新产业、新模式、新动能，是发展新质生产力的核心要素。新质生产力的提出，也是科技创新理论的又一重要论述，是新发展理念和一系列事关科技改革发展全局重大论断的延续发展。因此，驱动新质生产力加快发展，必须做好创新这篇大文章。闵行区在南部区域着力建设的“大零号湾”科技创新策源功能区，已被纳入新修订的《上海市科学技术进步条例》。“大零号湾”区域17平方公里范围内，有上海交通大学、华东师范大学等多所高校科研院所、国家级研发机构22家、3 000家硬科技企业，其中上市企业9家、高新技术企业563家。在“大零号湾”区域，要充分发挥科技创新促进培育新质生产力的作用，重点从以下五个方面加快推进。

(一) 建设基础研究新高地

加强基础研究，是实现高水平科技自立自强的迫切要求，是建设世界科技强国的必由之路[4]。统筹协调区域内科技资源，以国家战略需求为导向，构建高能级协同创新平台体系，提升原始创新能力，聚焦生物医药、人工智能、高端装备等重点领域，强化基础研究和技术攻关，加快形成一批原创性引领性成果。用好“大零号湾”区校合作专项资金，通过长期、稳定的财政投入，支持高校实施“基础研究先行区”试点，开展具有前瞻性、原创性、颠覆性、引领性的重大科研项目研究。充分发挥上海市颠覆性技术创新中心作用，落地优质项目。加强基础创新策源平台建设，推进“转化医学国家重大科技基础设施”及“超限制造”等重大科研基础设施建设，积极争取国家和上海市重大基础科学设施的规划布局，催生原始创新和尖端科研成果。引导企业加大基础研究投入力度，瞄准国际科技前沿和国家、上海市战略发展需求，开展前瞻性基础研究和创新性应用研究。

（二）推动技术攻关新突破

探索关键核心技术攻关新的实施路径，发挥上海交通大学、华东师范大学等在海洋、健康、信息、能源、生态、光学、集成电路、超限制造、生物制药等领域的基础研究优势，支持高校、科研院所、企业承担国家级、省部级关键核心技术攻关任务。设立“大零号湾”关键核心技术攻关榜单，强化行业、企业出题机制，优化“揭榜挂帅”“赛马”等制度，支持区内企业与高校、科研机构合作，开展跨行业、跨领域、跨地域协同攻关，对榜单项目试点“里程碑”式管理。

（三）完善成果转化体制机制

深化科技成果转化制度改革，构建全链条高质量的孵化体系，探索金融赋能科技成果转化的创新模式，促进产学研用深度融合，提升成果转化能力和效率，加快推动科技成果转化为现实生产力。深化上海闵行国家科技成果转移转化示范区建设，支持高校、科研院所在政策体系构建、成果转化项目挖掘、技术转移人才培养等方面持续发力，推进重大科技成果转化落地。区校合作建立成果转化项目跟踪服务机制，建立专业化平台和队伍，对通过高校合规化的项目，提前对接、跟踪服务，畅通成果转化和师生创业通道。做强上海国际技术交易市场，打造全球技术供需对接平台，引导和鼓励跨境技术交易转化落地。

（四）构建丰富多元科创空间

对标国际一流科创湾区，围绕高校周边，进一步优化城区规划布局，打造区域文化艺术氛围，提升城市功能品质，强化服务供给，打造开放共享的科创街区，校区、园区、城区“三区联动”、融合发展的科创新城。鼓励国有、民营等各类主体所持载体改造升级。加快建设标志性载体项目，到 2025 年基本建成“大零号湾”科创成果转化中心等高品质科创载体规模 200 万平方米。加强南部科创载体统筹，承接"大零号湾"成果孵化、转化、产业化溢出，产业覆盖航空航天、智能制造、生物医药、新能源等，形成科技产业定位清晰、从技术研发到产业化全过程载体空间布局。

三、人才是第一资源

创新人才是经济发展中的关键资源，创新驱动的实质是人才驱动[5—6]。发展新质生产力归根结底要靠创新人才，必须把人才工作摆在突出位置，畅通教育、科技、人才的良性循环，完善人才培养、引进、使用、合理流动的工作机制，不断增加人才队伍数量、优化人才队伍结构、提高人才队伍质效，充分释放人才对发展新质生产力的支撑作用。截至目前，在闵行居住和工作的人才总量已超过 101 万人；两院院士 73 人，约占全市总人数的四成，已初步形成创新创业人才集聚态势。要按照发展新质生产力的要求，持续强化高层次人才引育和产教融合人才培养，创新引才、育才、留才、用才机制，为培育新质生产力提供坚实的人才支撑和智力保障。

（一）强化人才政策供给

坚持以汇聚顶尖科学家和专业人才为重要目标，聚焦紧缺人才核心需求，依托闵行"春申金字塔人才计划"的深入实施，持续细化实化人才政策配套措施，完善具有国际吸引力和竞争力的创新人才发展体制机制，重点推进战略科学家、一流科技领军人才和创新团队、青年科技人才、卓越工程师等高端科技人才队伍建设，加快建设高水平人才高地。比如，研究出台高层次人才奖补政策直达快享、重点产业急需紧缺人才快速认定等操作细则，对顶尖科学家、"高精尖缺"人才探索"一事一议""一人一档"等超常规政策，加快构建以企业需求为导向的正向评价激励体系，进一步培厚人才成长土壤，营造鼓励创新、宽容失败的良好氛围，让人才创新创造活力充分迸发。

（二）强化创新创业体系支撑

持续发挥闵行区创新资源丰富、创新载体众多、创新生态良好的优势，依托上海交通大学、华东师范大学等重点院校和科研院所，深化科技企业孵化器、加速器、大学科技园、中试基地、成果转化基地、科创综合体布局落子、融合发展，帮助更多科技成果加快完成产业成果转化。建立健全重点产业急需紧缺人才和创新团队按图索骥、定向招引机制，引进一批世界一流顶尖人才和团队。深化区内高校、职业学校与企业合作订单式培养和联合培养模式，促进政产学研协同联动发展，畅通教育、科技、人才良性循环。加快完善促进新质生产力发展的金融体系，着力构建从创业扶持到天使投资、风险投资、股权投资的金融支撑体系。比如，加快推进“大零号湾”金融港建设，未来五年形成500亿元以上规模“大零号湾”基金联盟，依托科创金融联盟(5亿元)、闵行首支创投基金(1亿元)以及创投一号产业基金(5亿元)，做好全面支撑新质生产力发展的金融供给。

(三) 打造一流科创环境

在强服务、提品质、优环境等方面持续发力。依托“大零号湾”国际人才会客厅，联动南科创实训基地、闵行高端人才服务中心、闵行留创园等载体，进一步整合知识产权、市场监管、税务、人才等政务资源，打造“会客厅式”人才服务，为更多成果转化和初创企业发展营造良好环境。常态化举办全球引才大会、“大零号湾”国际人才月等系列活动，做强赛事引才、服务引才、平台引才等机制，不断吸引集聚优秀人才。持续推进城区功能迭代完善，加快营造良好居住环境和创新生态，加大交通、住房、教育、医疗、文体设施等高品质生活服务供给，构建创新人才的“强磁场”，全方位支持各类人才在闵行安居乐业。

四、生态是重要保障

2024年1月31日，习近平总书记在主持中共中央政治局第十一次集体学习时指出，绿色发展是高质量发展的底色，新质生产力本身就是绿色生产力。保护生态环境就是保护生产力，改善生态环境就是发展生产力。闵行区要牢固树立和践行绿水青山就是金山银山的理念，坚定不移走生态优先、绿色发展之路，加快发展方式的绿色转型，塑造发展新质生产力的良好生态。从地方经济社会发展来看，保护生态不仅是为居民打造宜居宜业的生活环境，更是为企业发展创造良好的营商环境，对于培育新质生产力有重要作用[7]。闵行区生态资源类型丰富，包含林地、河湖水系、耕地、城市绿地等，生态空间总量占区域总面积的比例超过45%。至2023年年底，闵行区人均公园绿地面积11.35平方米，森林覆盖率19.23%，各类公园199座。要从绿化建设和生态保护两个维度，为新质生产力的培育提供生态保障。

(一) 建设公园城市，全面提升生态品质

推进"+公园"建设，落实各类绿化建设。以黄浦江沿线、环城公园、前湾城市副中心、莘庄城市副中心等为各级公园建设重点，加快推进大绿地建设。通过闲置绿地、低效空间、附属绿地开放等方式推动口袋公园建设。聚焦城市开发边界外市级生态走廊、生态间隔带及近郊绿环等生态空间，推进全区林地建设。衔接市"一江一河"开发战略，社区级绿道依托沿滨河及沿路实施环社区绿道。落实"公园+"举措，营造绿化共建共管共享新格局。结合老旧公园改造提升，以闵行公园改造植入航天元素为契机，试点通过基于需求的"公园+"主题和功能拓展，加强公园与体育、文化、便民服务科普等各类功能的有机融合，拓展和健全城市公园的服务支撑系统。推进落实公园与城市空间的开放共享，无界融合。以上海交通大学、华东师范大学闵行校区为试点，进行公园型校区示范点创建；以紫竹高新区、漕河泾开发区科技绿洲为重点，进行公园型园区示范点创建。在城市景观空间上，形成屋顶檐口窗台立体绿化(上)—路灯花球、道路花箱、围墙藤本花卉(中)—花海花坛花境(下)的多维彩化空间特色。

(二) 加强生态环境保护，建设人与自然和谐共生的美丽闵行

加快推动绿色高质量发展，聚焦上海南部科创中心和虹桥国际开放枢纽建设，以清洁生产、低碳发展等为抓手，着力形成清洁绿色的生产方式和低碳绿色的生活方式。提升南部先进制造业清洁发展水平，围绕高端装备、人工智能、新一代信息技术、生物医药等产业发展要求，持续强化环评扶持引导和源头把关作用，提升产业污染防治水平。继续推动重点企业实施清洁生产技术改造，引导和激励企业采用先进适用的技术、工艺和装备实施清洁生产技术改造，不断提升行业清洁生产整体水平。加快推动北部虹桥商务区低碳发

展，在低碳建设、绿色运营、可持续发展等方面加快先行先试。稳步提升大气环境质量，以推进大气环境质量全面达标为核心，全面深化大气污染治理，以产业和交通领域为重点，统筹能源、建设、生活等领域，深化工业源挥发性有机物（VOCs）污染防治，加大移动源污染防治力度，持续推进面源污染防治，进一步提高环境空气质量。持续推进水环境综合治理，以岸上岸下协同治理为抓手，统筹兼顾"水安全、水质量和水生态"，持续深化工业、农业、生活源排污管理和水生态系统综合治理，实现水环境质量持续稳定提高。深化土壤和地下水环境保护，以保障农产品质量和人居环境安全为出发点，扎实开展农用地、建设用地土壤污染源头预防、过程管控、治理修复和安全利用等工作，确保群众吃得放心、住得安心。

五、效率是关键环节

生产力各要素的高效率配置是实现生产力跃迁、形成新质生产力的必要条件[8]。新质生产力的核心标志是全要素生产率大幅提升。新质生产力的形成过程，是推动要素质量提升和资源配置效率提高，是先进生产力替代传统生产力，更高质量、更有效率、更可持续发展模式加速形成的过程。对于地方政府来说，一方面，要努力提高工业用地的使用效率，提高各要素的高效率配置；另一方面，要全面深化体制机制改革，打通束缚新质生产力发展的堵点卡点，提高审批效率，为发展新质生产力创造良好的营商环境。

（一）提高存量工业用地使用效率

当前，闵行区面临的土地资源和环境约束日益凸显，到 2035 年，全区建设用地总规模为 288.8 平方公里，增量空间不足 8 平方公里。必须统筹产业布局优化和能级提升，强化各类生产要素的高效有序布局，为新质生产力发展带来"1+1>2"的规模效应。要进一步加强产业规划布局，根据区域资源禀赋，因地制宜制定存量产业用地转型升级方案，协同推进产业提质增效与城市空间布局优化。同时，锚定前沿赛道，提前布局和谋划一批先导产业、未来产业，引育区域经济发展新的增长极。要坚持产城融合发展理念，大力拓展发展空间，鼓励低效工业用地通过提高容积率、改扩建、企业技术改造（尤其是智能化、绿色化改造)、节余土地分割转让等方式转型提升,打造先进制造业基地。在严控产业准入的基础上,积极探索“工业上楼”,打造“折叠”城市空间、“多维”产业类别,进一步集约高效利用土地。要积极探索政府统筹、市场运作、多元参与的存量工业用地再开发机制,着力提高市场配置能力,鼓励社会各方广泛参与,通过利益平衡机制实现多方共赢,确保工业用地资产保值增值。

(二)持续优化营商环境

企业是最具活力的科技创新主体,是新质生产力发展的重要参与者、有力推动者。保护企业、爱护企业家就是保护新质生产力的发展潜能,维护企业合法权益、关注企业家合理诉求就是护航新质生产力的发展壮大。在市委、市政府的支持下,闵行全力支持配合莫德纳重大产业项目选址落地,仅用时 3 个月,就完成了项目土地合同签订及开工前的所有审批手续,并探索形成“莫德纳”模式,打造“产业有基础、空间有保障、审批有效率、政策有突破、服务零时差”的国际一流营商环境,打响了“闵行速度”“闵行服务”品牌。后续要持续深化体制机制改革,促进有为政府和有效市场紧密结合,加快破除不适应发展新质生产力要求的各种束缚,营造有利于创新的政策和制度环境。加强对新技术新业态新模式的包容审慎监管,强化知识产权保护,有效激发经营主体创新、创业和投资于新兴产业的活力和动力。

新质生产力作为先进的生产力,是生产力中最具有活力、牵引力、竞争力的部分。只有做好培育和发展新质生产力这篇大文章,以科技创新推动产业创新、带动全面创新,才能在新一轮产业竞争中弯道超车、换道领跑,占得先机、赢得主动。奋进新时代新征程,闵行区将充分依托自身禀赋优势、认清使命担当,深入学习贯彻习近平总书记关于发展新质生产力的重要论述,切实按照上海市委、市政府对闵行区的定位要求,真抓实干、开拓奋进,以新质生产力增强发展新动能,以高质量发展的实际成效,奋力书写中国式现代化闵行实践的新篇章!

参考文献

[1] 曹永栋.深刻认识新质生产力的内涵[J].中国果业信息,2024,41(3):2.

[2] 习近平.当前经济工作的几个重大问题[J].求是,2023(4):4—9.
[3] 钟华论.做好发展新质生产力这篇大文章[N].新华每日电讯,2024-04-09(1).
[4] 习近平.加强基础研究 实现高水平科技自立自强[J].求是,2023(15):4—9.
[5] Schumpeter J. A. The Theory of Economic Development [M]. Cambridge, MA: Harvard University Press, 1911.
[6] 刘春林,田玲.人才政策"背书"能否促进企业创新[J].中国工业经济,2021(3):156—173.
[7] 张彬,张莉,赵嘉,等.环境与贸易投资研究述评[J].环境与可持续发展,2020,45(1):4.
[8] 周文.深刻理解新质生产力的核心要义[N].经济日报,2024-04-09(2).

ESG 活动表现与企业升级

汪建新*

一、引言

不同于传统以股东利润为目标的企业增长模式，以环境、社会和治理(environmental, social, and governance, ESG)为核心目标的企业经营模式将推动我国企业的包容性增长升级，这将塑造出中国打造世界一流企业的特定优势。此外，从我国经济发展的实践来看，中国经济已由高速增长阶段转向高质量发展阶段，人口老龄化、收入分配差距扩大、气候变化等一系列问题逐步凸显。作为经济增长的重要动力，企业升级将成为经济转型发展的关键任务，而对企业升级的研究也成为理论领域的重要增长点。一部分文献更多地关注企业升级的基本状况[1]，推动企业升级动力更多来自企业自身，如企业市场空间拓展和企业技术能力[2]、资源的补充和能力的更新[3]、企业未来绩效预期[4]、开展供应链金融业务[5]等。但是随着中美贸易摩擦、新冠疫情以及单边贸易保护主义等不确定性的升起，越来越多的研究开始专注研究外部的动力或阻力，此方面的文献不断增长，如"一带一路"倡议[6]、政府环境规制[7]、平台[8]、共同机构[9]以及市场环境(产业链基础)[10]。

在全球范围内，新兴市场对可持续管理的监管压力也在增加，这为中国企业的升级带来了挑战和机遇。中国 ESG 监管的实践起步较晚，但是它正在逐渐赶上其他国家。2006 年发布的《深圳证券交易所上市公司社会责任指引》和 2008 年发布的《上海证券交易所上市公司环境信息披露指引》都鼓励上市企业披露社会责任等 ESG 信息。生态环境部 2021 年印发的《环境信

* 汪建新，上海对外经贸大学教授，贵州财经大学校长助理。

息依法披露制度改革方案》提出到2025年形成环境信息强制公开基本制度。中国证监会于2021年6月修订上市公司年度报告和半年度报告格式准则，进一步规范上市企业定期报告的编制及信息披露行为。深圳证券交易所在2023年发布的《深市上市公司环境信息披露白皮书》推动上市企业强化环境信息披露意识，践行绿色发展理念。一个国家对实现可持续发展目标的推动会提高企业披露其ESG活动的参与度。

那么不断透明的ESG活动信息披露是否促进了企业的升级呢？从研究企业ESG绩效的经济后果的文献来看，以往的研究在积极和消极的影响方面都有相互矛盾的结果。一方面，ESG绩效的上升直接促进了企业效率的提高，并为企业带来了更好的财务绩效[11]。ESG可以降低企业融资成本并增加企业价值[12]，促进企业创新[13]，减少信息不对称并提高企业绩效[14]。另一方面，ESG上的企业投入可能不会为企业带来额外的直接货币利益。企业参与ESG活动的声誉效应主要由管理者（比如总经理）享受，而与ESG投资相关的潜在风险和成本则由股东承担。ESG参与甚至可能是实现管理者自身利益目标的工具[15]。ESG活动的媒体关注和宣传可以帮助经理建立声誉，并可能以牺牲企业为代价使他们个人受益。此外，对ESG的过度投资排挤了核心技术研究支出，这对企业的高质量发展产生了负面影响[16]。上述有分歧观点的理论研究大都是基于发达经济体成熟市场结构的研究，在高标准市场体系逐步建立的新兴市场经济体，ESG活动表现与企业升级的关系有待进一步探讨与检验。

基于上述分析，本文的论证逻辑是将ESG活动的评级引入理论分析框架，全面考察ESG活动表现对企业升级的影响。与本文研究相近文献中的经验证据表明，将ESG因素纳入传统投资决策会影响财务业绩[17]以及经营财务活动、企业治理、风险、资本成本和企业绩效。ESG活动表现与企业价值之间存在正相关关系，影响企业对外直接投资（outward foreign direct investment，OFDI）[18]、出口产品质量[19]、企业融资成本和融资能力[20]，并可以显著提高企业创新产出[21]等。

相比现有研究，本文可能在以下三个方面有所贡献。第一，本文可能是较早探讨企业ESG活动表现影响企业升级的研究。与探讨外部治理影响企业升级的大多数文献不同，本文尝试基于第三方机构评级的视角，探讨第三方机构 ESG 评级在企业升级过程中的作用,揭示了企业 ESG 活动主要通过降低融资约束和代理成本以及提高企业声誉与信息披露质量等四条渠道影响企业升级,丰富和拓展了高标准市场体系与 ESG 影响等相关领域的研究。第二,除了全要素生产率指标外,本文还从专利产出、经济增加值和财务绩效等角度构建了企业升级的多维指标评价体系,并且采用主成分分析法构造了一个综合大部分升级指标的综合升级指标,这提供了 ESG 活动推升企业升级在更多领域的证据。第三,本文不仅使用持有该个股的 ESG 基金数量的对数作为 ESG 得分的工具变量来缓解可能的内生性问题,还构造了多个双重差分(difference-in-differences, DID)模型政策冲击变量,以排除外部政策对 ESG 活动作用的干扰,尽可能保证了结果的稳健性。

二、理论机制

代理理论、信息不对称理论、信号理论和利益相关者理论等从不同的逻辑视角解释了 ESG 活动的作用机制。ESG 活动信息的披露:(1)减少了企业内部和外部利益相关者之间的信息不对称(机构和信息不对称理论);(2)向投资者和其他利益相关者表明其透明度和对可持续实践的承诺,从而创造长期价值(信号理论);(3)满足各种利益相关者的要求和期望,这有助于在企业与其利益相关者之间建立长期联系(利益相关者理论),进而影响企业的升级[22]。结合相关研究,本文梳理和分析了 ESG 活动表现影响企业升级的四条关键机制:一是融资约束渠道,二是代理成本渠道,三是声誉效应渠道,四是信息披露质量渠道。

(一) 融资约束渠道

企业必须按照法规和规则要求披露有关其 ESG 活动的信息,具体包括环境保护责任、履行社会责任和完善企业治理责任等非财务信息。ESG 活动信息披露更加全面,这可与金融机构等利益相关者建立更好的长期关系,由此形成了“社会资本”。社会资本积累深厚的企业可以通过银行关系融资获得贷款以缓解信贷配给。这是因为企业家的社会资本使他们能够获得第三方担保并获得直接或间接融资,特别是债务融资,这表明社会资本充当贷款抵押品的替代资产[23]。此外，有学者[24]发现社会资本可以克服企业家和投资者之间的信息不对称，并促进网络中成员之间的信息流动。因此，社会资本促进了信息流动并降低了融资成本[25]。

此外，企业升级需要根据市场上消费者偏好、竞争对手、供应商和质量标准等进行产品设计以及建立市场分销系统，从而承担大量的前期资本投资、较长的发展周期以及不可预测的研究和设计投入等沉没成本，这通常需要广泛而稳定的现金流支持。更进一步地，资金成本影响企业的创新绩效和产出，包括中间产出（如专利）和最终产出（如新产品、工艺和服务），以及创新在国外市场渗透和生产力提高方面的经济绩效。这些活动都与其外部资金的需求和供应有关。总体上，融资约束会大大降低企业的创新能力，而融资约束困境的减轻有助于它们摆脱财务困境，从而有助于提高其创新意愿和企业升级的强度。总之，企业 ESG 活动表现将通过作用债务融资成本影响企业获得的外部信贷资金数量，从而决定企业是否升级以及升级强度。

（二）代理成本渠道

尽管很多文献强烈支持融资成本是企业升级决策的主要决定因素，但也有学者[26]认为即使有更便宜的融资选择，管理者也可能会选择昂贵的融资，或者表现为企业资源过度投资于无利可图的项目，这表明经理和股东之间存在利益冲突。因此，在存在代理问题的情况下，融资约束并不是导致企业升级投资效率低下的唯一因素。企业 ESG 活动通过加强有效的企业治理机制，帮助重新调整不同利益相关者的目标。

一方面，通过 ESG 信息的披露，可以缓解企业经理和利益相关者之间的信息不对称，以加强监测和透明度机制。第三方外部评级企业有动力和能力适当地监督管理人员的行为，通过 ESG 评级打分展示企业在承担环境和社会责任的同时具有较高的企业治理能力，有利于规范企业不当行为[27]，并向利益相关者展示其对企业可持续发展的承诺。

另一方面，ESG 评级也产生了高昂的成本，如更换环境设备[28]、慈善和捐赠成本，以及提高披露质量的成本、反腐败和贿赂成本，从而增加了业务成本并降低了竞争力。企业需要承担更高的成本来提高 ESG 评级，可能不利于企业运营绩效，同时也成为管理层掩盖企业运营效率低下的工具。管理层可能会以牺牲股东利益为代价来提高企业的ESG评级，以提高其声誉。对ESG的过度投资排挤了核心技术研究支出，这对企业的高质量发展产生了负面影响。综上，企业实施的ESG活动对代理问题的影响方向是不确定的。

在企业投资升级时，根据代理理论，代理问题可能扭曲投资决策，导致投资效率低下。也就是面临代理问题的企业很可能会将资源过度投资于有或没有合理回报的项目。当过度投资和投资不足不受控制时，就会出现投资效率低下的情况。过度投资会削弱投资效率，因为委托代理利益错位而浪费了企业的资源。因此，如果ESG披露降低了企业经理和利益相关者之间的信息不对称，它将降低企业升级投资低效率的风险，从而增加企业的营业收入和市场份额。这些因素保证了企业具有一定的发展能力和盈利能力，由此提升了企业升级的效果。但是相反，企业将倾向于将宝贵的资源提供给非投资受益人，从而可能侵蚀利益相关者的利益，这将束缚企业流动性，失去投资机会，导致企业升级业绩不佳风险。上述分析表明，企业ESG活动表现将通过影响代理成本进而影响企业投资升级的效率以及是否投资升级活动的决策。

（三）企业声誉渠道

企业声誉是“企业过去行为和未来前景的感性表现，与其他主要竞争对手相比，它描述了企业对所有关键利益相关者的整体吸引力”[29]。ESG活动表现有助于提高企业声誉[30]，其对企业声誉的影响体现在三个方面。第一，环境方面，企业实施的环保行动会提高企业声誉[31]；对环境不负责任可能会对企业声誉产生负面影响。第二，社会责任方面，ESG报告中的社会责任信息（如环境排放和慈善捐赠）可以被投资者用来验证企业会计信息的真实性。通过企业社会责任报告向外部利益相关者有效传达企业对社会责任的承诺，可以培养社会信任资本，提高企业声誉。第三，企业治理方面，内部治理结构水平高的企业有望获得更多利益相关者的信任，建立更好的声誉。

此外，根据企业资源理论，投资者、贷款人、金融分析师、企业经理和其他利益相关者通常把企业声誉视为一种无形资产，依赖企业声誉来进行决策，这代表了利益相关者对企业的价值和信任。一些经济学家和组织理论家认为，这种无形资产是为企业创造价值和在行业内实现竞争优势最重要的战略资产。根据信号理论,企业声誉是企业组织有效性的重要信号,良好的声誉能增强利益相关者的支持和忠诚度,这有助于开展业务,从而为企业带来经济效益和竞争优势。总之,无论根据企业资源理论还是信号理论,企业声誉都会有助于企业的升级。总体上来说,ESG 活动推动企业声誉的提升会产生优势如客户对本企业产品的偏好和忠诚度、市场上产品溢价销售、低价采购、资本市场上的良好形象、员工的忠诚度和高生产力,而这些企业声誉生成的优势又会助力企业升级。

(四)信息披露质量渠道

在大多数情况下,ESG 活动表现越好的企业,其对 ESG 活动的报告越会遵循相应的 ESG 报告准则,供企业用于公开披露其 ESG 活动信息。但是 ESG 报告通常是自愿的,并且与财务报告不同,财务报告必须遵循公认的会计准则,而 ESG 报告实践定义不太明确,企业经常根据自己的判断来建立、解释和实施绩效目标,这导致了各企业报告内容可能披露不充分,其披露信息的质量和准确性也存疑。与发布可持续性报告但不遵循 ESG 报告准则的企业相比,遵循 ESG 准则的企业披露的可持续性信息多 39%,通过 ESG 第三方打分来核查企业的 ESG 活动能带来更多的信息披露[32],提升企业披露信息的质量。总之,尽管增加披露的信息数量并不一定意味着这些信息具有高质量,但有充分的理由相信,第三方对企业 ESG 活动的评价会推动企业遵循 ESG 报告准则,而遵循 ESG 报告准则的企业也可能提高其披露信息可信度,即信息披露质量。

信息披露质量的提高又会促进企业的升级。第一,高质量的信息披露可以促进透明度和回应外部利益相关方的问责,使外部利益相关方认为企业的可持续性信息值得信赖和信誉良好,因此它们为外部利益相关方提供了将企业观察到的可持续性实践和绩效与其主张进行比较的基础,并将其纳入投资决策。第二,高质量的信息披露还可以缓解信息摩擦,从而促进企业资源的有效分配,提高生产效率[33]。总之,高质量的信息披露会缓解外部资本市场的资源错配(即提高资本配置效率)和内部企业的信息摩擦(即提高投资效率),进而促进企业的升级。总之,企业遵循 ESG 报告准则来开展 ESG 活动能通过高质量的信息披露推动企业的升级。生产力方面的高质量报告可以减少信息摩擦和促进更有效的资源分配，这都会最终提高资源配置效率和推动企业升级。

三、数据、变量、计量模型与基准回归

（一）主要变量的设定

1. 被解释变量

企业升级是企业提高向利润更高或技术更先进的资本和技能密集型经济领域转移的能力的过程，也是企业通过不同方式使产品附加值增加、企业竞争力增强的持续与动态过程[34]。借鉴现有文献的方法，本文采用LP和ACF方法[35]估计出来的全要素生产率（分别用tfp_lp和tfp_acf代表）来衡量企业升级。另外，在稳健性检验中使用了OP方法估计出来的全要素生产率（用tfp_op代表）来确保结果的可靠性。另外，在深入的研究过程中，还将分别从企业专利产出和财务指标等方面分别衡量企业升级水平，具体指标及来源如表1所示。

表1　企业升级变量的构建

主要指标	指标含义	文献依据
企业生产效率	全要素生产率（LP、ACF）	王桂军和卢潇潇（2019）
专利产出	专利申请数量	余泳泽等（2020）、方先明和胡丁（2023）
	发明专利申请数量	方先明和胡丁（2023）
	绿色专利申请数量	李金昌等（2023）
财务绩效指标	每股经济增加值（EVA）	程虹等（2016）
	净资产收益率（*roe*）{净利润/[（年初+年末所有者权益）/2]}	汪建成等（2008）、罗顺均等（2015）、李林木和汪冲（2017）
	营业利润率（*por*）（利润总额/营业总收入）	李林木和汪冲（2017）
	成本利润率（*poc*）（利润总额/营业总成本）	李林木和汪冲（2017）

2. 解释变量

本文的核心解释变量使用华证ESG评估数据来定量评估企业的ESG绩效,数据来自万得(Wind)资讯金融终端。华证ESG评级给予被评主体“AAA-C”九档评级,ESG总分得分是介于0—100的标准分,得分越高说明被评主体的表现越好。ESG评级与ESG得分的对应关系为:AAA对应“得分≥90”,AA对应“90≤得分<95”,A对应“85≤得分<90”,BBB对应“80≤得分<85”,BB对应“75≤得分<80”,B对应“70≤得分<75”,CCC对应“65≤得分<70”,CC对应“60≤得分<65”,C对应“得分<60”。本文在计量模型中主要使用ESG得分来衡量企业的ESG活动表现,此外在稳健性检验中还使用华证ESG的九个评级进行检验。

在马文杰和余伯健[36]等学者看来,与国外评级机构相比,国内评级机构针对国有企业的评级偏高,而针对非国有企业的评级偏低,因而中外ESG评级机构对企业评级存在着非对称性。为了对回归结果进行稳健性检验,本文还广泛搜集了其他主要的几类ESG评级指标作为代理变量,包括彭博(Bloomberg)和Wind的ESG评级数据。

3. 中间机制变量与调节变量

本文的中间机制变量包括四类。

第一类是企业融资约束指标。本文分别计算并使用被广泛接受的综合变量指数,即KZ指数[37]和WW指数[38]等。本文还将使用企业的利息支出来代理融资约束状况。

第二类是代理成本指标。本文代理成本的第一个衡量标准是总销售额与总资产的比率(即资产利用率)[39—40]。资产利用率高的企业预计将表现出较低的代理成本。第二个衡量标准是销售费用率。销售费用比率较高的企业预计将有较高的代理成本。第三个衡量标准是管理费用率,它反映了管理津贴消费,如经理的收入、通信费用、娱乐费用、差旅费等,反映了控制股东和经理之间代理成本的效率,其比率越高,多数股东和少数股东之间的代理成本就越高。

第三类是企业声誉指标。本文参考管考磊和张蕊[41]等的计算方法,选择上市企业在行业内的资产排名、收入排名、净利润排名、市场价值排名以及其资产负债率、流动比率、长期负债比、每股收益、每股税前现金股利、是否国际四大会计师事务所、企业视角的可持续增长率和独立董事比例等 12 个指标，然后进行因子成分分析并计算出企业声誉得分，再按照企业声誉得分从低到高分为 10 组，每一组依次赋值为 1—10，对企业相应的企业声誉相应赋值加 1 取自然对数，得到企业声誉指标（*repu*）。

第四类是信息披露质量指标。本文选择国泰安（CSMAR）数据库的上市企业信息披露考评信息表对企业会计信息披露质量的打分来代理上市企业信息披露质量，考评结果打分标准如下：1 为优秀，2 为良好，3 为合格，4 为不合格，对上述打分加 1 取自然对数得到上市企业信息披露质量指标（*infq*）。

本文的调节变量为外部治理机制变量，包括被分析师关注度和被研报关注度。被分析师关注度表示在一年内，有多少个分析师（团队）对该企业进行过跟踪分析，而被研报关注度代表在一年内，有多少份研报对该企业进行过跟踪分析。这两个指标能够很好地反映资本市场对于企业的关注度和监督作用，本文利用 CSMAR 数据库的数据来衡量这两个指标。

（二）数据来源、处理与实证模型

1. 基本计量模型与实证策略

参考现有文献的研究思路，本文设定的基本计量模型如下：

$$Y_{ijt} = \beta_0 + \beta_1 lnesg_{ijt} + \beta_2 X_{ijt} + \pi_t + \rho_i + \delta_j + \varepsilon_{ijt} \tag{1}$$

其中，被解释变量 Y_{ijt} 为上市企业的企业升级变量，在主回归中使用全要素生产率来衡量；在进一步的研究中，本文还使用专利申请量、绿色专利申请量、经济增加值以及财务绩效指标这些文献中的指标来进行衡量，i 代表企业，t 代表年份，j 代表企业所在的行业。$lnesg_{ijt}$ 为华证对上市企业的 ESG 打分加 1 的自然对数值。为了缓解可能存在的遗漏变量偏差问题，本文将控制变量 X_{ijt} 分为财务因素和企业治理因素并设置如下：财务因素包括企业规模 *size*、杠杆水平 *lev*、固定资产占比 *lnfix*、资产结构 *lntang*；企业治理因素包括产权性质 *soe*、前五大股东持股比例集中度 *lntop*5（前五大股东持股比例的赫芬达尔-赫希曼 HHI 指数）、两职兼任虚拟变量 *dua*（董事长和总经理为同一人时取 1，否则取 0）。此外，考虑到企业所处的行业特征、宏观经济环境和其他潜在的时变因素也可能影响企业升级，本文还在模型中加

入企业固定效应 ρ_i、行业固定效应 δ_j 和年份固定效应 π_t 予以控制，ε_{ijt} 为误差项。本文重点关注的系数 β_1 反映的是企业 ESG 活动表现对企业升级的影响。如果 $\beta_1 > 0$，则说明企业 ESG 活动表现的程度越高，对于企业升级提升的效应会越大；反之亦然。

从 ESG 的构造来说，外部评级企业有其客观立场，但是其独立的考察指标依然从企业的管理水平和负面事件数量角度出发，依然有可能存在内生性问题或外部干扰带来的回归偏差，本文的解决策略包括两个方面。一方面，构建了持有该个股的泛 ESG 基金数量作为 ESG 的工具变量，经济逻辑是 ESG 基金作为个股投资者会监督企业的运营，但不会直接干涉企业的全要素生产率等升级活动。另一方面，在排除外部干扰方面，首先，选用了彭博和 Wind 的 ESG 评级以避免有些文献提出的中外评级机构的非对称打分带来的误差；其次，区分了企业自身特征差异以规避可能导致的回归偏差，根据所有制区分为地方国企和中央国企，根据所在地区的环境规制强度区分为高环境规制和低环境规制样本；最后，排除了外部政策对企业升级作用的干扰。

2. 数据来源、处理与描述性统计

考虑到数据的可得性以及避免其他因素干扰，后期对样本采取如下处理：(1)剔除金融保险类企业；(2)剔除 ST、*ST 和 PT 企业；(3)剔除主要变量数据严重缺失的企业；(4)剔除营业总收入为 0 或缺失、资产负债率大于 1 的数据异常样本企业。本文主要变量的财务数据和治理数据来自 CSMAR 数据库，华证、Wind 和 Bloomberg 的 ESG 评级得分分别来源于 Wind 数据库和 Bloomberg 数据库。各个变量的描述性统计如表 2 所示。

表 2　主要变量的含义与描述性统计

变量	中文含义	观察数	均值	标准差	最小值	最大值	数据来源
lntfp_acf	ACF 方法计算出来的 TFP 的自然对数	32 056	2.360 8	0.129 2	1.673 2	2.821 5	计算
lntfp_lp	LP 方法计算出来的 TFP 的自然对数	32 056	8.411 7	1.057 1	3.600 7	13.080 5	计算

（续表）

变量	中文含义	观察数	均值	标准差	最小值	最大值	数据来源
lntfp_op	OP方法计算出来的TFP的自然对数	30 984	6.809 7	0.907 7	2.327 8	11.524 9	计算
lnesg	华证ESG得分加1取对数	30 651	4.301 1	0.076 8	3.627 5	4.542 6	Wind
lnage	企业年龄的对数	32 056	2.187 4	0.758 6	0.693 1	3.465 7	CSMAR
size	企业雇佣员工人数规模的对数	32 056	7.703 7	1.284 4	0	13.222 8	CSMAR
soe	是否为国有企业	31 894	0.406 2	0.491 1	0	1	CSMAR
lnlev	资产负债率的对数	32 056	−0.978 5	0.608 0	−4.950 5	−0.000 6	CSMAR
lnfix	固定资产在总资产占比的对数	32 056	−1.933 3	1.141 1	−10.637 5	−0.029 5	CSMAR
lntang	固定资产净额加存货净额处以总资产的对数	32 056	−1.161 2	0.679 1	−9.620 8	−0.025 8	CSMAR
lntop5	前五大股东持股比例集中度的对数	32 055	−0.733 1	0.396 5	−1.609 4	−0.008 9	CSMAR
dua	虚拟变量 董事长和总经理兼任时取1否则取0	31 584	0.264 7	0.441 2	0	1	CSMAR
lnfundnm	持有该个股的ESG基金数量的对数	30 293	3.618 1	1.504 2	0.693 1	8.973 4	CSMAR
lnww	WW指数加1取对数	11 961	−3.387 8	1.141 8	−12.206 1	−0.114 6	计算
lnkz	KZ指数加1取对数	27 899	0.853 3	0.830 6	−9.498 0	2.623 8	计算
lnde	企业利息支出加1取对数	31 853	18.021 9	2.371 6	0	25.208 4	CSMAR
lnastr	资产利用率的对数	32 056	−0.650 2	0.668 5	−5.661 3	2.435 0	CSMAR

（续表）

变量	中文含义	观察数	均值	标准差	最小值	最大值	数据来源
lnsae	销售费用率的对数	32 056	−3. 285 7	1. 314 1	−13. 815 5	−0. 018 2	CSMAR
lnade	管理费用率的对数	32 056	−2. 699 9	0. 757 2	−7. 332 4	−0. 027 5	CSMAR
repu	企业声誉	26 694	1. 758 1	0. 524 4	0. 693 1	2. 397 9	计算
infq	上市企业信息披露质量	24 033	1. 062 1	0. 213 6	0. 693 1	1. 609 4	CSMAR
lnanaat	被分析师关注度的对数	22 532	2. 011 8	0. 913 1	0. 693 1	4. 330 7	CSMAR
lnreport	被研报关注度的对数	22 822	2. 465 0	1. 152 3	0. 693 1	5. 676 8	CSMAR

（三）基准回归

表 3 报告了 ESG 对企业升级（全要素生产率）影响的基准回归结果，所有的计量模型均控制了企业层面和行业以及年份固定效应。表 3 的列（2）和列（4）又控制了企业层面的特征变量，以规避遗漏变量可能带来的回归偏差。表 3 列（2）显示 *lnesg* 的系数为 0. 389，且在 1%的统计水平上显著，这体现了外部评级企业对企业 ESG 评分每提高 1%，将使得企业的全要素生产率平均提高约 0. 389%。表 3 列（4）的计量模型将被解释变量替换成使用 ACF 方法估算的全要素生产率 *lntfp_acf*，系数为 0. 019 4，在 1%的水平上显著。综上可见，ESG 活动表现对企业升级有着实质性促进效应。

另外，表 3 的列（5）、（6）和（7）分别从环境（*lne*）、社会（*lns*）和治理（*lng*）等 ESG 的分项活动表现研究了它们对企业升级的作用。由于企业 ESG 活动表现的每个支柱的各个要素之间可能存在较强的相关性，为检验结论的稳健性，列（8）将 *lne*、*lns* 和 *lng* 放在同一方程中回归，回归系数展示了并非所有要素都同等重要，环境、社会和治理因素的相对重要性因企业而异。从列（8）的回归系数中还可看到，与治理有关的因素最为重要，这是因为与治理相关的负面事件会在企业的管理行动与股价中体现得最为迅速，其次是与社会因素相关的事件，然后是环境因素。

表 3 基准回归结果

	(1) $lntfp\_lp$	(2) $lntfp\_lp$	(3) $lntfp\_acf$	(4) $lntfp\_acf$	(5) $lntfp\_lp$	(6) $lntfp\_lp$	(7) $lntfp\_lp$	(8) $lntfp\_lp$
$lnesg$	0.676*** (9.01)	0.389*** (6.12)	0.099 1*** (10.35)	0.019 4*** (3.41)				
lne					0.099 0** (2.07)			0.060 8 (1.28)
lns						0.126*** (4.32)		0.115*** (3.99)
lng							0.178*** (4.27)	0.165*** (3.95)
N	30 264	29 705	30 264	29 705	29 705	29 705	29 705	29 705
R^2	0.868	0.908	0.852	0.948	0.907	0.907	0.907	0.908

注：*、** 和 *** 分别代表在 10%、5%和 1%的水平上显著；标准误聚类在企业层级；表中()中为稳健性标准误 t 值；本表中控制了控制变量、年份、企业与行业固定效应；除非有说明，以下各表与本表同。

四、内生性问题与稳健性检验

(一) 内生性问题与工具变量

本文使用的 ESG 得分来自外部评级企业，这固然能在很大程度上降低企业自选择带来的内生性问题，但是外部评级企业对 ESG 打分所设计的指标还是基于企业的管理水平和负面事件数量角度，这在一定程度上就有可能存在逆向因果关系带来的内生性。为了进一步解决内生性问题，我们采用两阶段最小二乘(2SLS)方法，并对 ESG 活动进行工具化。在第一阶段，我们使用所有外生变量和工具变量预测 ESG 活动。在第二阶段，我们使用 ESG 活动的预测价值，而不是使用实际价值，进行回归。

当前文献常用三种工具来解决与 ESG 活动相关的内生性，即使用初始 ESG 分数、行业平均 ESG 分数(不包括企业本身)以及国家层面的 ESG 评分分别作为衡量 ESG 活动的工具变量。但是这三类 ESG 分数可能还存在影响企业升级的共同影响因素，排他性原则无法充分满足。据此，使用个股被 ESG 基金持有的数量 ($lnfundnm$) 来作为企业 ESG 得分的工具变量。一方面，ESG 基金作为机构持股会影响企业的 ESG 活动表现，满足相关性条件；

另一方面，ESG 基金不可能直接干涉企业的日常运营，所以不可能直接影响上市企业的升级活动，满足排他性条件。

据此构建工具变量第一阶段的回归模型，各变量含义同模型(1)，如下：

$$lnesg_{ijt} = \beta_0 + \beta_1 lnfundnm_{ijt} + \beta_2 X_{ijt} + \pi_t + \rho_i + \delta_j + \varepsilon_{ijt} \quad (2)$$

表 4 报告了工具变量的估计结果。首先，我们的工具变量通过了相关性、识别不足和弱识别测试。第(3)列中第一阶段报告的回归结果显示，识别不足检验的 *Kleibergen-Paap rk LM* 统计量为 171.33($p<0.001$)，此检验结果否定了模型识别不足的原假设。在工具变量弱识别的检验中，*Kleibergen-Paap rk* 的 *Wald F* 统计量大于 Stock-Yogo 弱识别检验 10%水平上的临界值 16.38。此外，工具变量一阶段的 F 值均远大于 10，因此工具变量较弱的原假设也被驳回。表 4 报告了第二阶段回归的结果，可以发现，*lnesg* 的系数在 1%水平显著为正，这证明了基准回归的结果具有较强的稳健性。可是在表 4 报告的回归结果中，我们发现，工具变量回归中 ESG 得分的估计系数大于基准回归的系数。对此，参考对此类问题的研究解决思路，我们认为这证明了当内生性问题被排除时，与基准回归相比，其局部平均效应较高，因而系数变得更大。

表 4　工具变量二阶段回归结果

	(1) 二阶段 *lntfp_lp*	(2) 二阶段 *lntfp_acf*	(3) 一阶段 *lnesg*
lnesg	14.12*** (12.53)	0.849*** (11.03)	
lnfundnm			0.008 5*** (14.25)
Kleibergen-Paap rk LM 统计量			171.33 {0.000}
Kleibergen-Paap rk Wald F 统计量			196.26 [16.38]
N	28 541	28 541	28 541
Partial R^2			0.047 3

注：表中( )中为稳健性标准误 t 值，{ }中数值为 P 值，[ ]中数值为 Stock-Yogo 弱识别检验 10%水平上的临界值；*** 、** 和 * 分别表示在 1%、5%和 10%的显著性水平。

(二) 稳健性检验与异质性分析

1. 替换 ESG 变量和全要素生产率

本文在此重新考察了华证 ESG 评级的效应，按照文献中的赋值方法，将上市企业 ESG 等级从低到高分别赋值为 1—9，用变量 *ESG* 代表。表 5 中的列(1)和列(2)报告了对华证 ESG 评级赋值的回归结果。此外，表 5 列(4)和列(5)的计量模型使用 Bloomberg 的 ESG 评级数据 (*lnESG_bl*)，表 5 的列(5)和列(6)使用 Wind 的 ESG 评级数据 (*lnESG_wind*)，替代华证的 ESG 得分数据，进行回归。从回归的结果看，Bloomberg 和 Wind 外部评级企业的 ESG 评级显著促进了上市企业的升级。

表 5 列(7)到列(10)的计量模型的被解释变量更换为使用 OP 方法估计出来的全要素生产率 (*lntfp_op*)，列(7)使用华证评级的 ESG 作为解释变量，列(8)使用华证百分制打分的 *lnesg* 作为解释变量，列(9)使用 Bloomberg 的 ESG 评级数据 (*lnESG_bl*) 作为解释变量，列(10)使用 Wind 的 ESG 数据 (*lnESG_wind*) 作为解释变量，从各解释变量的回归系数的统计显著性和符号可以看到，企业 ESG 活动表现显著地促进了用 OP 方法估计的企业升级变量。总之，以上的回归结果都证明了基准回归的结论是稳健的。

2. 区分不同所有制与所处城市环境规制强度

本部分依据年报把上市企业样本区分为地方国企、中央国企和非国企，表 6 的列(1)到列(2)汇报了对地方国企样本的回归结果，表 6 的列(3)到列(4)报告了对中央国企样本的回归结果，列(5)到列(6)报告了对非国企样本企业的回归结果，从总体样本的回归结果中可以看到企业 ESG 活动表现对企业升级的影响依然是显著正向的。

表 6 的列(7)到列(10)依据上市企业所处城市的环境规制强度，按照陈诗一和陈登科[42]计算方法，即基于目标、对象、措施三个维度，选取 27 个能较全面地反映政府规制强度的相关词汇，运用词频分析法统计政府工作报告中的相关词频数量，以此量化各区域的环境规制强度(用 *er* 代表)。本文计算环境规制强度的平均值，把大于环境规制强度均值的设为高环境规制样本，低于均值的设为低环境规制样本，表 6 的列(7)到列(8)是对高环境规制

表 5　使用华证评级、Bloomberg 和 Wind 的 ESG 数据和 OP 方法估计的 TFP

	(1)	(2)	(3)	(4)	(5)	(6)	(7)	(8)	(9)	(10)
	华证 ESG		Bloomberg ESG		Wind ESG		OP 方法估计的 TFP			
	lntfp_lp	*lntfp_acf*	*lntfp_lp*	*lntfp_acf*	*lntfp_lp*	*lntfp_acf*	*lntfp_op*	*lntfp_op*	*lntfp_op*	*lntfp_op*
lnESG	0. 107*** (5. 82)	0. 005 25*** (3. 15)					0. 120*** (6. 15)			
lnESG_bl			0. 113*** (3. 16)	0. 002 35 (0. 81)					0. 128*** (3. 43)	
lnESG_wind					0. 152** (2. 00)	0. 008 80 (1. 14)				0. 112* (1. 82)
lnesg								0. 430*** (6. 39)		
N	29 705	29 705	9 268	9 268	12 221	12 221	28 840	28 840	8 883	11 949
R^2	0. 908	0. 948	0. 933	0. 964	0. 963	0. 978	0. 864	0. 865	0. 903	0. 945

表 6　区分不同所有制与所处城市环境规制强度的回归结果

	(1)	(2)	(3)	(4)	(5)	(6)	(7)	(8)	(9)	(10)
	地方国企		中央国企		非国企		高环境规制城市		低环境规制城市	
	lntfp_lp	*lntfp_acf*	*lntfp_lp*	*lntfp_acf*	*lntfp_lp*	*lntfp_acf*	*lntfp_lp*	*lntfp_acf*	*lntfp_lp*	*lntfp_acf*
lnesg	0.554*** (4.79)	0.030 6*** (2.84)	0.436* (1.80)	0.043 1* (1.87)	0.226*** (2.91)	0.008 61 (1.27)	0.265*** (3.18)	0.006 80 (0.92)	0.524*** (6.52)	0.029 8*** (4.03)
N	9 672	9 672	1 335	1 335	16 056	16 056	13 683	13 683	15 197	15 197
R^2	0.916	0.953	0.947	0.971	0.902	0.946	0.923	0.956	0.917	0.954

注：本表列(1)到(6)未控制所有制变量 *soe*。

成本的回归结果，列(9)到列(10)为对低环境规制样本的回归结果，从中看到：一方面，在环境规制强度不同的城市里，ESG活动表现对企业升级的作用是显著且稳健的；另一方面，如果上市企业所处的城市环境规制强度较低，ESG评级对企业升级的作用会更为强劲，可能的原因是ESG评级在低环境规制城市部分替代了政府环境规制的作用，这里存在着一个正向的环境规制的替代促进效应。

五、中间机制与调节效应

（一）中间机制检验

表7报告了对融资约束机制的检验结果，当被解释变量是WW指数时，企业ESG的表现每提高一个百分点，将显著降低企业融资约束1.054%，而随着企业融资约束的降低，企业升级将提高0.005 41%到0.077 1%。将解释变量替换为KZ指数时，ESG活动表现通过降低企业面对的融资约束，从而提高企业升级的结论依然成立。在将利息支出替换为被解释变量之后，可以发现企业ESG活动表现使得企业更容易获得银行信贷，而银行信贷资金的增加又提升了企业升级水平，理论观点得到验证。

表8列(1)到列(3)报告了对资产利用率中间机制变量的检验结果，从中看到ESG活动表现对资产利用率的影响为正向但统计意义上并不显著，而资产利用率对企业升级影响的检验系数显著为正。更进一步的检验中，被解释变量为销售费用率和管理费用率的计量模型中的ESG活动表现的系数显著为负，这证明了ESG活动表现的提高确实可以降低代理成本，进而提高企业升级。

表9的列(1)到列(3)检验了企业声誉渠道的中介效应。列(1)回归的系数表明企业ESG活动的表现确实显著而正向地促进了企业声誉的提升，列(2)和列(3)中企业声誉（*repu*）的系数表明了企业声誉的提高又会推动企业的升级，这里检验结果证明了企业声誉是企业ESG活动表现促进企业升级的中间作用渠道。表9的列(4)到列(6)检验了信息披露质量渠道的中介效应。对上市企业信息披露质量的打分规则为：1为优秀，2为良好，3为合格，4为不合格。所以得分越低，其信息披露质量越高。在列(4)的回归结果中，

表 7　对融资约束渠道的检验

	(1)	(2)	(3)	(4)	(5)	(6)	(7)	(8)	(9)
	WW 指数			KZ 指数			利息支出		
	lnww	*lntfp_lp*	*lntfp_acf*	*lnkz*	*lntfp_lp*	*lntfp_acf*	*lnde*	*lntfp_lp*	*lntfp_acf*
lnesg	−1.054*** (−5.64)	0.199** (2.09)	0.006 81 (0.72)	−0.309*** (−4.02)	0.392*** (5.77)	0.017 5*** (2.88)	1.363*** (6.55)	0.323*** (5.28)	0.015 4*** (2.79)
lnww		−0.077 1*** (−14.31)	−0.005 41*** (−11.01)						
lnkz					−0.063 9*** (−12.76)	−0.005 3*** (−12.09)			
lnde								0.042 5*** (10.23)	0.002 40*** (6.24)
N	10 109	10 109	10 109	25 728	25 728	25 728	29 514	29 514	29 514
R^2	0.506	0.865	0.925	0.587	0.910	0.950	0.664	0.911	0.949

表 8　对代理成本渠道的检验

	(1)	(2)	(3)	(4)	(5)	(6)	(7)	(8)	(9)
	资产利用率			销售费用率			管理费用率		
	lnastr	*lntfp_lp*	*lntfp_acf*	*lnsae*	*lntfp_lp*	*lntfp_acf*	*lnade*	*lntfp_lp*	*lntfp_acf*
lnesg	0.018 6 (0.32)	0.375*** (7.87)	0.017 8*** (5.54)	−0.320*** (−3.56)	0.323*** (5.41)	0.013 8** (2.57)	−0.526*** (−7.89)	0.055 9 (1.22)	−0.010 4** (−2.49)
lnastr		0.779*** (51.13)	0.084 7*** (65.27)						
lnsae					−0.207*** (−16.00)	−0.017 5*** (−15.63)			
lnade								−0.634*** (−46.87)	−0.056 8*** (−43.79)
N	29 705	29 705	29 705	29 705	29 705	29 705	29 705	29 705	29 705
R^2	0.794	0.957	0.987	0.861	0.917	0.952	0.798	0.949	0.970

企业 ESG 活动表现变量的系数为－0.495，且显著为负，这表明了企业 ESG 活动表现越好，其披露的信息的质量就越高。列(5)和列(6)中信息披露质量($infq$)的系数显著为负，验证了企业信息披露质量是企业 ESG 活动表现促进企业升级的中间作用渠道。

表 9　对企业声誉和信息披露质量渠道的检验

	(1)	(2)	(3)	(4)	(5)	(6)
	企业声誉渠道			信息披露质量渠道		
	repu	*lntfp_lp*	*lntfp_acf*	*infq*	*lntfp_lp*	*lntfp_acf*
lnesg	0.609*** (10.61)	0.102 (1.64)	－0.001 76 (－0.32)	－0.495*** (－18.88)	0.240*** (3.54)	0.011 3* (1.87)
repu		0.442*** (32.37)	0.033 3*** (28.40)			
infq					－0.156*** (－8.61)	－0.011 8*** (－7.40)
N	24 468	24 468	24 468	22 659	22 659	22 659
R^2	0.701	0.928	0.959	0.524	0.921	0.956

(二) 调节效应：外部治理监督机制的叠加影响

本文进一步探讨 ESG 评级对企业升级的促进作用是否会受到分析师关注度和研报关注度这两个外部治理监督工具的调节。表 10 回归的结果表明，ESG 得分和被分析师关注度、被研报关注度这两个调节变量的主效应的回归系数均显著为正，但是其交互项的回归系数显著为负向效应，这说明了在通过融资约束与代理成本两个关键路径促进企业升级过程中，两个外部治理监督变量与 ESG 得分之间存在着此消彼长的替代关系。

表 10　外部治理监督的调节效应检验

	(1)	(2)	(3)	(4)
	被分析师关注度		被研报关注度	
	lntfp_lp	*lntfp_acf*	*lntfp_lp*	*lntfp_acf*
lnesg	0.685*** (3.18)	0.087 4*** (4.65)	0.740*** (3.55)	0.088 7*** (4.79)

（续表）

	(1)	(2)	(3)	(4)
	被分析师关注度		被研报关注度	
	lntfp_lp	*lntfp_acf*	*lntfp_lp*	*lntfp_acf*
lnanaat	0.560 (1.31)	0.163*** (4.42)		
lnesgxlnanaat	−0.090 5 (−0.92)	−0.035 4*** (−4.17)		
lnreport			0.501 (1.50)	0.131*** (4.47)
lnesgxlnreport			−0.084 5 (−1.09)	−0.028 7*** (−4.21)
N	21 298	21 298	21 565	21 565
R^2	0.696	0.853	0.693	0.851

注：本表未控制企业固定效应。

六、进一步讨论：对其他企业升级变量与企业 ESG 评级不确定性的检验

（一）对其他企业升级变量的检验

表 11 的列(1)、列(2)和列(3)检验了企业 ESG 活动表现对企业专利产出创新升级变量的影响。在计量模型上，因为有相当比例的上市企业专利申请数为 0，原有的模型将不再适用，对此类左侧受限的数据，本文构造使用 *Tobit* 模型进行估计。由于 *Tobit* 模型无法控制企业层面的固定效应，我们在模型中控制了行业和年份固定效应，以尽可能缓解遗漏变量问题，回归结果显示 ESG 得分的系数均在 10%及以上的水平显著为正。表 11 列(4)报告了 ESG 活动表现对每股经济增加值的影响，从中看出，ESG 得分的系数在 1%的水平显著为正，表明 ESG 活动表现的提高显著促进了企业每股经济增加值的提升，意味着 ESG 活动表现赋予企业的优势有利于企业向经济增加值高端跃升。在财务绩效升级指标方面，表 11 列(5)报告了净资产收益率对

ESG 活动表现回归的结果，ESG 得分的系数在 1%水平显著为正；列(6)和列(7)分别给出了区分利润率后的回归结果，从中可以看出，提高企业 ESG 活动表现对成本利润率和营业利润率均产生了显著的正向促进作用；列(8)对综合升级指标(用 *upgrad* 表示)进行了检验，系数显著正向，这说明提高企业 ESG 活动表现能从整体上推动企业的升级。总之，上述分析表明了提升企业 ESG 活动表现确实能够增强企业升级的成长效果。

表 11　对其他升级变量的检验结果

	(1)	(2)	(3)	(4)	(5)	(6)	(7)	(8)
	专利产出（*Tobit* 模型）			经济增加值	财务绩效			综合升级指标
	专利申请数量	发明专利申请数量	绿色专利申请数量	每股经济增加值	净资产收益率	营业利润率	成本利润率	
	lninv	*lninv_pa*	*lngrept*	*lnpereva*	*lnroe*	*lnpor*	*lnpoc*	*upgrad*
lnesg	1.486^{**} (2.28)	1.011^{*} (1.90)	18.61^{***} (11.92)	0.298^{***} (5.15)	0.483^{***} (3.49)	0.756^{***} (5.35)	0.853^{***} (6.35)	0.625^{***} (4.15)
N	12 495	12 495	30 080	29 027	26 679	25 746	26 797	10 683
R^2				0.427	0.455	0.631	0.668	0.649

注：本表列(1)到列(3)未控制企业固定效应。

(二) 对企业 ESG 评级不确定性的检验

对企业 ESG 活动表现进行打分量化时都需要处理可能不完整和不透明的 ESG 活动数据，每家评级机构的打分也存在着显著的差异，这都导致对企业 ESG 活动表现的评级存在着不确定性。评级不确定性又可能会影响企业的日常经营活动。据此，我们参考相关研究[43]中的方法，使用华证、Bloomberg、Wind、商道融绿和摩根士丹利资本国际公司(MSCI)五个 ESG 评级数据，构造 ESG 评级不确定性指标，并求其自然对数(用 *lnesg_un* 表示)。然后，在本文的基本回归模型中加入 ESG 评级不确定性与 ESG 活动表现的交互项。表 12 报告了加入 ESG 评级不确定性与 ESG 活动表现交互项后的回归结果，列(1)该交互项的回归系数为−0.869，列(2)为−1.084，列(3)为−0.044 6，其中前两列在 5%的置信水平下显著负向，而列(3)在统计意义上不显著，但符号为负向。综合来分析，当被解释变量为 LP 和 OP 方法计算的全要素生产率时，ESG 评级不确定性将显著降低 ESG 活动表现对企业升级的促进作用。

表 12　对企业 ESG 评级不确定性的检验

	(1)	(2)	(3)
	lntfp_lp	*lntfp_op*	*lntfp_acf*
lnesg_un	3.723** (2.06)	4.643** (2.44)	0.189 (1.17)
lnesg	0.508*** (4.17)	0.565*** (4.43)	0.030 0*** (2.76)
lnesg_un×*lnesg*	−0.869** (−2.08)	−1.084** (−2.45)	−0.044 6 (−1.19)
N	19 465	18 856	19 465
R^2	0.934	0.901	0.965

七、结论与政策含义

通过对 2008—2021 年的上市企业经验数据的检验发现，上市企业 ESG 活动的表现显著而稳健地促进了企业的升级，这种影响体现在企业全要素生产率、专利产出(包括绿色专利)、经济增加值和财务绩效等的增长方面。本文构造工具变量以解决内生性问题，使用 Bloomberg 和 Wind 的 ESG 评级以规避不同评级机构可能的歧视性误差，区分不同的国企、非国企以及企业所在城市的环境规制强度以规避自身特征带来的自选择偏差，最后还构造了环保法、“双碳”政策、低碳城市试点政策、智慧城市试点政策、“宽带中国”以及“一带一路”倡议等多个 DID 模型政策冲击变量，以排除外部政策对 ESG 活动作用的干扰，在进行了上述稳健性处理之后，本文的结论依然是显著可靠的。本文的机制分析和调节变量的分析表明，ESG 活动表现通过显著缓解企业融资约束和降低企业代理成本以及提高企业的声誉和信息披露质量渠道，进而促进企业的升级。这表明增加上市企业在 ESG 方面的投入有利于促进企业的可持续增长和发展，企业 ESG 活动带来的优势在战略上和操作层面为我国打造世界一流企业以及增强国内外竞争力提供了极大的助力。但是 ESG 评级不确定性会在一定程度上削弱 ESG 活动表现对企业升级的促进作用。

本研究的结果有助于企业、投资者和监管机构充分认识到 ESG 信息披露对商业和社会发展的影响。本文的研究结论蕴含着三个方面的政策含义。第一，完善企业 ESG 的评估和信息披露机制。企业应积极披露非财务信息，加强 ESG 实践，提高 ESG 评级，有利于提高企业治理能力和整体绩效，以获得更好的 ESG 投资回报。企业应把提高环境保护、社会责任、企业治理摆在促进企业可持续发展的重要位置，将其作为驱动企业长期价值增长的战略。第二，在可持续发展的背景下，政府应完善对上市企业的 ESG 支持制度措施，减少资本配置摩擦，降低企业债务融资成本，以增强资本市场的活力，优化资源配置功能。第三，考虑到 ESG 活动具有路径依赖性特征，政府应加强对企业 ESG 行为的监管，减少内部和外部的信息不对称，以建立持续、实质性的 ESG 参与体系。

参考文献

[1] 程虹，刘三江，罗连发. 中国企业转型升级的基本状况与路径选择——基于 570 家企业 4 794 名员工入企调查数据的分析[J]. 管理世界，2016(2)：57—70.

[2] 罗顺均，李田，刘富先. 后发追赶背景下“引智”学习促进企业升级的机制研究——基于珠江钢琴 1987—2013 年嵌套式纵向案例分析[J]. 管理世界，2015(10)：144—159，188.

[3] 李田，刘阳春，毛蕴诗. OEM 企业逆向并购与企业升级——台升及万向的比较案例研究[J]. 经济管理，2017，39(7)：67—84.

[4] 宋铁波，黄键斌，姚浩. 未来绩效负反馈对企业升级的影响机制研究[J]. 管理学报，2022，19(7)：987—995.

[5] 成程，田轩，徐照宜. 供应链金融与企业效率升级——来自上市公司公告与地方政策文件的双重证据[J]. 金融研究，2023(6)：132—149.

[6] 王桂军，卢潇潇. “一带一路”倡议与中国企业升级[J]. 中国工业经济，2019(3)：43—61.

[7] 吕鹏，黄送钦. 环境规制压力会促进企业转型升级吗[J]. 南开管理评论，2021，24(4)：116—129.

[8] 杜勇，曹磊，谭畅. 平台化如何助力制造企业跨越转型升级的数字鸿沟？——基于宗申集团的探索性案例研究[J]. 管理世界，2022，38(6)：117—139.

[9] 杜勇，孙帆，曹磊. 共同机构所有权可以促进企业升级吗？[J]. 数量经济技术经济研究，2023，40(10)：181—201.

[10] 陈钊，初运运. 新兴企业进入与产业链升级：来自中国无人机行业的证据[J]. 世界经济，2023，46(2)：85—107.

[11] Sandberg H, Alnoor A, Tiberius V. Environmental, Social, and Governance Ratings

and Financial Performance: Evidence from the European Food Industry[J]. Business Strategy and the Environment, 2023, 32(4): 2471-2489.

[12] El Ghoul S, Guedhami O, Kim H, et al. Corporate Environmental Responsibility and the Cost of Capital: International Evidence[J]. Journal of Business Ethics, 2016, 2(149): 335-361.

[13] Hao J, He F. Corporate Social Responsibility (CSR) Performance and Green Innovation: Evidence from China[J]. Finance Research Letters, 2022, 48: 102889.

[14] Jo H, Harjoto M A. Corporate Governance and Firm Value: The Impact of Corporate Social Responsibility[J]. Journal of Business Ethics, 2011, 103: 351-383.

[15] Hemingway C A, Maclagan P W. Managers' Personal Values as Drivers of Corporate Social Responsibility[J]. Journal of Business Ethics, 2004, 50: 33-44.

[16] Pástor L, Stambaugh R F, Taylor L A. Sustainable Investing in Equilibrium[J]. Journal of Financial Economics, 2021, 142(2): 550-571.

[17] 王双进,田原,党莉莉. 工业企业 ESG 责任履行、竞争战略与财务绩效[J]. 会计研究, 2022(3):77—92.

[18] 谢红军,吕雪. 负责任的国际投资:ESG 与中国 OFDI[J]. 经济研究,2022,57(3):83—99.

[19] Zhang D. Environmental Regulation, Green Innovation, and Export Product Quality: What is the Role of Greenwashing?[J]. International Review of Financial Analysis, 2022, 83: 102311.

[20] 邱牧远,殷红. 生态文明建设背景下企业 ESG 表现与融资成本[J]. 数量经济技术经济研究,2019,36(3):108—123.

[21] 方先明,胡丁. 企业 ESG 表现与创新——来自 A 股上市公司的证据[J]. 经济研究, 2023,58(2):91—106.

[22] Gereffi G. International Trade and Industrial Upgrading in the Apparel Commodity Chain[J]. Journal of International Economics, 1999, 48(1): 37-70.

[23] Zhang Y. The Contingent Value of Social Resources: Entrepreneurs' Use of Debt-financing Sources in Western China[J]. Journal of Business Venturing, 2015, 30(3): 390-406.

[24] Shane S, Cable D. Network Ties, Reputation, and the Financing of New Ventures[J]. Management Science, 2002, 48(3): 364-381.

[25] Engelberg J, Gao P, Parsons C A. Friends with Money[J]. Journal of Financial Economics, 2012, 103(1): 169-188.

[26] Kaplan S N, Zingales L. Do Investment-cash Flow Sensitivities Provide Useful Measures of Financing Constraints?[J]. The Quarterly Journal of Economics, 1997, 112(1): 169-215.

[27] Heese J, Pérez-Cavazos G, Peter C D. When the Local Newspaper Leaves Town: The Effects of Local Newspaper Closures on Corporate Misconduct[J]. Journal of Financial Economics, 2022, 145(2): 445-463.

[28] Duque-Grisales E, Aguilera-Caracuel J. Environmental, Social and Governance (ESG) Scores and Financial Performance of Multilatinas: Moderating Effects of Geographic International Diversification and Financial Slack[J]. Journal of Business Ethics, 2021, 168(2): 315-334.

[29] Grund N E. Reputation: Realizing Value from the Corporate Image[M]. Boston: Harvard Business School Press, 1996.

[30] Tamimi N, Sebastianelli R. Transparency among S&P 500 Companies: An Analysis of ESG Disclosure Scores[J]. Management Decision, 2017, 55(8): 1660-1680.

[31] Gangi F, Daniele L M, Varrone N. How do Corporate Environmental Policy and Corporate Reputation Affect Risk-adjusted Financial Performance? [J]. Business Strategy and the Environment, 2020, 29(5): 1975-1991.

[32] Darnall N, Ji H, Iwata K, et al. Do ESG Reporting Guidelines and Verifications Enhance Firms' Information Disclosure? [J]. Corporate Social Responsibility and Environmental Management, 2022, 29(5): 1214-1230.

[33] Hann R N, Kim H, Wang W, et al. Information Frictions and Productivity Dispersion: The Role of Accounting Information[J]. The Accounting Review, 2020, 95(3): 223-250.

[34] 宣烨,孔群喜,李思慧. 加工配套企业升级模式及行动特征——基于企业动态能力的分析视角[J]. 管理世界,2011,(08):102—114.

[35] Ackerberg D A, Caves K, Frazer G. Identification Properties of Recent Production Function Estimators[J]. Econometrica, 2015, 83(6): 2411-2451.

[36] 马文杰,余伯健. 企业所有权属性与中外 ESG 评级分歧[J]. 财经研究,2023,49(6):124—136.

[37] Lamont O, Polk C, Saaá-Requejo J. Financial Constraints and Stock Returns[J]. The Review of Financial Studies, 2001, 14(2): 529-554.

[38] Whited T M, Wu G. Financial Constraints Risk[J]. The Review of Financial Studies, 2006, 19(2): 531-559.

[39] Ang J S, Cole R A, Lin J W. Agency Costs and Ownership Structure[J]. The Journal of Finance, 2000, 55(1): 81-106.

[40] Florackis C. Agency Costs and Corporate Governance Mechanisms: Evidence for UK Firms[J]. International Journal of Managerial Finance, 2008, 4(1): 37-59.

[41] 管考磊,张蕊. 企业声誉与盈余管理:有效契约观还是寻租观[J]. 会计研究,2019(1):59—64.

[42] 陈诗一,陈登科. 雾霾污染、政府治理与经济高质量发展[J]. 经济研究,2018,53(2):20—34.

[43] Avramov D, Cheng S, Lioui A, et al. Sustainable Investing with ESG Rating Uncertainty[J]. Journal of Financial Economics, 2022, 145(2): 642-664.

原载《金融研究》2023 年第 11 期

工资集体协商:现实与改进

——基于湖北省实施情况的分析

王长城*

工资收入是雇佣劳动者(以下简称雇员)生活的主要来源,是其最基本、最重要、最核心的经济利益。工资集体协商就是指雇员代表与雇主代表依法就用人单位内部工资分配制度、工资分配形式、工资收入水平等事项进行平等协商,在协商一致的基础上签订工资协议的行为。原劳动和社会保障部《工资集体协商试行办法》中将工资集体协商定义为企业代表和职工代表就工资分配形式、制度、标准及其支付办法等事宜平等协商后,在遵守法律规定的基础上签订工资协议的行为。工资集体协商制度作为协调劳资双方利益关系的重要机制,对于合理确定企业工资标准和劳动定额标准,促进企业建立规范的雇员工资协商共决机制、正常增长机制和支付保障机制,构建和谐劳动关系具有重要的作用。

和谐劳动关系是构建和谐社会的重要组成部分,没有和谐的劳动关系,对单位内部来说就会产生劳动纠纷,影响本单位或企业的发展;对社会来说,如果劳动关系恶化,就会进一步产生对抗,影响社会的和谐稳定。因此,建立和谐劳动关系是构建和谐社会最重要的条件。工资集体协商以对话代替对抗,已被证明是规范劳动力市场、促进劳动力合理流动、维护员工权益、提高企业经济效益、化解矛盾、保障社会和谐发展的一条重要途径。

* 王长城,时任中南财经政法大学劳动经济研究所所长、教授。

一、工资集体协商,中国特色的“第三条道路”

工资集体谈判在欧美国家已有100多年的历史,是雇佣双方经过漫长的斗争之后形成的利益协调机制,其制度已趋成熟。欧美国家对工资集体谈判的研究主要集中在集体谈判投入产出模型上,注重集体谈判的效果评价。大多数工资集体谈判模型把产出作为重要的因变量,但开发清晰的测量谈判产出的工具遇到很多困难,难以筛选许多自变量[1],因此,对集体谈判效果的评价始终没有形成统一的测量标准。学者们开发的已有测量指标包括工资指标和非工资指标。早期的测量注重工资指标,如安德森认为,集体谈判的产出包括:(1)工作单元中的年度最低工资;(2)一轮集体谈判发生后至下一轮集体谈判发生前,年度最低工资的改变百分比;(3)非工资集体谈判产出的水平;(4)一轮集体谈判发生后至下一轮集体谈判发生前,非工资产出的改变百分比[2]。自21世纪以来,欧美国家集体谈判中的非工资性谈判增加,如工时、劳动条件等指标,评价体系的侧重点也随之转移[3]。由于欧美国家集体合同的约束力强,因此,也有很多工资集体谈判效果评价指标的研究从集体合同的文本中总结提炼[4]。

中国的工资集体协商历史不长,它既不同于欧美的工资集体谈判,又有别于亚洲新型工业国家的劳资协调机制,走出了有自己特色的协调劳动关系的“第三条道路”,即“党的领导、政府主导、工会运作、社会各方配合、企业和职工参与”,在制度框架中党和政府的作用与角色十分明显。在西方国家,集体谈判是雇佣关系冲突、斗争之后妥协的产物,劳、资、政三方协调机制中的劳动关系主要依靠双方博弈解决;在亚洲东方国家,以日本、韩国等为代表的新型工业国家,在民主化改革进程中,有独立的工会组织和罢工权,进而形成劳资平等对话机制。我国协调劳动关系的“第三条道路”既超越了劳资斗争冲突,又创新借鉴了“集体谈判”的合理内核,以合作性质的“协商”弥补罢工权的缺失,试图跨越漫长的劳资冲突过程,依托政府来强力主导,自上而下推动。工资集体协商最核心的目标并非确定工资标准与涨幅,而主要是提高签订工资专项集体合同的数量和扩大合同的覆盖率。

二、近年湖北省推进工资集体协商的主要做法

2011年,中华全国总工会出台《中华全国总工会2011—2013年深入推进工资集体协商工作规划》(以下简称《规划》)。根据《规划》提出的目标,全国总工会将从2011年起,用3年时间,全面推进企业建立工资集体协商制度,努力实现2011年年底全国已建工会组织的企业工资集体协商建制率达到60%,2012年年底实现已建工会组织的企业工资集体协商建制率达到70%,2013年年底已建工会组织的企业工资集体协商建制率达到80%,其中世界500强在华企业全部建立工资集体协商制度的目标。根据在湖北省荆州、襄阳、黄石、潜江等地的实地调研,发现湖北省在工资集体协商工作特别是"百日行动"启动以来,通过开展多形式、多层次的协商要约,采取"上代下""上参下"等灵活多样的协商方法,坚持重点突破与全面推进相结合,注重分类指导,加强重点督导,充分发挥工资集体协商指导员队伍作用,形成了推进工资集体协商的强大声势,在维护职工核心经济权益、促进劳动关系和谐稳定、推动企业健康发展与社会和谐稳定等方面发挥了积极作用。其中,"武汉样本"(武汉餐饮行业工资协商)和"湖北经验"(《湖北省企业工资集体协商工作标准》)先后受到了吴邦国、王兆国、王玉普等领导的充分肯定,截至2013年7月底,全省已签订工资专项集体合同6.4万份,覆盖企业14.5万家,覆盖职工610余万人[5]。已建会企业工资集体协商覆盖率达到75%以上,工资集体协商专项合同送审率达到100%。湖北省在推进工资集体协商方面,主要采取了以下做法。

1. 注意把提高职工收入作为推进工资集体协商重要内容抓实

各地在开展工资集体协商时,都把工资增长作为推进工资集体协商的重要内容,通过工资集体协商不仅使职工收入提升,也使职工的话语权得到了保障,促进了劳动关系的和谐稳定。如当阳推行工资集体协商后,企业职工人均工资增长11%,华强化工等企业年增工资15%,该市庙前镇镇工会和镇矿山企业工会联合会代表职工与镇矿山企业就劳动报酬、劳动保护、保险福利等内容,逐项进行协商,通过协商,矿山企业职工工资月平均增加500元,每吨采煤工资由原来的70元增加到100元,增长42%。全市无一家企业拖

欠职工工资、未发生不按规定支付加班工资等现象,全市没有发生一起涉及非公企业职工政治、经济待遇的上访和群体性事件。宜昌市形成了非公企业人均工资随企业经济效益增长上浮的工资集体协商范本,即经济效益每增长1%,人均工资水平增长0.7%。近几年来,全市无一家非公企业因工资问题发生群体性劳动争议。襄阳市在市高新区汽车工业园和高新技术产业园两家园区150多家企业,2.2万名职工中探索区域性工资集体协商,达成了当企业利润增长15%、10%～15%、10%三个比例时,职工工资增长分别不低于8%、7%、6%。还约定,职工在法定标准工作时间外,休息日、法定节日的加班工资分别为本人当月小时工资的150%、200%、300%。

2. 注意抓工资集体协商"建制"工作,破解企业不愿"建制"问题

湖北省非常重视工资集体协商"建制"工作,早在2010年率先出台实施的《湖北省企业工会条例》第27条就规定,企业和职工双方均有权提出工资集体协商要求。职工、企业工会认为需要与企业进行工资集体协商的,由工会听取职工的意见和建议后,及时向企业书面提出工资分配、调整机制以及支付方式等事项的集体协商要求,企业应当在15日内予以书面答复,并以适当形式与企业工会进行充分协商。企业无正当理由拒绝与企业工会就工资分配、调整机制以及支付方式等事项进行集体协商的,由县级以上人民政府人力资源和社会保障部门责令限期改正;逾期不改正的,处5 000元以上、5万元以下罚款,并向社会公布。同时规定:新开张企业6个月内要建工会,逾期未组建工会的,依法收缴工会筹备金。2011年出台的《湖北省企业工资集体协商工作标准》(鄂人社发〔2011〕23号)对工资集体协商代表的权利与义务,工资集体协商的程序、内容和重点,工资集体合同的审查程序、变更、解除、争议处理及监督检查等作了明文规定,还详细制定了工资集体协商要约书、工资集体协商专项集体合同等12个参考文本,突出强化了实际操作指导,规范了企业工资集体协商工作。2012年,湖北省委、省政府又出台了《关于进一步推进和谐劳动关系建设的意见》(鄂发〔2012〕10号),明确强调要"积极稳妥地推动各类企业开展工资集体协商",许多地方积极争取党委、政府的重视支持,及时制定相应的贯彻措施,出台文件,将工资集体协商纳入地方经济社会发展规划和党委、政府综合目标考核体系,为工资集体协商工作提供了有力的政策支持。

着力抓好工资集体协商各项基础性工作，加强工资集体协商数据库建设，在全省推行工资集体协商建制单位实名制管理。针对许多企业认为开展工资协商就是要为职工涨工资，会加大用工成本、减少利润、降低竞争力，不愿“建制”问题，各地主动运用各种资源，形成“党政主导、三方协作、工会力推、各方配合、企业和职工参与”的工作格局，破解了难题。

通过“建制”工作，绝大部分企业在经济效益提高的同时，通过协商适当增加了职工工资，同时企业也深刻体会到，通过协商增强了职工对企业的认同感、归属感，降低了职工流失率，激发了职工积极性和创造性。

3. 建立考核激励机制，注意形成合力推进工资集体协商工作

在开展工资集体协商工作中，注重从培育协商理念入手，强化典型示范，建立考核激励机制，并将企业是否开展工资集体协商作为评先选模的必备条件，实行一票否决。凡没有开展工资集体协商的企业党政工组织及其高管人员，不能参加县级以上表彰奖励活动的评选。同时，对工会发出工资集体协商书面要约，企业在 15 日内不予回应，或拒绝进行协商的，由上级工会依法下达“整改建议书”；对逾期不改的企业，工会可提请人力资源社会保障部门责令其改正；逾期不改正的，处 5 000 元以上、5 万元以下罚款，记入企业诚信档案，并向社会公布。如宜昌市 2011 年创先争优考核办法中，将“两个普遍”工作的考核权重提高到 40%，且实行一票否决；荆州、十堰等地对全市各县市区、各行业采取风险抵押金制度，对当年完成任务的地方和单位工会，除返还风险金外，还给予一定金额的工资集体协商工作奖励。荆门市还成立了工资集体协商工作联合考评小组，制发了《荆门市地方和企业工资集体协商考评办法》，对地方和企业工会开展工资集体协商的评价内容进行量化考核，与年度工会工作创先争优评选表彰直接挂钩。武汉、黄石、襄阳、荆州、十堰、孝感、鄂州、咸宁、恩施、仙桃等地均安排专项经费作为开展工资集体协商工作的奖励经费。

各地在开展工资集体协商工作中，广泛联合各方力量，积极争取各方支持，推动劳动关系“三方四家”加强合作，主动运用各种资源，形成了“党政主导、三方协作、工会力推、各方配合、企业和职工参与”的工作格局。宜昌、襄阳、鄂州、潜江等地将工资集体协商工作的实施情况纳入各级政府对有关部门的年度目标考核体系，作为对企业及企业工会组织考核评先的重要依据，

进一步强化了各级党政、企业行政和工会组织的责任。襄阳市委将"两个普遍"工作任务纳入市委常委工作要点,与全市经济社会发展工作同步研究、同步部署、同步检查。武汉、孝感、荆门、鄂州、仙桃、天门、神农架等地成立了以党政负责人为组长的推进工资集体协商工作领导小组,切实加强对工资集体协商工作的领导。

各地劳动关系三方还采取联合制发文件、联合调查研究、联合督促指导、联合开展活动等形式,明确劳动关系三方在推动工资集体协商工作中的工作职责,共同开展工资集体协商。如建立工资集体协商进展情况半年通报制度,成立工资集体协商工作专班、建立"百日行动"活动联席会议制度,召开工资集体协商推进会,开展工资集体合同专项检查。这些措施有效地推动了工资集体协商工作的顺利进行。

4. 加强工资集体协商指导员队伍建设,把提高协商能力作为全面推进工资集体协商工作的基础和关键环节来抓

为了更好协助"谈判",湖北省各级工会从熟悉经济、法律、劳动工资、工会、财务等工作的专家、学者、律师和从事企业管理工作、人力资源工作、工会工作、社会工作的人员中聘任工资集体协商指导员,组建"智囊团",设专项经费,配备或聘用专兼职工作人员。同时,结合实际组织了大规模的培训。如宜昌市各级工会相继举办了10余期培训班,培训工资集体协商职工代表2 000多人,实现了工资集体协商指导专业化与职工协商代表培训普遍化的有机结合。荆州市各级相继开展了10余期培训,培训协商指导员达500人。

5. 积极探索创新,注意解决重点难点问题,着力提高工资集体协商工作质量

《湖北省企业工资集体协商工作标准》中工资集体协商内容包括劳动报酬、保险福利待遇等。职工可以通过工资集体协商,确定加班工资和奖金,病事假、婚丧假、探亲假、产假期间的工资待遇,"五险一金"、降温费、取暖补贴,高寒高温等岗位补贴,独生子女费等10余项内容。湖北省根据不同的企业的情况确定了不同的谈判重点:规模以上、生产经营正常和效益较好的企业,重点就工资水平和增长幅度进行协商,实现职工工资随企业经济效益和劳动生产率的提高同步增长;生产经营比较困难的企业,重点就工资支付办法、离岗职工生活费等开展协商。实行计件工资制的企业,重点协商确定和调整劳

动定额和计件单价、工资标准；实行岗位工资制的企业，重点确定和调整岗位工资标准；实行经营者年薪制的企业，重点确定经营者与职工的工资分配关系；实行股份制的企业，重点是确定工资分配、股息红利与劳动分红之间的比例关系，防止利润侵蚀工资。

在深入全面推进企业工资集体协商制度的同时，积极探索开展行业、区域工资集体协商制度，将工资集体协商推向层次更高、覆盖面更广、作用更加显著的新阶段。各地工会要结合实际，在推进规模以上企业单独开展工资集体协商的同时，每年集中力量在市(州)、县(市、区)抓好 2～3 个区域性、行业性工资集体协商典型，推动中小企业普遍“建制”，提高工资集体协商覆盖面和“建制”率，形成区域、行业、企业集体协商相互衔接的工作格局。

在“百日行动”和“要约行动”中，各地结合实际，把基层工会主动要约与上级工会“代行要约”相结合，把单个要约与区域性、行业性要约相衔接，不断提高工资集体协商工作“建制”率和协商质量，推动职工收入的合理增长，促进和谐劳动关系建设，实现企业与职工互利双赢。襄阳、十堰等地全市组织集中发出要约，在同一时间段进行协商，解决不敢谈、不会谈等问题，扩大了协商覆盖面。荆州市在商贸零售、餐饮酒店、纺织印染等行业开展工资集体协商。孝感市在出租车、纺织、非煤矿山等行业开展工资集体协商。仙桃市在无纺布行业、潜江市在服装制造行业、天门市在医药销售行业开展了行业性工资集体协商。荆门市在指导该市经济开发区 16 家规模企业带头启动工资集体协商基础上，推动市建筑劳务行业开展工资集体协商。天门市总工会在开展医药行业工资集体协商工作中，认真确定协商主体、明确协商内容，通过平等协商，达成共识，提高了协商工作的实效性。宜昌探索“上代下”“上参下”“双要约”等方法途径，依托区域性、行业性工会联合会，探索由统战部、工商联牵头成立区域性工商联合会、行业协会、商会等企业代表组织，建立区域性行业性工资集体协商制度，推动小型非公企业工资实行共决，在扩大工资集体协商覆盖面的同时，实效性得到明显增强。武汉市总工会精心选取推行难度较大、非公有制企业集中的行业、区域作为工资集体协商重点和突破口，以点带面推动了全市工资集体协商工作，扩大了工资集体协商的社会影响。

通过各地创新地开展工资集体协商，让企业职工了解企业生产经营和管理状况，让企业经营者理解职工所思所想及合理诉求，在此基础上，把企业可承受的程度和职工诉求的满足度有机结合起来,实现了劳资双方相互理解、相互支持,共谋发展、共享成果的目标。

总体来看,湖北省通过工资集体协商,提高了职工工资,保障了劳动者的合法权益;改善了企业用工无序竞争状态,优化了企业外部发展环境;维护了职工和企业的和谐劳动关系,促进了企业的发展;化解了劳资矛盾,维护了社会稳定,促进了社会和谐。

三、湖北省推进工资集体协商存在的主要问题

工资集体协商具有两个显著特征:一是集体协商是一种组织行为,即劳动关系双方的一种集体交涉过程;二是集体协商是一种法律行为,即具有法定资格谈判主体的交涉行为受法律的约束。工资集体协商需要的条件是:一是谈判双方主体独立;二是谈判双方地位对等。从湖北省目前的实践来看,还存在以下三个问题。

1. 企业性质的多样化给集体谈判工资制度的建立带来困扰

由于中国市场经济体制的特殊性,造成了企业经营体制的多元化,从而导致工资体制的多元化。在不同性质的企业建立集体谈判工资制度会面临各种不同的问题与障碍,从而制约工资集体谈判制度的普遍采纳与实施。个体私营企业由于其规模小,劳动用工制度的随机性和不确定性强,工会很难在这种企业环境中成长和发展。私营企业老板认为工资问题是企业考虑决定的事情,不需要与劳动者协商,甚至认为工作集体协商会提高企业工资成本,部分企业主对工资集体协商不积极、不合作。合资、三资和外商投资企业已成为国民经济的一个重要组成部分,工资集体协商制度最初也是在这类企业中试点和推广的,效果也是比较好的。但现实中,有些地方政府认为劳动力成本低是其招商引资的优势,如果强调工资集体协商,可能会影响招商引资工作,因而对企业开展工资集体协商不够重视、缺乏支持。一部分国有企业的产权关系不明确,缺乏国有资产的真正代表,这也导致部分国有企业的雇主身份不明确,影响了这些国有企业的工资集体协商工作。

2. 工资集体协商中存在一些形式主义问题

在调研中,我们发现,部分企业在召开职代会时,一般由企业雇主等提交

本年的生产计划、生产收入等方案，并要求职代会批准其方案。于是，职代会在没有听取任何职工或者工会的意见时就对方案进行了审批，而职工只能被动接受企业提出的方案和义务，失去了自身的合法权益。再如，一些企业，由于双方没有认真进行集体协商，所订立的集体合同往往照搬照抄《中华人民共和国劳动法》或集体合同的某些条款或样本，没有紧密结合本企业的情况，缺乏可操作性，流于形式。还有一些企业内部缺乏民主管理和保障制度，员工参与不够。目前湖北省企业员工参与的主要形式是向上级反映工作意见和建议、合理化建议、职代会工作，而涉及工资集体协商，职工进入董事会、监事会，企务公开，员工持股等的参与形式很少。另外，一些企业员工文化程度偏低，员工代表欠缺足够的协商能力和信息资源，限制了协商水平和成效。工资集体协商涉及知识面广，政策性和专业性强，一些劳动者协商代表缺乏必要的劳动工资方面法律政策知识和进行工资集体协商的经验，在实际协商中不会谈、谈不好，直接制约了工资集体协商的质量和水平。最后，劳动力买方市场的现状也制约了部分企业工资集体协商的效果。随着经济体制改革的深入，一些企业在劳动力需求方面占有主动性和灵活性，在劳动力雇佣与解聘、提升与降职、工资制定和工资发放形式的选择等方面占有优势。

3. 法律制度尚不健全，部分工资集体协商结果执行困难

目前，我国已对工资集体协商和集体合同制度进行了初步的法律法规建设，主要包括《中华人民共和国劳动法》《中华人民共和国工会法》《中华人民共和国劳动合同法》《中华人民共和国劳动争议调解仲裁法》《集体合同规定》《工资集体协商试行办法》等。这些法律法规为工资集体协商制度的主体、内容、程序以及争议处理等制定了基本规范，推动了工资集体协商制度的发展。但现行法律法规缺乏保障工资集体协商落实的手段。一些地方政府只是出台了诸如“进一步推进工资集体协商工作的意见”等较为原则性、表态性的文件；在推动方式上，一些地方还是采用开推动会、现场会、表彰会等传统方式，导致一些企业认为“有合同不多，没合同不少”，在工资集体协商中走形式，工资集体协商制度没有真正发挥作用。

四、进一步推进工资集体协商的途径

1. 培育和发展多层次的协商主体

一是要在非公有制经济领域大力培育工会组织。非公有制经济领域工会的组织体制、运行机制、活动方式必须从实际出发，要努力推进规模较大又有影响力的外商投资企业和私营企业建立工会组织。二是要强化工会的劳动者代表职能和要约权的依法行使，提高工会干部的协商能力。上级工会要指导、督促、引导基层或企业工会依法行使工资集体协商要约权，积极主动启动要约程序，强化“要约行动”；要加强工资集体协商专职人员的培养，提高针对不同所有制、不同经营状况、不同资产组织形式、不同投资国别企业特点的工资集体协商水平。三是要构建上级工会指导、支持、服务下级工会的多层次维权工作机制，增强基层工会的协商实力。上级工会应当根据《中华人民共和国劳动法》《中华人民共和国工会法》《中华人民共和国劳动合同法》的规定，加强关于工资集体协商相关政策法规和信息资料的指导和服务，总结推广典型经验。在区域和行业范围内，要培育具备充分代表性的企业或企业家组织，促进工资集体协商在区域和行业层面有效开展，并对协议执行进行监督约束。

2. 强化劳动关系三方协调机制

《中华人民共和国劳动合同法》要求在县级以上建立健全协调劳动关系三方机制，共同研究解决劳动关系方面的重大问题。目前，国家级劳动关系三方协调机制内部已成立法律政策研究、劳动法律监督、工资协商指导、劳资纠纷预警处理等专门机构，为全面发挥协调劳动关系三方协调机制的作用提供了良好的组织保障，但省级以下多层次的劳动关系三方协调机制建设仍不够理想，因此，要推动建立健全县区行政级别以下的三方协调机构，发挥三方协调机制在研究与协商重大问题、承担监督检查职责、解决工资集体协商引发的劳动争议等方面的作用。

3. 完善与工资集体协商制度相关的法律法规

目前我国现有法律法规对工资集体协商是一种选择性或柔性规定，并非强制性规定。要真正全面建立起平等的工资集体协商机制，必须改进立法工作，从湖北省来看，建议抓好以下方面：其一，要构建人大执法检查、劳动部门依法监察、工会法律监督相结合的机制，加强执法检查和行政监察，提高工资集体协商工作质量。其二，要构建企业工资集体合同和职工大会（职代会）相衔接的职工参与和评价制度，加强群众监督。其三，要设置合理的法律罚则，明确资方应约义务，提高资方不响应工会要约的法律风险。其四，要细化协商代表的权利义务。要明确劳资双方都有发出协商要约的权利和响应对方要约的义务。其五，出台工资集体协商指导员队伍建设的标准和要求以及第三方劳资关系专家作为协商代表的条件和要求。

4. 积极探索创新，解决重点难点问题

坚持从实际出发，进一步探索总结部分企业的工资集体协商工作示范典型"上代下""上参下""二次协商"等经验，解决中小企业点多面广、协商难度大等问题，逐步形成"企业协商谈增长、行业协商谈标准、区域协商谈底线"的工资集体协商模式。要探索在中小企业集中地区建立区域性、行业性职代会，解决工资集体协商结果向职代会报告，集体合同文本（草案）经职代会表决通过生效问题。对于难以召开区域性、行业性职代会的地区，可以推广行业工会联合会设置流动票箱的经验，通过员工投票认可来通过集体合同的办法。总之，要通过区域性、行业性工资集体协商打破企业间无序竞争的恶性循环，推动企业健康可持续发展，扩大职工受惠面，提高工资集体协商效率。

要加大劳动关系领域地方立法和法律法规的执行力度。要争取将工资集体协商工作的新做法、新经验在地方法规中体现，要借鉴湖南、福建、浙江等地的做法，出台"企业职工合法权益保障条例""保障企业职工民主参与权利规定"等地方性法规，通过完善劳动法律法规和制度体系，组织开展执法检查及专项整治行动，实施工资集体协商"要约行动"等措施，推动形成工资集体协商共决机制、正常增长机制和支付保障机制，以及劳动关系矛盾预防、预警和化解机制。

要重点抓好以下五类企业的工资集体协商推进工作：按照最低工资标准发放职工工资的企业；经济效益增长、劳动生产率提高、职工工资增长没有达到工资指导线下限的企业；职工工资水平没有达到上年度劳动力市场工资指导价位平均水平的企业；职工工资明显低于本地区、本行业平均工资水平的企业；因劳动报酬引发的劳资矛盾突出、劳动争议多发、职工诉求强烈的企业。

参考文献

[1] Kochan T A, Block R N. An Interindustry Analysis of Bargaining Outcomes: Preliminary Evidence from Two-digit Industries [J]. The Quarterly Journal of Economics, 1977, 91(3): 431-452.

[2] Anderson J C. Determinants of Bargaining Outcomes in the Federal Government of Canada[J]. ILR Review, 1979. 32(2): 224-241.

[3] Aidt T S, Tzannatos Z. Trade Unions, Collective Bargaining and Macroeconomic Performance: a Review[J]. Industrial Relations Journal, 2008, 39(4): 258-295.

[4] Keune M, Galgóczi B. Collective Bargaining on Working Time (Recent Europaen Experiences)[M]. Brussels: ETUIRTHS, 2006.

[5] 董育雄.湖北工资集体协商惠及610万职工覆盖企业14.5万家[EB/OL].(2013-08-07)[2022-05-25]. http://news.cnhubei.com/xw/jj/201308/t2661947.shtml.

[6] 许晓军.当前我国工资集体协商的六大问题[J].中国工人,2010(12):4—9.

[7] 连瑞瑞.关于中国推进工资集体协商制度的若干建议[J].经济研究导刊,2010(36):117—119.

[8] 冯同庆.近年来工资集体协商取向的正误分析——是自上而下还是自下而上结合[J].马克思主义与现实,2012(2):180—185.

[9] 谢玉华,陈佳,陈培培,等.中国行业工资集体协商效果的实证分析——以武汉餐饮行业为例[J].经济社会体制比较,2012(5):55—67.

[10] 吴宏洛.工资集体协商制度的中国实践及其讨论[J].中国劳动,2011(3):26—28.

[11] 王向民.以工资集体协商化解劳工危机事件[J].工会理论研究(上海工会管理职业学院学报),2012(5):14—17.

[12] 天佑.深化劳资合作促进职企双赢——对各地工会大力推进区域性行业性工资集体协商工作的综合报告[J].中国工运,2011(1):23—29.

原载《中国工会·劳动关系研究(2014)》,北京:社会科学文献出版社,2015年

产业发展、行业升级与劳动雇佣关系：以民营快递业为例

周燕玲*

一、提出问题

自20世纪80年代以来，将经济发展和经济增长区别已成为国际经济学界的基本共识。2007年党的十七大将此前的“转变经济增长方式”改换为“转变经济发展方式”，标志着更注重质量、包含价值倾向的新发展理念开始成为我国经济战略的指导思想。2017年党的十九大报告中明确提出，要支持传统产业优化升级，加快发展现代服务业，瞄准国际标准提高水平。可见，随着我国发展战略的转变，在国际价值链上的参与和竞争，我国产业发展作为宏观与微观之间的中观经济，开始进入一个新的阶段，越来越多的产业和行业的转型和升级议题被推到台前。

就单一产业来说，产业发展指产业产生、成长和进化的历程[1]。其中，行业升级指在产业发展历程中，因环境变化或自身产业生命周期演变，往往（或被期望）发生的、关于该产业系统中多数企业的发展模式的转变。行业升级并非必要发生，但为求更健康、可持续的产业和经济发展，仍吸引了众多企业家、政府产业政策制定者及学者的关注和努力。

近年来，国内经济管理学界有关行业升级的讨论一般认为：(1)行业升级的内涵路径即产业链、价值链或商业模式的改变、优化；(2)升级的重要标志是治理结构、组织模式的改变；(3)行业升级主要靠技术革新和产品或服务的转变；(4)驱动行业升级的核心是创新文化和企业家精神；(5)政府的产业政

* 周燕玲，澎湃研究所研究员。

策、公共服务，以及金融、技术环境支持对行业升级也非常重要[2]。

以上从五个角度出发提出的经济类要素为行业转型升级提供了重要参考，但在解释一些行业转型升级的现实困境时却存在局限，民营快递业即一例。

作为一个新兴产业，中国民营快递发展速度极快。但它在企业效能、服务质量与安全、资源使用等方面存在诸多问题，被视为劳动密集型的低端产业。近年来，业内开始致力于转型、升级尝试。如组织模式直营化，加大资本投入基础设施、设备的升级改造和互联网化、高科技化，通过产业链的创新拓展衍生产品和金融创新服务。2009 年《中华人民共和国邮政法》修订后，民营快递产业环境宽松，政府土地配套、金融等支持更有力。2015 年发布《国务院关于促进快递业发展的若干意见》，从顶层设计支持"促进行业转型升级和提质增效"。

但目前来看，行业升级远未完成，痼疾犹存："微利运营和同质化竞争一定程度上制约着行业的可持续发展。"[3]行业管理部门仍困惑，他们多方动员、谨慎把握干预尺度，并未能显著改善安全、社会服务等关键问题。同时，一些专家指出，影响产业转型升级的关键在于"基层人力资源"问题[4]。从事多年快递业服务满意度调查的咨询专家也认为，"快递企业目前的隐患问题是人员流动非常大"[5]。

可见，劳动雇佣问题未被既有理论关注并用以解释行业升级，有关产业发展的观点也显得较为碎片化。因此，如何整体性地把握（民营快递）产业发展及行业升级的内在逻辑？劳动关系与民营快递业升级有何关联？——这是本文尝试探求的问题。

二、分析框架

政治经济学的法国调节学派强调从制度视角理解资本主义或市场经济社会的多样性[6]。他们认为，市场经济的发展不仅在时间上可以存在不同的发展模式（如福特主义发展模式、金融主导型发展模式），在空间上不同国家的发展模式也是存在差异的。这种发展模式的差异一方面在于积累体制（即资本积累和再生产的方式），另一方面在于调节模式，即使积累体制得以稳定的习俗、制度、组织形式、社会网络和行为类型的社会突现性结构。它由五种制度形式支撑，即劳动雇佣关系形式、货币制约形式、竞争形式、国家形式和参与国际体系形式①。

这套概念体系及理论路径有三个突出的特点。一是认为影响市场经济发展或形塑发展模式的不是一项因素或一个指标（如资本主义生产方式），而是由若干不同制度组成的制度体系，这些制度之间是相互联系、补充或协同的（即互补性），且因重要程度存在一定层次性（即制度层级）。二是这一理论跳出了经济内部运行机制的圈子，以“政治经济学”代替“经济学”，触及了与经济有关的社会、政治因素。三是这一理论路径充分关注了劳动雇佣关系问题，将之作为五种制度形式之一（与国家规制的角色类似），以及福特主义发展模式中的最高层级和首要的制度[7]。

据此，本文提出一种分析中观层面产业发展的框架。某一产业发展模式呈现为一定的积累体制，可以分为外延型积累体制（主要依靠增加劳动时间和劳动力等生产要素的资本积累）和内涵型积累体制（主要依靠提高劳动生产率的资本积累）。从外延型向内涵型积累体制的转变，可认为是典型的行业升级。

产业积累体制的运行由五种制度形式组成的调节模式来支撑。产业层面，这五种制度形式包括劳动雇佣关系、治理与组织形式、竞争形式、国家规制以及产品和产业链关系。其中，劳动雇佣关系（形式）、竞争形式、国家规制（形式）基本类同于前述调节学派的原有概念，只是限定的对象为产业。另外，治理与组织形式是原有概念货币制约形式的变形，产业分析中治理与组织形式具有重要价值，且在一定程度上规定了其融资和资金流动模式。产品和产业链关系是原有概念参与国际体系形式的变形，对一个产业来说，它在产业链上的位置以及与上下游产业的关系十分关键，也可以看作对其主流产品/服务形式的表现。

本文将试以此框架来分析民营快递产业历程，以增进对改革开放以来

---

① 雇佣劳动关系的制度形式规定劳动的使用和收入，影响着社会消费和再生产；货币制约的制度形式，指某个国家一定时期内确立的交易主体基本社会关系的形式；竞争的制度形式关乎企业间、地区间是自由竞争还是垄断竞争；国家制度形式包括财政、金融、产业政策；参与国际体系的制度形式指国家在国际体系的位置和角色。

“社会主义市场经济”下劳动密集型民营经济发展内在逻辑和重点的认识。快递业属现代服务业，无论在欧美国家还是中国，其兴起和发展均因“市场”及其所带来的便捷需求。中国现代意义上的快递业在改革开放后的20世纪80年代出现，90年代初后逐渐兴盛，并在近年狂飙突进，全球快递量第一，呈现出“新兴、发展快、总量大”的朝阳行业的优势与潜力。同时，它还是一个劳动密集型产业，在国内快递市场尤其如此。其中，民营快递企业已占据该市场份额80％以上（2015年业务量占比89.4％，业务收入占比81.1％）。对于研究中国市场经济环境下的劳动密集型民营经济发展来说，民营快递业具有典型性甚至代表性。

本研究有关民营快递业的经验材料来自2016—2017年对其从业者及相关部门的访谈、年鉴等官方资料和二手文献。民营快递可分为两个阶段：第一个阶段为民营快递的诞生，即1992—2006年左右，其显著性特点是“黑快递”（非正规经济部门）；第二个阶段为2007年至今，其显著特点是电商快递。

三、“黑快递”时期（1992—2006年）的制度分析

（一）产品与产业链关系

1992—1993年，因中国市场开放和市场经济复苏兴起了大量的民营商业组织和外向型企业，激烈的市场竞争引发了企业对商务文件、样本、目录、报关材料等传递的时效性、方便性、安全性更高的需求，第一批民营快递企业由此诞生。此后直至2006年，民营快递90％以上的客户均是经营具有进出口性质业务的企业，主要业务是商务快件，包括文件和包裹[8]。这一时期，快递业务直接面对客户，在产业链上基本没有合作者和上下游关系。

（二）国家规制

这一时期民营快递面临严酷的产业规制环境，以及由国家规制所决定的激烈的竞争格局。

1986年《中华人民共和国邮政法》规定：“信件和其他具有信件性质的物品的寄递业务由邮政企业专营，但是国务院另有规定的除外。”“信件专营”与邮政部门占据强势、垄断地位的政治社会环境，是民营快递早期“最重要的制

约因素”。特别是2000年前后，邮政管理部门对民营快递发起了严厉的整治行动。2001年，全年邮政执法15 497人次，下达行政罚款数百万元以上，“严重打击了‘黑快递’的非法经营行为”[9]。2002年，双方已“势同水火”，当时有媒体认为，“这样下去99%的民营快递将猝死”[10]。2003年、2004年，出动执法检查又分别增加23%、66%[11]。

市场上实际运作的快递公司中90%以上是地下经营，其生存处境既包括和平的“买路钱”，也不乏冲突甚至暴力。民营快递成为准非正规经济部门，以此作为其生存策略。

（三）竞争形式

1990年代末至2000年代中期是民营快递同业竞争最为激烈和充分的阶段。降低价格、扩铺网络成为这一兴起和自由竞争阶段的主题，并推动了价格降幅达40%。2004—2006年，商务快递价格已相对邮政速递低了50%～100%。同时，加上需求增长的刺激，快递业务量成倍增长。1995年，非邮快递业务量（含外资快递和民营快递）为邮政快递量的不到1/3，2001年反超邮政。2000—2004年非邮政快递业务量年平均增长46.8%，是邮政快递量同期增幅的3倍[12]。民营快递网络迅速铺展，市场影响力明显提升，是发展最快的力量。到2004年，全国各类民营快递企业超1万家，从业人员超100万，年营业额超100亿，占同城快递服务市场份额70%以上，占省际快递服务市场约50%。这一时期成为民营快递业务增长最快、价格下降幅度最大的阶段之一。

（四）治理与组织形式

20世纪90年代后期，由于难以享受正式金融支持，民营快递创业者们在将同城快递扩散到更远、更广的地域时，发明了“承包加盟制”，即鼓励员工承包来拓展业务网络，或招募熟悉当地的快递企业加盟。承包加盟制已成为大多数（数量上80%、从业人数60%、业务量市场份额60%以上）的快递企业采用至今的组织模式[13]。承包加盟的原初设想源于“农业家庭联产承包责任制”的社会体验，而同乡社会网络（早期创业者大多为浙江桐庐人）很大程度上解决了其联结和基础信任问题。民营快递充分利用了加盟经营模式在资本筹集、风险分担、信息搜集、解决单向道德风险等方面的优势[14]，在短时间内完成了规模的壮大。

（五）劳动雇佣关系

“黑快递”时期，作为一支游离于生死边缘，处于无证经营、违法经营等灰色地带的准非正规经济力量，民营快递自然不能支持正式的劳动雇佣方式。虽然 1994 年《中华人民共和国劳动法》提出了签订劳动合同、建立正式劳动关系的要求，但从当时的历史环境来说，它的出台是为了配合经济市场化改革、标志着劳动体制的市场转型和法治化，主要对象为国企职工（由社会契约转变为劳动合同），对民营企业或“农民工”群体管束不严。2002 年，中小型非公有制企业劳动合同签订率不到 20%，2005 年个体经济组织的签订率更低[15]；从劳动群体来看，2004 年“农民工”劳动合同签订率仅 12.5%[16]。民营快递的劳动者普遍对劳动合同没有概念，做快递就是“过一天挣一天钱的活计”而已。

除了非正规就业（informal employment）的特点，这一时期民营快递业的依赖性自雇佣（dependent self-employment）①关系也逐渐成形。这种表面上属于承包、承揽、加盟等商务合作关系，事实上却对上层企业具有依赖性，介于雇佣与自雇佣之间的劳动样态，主要源于民营快递“承包加盟制”组织形式。在当时商机勃勃、业务大肆扩张的背景下，承包、加盟、创业成为“老板”的愿景、机会及收益，被认为抵消，甚至超过了快递工作者因去正式化所失去的保障和依赖性自雇佣下所承担风险。

（六）互补性制度形式下的积累体制

由上可见，1990 年代初至 2005 年左右，民营快递产业发展调节模式的五种制度形式主要是互补、协同关系。如图 1 所示，产品与产业链关系和国家规章制度共同造就了快递经济的非正规性，以及在产业兴起阶段激烈

---

① 劳动者在法律上与某商业组织建立的是商务、劳务等（不同于雇佣关系）的合作关系，但其又是依赖于并被整合到这个组织的，包括接受工作安排和指令、获取收入。参见：International Labour Organisation (Geneva). Non-Standard Employment Around the World: Understanding Challenges, Shaping Prospects[M]. Geneva: International Labour Office, 2016.

的、以价格和网络规模为主的竞争格局。在竞争形式所影响的承包、加盟的治理与组织形式，与快递业非正规性的叠加影响下，以非正规就业和依赖性自雇佣为特征的雇佣劳动关系制度也形成了。反过来，非正规的雇佣劳动关系也进一步反哺于分包的治理与组织形式，且两方面合力支持了低价竞争形式的延续。

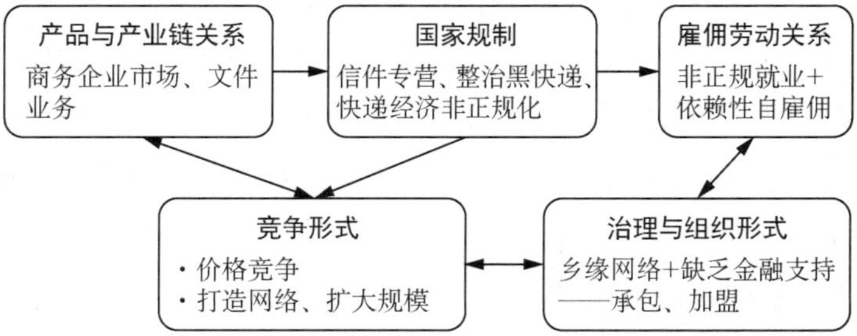

图 1　1990—2005 年民营快递产业发展的调节制度之间关系

这一互补的制度体系支持和保障了该时期民营快递业规模的急速扩大，即其外延型积累体制的运转。行业兴起初期，由于快递业务的网络性特点，铺建和扩大全国网络，促进业务普及，增强服务黏性，加大人力投入，成为该时期行业积累的主要特点。即便在竞争形式、治理与组织形式、雇佣劳动关系等方面与美国、欧洲快递兴起的方式显著不同（后者一开始即选取了高投资、服务竞争、直营制、正式化的经营路线），且某些领域的去正式化就法律主义而言存有争议，但中国民营快递业五个制度形式之间的环环相扣和互补协同支持了外延型的积累体制，产生了高效的经济功能，对各利益相关者也利大于弊。

四、“电商快递”时期（2007 年至今）的制度分析

（一）产品与产业链关系

2006 年后，随着报关流程的转变和信件业务电子化，商务文件快递市场逐渐萎缩，而互联网和电子商务日渐兴盛。2005 年开始，圆通快递与淘宝全面合作，并把快件收送价格降至常规价的 2/3 以下。2007 年开始，其他大型快递企业陆续加入与电商的合作行列，电商业井喷。此后，民营快递逐步成

为“电商快递”。快递与电子商务业作为上下游产业相互推动、紧密联系，网购规模与快递业的发展轨迹和曲线基本完全吻合[5]。

同时，快递对电子商务业务的依赖度较高。2014 年至今，网络购物所产生的快件量占快递业务总量的 60%以上，个别超过 80%。电商零售业务的峰谷差异极大，暴涨暴跌的业务需求变化对物流配送运力的安排和从业者的负荷带来极大挑战，且只对应着极低的毛利率[17]。其付出远多于所获，已成为大多数网点经营者和快递员们的抱怨来源。

并且，快递与电商企业在产业链中地位不对等，快递企业话语权偏弱，而互联网电商企业位势较优、更为主动[18]。在电商快递定价和费用结算，电商物流、信息流、资金流数据控制等方面，均对电商企业更为有利。

（二）国家规制

2005 年之后，快递业的政策环境和产业格局开始发生深刻变化。2005 年 2 月，发布了《国务院关于鼓励、支持和引导个体私营等非公有制经济发展的若干意见》，这是新中国成立以来对非公经济发展首次提出全面性支持政策。7 月，中国邮政体制改革方案获批，其中提出了政企分开、重组邮政监管机构等，均有利于改变此前邮政对快递市场的政策垄断。10 月，“十一五”规划建议发布，明确要大力发展包括物流业在内的现代服务业。2009 年，修订《中华人民共和国邮政法》，第一次在立法层面正式赋予快递企业法律地位。民营快递企业开始摆脱了此前“黑快递”的非正规经济角色，完全合法化、正式化了。

但同时，在拉动内需和互联网经济的大背景下，政府对其的服务监管以及“普惠化”、准民生工程的定位与要求，客观上压缩了快递企业展开产业竞争、博弈的行动空间。2013 年发布《国务院关于促进信息消费扩大内需的若干意见》，2015 年发布《国务院关于大力发展电子商务加快培育经济新动力的意见》，政府高层十分看重快递、网购关于带动就业、刺激消费的功能：“快递业越来越具有城乡普惠服务性质，成为一项新型民生工程”。政府对快递企业提出了旺季“保畅通、保安全、保平稳”（不瘫痪、不爆仓、无负面新闻）和春节前“不休网、不拒收、不积压”等要求[5]。

（三）竞争形式

沿着2000—2004年的价格下行趋势，2005年后的电商快递价格继续下滑，但出于不同的情景和逻辑。理论上，电商快递价格应高于当时的传统业务商务快件，因为需要电话确认、时间协调和等候，容易发生服务纠纷，二次派件取件概率高等[8]。

然而，由于处于与电商业不对等、偏于弱势的产业链关系，且被作为准民生工程，博弈空间有限，民营快递难以获得较大的价格话语权，甚至利润空间不断缩小。同时，加盟、承包组织模式的维持和固化，定价权的下放，以及末端竞争的白热化，更使得价格竞争难以避免。沿着2000—2004年的价格下行趋势，2006年后的电商快递价格继续下滑，民营快递的单票收入不仅远低于外资快递、差距持续扩大，也低于国有邮政速递（见图2）。

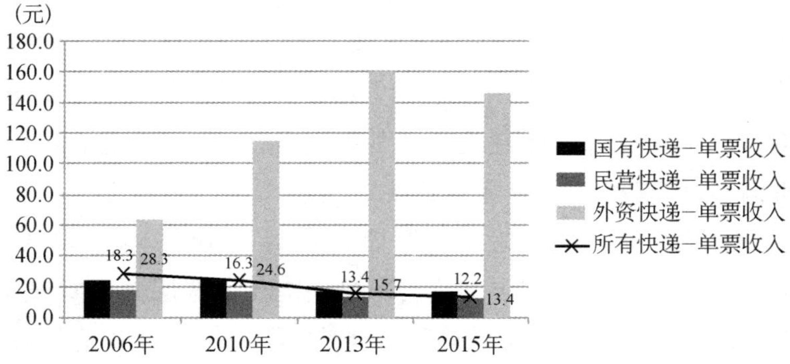

图2　2006年、2010年、2013年、2015年按快递企业所有制分类的快递单票收入①

（四）治理与组织形式

民营快递业发展早期，基于血缘、乡缘的社会网络关系弥补了加盟制快递在横向联系和全网性上的缺陷。但随着加盟网络的扩大，乡缘关系逐步稀释。加盟制下的商业层面横向乃至纵向联系的松散、易变，对强烈依赖网络链条稳定和快捷的快递服务来说，无疑构成了巨大风险。加盟商各自为政，

① 2006—2015年国有、民营、外资快递业务量、业务收入数据来自《中国快递年鉴》，快递单票收入为笔者计算，计算公式＝业务收入/业务量。

经营短期化、网络不稳定、管理松散、服务随意、价格战甚至扣件敲诈不时发生。顺丰直营化（2002—2008 年）后的品牌成功，与 DDS（2010）、星晨急便（2011）等快递企业在加盟扩张过程中猝死的两相对照，更彰显了加盟制的弊端。2003 年以后，特别是 2005 年起，许多快递企业做出了组织形式转型的尝试。但时至今日，规范意义上的直营化组织形式并未达成。在笔者的访谈调研中，快递业内专家和企业管理人员直指：完全直营化的关键阻碍在于人工成本。其含义有二：一是对快递总部而言直接增加的人力成本；二是快递行业的人力成本，即由于采取极为灵活、非正式或非标准的雇佣方式（不签订劳动合同亦不缴纳社保）而最大程度地压低的人工成本。

由此，加盟模式事实上处于一种张力状态。博弈结果是，原有的加盟制"优化"，演变成了更精细的"上层加盟＋下层承包"的层层分包模式。首先，原有较为简单的总部-地市加盟商两级架构，随着快递业务量成倍递增，演化成了"上层直营＋基层加盟"的多级架构。内部组织层级日益增厚的背景下，快递企业直营目标将主要放在转运中心和地市（重点城市）一级，地市以下的区域网点等由地市分公司进行管理，并很可能维持加盟状态。其次，基层快递组织的内部承包普遍化。在划分区域、路线的基础上，基层快递组织将部分或全部小片区承包给个体（或少数个体），承包者享有经营权或派送权。内部承包不仅出现在加盟制快递，作为直营制企业代表的顺丰快递 2015 年启动的"伙伴计划"也属此类，大有普遍化的趋势。加盟制的变形和内部承包的发展一定程度上缓解了加盟模式的弊病，提升了网络稳定性，同时也满足了节约人工成本的需要。

（五）劳动雇佣关系

低价、低利润的经营状况和末端竞争的白热化，为减少人力成本、寻求代价最低的用工方式提供了足够的动力。同时，既有非正规就业与依赖性自雇佣结合的劳动关系为此后路径依赖创造了前提。当今快递业一两百万名以上的从业人员，绝大多数没有劳动合同和社会保险，这已成为普遍现象和"公开秘密"。2017 年《人民日报》的调查直接指出，民营快递该比例已达 90％[19—21]。但与 2006 年之前民营快递经济部门的非正规化造就的非正规就业不同，2007 年后劳动雇佣关系中依赖性自雇佣特征更为凸显（未申报、非正规就业仍然存在,但居于次要),成为一种在正规经济部门出现、因经济风险从企业转移至劳动者而使其普遍缺乏劳动保护和社会保障的雇佣现象。

产业层面,依赖性自雇佣的大规模出现一方面在于价格竞争下低价、低利润的经营状况及对低人力成本的偏好与依赖,另一方面在于分包式的组织模式的支持。该劳动雇佣关系与低价、低利润的竞争形式及分包式的组织形式契合,然而却不能满足消费者、市场对服务质量的期待,以及政府的监管要求,这给产业发展带来负面影响。

首先,依赖性自雇佣由于缺乏就业确定性和安全,被认为是不稳定工作(precarious work)的一种[22]。依赖性自雇佣关系中,劳动者与企业往往处于松散和劳动关系模糊不清的状态,这加速了人员流动。快递业的年员工流动率高达70%[23],跳槽频繁、几个月内离职现象较多,乃至出现"年底离职"现象。用工灵活、弹性和高流动会稀释快递的安全和服务责任,直接引致服务波动和安全风险,增加快递丢件、破损、掉包等风险和相应恶性事件。国家邮政局公布的相关数据显示,2013—2015年,国家邮政局收到的消费者申诉,95%以上都来自通常采取非正式雇佣的加盟制快递企业。在网络稳定性问题获得一定缓解的情况下,快递服务和安全问题主要源于人员的不稳定。快递企业经营者认识到,"很多纠纷其实是人员不断变化、与客户关系没建立关系造成的"。针对一些高端产品,有的快递公司开始对管理者进行离职率指标考核,通过稳定快递团队来保障用户体验。

用工对服务、业务开展最直接的影响还体现在,每年春节后都会出现快递"用工荒"及服务瘫痪,灵活雇佣、高流动和"农民工"返乡因素累加使部分时段的劳动力市场供需失衡,直接导致快件积压、网点关闭、运送速度骤减。

(六)制度形式间张力对积累体制的影响

2007年以后,民营快递产业发展的五类制度形式之间,既相互影响、互补,又存在显著的张力和内在冲突。

一方面,互联网技术的强势兴起和国家规制方面对互联网经济的推崇、对电商快递准民生工程的定位,影响了快递业与电商业不对等的产业链关系。弱势的产业链地位,加之分包制的组织模式下末端网点的激烈竞争,使得产业竞争方面仍以价格竞争为主,逐步固化了低价、低利润的经营状态,强化了低人力成本偏好。在前期非正规就业的路径依赖下，已成为正规经济部门的民营快递更加固化了其依赖性自雇佣这种非标准、不稳定的劳动雇佣关系。如此劳动雇佣关系进一步影响了组织模式，对灵活用工、不稳定劳动雇佣关系的强大偏好抑制了组织模式直营化的尝试，分包式组织模式在经历精细化的变形后，事实上得到了维持。

另一方面，不难发现其间也存在矛盾、张力。如不稳定的劳动雇佣关系和分包式组织形式，明显难以满足对安全、服务的强烈诉求，以及国家规制方面的监管要求和产业定位。制度形式间的张力和冲突使得作为整体的调节模式处于一个不稳定的状态，难以有效支撑相应积累体制的运行，影响产业的经济效率。

2006年以来，民营快递的积累体制在外延型方面的拓展空间已越来越小，并在近年开始向内涵型转变。2014年以后，我国的快递业务量已成为世界第一。我国的快递网络已基本铺建完成，产业发展已较难通过扩大规模、人力等方面取得明显成效。2010年以后，在政府的土地、金融支持和技术推动下，民营快递企业纷纷加强了在基础设施、设备、互联网技术应用等方面的投入，行业转型升级、向内涵型转变的倾向明显，设施设备条件、劳动效率也确有不少提高，但资本积累的效率和利润率却较低。对当前民营快递的微利运营的判断已成为业内的共识。可见，以内涵型积累体制作为目标（即行业升级）的话，既有某些制度形式也难以与之匹配——这包括低价的竞争形式及其相匹配的不稳定劳动雇佣关系、分包组织形式。

五、结论和讨论

1. 产业发展的制度体系

关于产业发展和行业升级，既有经济、管理学研究主要仍从资本、技术，乃至企业家精神、商业模式等经济类要素出发，较为分散，甚至孤立地展开讨论。借鉴政治经济学的调节学派有关积累体制—调节模式—制度形式的理论，本文提出了有关产业发展的制度体系框架，并应用到对民营快递20多年的产业历程阐释中。分析显示，产业发展由五种制度形式相互影响。按照制度层级性原理，其中产品与产业链关系、国家规制和竞争形式处于较高的层级，具有更强、更本质性的决定作用。此前多被认为能推动行业升级的资本、技术、企业家精神等要素，多是通过改变产品与产业链关系或竞争形式发挥作用的。反之，如若期望单一地通过组织形式的变更（如快递组织的直营化）来推动行业转型、升级，是难以成功的。

在产业发展过程中，五种制度形式之间可能是互补的，也可能是冲突的。当其中制度互补性为主导时，它们处于一种稳定和高效状态，故能支持相应的积累体制，实现经济功能，利益相关者们的利益、风险相对均衡。当制度冲突更为显见时，这种产业发展模式则处于不稳定状态，较难支撑或匹配相应积累体制的运行，这不仅影响产业经济效率，而且使利益相关者之间的风险分配失衡，产生负面的社会和经济效果。

2. 劳动雇佣关系与产业发展

劳动雇佣关系在产业发展中的角色和作用往往被国内研究文献忽视了。劳动雇佣关系往往被视为一种外生于产业、经济的变量。既有行业升级方案中，至多涉及“人力资源”“人才”或“劳动力”，而甚少涉及“劳动关系”“劳动体制”。本文的分析表明，产业中劳动雇佣关系不仅具有内生性，还是产业发展制度体系不可或缺的一环，甚至成为行业升级的关键推动力。

劳动雇佣关系往往被认为是由法律、财政、就业等宏观制度形塑的[24]，然而某种劳动雇佣制度（如本文所涉及的依赖性自雇佣关系）在不同产业发生的程度大不相同，这意味着劳动雇佣关系之于产业发展的内生性。在本文的案例分析中，产业劳动雇佣关系的生成和维系就受惠于特定的产品与产业链关系、国家规制、竞争形式等较高层级制度。它既是这若干制度形式相互作用的结果，也最终成为这一互动过程的参与元素，成为产业发展的有机构成。

劳动雇佣关系是影响和形塑产业发展的重要因素。这在本文案例中体现为它对竞争形式和积累体制的支撑作用，以及对治理与组织形式演进方向的主导作用。就本文所涉及的不稳定、非标准的劳动雇佣关系来说，虽然其有利于资方风险转移和成本节约，但对产业可持续发展和行业升级而言却是不利的。既有研究多关注不稳定就业对劳动者的负面影响，而忽略其产品/服务质量降低、技术提升投入减少等带来的长期产业效应。可以说，从公共政策的角度，劳动雇佣关系制度应成为国家开展产业干预较为可行的着眼点。

参考文献

[1] 苏东水. 产业经济学[M]. 北京：高等教育出版社，2000.
[2] 唐辉亮，施永. 企业转型升级文献综述[J]. 宜春学院学报，2011，33(5)：79—82；蒋兴明. 产业转型升级内涵路径研究[J]. 经济问题探索，2014(12)：43—49；刘方. 我国中小企业发展状况与政策研究——新形势下中小企业转型升级问题研究[J]. 当代经济管理，2014，36(2)：9—18.
[3] 中国快递年鉴编辑部. 中国快递年鉴[M]. 北京：人民交通出版社股份有限公司，2015.
[4] 宫颖. 快递行业转型升级背景下收派员流失原因分析与对策研究[J]. 中国市场，2017(30)：71，73.
[5] 中国快递年鉴编辑部. 中国快递年鉴 2015[M]. 北京：人民交通出版社，2016.
[6] 吕守军. 抓住中间层次剖析当代资本主义——法国调节学派理论体系的演进[J]. 中国社会科学，2015(6)：62—77.
[7] Höpner M. What Connects Industrial Relations and Corporate Governance? Explaining Institutional Complementarity[J]. Socio-Economic Review, 2005, 3(2): 331-358；陈叶盛. 调节学派理论研究[M]. 北京：中国人民大学出版社，2012.
[8] 徐勇. 中国民营快递现状与发展趋势解析[M]. 上海：学林出版社，2006.
[9] 中国邮政年鉴编纂委员会. 中国邮政年鉴 2002[M]. 北京：北京燕山出版社，2003.
[10] 朱晓军，杨丽萍. 快递中国[M]. 重庆：重庆出版社，2016.
[11] 中国邮政年鉴编纂委员会. 中国邮政年鉴 2003[M]. 北京：北京燕山出版社，2004.
[12] 中国快递市场发展研究课题组. 中国快递市场发展研究报告[M]. 北京：中国经济出版社，2006.
[13] 葛家和. 民营快递特许连锁模式研究[D]. 北京：首都经济贸易大学，2014.
[14] 李虹，黄成明. 国外特许经营研究的理论综述[J]. 经济纵横，2005(2)：77—79.
[15] 全国人大常委会. 全国人大常委会执法检查组关于检查《中华人民共和国劳动法》实施情况的报告[EB/OL]. (2005-12-28)[2018-01-16]. http://www.npc.gov.cn/npc/zt/2005-12/29/content_343899.htm.
[16] 国务院研究室课题组. 中国农民工调研报告[M]. 北京：中国言实出版社，2006.
[17] 李军. 亚马逊和联邦快递的相爱相杀[J]. 财经，2017(14)：1—5.
[18] 徐勇. 2013 年快递业发展回顾[J]. 中国物流与采购，2014(4)：49.
[19] 谁来保护快递小哥[N]. 人民日报，2016-04-20.
[20] 江苏省苏州市姑苏区人社局，关于促进快递行业规范用工的几点建议[N]. 中国劳动保障报，2017-3-29.
[21] 快递员现状调查：未来的保障不知道向谁要[N]. 国际金融报，2017-03-13.
[22] Thörnquist A. False (Bogus) Self-Employment in East-West Labour Migration[M]. Linköping: ThemES—Themes on Migration and Ethnic Studies, 2013.

[23] 谢丹丹. 在流动率70%的快递业，顺丰小哥为何如此拼命? [EB/OL]. (2017-07-26) [2018-05-21]. http://www.jiemian.com/article/1499333.html.
[24] Behling F, Harvey M. The Evolution of False Self-Employment in the British Construction Industry: A Neo-Polanyian Account of Labour Market Formation [J]. Work, Employment and Society, 2015, 29(6): 969-988.

港股持续波动,中概股未来投资前景如何?

孙 佚*

近段时间港股持续波动,当中中概股的股价表现更成为下跌市况中的重灾区。过去,不少投资者均对中概股具较高的关注度,那么经历明显的股价调整后,中概股未来的投资前景如何?投资者应该怎样看待现时对中概股具较大影响的一些因素?

目前中概股主要面临行业政策监管、利率影响估值以及中美关系走向三大因素。本文将围绕上述三大因素,从因素背景、因素内容、影响逻辑以及对未来推理等角度,对中概股投资前景作出分析。

港交所自 2018 年 4 月推出三大便利上市机制,放宽同股不同权、生物科技公司以及第二上市等企业的首次公开募股(initial public offering, IPO)后,近年运用这些便利制度上市的中资企业比例也在逐年增加。单计 2020 年,一共有 27 家企业利用这个新制度招股上市。同时,随着越来越多中概股来港上市及回归上市,市场对中概股亦表现出较高的关注度。加上恒指公司去年推出恒指科技指数,这个中概股云集的指数表现更加备受瞩目。

最近一段时间,在中国香港及美国上市的一些中概股股价出现较大的波动,市场亦关注这些中概股所面临的行业政策监管、利率影响估值以及中美关系走向等不利困境。

一、行业政策监管

近年,行业监管政策成为市场对中概股投资前景最关注的因素,从早年

---

* 孙佚,时任中国光大证券国际有限公司副行政总裁。

房地产调控，到医药行业改革，再到去年以来对大型科技企业的金融平台监管、反垄断监管，乃至近期对教育培训行业的整顿，均成为关注焦点。一些受政策影响的企业，股价出现大幅下挫。事实上，行业监管的推出与经济大环境发展形势呈高度相关性。

1. 国内经济的可持续发展与内循环经济的重要性

2021年年初以来，环球经济复苏步伐明显，而上半年经济总量录得按年增长12.7%，成为拉动全球经济回稳的重要动力。唯另一方面，首季GDP出现18.3%的增长后，第二季增幅已回落至7.9%。

同时，从近月公布的制造业、非制造业数据来分析，下半年经济增长下行的压力明显。此外，新冠变种病毒继续在环球多个国家及地区蔓延，不仅严重威胁现存经济复苏成果，更给未来经济进一步复苏带来较高的不确定性。

在对外贸易方面，2021年上半年进出口贸易成为带动经济增长重要动力。在传统拉动经济增长的“三驾马车”中，社会消费品零售总额按年增长23.0%，全国固定资产投资按年增长12.6%，而货物进出口总额则录得最高的按年增长27.1%，其中出口增长28.1%，进口增长25.9%。

可见，对外贸易在上半年的经济复苏中，发挥着非常重要的作用。再深入剖析，上半年进口贸易的增长与今年以来全球大宗商品价格飙升有较大相关性，而出口贸易的增长则主因外部多个地区的生产活动仍受疫情所限，导致全球生产链在中国与其他主要经济地区之间形成供求上的错配现象。未来，预期全球确诊人数逐步下降之际，进出口这一经济增长重要推动力在下半年会面临回落压力。

面对上述内外经济环境，我国进一步明确加强“内循环经济”以达至“双循环经济”，加强经济内生动力，去抵消内部增长需求以及对外往来贸易的下降压力。“十四五”规划提出，以科技创新和消费升级为支点，双循环战略和可持续发展理念将促进“十四五”期间经济和社会发展全面提质增效。

2. 双循环经济的落实推动与行业监管的必然性

既然双循环经济具有如此高的战略地位，那么如何推进成为落实的关键。现在，在居民的日常生活中，住房、医疗、教育成为当今重大民生问题的新“三座大山”。大部分居民在日常生活中，需要花费较大比例的开支应付住房、医疗、教育等需求，因此，如何解决这些重大民生问题，释放出被捆绑在这些领域资金的流动性，以加强“内循环”经济，成为重大政策要点。

紧随而至的，是行业监管的到来。

近年我国对房地产调控，从监管开发商高价拿地，到“三条红线”限制资本输入，再到“指导价格销售”等不同环节，针对的就是住房问题；从医保改革，到药品集中采购，再到医疗器械集中采购等不同政策，针对的就是医疗问题；而从《中华人民共和国民办教育促进法》，再到最近“双减”政策的重磅落地，就是针对教育问题。至于对新经济成分在金融产品、反垄断方面的监管，一方面，反映对金融系统性安全的高度重视；另一方面，以监管垄断的方式，扶持科技创新。

3. 行业监管的出台与对中概股影响的差异性

在这样一个大背景下，行业监管政策成为投资者在投资中概股时需要考虑的重要风险因素，而这些政策的出台引起了中概股股价的大幅波动。那么，在行业监管政策的这个层面而言，中概股是否仍具投资机遇？

本文认为，不同行业的监管政策具不同性质，如果相关政策从基本上改变了行业的发展趋势，乃至行业的准入门槛，处于这些行业企业就需要对其价值重新作出审视。

以受“双减”政策影响的教育股为例，由于这个政策主要针对校外培训机构，因此对校外培训上市公司的影响最大，除了不能上市融资外，市场更担心如果上市公司存在这个业务，未来有机会需要将这个业务剥离上市公司。因此，这个政策不仅仅给未来的盈利增长带来影响，甚至对现在的业务规模都有机会带来打击。因此，对于涉及校外培训业务的上市公司而言，这个政策的影响是重大的，而且仍具有较大的不确定性。相信市场对这个类别的股份将表现出较为审慎的态度。

相反，如果相关政策的推出是对行业的经营环境作出某种程度上的修正，但并不会改变行业的发展生态及长远趋势，那么处于这个行业的企业总会有出现周期的拐点。

以受近期反垄断监管政策影响的新经济股为例，这些政策对大型科技企业造成短期冲击、利好中小科企创新、长远利好行业规范发展等论调，理应为大部分人所接受。值得注意的是，反垄断监管，长远来说，对于大型科技企业而言，可视作利好因素。大型科技企业自身在规模、资金、技术及人才培养上的优势是中小科技企业无可比拟的，当其利用这些自身优势排斥其他市场准入者的时候，就会导致垄断的出现。但是，反垄断针对的不是具垄断地位的市场参与者，而是具垄断地位市场参与者的行为。不同行业总有市场份额的高低之分，如果大型科技企业排除自身的垄断性优势，其在其他方面的先天性优势依然存在。相反，反垄断政策的出台将倒逼这些科技企业从自身要求出发，在新的监管体系中适应创新，去维持自身优势。

二、全球利率上行

2021 年 3 月，全球经济复苏带来对未来通胀及加息预期，导致美国 10 年期国债孳息率一度升穿 1.7 厘的水平，市场有分析指出，对于未来利率的上升预期将会导致高估值股份的估值出现下跌。中国香港、美国上市中概股一般均为具较高估值的股份，2023 年，美国还有加息两次的可能。那么，基于利率走向，中概股是否仍具投资机遇？

作为金融市场对企业进行估值的重要工具，美国息率的上升可视为无风险利率的上升，这将导致企业的预期投资回报率提高，并进一步导致企业未来估值在折现时现值下跌。但投资者同时需要留意，息率上升导致其他方面的溢出效应也将从不同侧面影响企业盈利。最为明显的是本次息率上升预期了未来经济热度及通胀的上升，而合理的热度及通胀向上往往是经济复苏或至少经济间歇性复苏的反映。如果企业估值因为息率（折现率）上升而降低，那么企业的估值却同时在息率上升中反映出折现之前或有所增长。

另外，如果将代表美国科技股的纳斯达克指数跟过去 10 年期债息的走势进行比较，可以发现，最近三个月两者走势的相关性为－0.884；若将时间拉长至最近六个月，两者相关性为－0.613；如果进一步拉长至一年，两者走势的相关性变成了 0.803。这在某种程度上说明，国债孳息率的上升短期对高估值股份表现具一定影响，时间越长，其影响逐步下降，远期来看，股价与国债收益率呈正相关。相信未来美国国债息率仍将受惠经济复苏向上，对包括中概股在内的高估值股份带来的冲击将逐渐减弱。

三、中美关系的因素

相对前面两个因素，中美关系走向给中概股未来走向带来的影响更难预测。这个因素现已存在政策的具体影响将有机会反映在以下两个方面。

（1）在特朗普就任美国总统时期，他将部分中企列入投资“黑名单”。2021 年 1 月，特朗普签署行政命令，要求美国投资者自 2021 年 11 月 11 日起，不能再持有“黑名单”内企业的股份，换言之投资者要在 11 月 11 日前沽出名单内的持股。随着时间逐渐向 11 月靠近，预计这个因素将受到持续关注。

（2）2021 年 3 月，美国证券交易委员会通过《外国公司问责法案》。该法案要求，如果外国公司连续三年未能通过美国公众公司会计监督委员会的审计，将被禁止在美国任何交易所上市。此法案虽然没有明确针对中概股，但该法案适用于所有在美上市的外国公司，其中多个条款更明显针对中国赴美上市公司和已在美上市的中概股。我国出于对国家信息安全的考虑，未必会允许任何在美上市中企公开其具体会计内容。因此，这个法案未来有可能导致中概股出现集中在美退市的情况，从而引发股价波动。

此外，市场也有担心，美国未来或有机会进一步禁止美资投资中国股市，这相比“黑名单”企业，影响范围将大幅扩大。

另外值得一提的是，中美关系这个因素目前更多是从资本的层面影响中概股。但归根结底，中概股的基本面仍更多反映于经济环境、行业发展以及企业自身的运营情况。如果美国对中概股的措施仅涉及资本流动的层面，虽然会对企业营运造成一定影响，但未必会成为决定企业发展的根本因素。倘若美国一些政策进一步针对中概股的日常运作，影响则不可同日而语，华为就是其中一个例子。

四、总结

中概股受多个不同因素的影响，从一个较为中长期的视角来看，行业监管因素对投资前景的影响，需要从性质上作出甄别。正如新华社指出，近期出台的行业监管政策有利于这些产业的长远发展;美国利率向上的变动虽然对估值计算有不利影响,但利率向上的同时往往象征经济的复苏,结合历史经验来看,这个因素未必成为长远忧虑;至于中美关系发展,以及对中概股的政策层面,则会给中概股带来更为不明朗的因素。

同时,当对中概股近期波动背后的原因和前景作出分析后,我们可以进一步看清未来中概股重点留意的方向。

从范围来看,中概股当中,部分行业在上述三大因素中受到的影响比较少。如果有的行业具备发展前景,没有涉及行业政策监管的主要领域,甚至获得国家政策大力支持,同时又不属于中美竞争之中的敏感行业,那么处于这些筛选范围的行业或者企业,必将在中概股投资前景中更加值得青睐,以下举新能源产业作为例子。

新能源概念涵盖范围比较大,既包括光能、风能等再生能源,也包括新能源汽车等消费品类别。这个产业过去一直具有政策的倾斜支持,如 2012 年正式发布的《中华人民共和国可持续发展国家报告》,再到近年提出加快新能源、绿色环保等产业发展,力争二氧化碳排放 2030 年前达到峰值,2060 年前实现碳中和。不仅仅是中国,全球范围主要经济体都在制定减碳路线图,未来全球对于新能源的需求发展前景广阔,处于这个行业的企业也具备了长期高景气度的基础。目前中美之间对行业的敏感地区相对集中于军工、科技、高端制造、通信服务等领域,因此新能源领域在前文提及的三个不利因素之中具较小的重叠面。未来对中概股的投资长期思维,以新能源这个行业作典型例子。

短期来看,港股八月开始步入业绩集中释放期。在这段时间,市场至少会将部分关注点重新聚焦在企业的业绩基本面上。不少行业股份股价在经历大幅回调后,在估值上已经出现了较为明显的下降。相信下半年在宏观经济面仍处于偏好的大环境下,企业的盈利增长至少不会表现得太差。

原载香港城市大学 EMBA(中文)专家观点(2021 年 8 月)
(http://embachinese.cb.cityu.edu.hk/Home/Index/get_sdxq/new_id/514)

“对手”还是“队友”:盈余管理语境中的卖空者和监督者

贺学会　李　琛　徐寿福　徐龙炳*

一、引言

卖空机制在资本市场上备受争议,特别是2015年“股灾”以来,一度被舆论严重妖魔化。一些人先验地认为,由于卖空股票会对公司股价产生负面影响,从而也就会对公司的利益相关者具有负面影响,因此将卖空者视为天然的“对手”和负能量。我们认为,如果这种看法缺乏实证基础,则难免有主观和武断之嫌,是不负责任的。那么,对于公司的利益相关者而言,卖空者到底发挥正面还是负面作用呢?这个问题还没有很好地得到回答。其可能的原因在于,卖空者只是资本市场的一个参与主体,只能从外部揭示相关信息,或者给管理层施加外部压力,但却并不直接参与公司治理。因此,卖空者要有效发挥正面的治理作用,必须在公司治理中存在相应的“队友”,才可能实现这种功能。遗憾的是,已有文献还没有揭示出这种机制。

已知的事实是,卖空者能够对公司的信息披露和经营决策形成有效的外部约束,从而产生“治理效应”[1—3]。实证研究[4—5]发现,被卖空的股票未来收益与其卖空需求呈负相关关系,尤其那些采取法律手段或宣传来威胁卖空者的公司,其未来收益会更低。事实上,在其他监督者发挥作用之前,正是卖空者揭露了安然、世通、雷曼以及其他已破产上市公司的虚假信息和丑闻。已有文献发现,卖空机制对于盈余管理这一典型的代理问题,也同样能够发

* 贺学会,澳中新经济研究院执行院长、教授;李琛,上海财经大学金融学院博士研究生;徐寿福,上海对外经贸大学金融管理学院教授;徐龙炳,上海财经大学中国式现代化研究院院长、教授。

挥治理功能[6—7]。但对于不同类型的盈余管理，卖空者是否具有同样的治理效应，则缺乏探讨，从而无法理解卖空治理效应背后的机制和条件。本文试图弥补这一缺陷。

通过对盈余管理动机、外部监督强度和卖空机制的作用机理进行分析和耦合，我们发现，可能是不同强度的外部监督机制导致了卖空治理效应的差异。当公司盈余管理的动机是为迎合一些特定的阈值(如盈亏平衡点、分析师一致预测等)时，由于这些阈值背后的监督者是投机型的，不会对公司管理层形成直接监督压力，导致卖空机制无法发挥治理效应；当公司盈余管理是以融资(股票增发或债务压力)为目的时，公司面临来自股东或债权人等积极型监督者的“硬”性监督，此时卖空机制将会对盈余管理产生显著的治理效应。这一发现恰好呼应了经典文献中将外部监督者区分为投机型和积极型的观点[8—9]。

本文利用我国资本市场融资融券制度这一难得的自然实验，检验了上述假设。由于在我国目前的制度下，只有进入融资融券标的名单的股票才能被卖空，且融券卖空是目前国内卖空个股的唯一途径，这为本文的研究提供了天然的处理组和控制组，使我们可以通过比较融券制度建立前后处理组和控制组之间的差异，直接分离出卖空机制的影响[10—11]。更重要的是，本文利用不同类别的盈余管理动机来分离投机型监督者和积极型监督者的影响，进而能够分别考察“软”监督机制、“硬”监督机制和卖空机制的联合治理效应。

本文试图在以下方面有所贡献：第一，根据盈余管理的动机，将盈余管理区分成阈值型盈余管理和融资型盈余管理，并提炼出背后的监督机制差异，对于进一步挖掘盈余管理背后的逻辑具有重要参考意义；第二，与以往文献中仅检验卖空机制对盈余管理治理作用的存在性不同，我们对两种不同动机的盈余管理分别进行了检验，得到了不同的结果，从而加深了对卖空治理的理解深度；第三，在逻辑上，我们可以将卖空者与积极型监督者并存状态下的治理效应概括成一种“联合治理”效应，从而验证我们的“队友”假说。综上所述，本文对于盈余管理和卖空治理两个领域的文献均有一定程度的边际贡献。

余文结构如下：第二部分是理论基础和研究假设；第三部分是研究设计；第四部分展示并分析卖空机制的治理效应，在此基础上进一步探讨外部监督强度和卖空机制的联合治理效应；第五部分是稳健性检验；第六部分是结论。

二、理论基础和研究假设

(一) 概念界定

首先,文献中的盈余管理通常被概括为四个方面的动机:一是为迎合特定门槛而进行的盈余管理,二是与公司债务契约相关的盈余管理,三是公司发行股票前后的盈余管理,四是其他动机[12]。本文考虑前三类动机明确的盈余管理。出于本文的目的,以及与外部监督者对应的原则,我们将其进一步归纳为两类:阈值型盈余管理和融资型盈余管理。阈值型盈余管理是指公司管理层为了迎合某些关键绩效指标的临界值而实施的盈余管理。这些关键绩效指标如公司盈亏平衡点(即利润零值)、分析师一致预测等,往往与公司管理层的声誉甚至薪酬都有着直接的关系,因此,此类盈余管理在业界非常盛行[13—15]。融资型盈余管理是指公司为了实现股权或债务融资而实施的盈余管理。公司再融资时为将股票卖得一个好价钱,具有盈余管理的内在动机[16—18]。另外,当公司负债率过高时,公司也可能存在增发股票从而改善资产负债表的内在要求,甚至可能为了降低债务融资成本,或者仅仅为了能顺利滚动现有债务而存在盈余管理的需求[19—22]①。

由于两类盈余管理所涉及的利益相关者不同,我们也可以在此基础上根据其监督机制的差异来定义两类监督者:积极型监督者和投机型监督者。积极型监督者具有前瞻性信息,往往直接以某种方式影响公司相关决策;而投机型监督者仅拥有回溯性信息,他们往往不直接影响公司决策,而仅仅间接影响股价,或者通过"以脚投票"的方式影响股票价格。显然,作为利益相关者,前一种监督者是积极的、直接的,后一种监督者则是消极的、间接的。这种界定与相关经典界定[8,9,23]完全一致。为了直观起见,本文有时也将以上两种监督作用分别称为"硬"监督和"软"监督。

有趣的是,本文正好可以将两类监督者与两类盈余管理者在同一个概念

① 值得注意的是,本文效仿类似文献中的做法[6—7],仅述及应计盈余管理,而未涉及真实盈余管理。原因在于操纵应计项目的盈余管理方式更容易引起审计师和监管者的注意,而调整价格和产量或削减研发支出等真实盈余管理则具有很强的迷惑性和隐蔽性。这就使得在本文的框架下考虑真实盈余管理的问题,管理层、监督者和卖空者之间的博弈将变得更加复杂,从而难以突出本文的主旨。

框架下有机统一起来。阈值型盈余管理者，由于其盈余管理动机主要是迎合特定的临界值，主要承担"粉饰"作用，并不直接影响相关者利益，此时它所面临的监督是投机性("软")监督；而融资型盈余管理者涉及的利益直接来自潜在或在位投资者(包括股东和债权人)，因而所面临的监督必须是积极性("硬")监督。因此，本文的主题就具体化为：对于两类盈余管理者，由于其面对的监督者本身有所不同，卖空机制此时的治理冲击是同质的吗？

(二) 卖空对盈余管理的治理效应

自从詹森和梅克林[24]以及罗斯[25]开创性地将代理问题引入公司结构的各个层面(管理层、股东、债权人等)以来，盈余管理一直是会计研究和公司治理中的核心问题[26]。学术界通常采用修正的琼斯(Jones)模型，分离总应计项目(total accrual, $TA_{i,t}$)中的可操纵性应计利润(discretionary accrual, $DA_{i,t}$)来计量盈余管理程度。

资本市场和卖空者很早就注意到上市公司应计操纵的现象[27]，如果卖空机制具有治理功能，那么它对应计操纵就应该具有约束作用。有研究[6]基于全球 33 个国家的面板数据发现，盈余管理和可借入卖空的股票数量之间存在着显著的负相关关系。还有研究[7]在分析了 2005—2007 年美国证券交易委员会降低卖空成本的试点实验后发现，试点企业的盈余管理程度在实验期间显著降低，实验结束后又恢复到原先的水平。这些研究结果表明，卖空机制提高了市场发现管理层进行盈余管理的概率和速度，降低了管理层操纵公司盈余的动机。基于此，本文提出以下基本假设，作为进一步研究的基础：

假设 1：卖空机制具有治理功能，能够约束上市公司盈余管理的行为。

(三) 卖空治理效应的异质性：基于盈余管理动机和外部监督机制的耦合模型

由于两类盈余管理将面临不同的外部监督，盈余管理者的治理环境存在差异，此时，卖空机制作为一种外部市场冲击，其治理功能很可能存在着差异。根据已有研究可知，在存在卖空机制的市场上，往往存在两种不同类型的卖空者，即主动型卖空者和被动型卖空者。主动型卖空者是以基本面估值为基础的卖空者,他们通过知情信息或者企业财务报告质量(如盈余操纵指标)来寻找卖空的目标公司[28]。如浑水公司(Muddy Waters Research)就是典型的主动型卖空者。主动型卖空者实质上是公司基本面信息的挖掘者,有助于正确地评估公司的内在价值。被动型卖空者则根据企业业绩是否达到市场预期(盈亏平衡点、分析师一致预测)来寻找目标公司[29],他们并不试图挖掘公司的真实内在价值,而往往锁定那些绩效未达到预定目标值或者虽达到但可疑的公司。直观地说,主动型卖空者大致相当于看"本质"决策的卖空者,而被动型卖空者则主要看"形式"决策。

两种类型的卖空者具有不同的治理机制。主动型卖空者是基本面信息的发现者,属复杂投资者,他们的行为会增加公司盈余操纵被曝光的风险,管理层会迫于压力而降低盈余操纵程度。我们把这种效应称为卖空机制对盈余管理的"抑制效应"。被动型卖空者则是看"表象"的,他们的行为并不包含实质信息,其带来的价格下行压力反而会增大利空消息的负面影响,而导致管理层为降低来自被动型卖空者的压力反而强化盈余管理的动机。对于这种影响,我们称之为"诱导效应"。显然,抑制效应和诱导效应给公司管理者带来的影响分属两个不同的方向,对盈余管理动机至少存在部分抵消效应。在这种背景下,卖空机制是否能有效发挥治理作用,就取决于两个机制的共同作用:第一,抑制效应和诱导效应是否同时存在,从而产生功能上的抵消效应;第二,主动型卖空者既能够通过卖空交易影响股票价格,又会在时机成熟的时候揭露上市公司的操纵行为,这意味着主动型卖空者的卖空行为是携带基本面信息的,这些信息会通过主动卖空行为对公司监督者产生信息反馈,从而进一步强化其监督机制。

图1以可视化的方式展示了这些机制。图中,带箭头的实线表示有实际约束作用的治理机制,虚线表示"软性"治理机制。标示有"基本面信息反馈回路"的虚线,表示主动卖空者所携带的信息向利益相关者(监督者)传递的过程和方向。

从图1可以看出,对于阈值型盈余管理者,由于其存在盈余管理现象,主动型卖空者如果发现其价格与价值偏离,就会建立卖空头寸,从而产生"抑制效应"。与此同时,由于阈值型盈余管理者往往通过盈余管理才勉强达到阈值,容易被被动投机者识别为"虽达到目标值但可疑"的行列,从而吸引被动

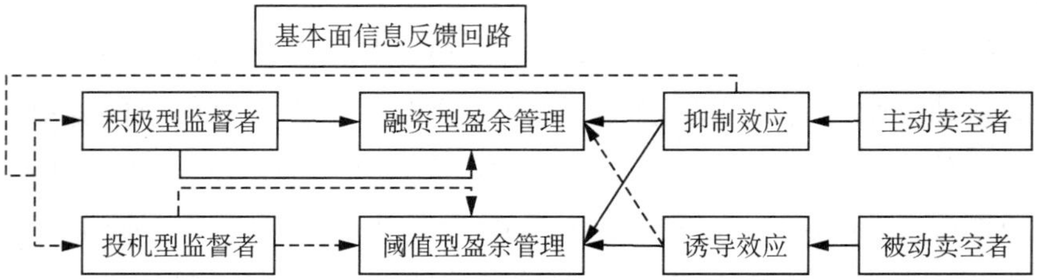

图1　卖空者与监督者的互动模型

型卖空者。阈值型管理者要抵消后者的影响，就会产生“诱导效应”。由于盈余管理的抑制效应和诱导效应并存，且两种效应方向相反，本身就存在一定程度的抵消效应；而阈值型盈余管理者面对的是投机型监督者，他们仅会“用脚投票”，不会实质参与公司治理，无法对主动卖空行为所携带的基本面信息产生有效的反应，从而形成治理上的“合力”。此时，卖空机制对盈余管理的净影响可能并不存在，或者非常微弱。

融资型盈余管理者面对的情形则有所不同。一方面，主动型卖空者带来的抑制效应依然存在，但由于此种情况下公司的盈余管理并非针对特定的目标值，不会吸引被动型卖空者的注意力，从而由被动型卖空者带来的诱导效应并不存在或者较小，这意味着卖空的抑制效应存在而诱导效应缺失，从而使卖空产生正面的治理效应。另一方面，由于主动型卖空行为所包含的基本面信息反馈，股东和债权人等主动监督者了解上市公司真实情况的渠道会增加，甚至会加入卖空者的行列。更重要的是，由于此时公司面临的外部监督是“硬”性的，新股东和债权人能够直接与管理层谈判，或者通过适当的干预直接影响企业决策，使得合谋的管理层和大股东有可能承受声誉、金钱上的损失乃至法律上的惩罚。上市公司将面临股东、债权人和主动型卖空者的多重监督，最终使得管理层腹背受敌，降低盈余管理的程度。简单说，主动型卖空者寻找公司基本面价值的努力会降低积极型监督者信息搜集和分析的成本，却增加了他们的边际收益，从而以更积极的姿态介入公司治理。此时，卖空者和监督者将发挥一种“队友”作用，达到联合治理的效果。由此，我们进一步提出以下假说：

假设2：对于阈值型盈余管理者，由于卖空效应互相抵消，加之其面临的外部监督是“软”的，卖空机制无法发挥治理功能。

假设3：对于融资型盈余管理者，公司面临的外部监督是“硬”的，加上主动卖空者提供的基本面信息反馈机制，卖空机制对这类盈余管理具有显著的治理效应。

三、研究设计

（一）样本和数据

本文以2005—2014年中国A股上市公司作为研究对象，按以下程序进行数据筛选：(1)剔除相关变量缺失的样本；(2)由于会计处理方法的差异，剔除金融类公司数据；(3)剔除样本期间被ST、PT以及退市等特殊处理的样本；(4)剔除上市期限不满1年的公司样本；(5)为了控制可能存在的样本选择偏误问题，我们根据交易所扩大融资融券标的股票范围的选取标准，利用2010—2014年股票平均流通市值和成交金额，计算每只股票的加权评价指标①，剔除加权评价指标小于0.042%（样本中已被列入融资融券标的名单股票加权评价指标的1%分位点）的样本；(6)考虑到内生性的因素，剔除被撤销融资融券标的资格的公司样本。为了消除极端值影响，本文在回归分析中对所有连续变量按照上下1%进行缩尾（Winsorize）处理。最后本文得到11 053个公司一年度观测值。本文上市公司财务数据、融资融券数据、股票市场数据和公司治理数据均来自CSMAR数据库。

（二）变量和模型

1. 卖空变量

自融资融券交易试点推出以来，我国融资融券标的股票的名单经历过多次调整，标的股票逐步增加。截至2014年12月31日，沪深两市共有899只股票被列入融资融券标的名单，本文将这899家公司定义为处理组，其余公

---

① 上海证券交易所：《关于扩大融资融券标的股票范围相关事项的通知》（上证发〔2014〕51号）；深圳证券交易所：《关于扩大融资融券标的证券范围的通知》（深证会〔2014〕95号）。根据规定，“扩大标的股票范围的选取标准是按照加权评价指标从大到小排序，并综合考虑个股及市场情况选取，加权评价指标的计算方式为：加权评价指标＝2×（一定期间内该股票平均流通市值/一定期间内沪市（深市）A股平均流通市值）＋（一定期间内该股票平均成交金额/一定期间内沪市（深市）A股平均成交金额）”。

司定义为控制组。处理组公司股票在获得融资融券资格后，将其定义为可卖空，在此之前为不可卖空，控制组公司股票皆不可卖空。图 2 展示了各年样本分布及可卖空样本数量①。

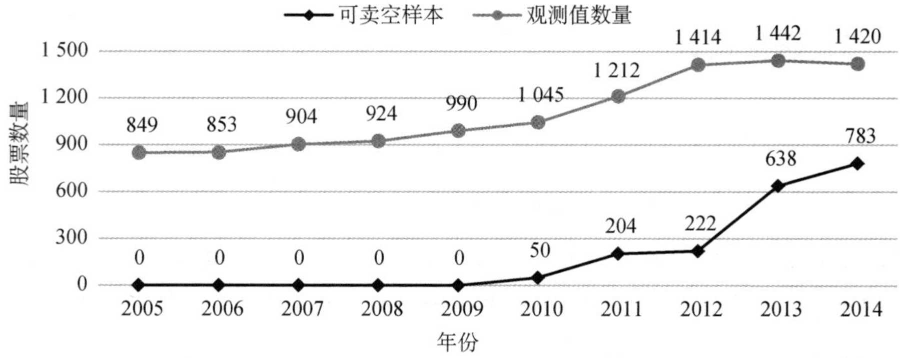

图 2　样本年份分布图

本文度量上市公司卖空的变量具体包括：年融券卖出量 $SSF_{i,t}$，即融资融券标的股票当年卖空量占流通股的比例；当年是否可以卖空的虚拟变量 $SS_{i,t}$，当 i 公司股票第 t 年能够卖空时，$SS_{i,t}$ 取值 1，否则取值 0；是否为融资融券标的公司虚拟变量 $List_i$，若公司股票被列入交易所融资融券标的范围，$List_i$ 取值为 1，否则为 0；融资融券时点虚拟变量 $Post$，公司进入融资融券范围之后的年度为 1，之前的年度为 0。显然，在以上的变量定义中，我们有 $SS = List \times Post$。由于我们已经控制了年度虚拟变量，$Post$ 变量在正文报告的结果中没有直接显示。

2. 盈余管理程度的度量

本文使用可操纵性应计利润（$DA_{i,t}$）的绝对值衡量上市公司盈余管理的程度。首先，参考琼斯[30]模型，使用同年度相同行业所有上市公司的数据，对相关公司的总应计利润（$TA_{i,t}$）进行以下回归：

$$\frac{TA_{i,t}}{Asset_{i,t-1}} = \beta_1 \frac{1}{Asset_{i,t-1}} + \beta_2 \frac{\Delta REV_{i,t}}{Asset_{i,t-1}} + \beta_3 \frac{PPE_{i,t}}{Asset_{i,t-1}} + \varepsilon_{i,t} \tag{1}$$

① 由于剔除了金融行业的样本及相关数据缺失的样本，本文研究的可卖空股票数量小于证券交易所公布的融资融券标的名单上的股票数量。

其中，TA 为总应计利润，其算法是 $TA=(\Delta CA-\Delta CASH)-(\Delta CL-\Delta CLD)-DEP$。式中，$\Delta CA$ 表示流动资产增加额，$\Delta CASH$ 为现金及现金等价物增加额，ΔCL 为流动负债增加额，ΔCLD 代表一年内到期的长期负债增加额，DEP 表示折旧和摊销。此外，式(1)中，$Asset$ 为总资产；ΔREV 为销售收入增加值；PPE 为固定资产[31]。

然后，根据修正的横截面琼斯模型[32]，利用回归方程式(1)中的估计系数，代入式(2)，得到修正的可操纵性应计利润 DA。其中，ΔREC 为应收账款净值增加额。DA 的绝对值即衡量公司盈余管理程度的指标，其值越大，盈余管理程度越高。

$$DA_{i,t}=\frac{TA_{i,t}}{Asset_{i,t-1}}-\hat{\beta}_1\frac{1}{Asset_{i,t-1}}-\hat{\beta}_2\left(\frac{\Delta REV_{i,t}}{Asset_{i,t-1}}-\frac{\Delta REC_{i,t}}{Asset_{i,t-1}}\right)-\hat{\beta}_3\frac{PPE_{i,t}}{Asset_{i,t-1}} \tag{2}$$

3. 卖空机制与盈余管理

借鉴相关研究[2]，我们分别控制公司年度固定效应和行业年度固定效应，采用双重差分方法考察卖空机制和盈余管理程度之间的关系：

$$|DA_{i,t}|=\alpha+\beta_1 List_i+\beta_2 SS_{i,t}+\beta\, Control+\varepsilon_{i,t} \tag{3}$$

$$|DA_{i,t}|=\alpha+\beta_1 List_i+\beta_2 SSF_{i,t}+\beta\, Control+\varepsilon_{i,t} \tag{4}$$

其中，因变量 $|DA|$ 表示公司的盈余管理程度，SS 表示公司股票当年是否能够卖空，$List$ 表示该公司股票是否被列入融资融券标的名单。值得注意的是，本文考察的是卖空机制（也就是股票进入融资融券标的名单后）对上市公司当期盈余管理程度而不是下一期盈余管理程度的影响，这是因为盈余管理往往只需要在年底通过会计手段操纵即可完成[33]。因此，卖空的可能和潜在威胁就足以影响企业当期财务报告的质量。

4. 卖空治理效应的异质性

当公司为了迎合特定的阈值（盈亏平衡点和分析师一致预测）而进行盈余管理时，我们认为此时公司面临的外部监督是“软”性的，但是企业公布的财务报告已经经过管理层“粉饰”，我们并不能直接判断哪些公司有动机为了迎合特定的阈值而进行盈余操纵。本文参考相关研究[34—35]的做法，将公司管理前盈余(pre-managed earnings)定义为非操纵性总应计利润(non-discretionary total accruals)加上经营活动产生的现金流(operating cash flow),管理前盈余为负或者小于分析师预测的企业进行盈余管理的动机会更强烈。本文中,当管理前盈余小于零时,$Meet\_Z$ 定义为 1,否则为 0;当管理前盈余低于分析师一致预测时,$Meet\_A$ 定义为 1,否则为 0。其中,分析师一致预测为 CSMAR 中国上市公司分析师预测研究数据库中各家金融机构的行业分析师对同一家上市公司盈利预测数据的平均值,如果第 t 年对公司 i 进行预测的分析师数目小于 2,则予以剔除[36—37]。

为检验阈值型盈余管理动机与卖空治理效应之间的交互影响,本文建立计量模型。如果 $Meet$ 的系数显著为正,则表明我们可以用其作为管理层是否有这类盈余管理动机的代理变量。若交互项系数显著为负,说明卖空机制对阈值型盈余管理的约束作用更加明显。

$$|DA_{i,t}| = \alpha + \beta_1 List_i + \beta_2 SS_{i,t} + \beta_3 Meet_{i,t} + \beta_4 List_{i,t} \times Meet_{i,t} + \beta_5 SS_{i,t} \times Meet_{i,t} + \beta Control + \varepsilon_{i,t} \quad (5)$$

在以融资为目标的盈余管理行为中,盈余管理者面临的是“硬”性外部监督。为了检验增发新股型盈余管理动机与卖空治理效应之间的交互影响,本文建立计量模型(6)。值得注意的是,由于上市公司一般在发行新股的前一年就会进行相应的准备,模型(6)中控制的是企业在下一年度的是否发行新股的虚拟变量 $SEO_{i,t+1}$,若发行新股,$SEO_{i,t+1}$ 取值为 1,否则为 0。考虑到中国资本市场对公开增发新股具有盈利性要求,我们将发行新股的类型限定为非公开增发。若 $SEO_{i,t+1}$ 系数显著为正,表明上市公司在定向增发的前一年进行盈余管理的动机更强烈。若交互项系数显著为负,说明卖空机制对增发型盈余管理的约束作用更加明显。

$$|DA_{i,t}| = \alpha + \beta_1 List_i + \beta_2 SS_{i,t} + \beta_3 SEO_{i,t+1} + \beta_4 List_{i,t} \times SEO_{i,t+1} + \beta_5 SS_{i,t} \times SEO_{i,t+1} + \beta Control + \varepsilon_{i,t} \quad (6)$$

本文参考相关研究[19,38],以财务杠杆 Lev 作为代表债务契约存在性和严重程度的变量,财务杠杆越高,管理层进行盈余管理的动机就越强。为了检验债务契约型盈余管理动机与卖空治理效应之间的交互影响,计量模型如式(7)所示。若交互项系数显著为负,说明卖空机制对债务契约型盈余管理的约束作用更加明显。

$$|DA_{i,t}|=\alpha+\beta_1 List_i+\beta_2 SS_{i,t}+\beta_3 Lev_{i,t}+\beta_4 List_{i,t} \times Lev_{i,t}+\beta_5 SS_{i,t}\times Lev_{i,t}+\beta\, Control+\varepsilon_{i,t} \tag{7}$$

5. 控制变量

此外,参照已有研究[39—41],本文还设置了公司规模、销售收入、新增投资、分析师关注度、上市年限、第一大股东持股比例、股权集中度、董事会规模、管理层持股比例等反映公司特征和治理状况的控制变量。为控制潜在的异方差和序列相关问题,本文对上述模型回归系数的标准误在公司层面上进行了聚类处理。

四、实证结果分析

(一) 描述性统计

根据主要变量的描述性统计,样本中可操纵性应计利润占公司资产的平均比重为 8.35%。如果虑及上市公司的 *ROA* 水平,这是一个不可忽略的数字。在样本期内,有 17.16%的公司当年可卖空,全样本卖空量大约占当年流通股本的 1.97%。对于阈值指标,统计显示有 38%的公司管理前盈余未达到盈亏平衡点,有超过一半的公司管理前盈余未达到分析师预测水平。具体如表 1 所示。

表 1　变量定义与描述性统计

变量	定义	均值	标准差	5%	中位数	95%	观测数
Panel A 被解释变量							
$\|DA\|$	可操纵性应计利润绝对值	0.083 5	0.084 3	0.004 7	0.059 2	0.252 1	11 053
Panel B 主要解释变量							
SS	当年是否能卖空	0.171 6	0.377 1	0	0	1	11 053
SSF	年融券卖出量	1.97%	0.028 7	0.01%	0.80%	8.00%	1 897
List	是否卖空标的	0.556 7	0.496 8	0	1	1	11 053

（续表）

变量	定义	均值	标准差	5%	中位数	95%	观测数
SEO	是否定向增发	0.104 7	0.306 2	0	0	1	11 053
Meet_Z	是否小于盈亏平衡点	0.388 1	0.487 3	0	0	1	11 053
Meet_A	是否小于预测盈余	0.686 0	0.464 1	0	1	1	8 902
Panel C 控制变量							
Size	企业规模	22.124	1.240 1	20.405	21.958	24.434	11 053
MB	市值账面比	3.408 6	2.889 3	0.905 5	2.553 0	8.655 8	11 053
Lev	财务杠杆	0.494 5	0.196 9	0.143 5	0.505 3	0.796 2	11 053
ROA	总资产收益率	0.039 9	0.056 2	−0.039 7	0.035 9	0.130 6	11 053
Sales	销售收入/总资产	0.703 3	0.555 0	0.157 2	0.577 2	1.735 0	11 053
Inv	新增投资/总资产	0.039 2	0.322 3	−0.028 0	0.021 4	0.154 6	11 053
AF	分析师关注度	2.645 4	1.604 8	0	2.833 2	5.003 9	11 053
Age	上市年限的对数	2.220 5	0.623 0	1.098 6	2.397 9	2.944 4	11 053
First	第一大股东持股	36.82%	0.159 7	13.97%	34.52%	64.73%	11 053
Shrcr	股权集中指标	55.64%	0.162 8	27.96%	56.45%	81.39%	11 053
Bsize	董事会规模	2.201 3	0.201 9	1.945 9	2.197 2	2.564 9	11 053
Mnghld	管理层持股比例	4.83%	0.131 0	0.00%	0.01%	38.88%	11 053

（二）基本结果：卖空机制对盈余管理的治理效应

首先，本文以可操纵性应计利润 *DA* 的绝对值作为因变量，对全体样本进行了模型（2）的回归，检验卖空机制对上市公司盈余管理程度的影响。

表 2 列（1）以公司股票是否被列入融资融券标的 *List* 以及当年是否可以卖空 *SS* 为主要解释变量，回归结果显示，*List* 的回归系数几乎为零；*SS* 的回归系数为−0.014，在 1%的水平上显著，表明在处理组股票进入融资融券标的名单后，盈余管理的程度有所降低。列（2）控制了公司年度固定效应，以当年是否可以卖空 *SS* 为主要解释变量，结果显示 *SS* 的回归系数为−0.011，且在 1%的水平上显著，表明在控制公司年度固定效应后，卖空机

制对盈余管理的约束效应依然显著。

表 2 卖空机制对企业盈余管理的影响

自变量	因变量:|DA|					
	可卖空机制 VS. 不可卖空机制全样本		卖空机制标的	卖前 VS. 卖空机制后处理组子样本		融券卖出量
	(1)	(2)	(3)	(4)	(5)	(6)
List	−0.000 (−0.02)		−0.003 (−1.56)			
SS	−0.014*** (−4.62)	−0.011*** (−3.16)		−0.014*** (−3.59)	−0.008* (−1.83)	
SSF						−0.281** (−2.43)
Controls	已控制	已控制	已控制	已控制	已控制	已控制
Fixed Effects	IY	FY	IY	IY	FY	FY
Obs	11 053	11 053	11 053	6 153	6 153	1 897
Adj R^2	0.063 6	0.040 4	0.061 8	0.076 0	0.043 5	0.056 6

注:括号中为基于稳健标准误计算而得的 t 值,***、**、* 分别表示在 1%、5%和 10%水平上显著。

由于我国的卖空机制是逐步试点并拓宽的,在样本期内标的股票数量逐步增多,要求也在放松,但从交易所的规则来看,还是市场流动性更好、总资产规模更大、信息披露较好而且治理机制比较完善的公司才能被卖空。为此,我们根据交易所选取标的股票的加权评价指标,对样本进行筛选,表中列(3)的结果表明,在我们对样本进行筛选之后,*List* 的系数虽然依然为负,但已不再显著,说明由处理组公司和控制组公司自身差异导致的样本选择偏误问题已经得到了极大的改善。为了进一步控制可能存在的样本选择偏误,我们把研究范围缩小到处理组公司,对这些公司加入融资融券标的前后盈余管理的程度进行比较。列(4)和列(5)结果显示,当年是否可以卖空 *SS* 的回归系数分别为−0.014 和−0.008,均在统计意义上显著,表明单就处理组公司而言,当其股票进入融资融券标的名单后,企业盈余管理的行为受到了抑制。

此外,我们还以处理组公司加入融资融券标的之后的数据为样本,对模型(3)进行回归分析,研究融券卖空量 *SSF* 对企业盈余管理程度的影响。表 2 中列(6)结果显示,*SSF* 系数为−0.281,表明 *SSF* 与企业盈余管理程度呈现出显著的负相关关系。当公司股票加入融资融券标的后,年融券卖空量与流通股之比越大,企业的盈余管理程度越弱。至此,假设 1 得到检验。

(三) 阈值型盈余管理中的卖空治理

考察卖空机制对业绩没有达到市场预期的公司进行盈余管理的影响,我们以当年是否可以卖空 *SS* 与企业实际盈余是否为负 *Meet* 的交互项为主要解释变量,对模型(5)进行回归分析。表 3 列(1)至列(2)显示,*Meet_Z* 系数显著为正,表明企业管理前盈余为负时,上市公司进行盈余管理的动机更强烈,与前人研究[14,42]和本文预测一致;*SS* 与 *Meet_Z* 的交互项回归系数并不显著,表明卖空机制对管理前盈余为正和管理前盈余赤字公司的影响几乎没有差异,说明卖空机制对阈值型操纵的约束效应并不显著,支持假设 2。

同样,表 3 列(3)至列(4)结果显示,当年是否可以卖空机制 *SS* 与管理前盈余小于分析师一致预测虚拟变量 *Meet_A* 的交互项回归系数并不显著。上述结果表明对于实际盈余没有达到市场预期的公司,管理层进行盈余管理的动机更强烈,但是此时公司面临的外部监督是"软"的,卖空机制对这类盈余管理的治理效应并不显著,支持假设 2。此外,列(3)至列(4)中样本观察值的缩小是受到分析师预测数据的限制。

表 3 阈值型盈余管理中的卖空机制治理

自变量	因变量:|*DA*|			
	Meet_Z 盈亏平衡点		*Meet_A* 分析师一致预测	
	(1)	(2)	(3)	(4)
List	0.000 (0.14)		−0.001 (−0.34)	
SS	−0.013*** (−3.96)	−0.009*** (−2.60)	−0.017*** (−3.25)	−0.011** (−2.11)
Meet	0.015*** (5.93)	0.013*** (4.57)	0.005* (1.76)	0.007* (1.91)

(续表)

自变量	因变量:|DA|			
	Meet_Z 盈亏平衡点		*Meet_A* 分析师一致预测	
	(1)	(2)	(3)	(4)
List×*Meet*	−0.001 (−0.14)	−0.002 (−0.52)	0.001 (0.13)	−0.005 (−0.97)
SS×*Meet*	−0.002 (−0.34)	−0.003 (−0.68)	0.001 (0.26)	0.002 (0.46)
Controls	已控制	已控制	已控制	已控制
Fixed Effects	IY	FY	IY	FY
Obs	11 053	11 053	8 902	8 902
Adj R^2	0.069 6	0.044 1	0.062 6	0.039 2

注:括号中为基于稳健标准误计算而得的 *t* 值,***、**、* 分别表示在 1%、5%和 10%水平上显著。

(四) 融资型盈余管理中的卖空机制治理

为考察发行新股对卖空机制约束效应的影响,我们在模型(6)中加入是否定向增发 *SEO* 以及 *SEO* 与 *SS* 的交互项作为主要解释变量。由于上市公司一般在发行新股的前一年进行盈余管理,模型(6)中控制的是下一年度的增发情况 $SEO_{i,t+1}$。

表 4 列(1)至列(2)在未加入 *SS* 与 *SEO* 交互项的情况下考察定向增发和盈余管理之间的关系。结果显示,*SEO* 系数为正,表明上市公司在定向增发的前一年存在盈余管理的动机。表 4 列(3)考虑了 *SS* 与 *SEO* 的交互影响,控制了行业年度固定效应。其中,*List* 系数为−0.002,并不显著,*SS* 系数为−0.012, *List*×*SEO* 系数为 0.015, *SS*×*SEO* 系数为−0.019,均在统计意义上显著。表明单就处理组公司而言,定向增发的公司前一年度盈余管理程度比不发行新股的公司要高 0.015,但是当公司股票可卖空机制之后,处理组未发行新股的公司盈余管理程度降低 0.012,处理组发行新股的公司盈余管理程度降低 0.031(0.012+0.019),说明卖空机制对准备发行新股的

企业的约束作用更加显著。列(4)考虑了公司年度固定效应,结果依然稳健,支持本文假设3。

表4 融资型盈余管理中的卖空机制治理

自变量	因变量:|DA|					
	增发新股		卖空机制与定向增发		卖空机制与债务契约	
	(1)	(2)	(3)	(4)	(5)	(6)
List	−0.000 (−0.17)		−0.002 (−0.82)		−0.011** (−1.98)	
SS	−0.014*** (−4.58)	−0.011*** (−3.16)	−0.012*** (−3.73)	−0.008** (−2.32)	0.019*** (2.92)	0.036*** (5.22)
SEO	0.009*** (3.22)	0.008** (2.41)	0.004 (0.88)	0.003 (0.66)		
List×*SEO*			0.015** (2.24)	0.014** (2.00)		
SS×*SEO*			−0.019*** (−2.87)	−0.022*** (−3.10)		
List×*Lev*					0.022** (2.03)	0.008 (0.37)
SS×*Lev*					−0.067*** (−5.50)	−0.094*** (−7.26)
Controls	已控制	已控制	已控制	已控制	已控制	已控制
Fixed Effects	IY	FY	IY	FY	IY	FY
Obs	11 053	11 053	11 053	11 053	11 053	11 053
Adj R^2	0.064 6	0.041 1	0.065 3	0.042 0	0.066 4	0.046 5

注:括号中为基于稳健标准误计算而得的 t 值,***、**、* 分别表示在1%、5%和10%水平上显著。

债券契约理论认为,由于违反债务契约会使得企业付出高昂的成本,如利率的提高或债务合同的终止,管理层就会通过各种手段避免违反债务契约,因此,产生了避免违反债务契约而进行的盈余管理。本文利用财务杠杆 *Lev* 作为衡量债务契约存在性和严重程度的代理变量。表2中列(1)、列

(3)、列(4)中控制行业年度固定效应的回归结果也表明财务杠杆和盈余管理之间存在显著的正相关关系。为了考察卖空机制对避免违反债务契约而进行的盈余管理的约束效应，我们在模型(7)中加入可卖空机制 SS 与 Lev 的交互项。

表 4 列(5)控制了行业年度固定效应。其中，Lev 系数为 0.030，$SS\times Lev$ 系数为－0.067，均在统计意义上显著。我们以 Lev 变量 1/4 分位点 0.353 2(债务契约较不严重)和 3/4 分位点 0.643 5(债务契约较为严重)为例进行解释。

债务契约较严重的公司盈余管理程度比债务契约较不严重的公司高 0.009(0.643 5×0.030－0.353 2×0.030)。当公司股票可卖空机制之后，债务契约较为严重和较不严重的公司盈余管理程度分别降低 0.024(0.019－0.643 5×0.067)和 0.005(0.019－0.353 2×0.067)；表 4 列(6)控制住公司年度固定效应，当公司股票可卖空机制之后，债务契约较为严重的公司盈余管理降低程度显著大于债务契约较不严重的公司。以上结果表明当公司面临来自股东或债权人等积极型监督者的“硬”性监督时，卖空机制起到了强化的联合治理作用，支持本文假设 3。

五、稳健性检验①

考虑到上文研究结论的可靠性在很大程度上依赖于盈余管理计量的可靠性，为进一步检验上文结论的稳健性，我们分别参考不同学者修正的琼斯模型[43—46]对企业可操纵性应计利润进行计算，并重新检验上文的相关模型，得到了一致的结论。

为了控制可能存在的内生性，我们通过倾向性得分匹配(propensity score matching，PSM)的方法，再进行双重差分来对卖空机制的约束效应进行检验。首先，基于企业规模、波动率、市值账面比、财务杠杆、销售收入、股权结构等企业特征变量，通过 Logit 模型根据融券标的名单调整的时点，对样本企业是否进入融资融券标的名单作倾向打分；其次，采用一对一最邻近

① 受篇幅限制，此处仅概述稳健性检验结果。感兴趣的读者可来信向作者索取。

匹配法对每一家处理组公司进行样本匹配；再次，将处理组公司进入融券标的之前的时期定义为0，之后的时期定义为1；最后，使用双重差分法对模型(4)作回归。检验结果表明，在行业固定效应模型中，交互项 $List \times Post$ 的系数估计值显著为负，仍然支持本文假设1。对模型(5)、模型(6)、模型(7)的检验中，在控制了相关企业特征变量后，$List \times Post \times Meet$ 的系数均不具有统计意义上的显著性，而 $List \times Post \times SEO$ 的系数和 $List \times Post \times Lev$ 的系数均在统计意义上显著为负，以上结果仍然支持本文的假设2和假设3。

以上这些检验中，还存在着一种可能性没有被控制，那就是阈值型和融资型盈余管理可能在同一家公司并存。对于融资型盈余管理的公司来说，因为存在融资门槛，公司通常会满足阈值条件而不应该存在阈值管理动机。因此，我们需要考虑的情形主要是阈值型盈余管理者也可能存在后续的融资行为，从而导致两种效应无法分离。为了检验这一因素的影响，我们使用模型(5)对允许卖空后各期均无融资行为的样本进行检验，此外，我们还考虑了卖空机制对业绩没有达到行业均值的公司的影响，结果 $SS \times Meet$ 系数在统计意义上均不显著。因此，考虑了这些影响之后，本文的研究结论依然成立。

六、结论

既有的文献发现，卖空机制对企业盈余管理具有遏制作用，从而产生治理功能。但是，对于这种治理功能是如何依赖于利益相关者，又对利益相关者产生何种影响，却缺乏深入的研究。本文通过界定两类盈余管理，引申出两类监督者，从而分清卖空者和监督者到底是“对手”还是“队友”，还卖空者一个客观的评价。

具体来说，对于阈值型盈余管理者，由于其面临的外部监督是投机性的，这类监督者主要奉行“用脚投票”而不直接干预公司治理的原则，此时卖空者对公司管理者形成两种方向相反的压力：一是卖空交易导致价格下行从而产生盈余管理需求的压力，二是卖空交易容易暴露公司盈余管理的事实而导致退出盈余管理的压力。两种压力很可能产生抵消效应，从而导致卖空机制无法发挥治理效应。对于融资型盈余管理者，由于其面临在位或潜在的出资者的监督，这种监督是主动性的（“硬”监督），卖空者加入外部治理后，主动监督者治理的边际效应上升，从而产生“队友”或“同盟军”效应，联合发挥治理功能。文章的实证研究完美地支持了这些结论。

本文的研究具有重要的理论和政策意义。在理论上，本文通过嫁接公司治理中的监督者理论，对盈余管理按照动机进行分类，从而以一个独特的视角剖析了卖空机制的治理功能得到有效发挥所需的公司治理条件，为进一步理解卖空的治理功能提供了一个新的角度和基准。在政策层面，本项研究表明，卖空机制作为一种有效的外部治理机制，发挥作用需要一定的公司治理条件。这不仅为我们客观认识卖空治理机制的有效性提供了识别手段，也为股东和债权人行动主义提供了一定的支持证据。文章还为改进公司治理机制提供了一定的借鉴意义。

参考文献

[1] Karpoff J M, Lou X. Short Sellers and Financial Misconduct[J]. The Journal of Finance, 2010, 65(5): 1879-1913.

[2] Beber A, Pagano M. Short-Selling Bans around the World: Evidence from the 2007-2009 Crisis[J]. The Journal of Finance, 2013, 68(1): 343-381.

[3] 陈晖丽，刘峰. 融资融券的治理效应研究——基于公司盈余管理的视角[J]. 会计研究，2014(9):45—52,96.

[4] Jones C M, Lamont O A. Short-Sale Constraints and Stock Returns[J]. Journal of Financial Economics, 2002, 66(2-3): 207-239.

[5] Lamont O A. Go Down Fighting: Short Sellers vs. Firms[J]. Review of Asset Pricing Studies, 2012, 2(1): 1-30.

[6] Massa M, Zhang B, Zhang H. The Invisible Hand of Short Selling: Does Short Selling Discipline Earnings Management? [J]. The Review of Financial Studies, 2015, 28(6): 1701-1736.

[7] Fang V W, Huang A H, Karpoff J M. Short Selling and Earnings Management: A Controlled Experiment[J]. The Journal of Finance, 2016, 71(3): 1251-1294.

[8] Hirschman A O. Exit, Voice, and Loyalty[M]. Cambridge: Harvard University Press, 1970.

[9] Holmström B, Tirole J. Market Liquidity and Performance Monitoring[J]. Journal of Political Economy, 1993, 101(4): 678-709.

[10] 李科，徐龙炳，朱伟骅. 卖空限制与股票错误定价——融资融券制度的证据[J]. 经济研究，2014,49(10):165—178.

[11] 李志生，陈晨，林秉旋. 卖空机制提高了中国股票市场的定价效率吗？——基于自然实验的证据[J]. 经济研究，2015，50(4)：165—177.

[12] Watts R, Zimmerman J. Positive Accounting Theory[M]. Englewood Cliffs: Prentice Hall, 1986.

[13] Skinner D J, Sloan R G. Earnings Surprises, Growth Expectations, and Stock Returns or Don't Let an Earnings Torpedo Sink Your Portfolio[J]. Review of Accounting Studies, 2002, 7(2): 289-312.

[14] Matsumoto D A. Management's Incentives to Avoid Negative Earnings Surprises[J]. The Accounting Review, 2002, 77(3): 483-514.

[15] Bergstresser D, Philippon T. CEO Incentives and Earnings Management[J]. Journal of Financial Economics, 2006, 80(3): 511-529.

[16] Teoh S H, Welch I, Wong T J. Earnings Management and the Underperformance of Seasoned Equity Offerings[J]. Journal of Financial Economics, 1998, 50(1): 63-99.

[17] Rangan S. Earnings Management and the Performance of Seasoned Equity Offerings [J]. Journal of Financial Economics, 1998, 50(1): 101-122.

[18] 章卫东. 定向增发新股与盈余管理——来自中国证券市场的经验证据[J]. 管理世界，2010(1)：54—63，73.

[19] DeFond M L, Jiambalvo J. Debt Covenant Violation and Manipulation of Accruals[J]. Journal of Accounting and Economics, 1994, 17(1-2): 145-176.

[20] Sweeney A P. Debt-Covenant Violations and Managers' Accounting Responses[J]. Journal of Accounting and Economics, 1994, 17(3): 281-308.

[21] Dichev I D, Skinner D J. Large-Sample Evidence on the Debt Covenant Hypothesis[J]. Journal of Accounting Research, 2002, 40(4): 1091-1123.

[22] 贺学会，王海峰，王小曼. 企业信用行为与失信惩戒机制：一个基于信用资本的分析框架[J]. 金融研究，2008(10)：150—161.

[23] Tirole J. The Theory of Corporate Finance[M]. Princeton: Princeton University Press, 2006.

[24] Jensen M C, Meckling W H. Theory of the Firm: Managerial Behavior, Agency Costs and Ownership Structure[J]. Journal of Financial Economics, 1976, 3(4): 305-360.

[25] Ross S A. The Determination of Financial Structure: The Incentive-Signalling Approach [J]. Bell Journal of Economics, 1977, 8(1): 23-40.

[26] Healy P M, Wahlen J M. A Review of the Earnings Management Literature and Its Implications for Standard Setting[J]. Accounting Horizons, 1999, 13(4): 365-383.

[27] Fama E F, French K R. Dissecting Anomalies[J]. The Journal of Finance, 2008, 63(4): 1653-1678.

[28] Hirshleifer D, Teoh S H, Yu J J. Short Arbitrage, Return Asymmetry, and the Accrual Anomaly[J]. The Review of Financial Studies, 2011, 24(7): 2429-2461.

[29] Desai H, Krishnamurthy S, Venkataraman K. Do Short Sellers Target Firms with Poor Earnings Quality? Evidence from Earnings Restatements[J]. Review of Accounting

Studies, 2006, 1(11): 71-90.
[30] Jones J J. Earnings Management during Import Relief Investigations[J]. Journal of Accounting Research, 1991, 29(2): 193-228.
[31] 苏冬蔚,林大庞.股权激励、盈余管理与公司治理[J].经济研究,2010,45(11):88—100.
[32] Dechow P M. Detecting Earnings Management[J]. The Accounting Review, 1995, 70(2): 193-225.
[33] 林永坚,王志强,李茂良.高管变更与盈余管理——基于应计项目操控与真实活动操控的实证研究[J].南开管理评论,2013,16(1):4—14,23.
[34] DeFond M L, Park C W. Smoothing Income in Anticipation of Future Earnings[J]. Journal of Accounting and Economics, 1997, 23(2): 115-139.
[35] Daniel N D, Denis D J, Naveen L. Do Firms Manage Earnings to Meet Dividend Thresholds? [J]. Journal of Accounting and Economics, 2008, 45(1): 2-26.
[36] Hong H, Kubik J D. Analyzing the Analysts: Career Concerns and Biased Earnings Forecasts[J]. The Journal of Finance, 2003, 58(1): 313-351.
[37] Beckers S, Steliaros M, Thomson A. Bias in European Analysts' Earnings Forecasts [J]. Financial Analysts Journal, 2004, 60(2):74-85.
[38] Ayres F L. Characteristics of Firms Electing Early Adoption of SFAS 52[J]. Journal of Accounting and Economics, 1986, 8(2): 143-158.
[39] Gompers P, Ishii J, Metrick A. Corporate Governance and Equity Prices[J]. The Quarterly Journal of Economics, 2003, 118(1): 107-156.
[40] Jiang J X, Petroni K R, Wang I Y. CFOs and CEOs: Who Have the Most Influence on Earnings Management?[J]. Journal of Financial Economics, 2010, 96(3): 513-526.
[41] 刘慧龙,王成方,吴联生.决策权配置、盈余管理与投资效率[J].经济研究,2014,49(8):93—106.
[42] Burgstahler D, Eames M. Management of Earnings and Analysts' Forecasts to Achieve Zero and Small Positive Earnings Surprises[J]. Journal of Business Finance & Accounting, 2006, 33(5-6): 633-652.
[43] Kothari S P, Leone A J, Wasley C E. Performance Matched Discretionary Accrual Measures[J]. Journal of Accounting and Economics, 2005, 39(1): 163-197.
[44] Raman K, Shahrur H. Relationship-Specific Investments and Earnings Management: Evidence on Corporate Suppliers and Customers[J]. The Accounting Review, 2008, 83(4): 1041-1081.
[45] Louis H. Earnings Management and the Market Performance of Acquiring Firms[J]. Journal of Financial Economics, 2004, 74(1): 121-148.
[46] Louis H, Robinson D, Sbaraglia A. An Integrated Analysis of the Association between Accrual Disclosure and the Abnormal Accrual Anomaly[J]. Review of Accounting Studies, 2008, 1(13): 23-54.

原载《财贸经济》2016 年第 6 期

投资者 IPO 信息获取与权益保护：基于成熟投资者问卷调查的研究

黄方亮　孙　莉　陈　静　吴超鹏*

我国首次公开募股（initial public offering，IPO）市场化改革一直在努力探索、推进。2018 年 11 月，习近平总书记在首届中国国际进口博览会开幕式上宣布将在上海证券交易所设立科创板并试点注册制。注册制改革的核心内容，是强化 IPO 信息披露；要解决的关键问题，是如何更有效地保护投资者的权益。在推行注册制的背景下，如何保证 IPO 信息披露的质量、保护投资者的权益，成为需要迫切考虑与解决的问题。

可靠的信息供给（减少信息不对称现象）与投资者权益保护（尤其是对中小投资者的保护）影响着证券市场的规模和活跃程度，是证券市场稳定发展的必要前提[1—3]；资本市场的改革十分依赖投资者保护的法律体系与信息披露的强制性措施[4—5]。可见，IPO 市场中的事前信息获取与事后权益维护程度，对于能否顺利推进改革十分重要。

对证券市场事前信息的相关研究大多针对信息的供给方即上市公司，对信息的需求方即投资者层面的考察较少。在 IPO 市场中，信息不对称问题不仅产生于信息供给方在传递信息时隐瞒真实状况的动机，也产生于信息需求方对信息的搜集与利用能力。作为信息接收方的投资者具有异质性，往往具有“有限的关注与信息处理能力”，并不符合完全信息下的无差异假设[6—8]。异质投资者的信息获取和解读能力问题成为一个值得深入探讨的前沿问题[9]。此外，针对不同投资者之间即投资者群体内部存在

---

* 黄方亮，山东财经大学金融学教授；孙莉，山东财经大学金融学院副教授；陈静，中国人民银行日照市分行职员；吴超鹏，厦门大学教授，国家重点人才计划特聘教授。

的信息不对称现象，已有文献研究了内部人与外部股东之间的第二类代理等问题[10—13]。这种投资者之间的信息不对称源自两个渠道：一是专业投资者（多是机构）比非专业投资者（多是个人）更能接触到关于公司的非公开信息；二是对于公开信息，专业投资者比非专业投资者具有更强的吸收能力[14—19]。陈小林等[20]从机构投资者的信息搜寻获取方面研究了其信息披露行为对私有信息套利的交互效应，从侧面说明了信息获取差异的影响。

在对事前信息获取及事后权益保护相结合进行的研究中，大多以二级市场作为研究对象，主要从两个层面进行考察。其一，对不同国家或地区之间的跨国层面比较，主要是国外学者的相关研究[21—27]。其二，国内学者在公司层面或国内地区间的研究，主要探讨上市公司或国内地区间信息披露与投资者保护水平之间的关系或差异[28—29]。

现有研究对信息需求方即投资者的考察较少，最直接的考察方式是做问卷调查与访谈。本文的创新点在于：面向成熟投资者进行问卷调查及辅助访谈，更加直接地获取来自投资者的一手信息，考察投资者的自身特征及其IPO信息获取、利用行为，并考察投资者对权益维护渠道的了解和利用程度及维权意向和维权行为；验证异质投资者的行为选择差异假设；验证有关研究所发现的普遍存在于证券二级市场的投资者信息获取与权益保护之间的关联性在一级市场中的存在状况；论证具有不同成熟度特征的投资者的行为选择机理，丰富、细化了有关投资者行为选择理论的研究。

一、理论基础与研究假设

1. 投资者IPO信息获取与利用行为

根据有效市场理论，信息传递越及时、越充分，市场效率越高。但现实情况是，投资者接收信息的能力有限且有差异。在信息获取和处理上，成熟度高的投资者的能力更高、成本更低，具有更大的信息优势[30—32]。有关投资者成熟度的研究表明，投资者成熟度的异质性会导致其投资行为的差异。对养老基金的考察[33]发现规模小的养老基金成熟度低，成熟度低的养老基金会制定风险低的投资策略。根据调查资料的检验[34—35]发现有着不同金融知识掌握程度的投资者的投资行为不同,金融知识掌握程度高的投资者的收益更高,更少出现处置效应。在证券市场中,不但上市公司的信息供给影响投资者的投资行为选择,而且投资者的信息获取、利用能力也是其行为选择的重要影响因素。从这个层面考虑,我们提出如下假设:

H1a:异质投资者具有差异性的信息获取行为选择,成熟度高的投资者的信息关注与处理能力更强;

H1b:异质投资者具有差异性的信息利用行为选择,机构投资者对 IPO 信息的阅读程度高于个人投资者。

2. 投资者权益保护行为

投资者对金融知识的掌握程度、投资经验的积累等因素会影响其对证券信息的获取与利用,进而会影响其投资预期与投资行为[36],也会影响其对自身的权益保护。掌握较多金融知识的投资者会通过更加多元化的投资组合来提高收益[37],这在投资于投资者保护水平较弱的国家的证券市场时更为明显。张腾文等[38]、杜征征等[39]指出让投资者学会进行自我保护是保护投资者权益的基础;他们的实证检验结果表明,金融教育培训、投资者自身的金融知识积累能够增强投资者自身的权益保护水平。现有的相关研究多是考察二级市场中异质投资者的权益保护情况,而对一级市场中相关情况的考察还较少。我国对投资者的保护不仅表现在司法措施上,也体现在行政渠道上,并且后者经常发挥极为重要的作用。针对这种特殊状况,我们提出如下假设:

H2a:与个人投资者相比,机构投资者选择进行权益保护的意愿更强;

H2b:影响异质投资者权益保护行为差异的主要原因是个人对司法救济知识的了解较少,寻求司法救济的成本较高;

H2c:异质投资者对进行权益维护的行政渠道的了解、利用程度有差异,个人的了解、利用程度低于机构。

3. 投资者信息获取和权益保护行为的关系

有些公司会设法进行“包装”,以满足进入 IPO 市场的条件。这种信息欺诈会损害投资者的权益。考察 49 个国家的证券法律对 IPO 市场监管所发挥的作用[3],发现系统的信息披露要求与规范的投资者损失赔偿责任追究机制有利于促进市场的发展。多位学者[21,28,29,30,32]从信息供给的角度验证了证券二级市场的信息披露质量与投资者保护水平呈正相关关系。那么，在一级市场中，从投资者这一微观层面的信息需求的角度去看，投资者的信息获取与权益保护决策之间是否也存在着正相关的关系？对此我们提出相应的假设：

H3a：投资者 IPO 信息获取程度与选择寻求司法救济的意愿正相关；

H3b：投资者对行政诉求提起渠道的了解程度与选择寻求司法救济的意愿正相关。

投资者对权益的保护可以通过行政、司法等外部力量，也可以通过对自身投资行为的调整。那么，投资者事前对 IPO 信息的搜寻、利用程度方面存在差异，是否不仅导致其对投资者保护外部力量利用的差异，而且会导致其自身投资行为调整的自我保护差异呢？从现实状况看，在公司上市后"变脸"或造假上市等情形中，更具有信息优势的投资者是否能够对此类公司提前做出辨别，并在新股申购中进行风险规避呢？对此，我们提出假设：

H4：投资者的信息获取程度存在差异，但在 IPO 市场失衡的状况下具有一致性的行为选择，即其在投资过程中的自我保护行为无显著差异。

本文的研究框架和研究假设如图 1 所示。

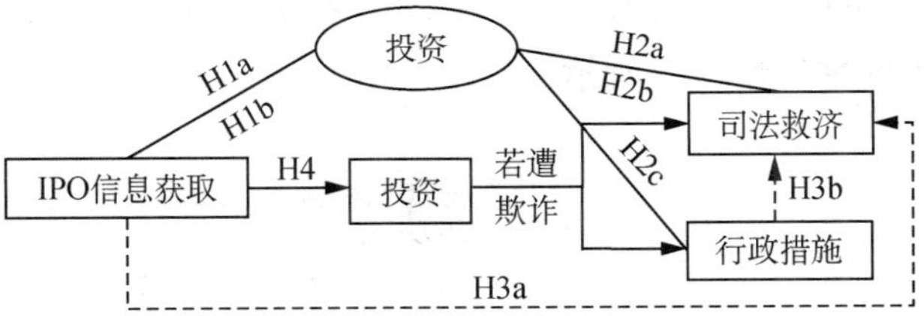

图 1　研究框架与研究假设

二、问卷的发放和数据统计

1. 问卷的设计、发放和回收

问卷由三大部分组成：投资者的特征；投资者对 IPO 公开披露信息的搜

集、阅读状况;投资者对其权益的维护状况(如表 1 所示)。经检验,问卷具有较可靠的效度和信度。

表 1　问卷主要内容构架

问卷的组成部分	调查的目的
投资者的属性、特征	投资者机构、个人属性,年龄、学历分布
	投资经历、投资规模、投资目标、交易频率、投资收益状况
投资者对信息的搜集、阅读	投资者获取信息的渠道
	投资者对 IPO 信息阅读、利用的程度
	投资者对 IPO 信息披露方式、内容等方面的改善意愿
投资者权益的保护	投资者对自身权益保护渠道的了解程度及相关缘由
	投资者对受信息欺诈而寻求的司法救济状况及相关缘由
	投资者对 IPO 机制、权益保护措施的改善意愿

调查问卷分别以电子版(问卷星平台、微信、腾讯 QQ、电子邮件)、纸质版的形式,向全国各地的投资者投放。电子版与纸质版问卷合计回收 1582 份,剔除无效问卷,得到有效问卷 932 份。

2. 问卷应答者的数据统计

问卷的第一部分主要是对于投资者自身特征以及投资者的投资特征进行的调查。回答问卷的投资者群体在性别、学历、年龄、投资经历等方面的大致分布等情况如图 2 至图 7 所示。

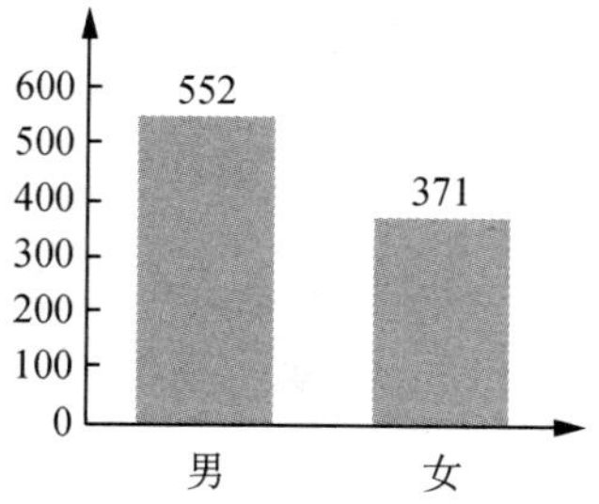

图 2　不同性别的投资者数量

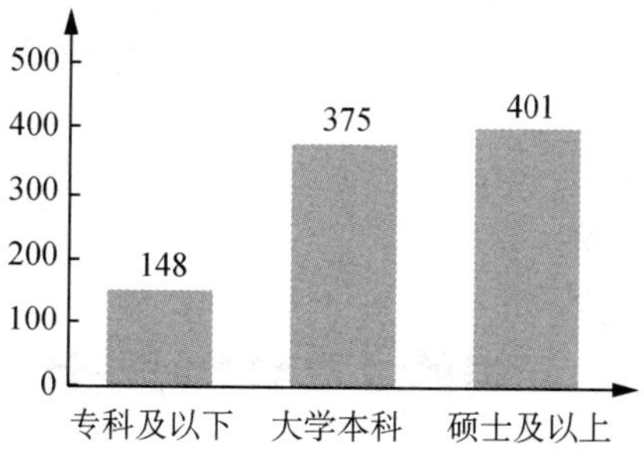

图 3　不同学历的投资者数量

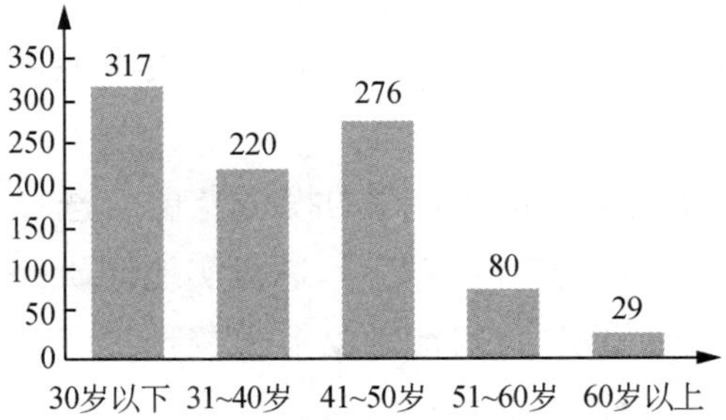

图4 不同年龄的投资者数量

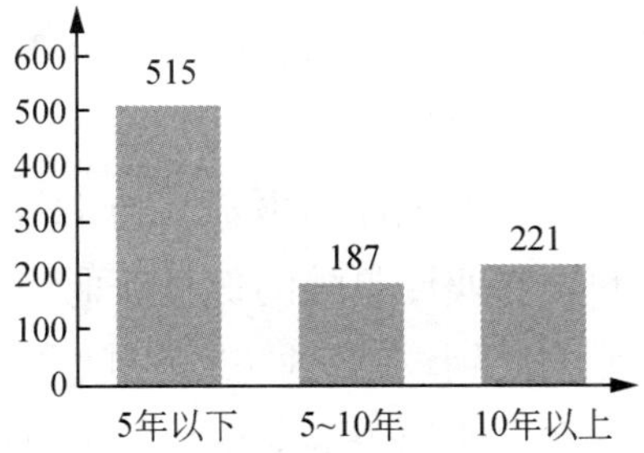

图5 不同投资经历的投资者数量

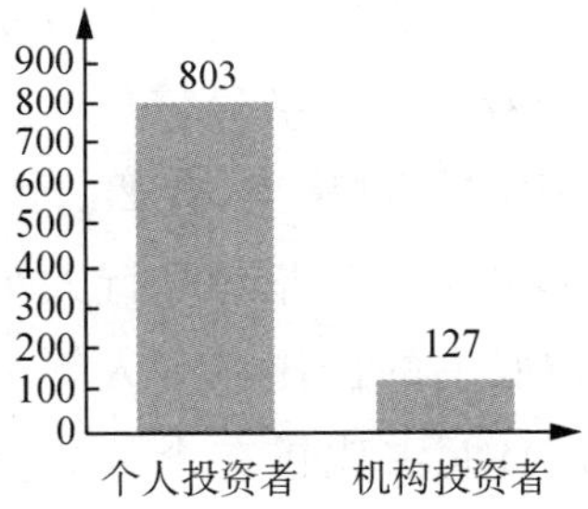

图6 不同属性的投资者数量

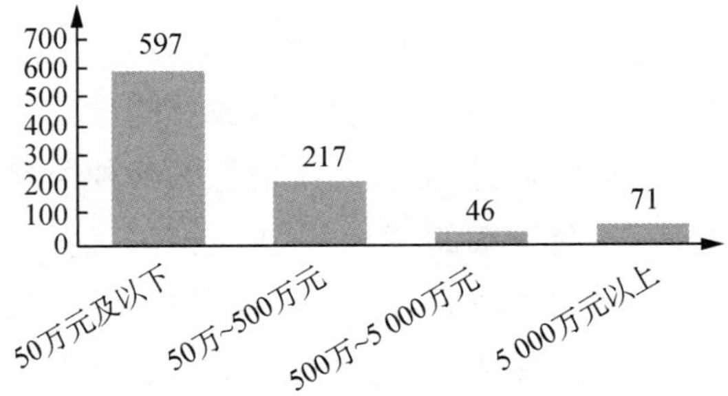

图7 不同投资规模的投资者数量

三、投资者信息获取与利用及权益保护行为的数据分析与假设检验

1. 投资者IPO信息获取与利用行为分析

(1) 投资者的IPO信息获取行为。问卷中设置的"您关注IPO信息来源渠道的方式"这一题项可以用来检验H1a。

对个人与机构不同属性投资者IPO信息获取的方式的卡方检验结果显示,在给定显著性水平5%的情况下均拒绝原假设,即不同属性的投资者在信息获取渠道的选择上具有显著的差异性。

投资者最普遍关注的是发行人披露的信息,其次是交易软件信息和媒体信息;但有近36%的投资者听他人推荐;有约17%的投资者打探内幕信息。从投资者的投资规模、投资经历和学历等口径进行统计的结果显示,投资规模较大、投资经历较丰富的投资者，进行实地调研的比例较高；学历因素对个人是否进行实地调研的影响不显著，但拥有较高学历的机构从业者更多地进行实地调研。

以上统计结果基本与 H1a 相符。有实力、成熟度高的投资者更会选择利用专业性更强的信息获取渠道。从个人投资者的角度看，进行实地调研的个人比例较高，约 10%，其原因主要是我们选取的调查对象多为较具投资经验和专业知识的成熟投资者，所以进行实地调研的比例也较高。

(2) 投资者的 IPO 信息利用行为。投资者在新股认购前即事前对招股说明书等信息的利用情况，可用于检验 H1b。

对个人与机构不同属性投资者在认购新股前的信息阅读情况的卡方检验结果显示，异质投资者在招股书阅读程度的选择上存在显著差异。

从整体看，投资者利用信息的各种情况所占的比例大致相当，有 28.7% 的投资者会仔细阅读招股书；但有多达 17.7% 的投资者“不查询发行人情况、直接购买”新股。尽管个人投资者中仔细阅读招股书的占比在个人阅读招股书情况各选项占比中最高，但此占比仅约为 1/4；而占比排在个人分类中第 2 位的招股书等信息查阅情况选项是“不查询发行人情况、直接购买”新股，占比高达约 1/5。在机构投资者中，超过半数仔细阅读招股书，但仍然有 3.9% 的机构“不查询发行人情况、直接购买”新股。选择“在认购新股前仔细阅读招股书”的个人的比例，远低于选择该选项的机构的比例，而选择“不查询发行人情况，直接购买”的个人，远高于选择该选项的机构。这验证了 H1b，即异质投资者的 IPO 信息利用行为选择具有差异性，机构对招股说明书的利用程度高于个人。

2. 投资者的权益保护意愿与行为

(1) 投资者因信息获取问题而权益受损后寻求司法救济的意愿。对于当投资者在因 IPO 信息存在误导、遗漏、欺诈等情形而导致投资损失时，是否有意愿根据相关法规寻求司法救济，可检验 H2a。

统计结果显示，在遭受信息欺诈时，投资者在权益受损时确定寻求救济的比例仅占三成多一点。选择寻求司法救济的个人投资者明显低于机构投资者，选择默认损失的个人远高于机构。这与 H2a 相符，即与个人相比，机构表现出更强的权益保护意愿。

(2) 影响投资者寻求司法救济意愿的因素分析。投资者权益受损时未积极寻求救济,这是什么原因呢?影响投资者决定寻求司法救济与否的原因,可检验H2b。统计结果显示,无论个人投资者还是机构投资者,均认为影响其寻求司法救济的原因主要是诉讼成本高、举证困难以及耗时太长,即存在经济成本与时间成本阻碍。在"不了解司法救济的渠道和程序"以及"耗时长、太占精力"上的选择,个人投资者要明显高于机构投资者,反映出个人投资者对司法救济渠道、程序的了解有限,寻求司法救济的时间、精力也有限。这部分地验证了H2b。与H2b相符的是,与机构相比,个人对司法救济渠道和程序的了解较少;与H2b不符的是,大多数个人和机构均认为寻求司法救济的成本较高。

(3) 投资者通过行政措施寻求权益保护的行为。投资者在寻求司法救济方面的权益保护上具有较大的局限性,那么,是否能够寻求有关行政措施的保护呢?投资者是否了解利益受损后的行政诉求渠道,可检验H2c。

统计结果表明,有约30%的投资者不了解利益受损后的行政渠道,这个比例很高;个人投资者对投保基金的了解程度要远低于机构投资者。我们到证券监管机构进行实地访谈得到的信息也表明,由于许多投资者不了解正常的利益诉求渠道,所以倾向于直接到中国证监会、当地证监局或地方政府机构进行"上访"。这验证了H2c。异质投资者对行政保护渠道的了解和利用程度差异显著,个人的了解、利用程度远低于机构。

3. 投资者信息获取、利用和权益保护关系的检验

(1) 投资者在遭受信息欺诈时寻求司法救济意向的Mlogit回归模型检验。通过构建Mlogit回归模型分别检验H3a和H3b。选取的因变量类型为分类变量。回归涉及的变量主要包括四个方面:投资者基本情况、IPO信息获取情况、对诉求提起渠道的了解情况以及寻求司法救济情况。投资者基本情况包括投资者属性、受教育程度、年龄及证券投资规模,其中个人投资者和机构投资者分别赋值1、2。对于具有递进特征的变量从小到大依次向上赋值。其中,投资者的IPO信息获取情况包括投资者是否进行实地调研,对未进行实地调研赋值为0,对进行实地调研赋值为1;对招股书的阅读情况,按选项从1开始依次向上赋值,分别代表"不查阅发行人情况直接购买""阅读招股书摘要或通过网络查询发行人情况""阅读招股书全文"。投资者对诉求

提起渠道了解情况包括是否知道，对不知道赋值为0，对知道赋值为1；对权益保护专业机构以及权益保护热线的了解程度，按投资者的了解程度，由不知道、不了解至知道、了解并认为其发挥了很大作用等分别1～5和1～4赋值。司法救济情况是指投资者在进行投资时，发现存在IPO信息欺诈等造成自身损失时，对寻求司法救济的选择，变量选项包括“否”“不一定”和“是”，依次赋值为1～3。

① 投资者IPO信息获取对其寻求司法救济影响的检验。关于投资者因IPO信息存在误导、遗漏、欺诈等情形而导致投资损失时是否会根据相关法规寻求司法救济问题的问卷回复选项，是衡量投资者对自身权益保护的重要指标。回归方程中，被解释变量为投资者是否寻求司法救济，其中以“不一定”作为参考组。自变量选取情况如下：控制变量为投资者属性、年龄、学历、投资规模；解释变量为是否进行实地调研、招股书等信息查阅情况、进行实地调研和阅读招股书情况的交互项。

回归结果显示，投资者实地调研与否对寻求司法救济的影响不显著。阅读招股书与实地调研交互项对是否寻求司法救济的影响不显著，说明这两个表示投资者IPO信息获取情况的变量之间没有相互加强或是减弱的关系。

阅读招股书摘要或查询发行人情况的投资者与不查阅、直接购买的相比，对寻求司法救济的选择概率提高了13.09%，对不寻求司法救济的选择概率降低了9.81%；阅读招股书全文的投资者与不查阅发行人情况直接购买的相比，对寻求司法救济的选择概率增加了14.47%，对不寻求司法救济的选择概率降低了12.00%。这些方面验证了H3a，即投资者IPO信息获取程度与寻求司法救济的意愿正相关。

② 投资者对行政渠道的了解及利用对其寻求司法救济影响的检验。在投资者信息获取对其寻求司法救济影响的回归中，阅读招股书情况与是否进行实地调研的交互项对解释变量的影响不显著，因此在投资者对行政诉求了解程度对其寻求司法救济影响的回归中去掉了该交互项。对投资者对行政诉求渠道了解程度的回归显示，招股书阅读情况的影响方向和显著性不变，但因行政渠道了解程度的变量的加入，使得招股书阅读情况的作用减小；但投资者实地调研与否对寻求司法救济的影响变得显著，进行实地调研与不进行实地调研的投资者相比，对寻求司法救济和不寻求司法救济选择的系数分

别为0.740和0.857，说明加入投资者对行政渠道的了解程度使进行实地调研的投资者更不会寻求司法救济；与不知道行政渠道的投资者相比，知道行政渠道的投资者对不寻求司法救济的选择概率降低11.79%；对投保基金的了解程度每加深一个层次，对不寻求司法救济的选择概率减少3.74%。换言之，在投资者信息获取程度能够对其寻求司法救济产生影响之外，投资者对行政渠道的了解也产生了影响，H3b得到验证。

(2) 投资者在IPO公司业绩“变脸”等情形中的行为检验。从现实情况看，通过考察2014—2016年上市的477家公司(不包括金融及房地产类等公司)，发现上市次年营业收入较当年下滑幅度为10%、20%和30%的分别有48家、22家和6家；上市次年营业利润较当年下滑幅度为10%、20%和30%的分别有137家、110家和81家。这些“变脸”公司里只有2～3家上市首日涨幅未达到44%的涨幅限制，涨停板天数的平均值在10天以上；上市后30日的收益率比较高，到90日降低，然后到180日趋于稳定。这些情况说明，“变脸”公司的后市表现对各类投资者仍均较具吸引力，投资后即使持有到第180个交易日，收益率大多还是能达200%左右。这应该是不管网下配售还是网上发行都有大量个人与机构参与的主要原因。

从网下配售数量看，A、B类机构投资者网下申购数量占网下有效申购的比例在三种不同“变脸”程度的公司中平均值均超过50%；其中，“变脸”程度最大的6家公司上市次年较上市当年业绩均出现超过30%的下滑，除海南矿业在上市后30日、90日、180日均出现负的收益率之外，其余5家公司30日、90日、180日的收益率均为正，并且每家公司的涨停板天数也较多，除海南矿业的A、B类机构申购占比为40%之外，其他占比均超过50%，最高的是东方新星，达约84%。

为了进一步验证机构投资者的IPO申购行为，以上市次年较当年的营业收入增长率小于0与大于或等于0将477家公司进行分组，对两组公司进行方差分析，结果表明，除上市后90日和180日收益率数据间的差异较显著之外，其余包括机构投资者申购情况等的数据在正、负增长两组公司间差异均不显著。另外，以营业利润的正、负增长率进行分组做方差分析，结果显示两组数据间差异均不显著。

对于造假上市的企业，机构是否尽量避免进行新股申购呢？在477家公司中,从中国证监会网站上查到只有欣泰电气因上市前财务造假而受中国证监会行政处罚。另外,京天利在2014年上市,上市次年较当年营业利润呈负增长;2016年因在其招股书中存在未披露关联关系等问题而受中国证监会处罚。欣泰电气和京天利的机构投资者网下申购占比分别约为76%和60%。

以上情况说明,机构投资者在申购新股时未特意辨别或未能够辨别出是正增长公司还是负增长公司;在IPO后市表现极佳情况下,机构未特意辨别的可能性更大;但在卖出时间点的选择上,由个别案例知,机构表现出更强的信息优势。

以上各种情形表明H4成立,即具有不同信息获取程度的投资者,在IPO市场供给不足的状况下具有一致性的行为选择,投资行为未呈现出显著差异,亦即其在投资过程中的自我保护行为未呈显著差异。

四、研究结论

对成熟度较高的投资者展开问卷调查,考察我国投资者对IPO信息的搜集、利用、维护自身权益等问题,并检验二者之间的关联性,可为改善投资者的知情权和求偿权、深化二者之间的政策措施匹配提供来自投资者层面现实状况的直接依据。

1. 投资者的专业化程度、投资经验等成熟度特征影响其信息获取和利用行为

对投资者事前信息获取与利用的调查结果显示,与机构投资者相比,个人投资者选择通过网络媒体、证券交易软件等渠道获取信息的比例更高;个人对经过媒体或网络解读过的"二手"信息十分依赖,而对招股书等发行人直接提供的"一手"信息的关注不足;机构获取招股书信息、进行实地调研的占比远高于个人;投资规模较大、投资经验较丰富的投资者进行实地调研的比例较高;机构从业者中学历越高的进行实地调研的比例越高。

2. 投资者维权成本高,司法救济与行政诉求均不足

投资者通过司法救济和行政诉求等各种渠道维权的比例均不高。在遭遇信息欺诈后,近10%的投资者选择默认损失。与机构相比,寻求司法救济的个人明显更少;多数机构与个人均认为诉讼成本高、举证困难,或耗时长、太占精力。过半数的个人投资者表示不了解司法救济程序,远高于机构的占

比。有约 30%的投资者表示不了解有哪些具体的行政诉求渠道。拨打过“12386”热线的投资者占比不到 10%。其中个人投资者对行政渠道的了解、利用程度比机构更低。

3. 投资者事前信息获取与其事后权益维护存在一定程度的关联

在对投资者的自身特征进行控制的基础上，对投资者在遭受信息欺诈时是否寻求司法救济影响因素的实证检验发现：在 IPO 信息获取方面，投资者阅读招股书程度越深，寻求司法救济的概率越大；投资者实地调研与否对寻求司法救济的影响不显著；招股书阅读与实地调研的交互项对寻求司法救济的影响不显著。在投资者行政诉求渠道方面，在投资者信息获取产生影响的基础上，对行政渠道了解情况变量的加入，使得招股书阅读程度的作用减小，但不影响其对司法救济的正向影响和显著性；实地调研与否这一变量变得显著，进行实地调研的投资者更不会寻求司法救济；对行政诉求渠道、权益保护专业机构的了解程度越深的投资者对不寻求司法救济选择的概率更大。在业绩“变脸”公司及存在信息欺诈问题的公司的情形中，在 IPO 市场供求失衡的特殊状况下，投资者信息获取程度对其投资行为选择即投资过程中的自我保护行为无显著影响。

参考文献

[1] Black B S. The Legal and Institutional Preconditions for Strong Securities Markets[J]. UCLA Law Review, 2001, 48(4): 781-856.

[2] Frost C A, Gordon E A, Hayes A F. Stock Exchange Disclosure and Market Development: An Analysis of 50 International Exchanges[J]. Journal of Accounting Research, 2006, 44(3): 437-483.

[3] La Porta R L, LoPez-de-Silanes F, Shleifer A. What Works in Securities Laws?[J]. Journal of Finance, 2006, 61(1): 1-32.

[4] Allen F, Gu X, Kowalewski O. Financial Crisis, Structure and Reform[J]. Journal of Banking and Finance, 2012, 36(11): 2960-2973.

[5] Gu X, Kowalewski O. Creditor Rights and the Corporate Bond Market[J]. Journal of International Money and Finance, 2016, 67(C): 215-238.

[6] Hirshleifer D, Teoh S H. Limited Attention, Information Disclosure, and Financial Reporting[J]. Journal of Accounting and Economics, 2003,36(1-3): 337-386.

[7] 陈志娟，郑振龙，马长峰，等. 个人投资者交易行为研究——来自台湾股市的证据[J]. 经济研究，2011(S1)：67-79.

[8] 陈炜，袁子甲，何基报. 异质投资者行为与价格形成机制研究[J]. 经济研究，2013(4)：43-54.

[9] 丁慧,吕长江,黄海杰. 社交媒体、投资者信息获取和解读能力与盈余预期——来自“上证 e 互动”平台的证据[J]. 经济研究,2018,53(1):153-168.

[10] Glosten L R, Milgrom P R. Bid, Ask and Transaction Prices in a Specialist Market with Heterogeneously Informed Traders[J]. Journal of Financial Economics, 1985, 14(1): 71-100.

[11] Yohn T L. Information Asymmetry around Earnings Announcements[J]. Review of Quantitative Finance and Accounting. 1998, 11(2): 165-82.

[12] Kalay A. Investor Sophistication and Disclosure Clienteles[J]. Review of Accounting Study, 2015, 20(2): 976-1011.

[13] 金雪军,马国旗. 证券市场中机构投资者与个人投资者信息不对称分析[J]. 商业研究,2003(19):76-79.

[14] Krinsky I, Lee J. Earnings Announcements and the Components of the Bid-ask Spread [J]. Journal of Finance, 1996, 51(4): 1523-1535.

[15] Bhattacharya N. Investor Trade Size and Trading Responses around Earnings Announcements: An Empirical Investigation[J]. The Accounting Review, 2001, 76 (2): 221-244.

[16] Battalio R H, Mendenhall R R. Earnings Expectations, Investor Trade Size, and Anomalous Returns around Earnings Announcements [J]. Journal of Financial Economics, 2005, 77(2): 289-319.

[17] Ali A, Klasa S, Li O Z. Institutional Stake Holdings and Better-Informed Traders at Earnings Announcements[J]. Journal of Accounting and Economics, 2008, 46(2): 47-61.

[18] Campbell J Y, Ramadorai T, Schwartz A. Caught on Tape: Institutional Trading, Stock Returns, and Earnings Announcements[J]. Journal of Financial Economics, 2009, 92(1): 66-91.

[19] Chung C Y, Lee J, Park J. Are Individual Investors Uninformed? Evidence from Trading Behaviors by Heterogeneous Investors around Unfaithful Corporate Disclosure [J]. Asia-Pacific Journal of Financial Studies, 2014, 43(2): 157-182.

[20] 陈小林,孔东民. 机构投资者信息搜寻、公开信息透明度与私有信息套利[J]. 南开管理评论,2012,(1):113-122.

[21] Habib A. Legal Environment, Accounting Information, Auditing and Information Intermediaries: Survey of the Empirical Literature [J]. Journal of Accounting Literature, 2007, 26(1): 1-75.

[22] Daske H, Hail L, Leuz C, Verdi R. Mandatory IFRS Reporting around the World: Early Evidence of the Economic Consequences[J]. Journal of Accounting Research, 2008, 46(5): 1085-1142.

[23] Horton J, Serafeim G, Serafeim I. Does Mandatory IFRS Adoption Improve the Information Environment? [J]. Comparative Accounting Research, 2013, 30 (1): 388-423.

[24] Houqe M N, Easton S, Zijl T V. Does Mandatory IFRS Adoption Improve Information

Quality in Low Investor Protection Countries? [J]. Journal of International Accounting, Auditing and Taxation, 2014, 23(2): 87-97.

[25] DeFond M, Hung M, Trezevant R. Investor Protection and the Information Content of Annual Earnings Announcements: International Evidence[J]. Journal of Accounting and Economics, 2007, 43(1): 37-67.

[26] Haw I M, Hu B, Lee J J, Wu W. Investor Protection and Price Informativeness about Future Earnings: International Evidence[J]. Review of Accounting Studies, 2012(17): 389-419.

[27] Leuz C, Nanda D, Wysocki P D. Earnings Management and Investor Protection: An International Comparison [J]. Journal of Financial Economics, 2003, 69 (3): 505-527.

[28] 张宗新. 上市公司信息披露质量与投资者保护研究[M]. 北京：中国金融出版社，2009.

[29] 姚颐，赵梅. 中国式风险披露、披露水平与市场反应[J]. 经济研究，2016，(7)：158-172.

[30] Kim O, Verrecchia R E. Market Liquidity and Volume around Earnings Announcements[J]. Journal of Accounting & Economics, 1994, 17(1): 41-67.

[31] Bushman R M, Gigler F, Indjejikian R J. A Model of Two-Tiered Financial Reporting [J]. Journal of Accounting Research, 1996, 34(1): 51-74.

[32] Fischer P E, Verrecchia R E. Public Information and Heuristic Trade[J]. Journal of Accounting & Economics, 1999, 27(1): 89-124.

[33] Dreu J D, Bikker J A. Investor Sophistication and Risk Taking[J]. Journal of Banking & Finance, 2012, 36(7): 2145-2156.

[34] Bellofatto A, D'Hondt C, Winne R D. Subjective Financial Literacy and Retail Investors' Behavior[J]. Journal of Banking and Finance, 2018, 92(7): 168-181.

[35] Van Rooij M, Lusardi A, Alessie R. Financial Literacy and Stock Market Participation [J]. Journal of Financial Economics, 2011, 101(2): 449-472.

[36] Drake M S, Roulstone D T, Thornock J R. The Determinants and Consequences of Information Acquisition via EDGAR [J]. Contemporary Accounting Research, 2015, 32(3): 1128-1161.

[37] Giofré M. Financial Education, Investor Protection and International Portfolio Diversification [J]. Journal of International Money & Finance, 2017, 71 (5 - 6): 111-139.

[38] 张腾文，王威，于翠婷. 金融知识、风险认知与投资收益——基于中小投资者权益保护调查问卷[J]. 会计研究，2016(7)：66—73，97.

[39] 杜征征，李云峰，闫彬. 金融教育有助于投资者权益保护吗？[J]. 证券市场导报，2017(6)：43—49.

原载《南开管理评论》2019 年第 1 期

“双碳”目标下我国碳资产债券的创新研究

宋瑞波　耿子扬　赵广志*

一、“双碳”目标对我国绿色金融供给增加提出更高要求

(一) 我国绿色低碳转型融资仍存较大缺口

1. 我国绿色金融发展迅速，但距“双碳”目标需求仍有巨大发展空间

我国绿色金融发展晚、进程快，目前已成为全球发展最快、规模最大的绿色金融市场，我国绿色贷款与绿色债券余额已超过 20 万亿元。据统计[1]，截至 2022 年上半年末，我国本外币绿色信贷余额 19.55 万亿元，同比增长 40.4%，余额和增幅位居全球第一；上半年绿色债券余额超过 1.42 万亿元，位居全球第二；2022 年上半年贴标绿色债券发行规模达 4 100.69 亿元，同比增长 67.21%，已成为全球最大绿色债券发行国。

我国实现“双碳”目标，资金需求巨大。据中金公司研究报告预测[2]，到 2050 年我国绿色投资总需求约为 139 亿元，能源系统需要新增投资约 100 万亿元，年均资金需求 3.5 亿元左右。据清华大学测算[3]，2020—2050 年能源系统新增投资将超过 130 万亿元，年均投资约 4 万亿元。据国家气候战略中心测算，实现“双碳”目标的股权投资需求约为绿色融资的 30%，年均缺口超过 4 800 亿元。综合各种预测表明，实现“双碳”目标所需超百万亿级别的绿色投资规模中，政府财政仅能满足 10%～15% 的资金需求[4]，其余 85%～90% 的资金仍需要引导社会资本参与，绿色发展所需的大量资金离不开绿色金融的支持，亟须增加绿色金融的供给。

---

* 宋瑞波，浦发银行总行投资银行部副总经理；耿子扬，浦发银行总行投资银行部；赵广志，浦发银行总行投资银行部。

2. 我国绿色债券市场超速发展，但在绿色金融中的结构占比仍待提升

我国绿色金融发展尚处于初期阶段，当前绿色金融的供给还主要依赖绿色信贷和绿色债券提供，其他绿色金融融资工具尚在培育发展中。自2016年中国绿色元年之后，我国绿色债券超速发展，自2017年我国成为全球绿色债券最大发行国之后，连续多年位居全球第一①，2022年上半年全球占比已提升至26.53%。

从我国绿色债券与绿色信贷的结构比例看，2021年、2022年上半年分别为7.29%、7.27%（见表1），且基本保持稳定，说明在当前监管政策导引下，绿色信贷与绿色债券均保持了快速、同步增长。从我国绿色信贷余额与信贷总额占比、绿色债券与债券总额占比来看，2022年6月末，这两个比例分别为9.47%和1%，绿色债券余额占比较低，未来发展潜力巨大。综上，我国绿色债券的增长率只有超过绿色信贷的增长率才可能提升其债券总额占比。

表1　我国绿色信贷与绿色债券存量（2021年、2022年上半年）

产品类别	2021年		2022年上半年	
	余额（亿元）	总额占比（%）	余额（亿元）	总额占比（%）
绿色信贷	159 000	8.24%	195 500	9.47%
绿色债券	11 300	0.85%	14 200	1.03%
合计	170 300		209 700	

数据来源：根据人民银行官网、Wind数据库、中央结算公司中债研发中心历年绿色债券市场年报整理。

（二）绿色金融政策推动加速，但政府激励机制作用发挥仍需完善

自2016年中国人民银行、财政部等七部委联合发布《关于构建绿色金融体系的指导意见》以来，中央及地方政府、金融监管机构陆续出台一系列绿色金融支持政策，通过政策激励和监管措施鼓励金融机构加大绿色信贷的投放和绿色债券的投资，引导社会资金参与绿色金融。

中国人民银行：2016年启动绿色金融债发行，颁布《绿色债券支持项目

① 2020年，受疫情影响，我国绿色债券发行规模位居全球第二。

目录》《绿色债券评估认证行为指引》等，推动绿色债券市场发展。2017 年开始推行绿色宏观审慎评估（macro prudential assessment, MPA），将银行“绿色表现”，尤其是绿色信贷增长率和占比纳入评估体系，并将绿色债券纳入合格抵押品。2021 年发布《银行业金融机构绿色金融评价方案》[①]，进一步将绿色债券投资纳入评估考核指标，强化鼓励绿色债券投资的监管导向。同年，推出碳减排支持工具等绿色再贷款政策，以低成本资金支持清洁能源、节能环保和碳减排技术三个重点领域。上海清算所减免 50%的发行登记费、付息兑付服务费率，为绿色债券发行人降低综合成本。

中国银行间市场交易商协会：2017 年出台《非金融企业绿色债务融资工具业务指引》、开辟绿色债务融资工具“绿色注册通道”，大力推动绿色债券市场发展。2021 年开始按季公示绿色债务融资工具投资人排名，引导投资者加大绿色债券投资力度，市场宣导效果良好。2021—2022 年先后推出碳中和债券、可持续发展挂钩债券和转型债券等广义绿色债券系列创新品种，精准支持节能减排、八大高碳行业低碳转型项目。同时积极引导金融机构创新丰富绿色金融产品体系，强化市场价格机制的引导作用，强化企业信息披露等，降低绿色项目融资成本，规范发展绿色评级、绿色评估认证体系，防止“洗绿”和“漂绿”。

各地方政府：深圳、上海依托国家立法权授权，分别颁布《深圳经济特区绿色金融条例》《上海市浦东新区绿色金融发展若干规定》两部地方性法规；江苏、广州、深圳、四川等 11 个省区市地方政府出台绿色债券贴息及奖励政策，通过降低发行成本促进绿色债券快速发展。

整体来看，中央或财政层面的激励措施出台不久，主要靠货币政策来对绿色金融实施激励，且大多是定向工具，对金融机构开展绿色金融的直接激励措施较少；部分地方政府对发行绿色债券出台了相关鼓励政策，激励政策覆盖面较小，有一些对绿色项目的贴息、担保等政策仅在绿色金融改革创新试验区效果明显，全国层面的推广不够，制约了政府激励机制的发挥。

---

① 绿色金融评价指标体系包括绿色金融业务总额占比、绿色金融业务总额份额占比、绿色金融业务总额同比增速和绿色金融业务风险总额占比，且均进行纵向和横向评分。

(三)市场化激励机制不足,制约市场主体参与积极性

相较而言,绿色低碳项目普遍存在投资较大、期限较长、收益较低、融资成本和风险较高等特征,绿色低碳产业发展具有较强的外部性。从外部性原理来说,企业进行绿色低碳转型,是将外部性内化的一种形式,将增加企业运营管理成本。但因绿色低碳项目产生的碳减排等环境权益缺少价格发现机制,其价值实现不能与绿色低碳转型活动的经济性实现有效挂钩。而金融机构面对商业可持续发展的监管要求,如缺乏有效的激励约束机制保证金融服务的边际净收益等于社会边际净收益,可能导致绿色金融供给不足。

解决这一困境可以通过强化激励机制补偿外部性。传统绿色金融具有典型的外部性特征,一般可以通过政府激励机制来补偿,以提高绿色项目的经济性及绿色金融产品的吸引力,在分散绿色项目风险的同时降低融资成本。但对通过绿色项目形成的环境权益来说,需要通过环境权益交易实现额外收益来提升绿色项目的经济性①,推动绿色项目活动、绿色金融支持,即一种可发挥市场化激励机制的环境权益融资工具②。

《环境权益融资工具》(JR/T 0228—2021)的颁布实施,为我国环境权益直接融资市场提供了制度保障。我国环境权益直接融资工具主要包括环境权益回购、环境权益借贷和环境权益债券,碳排放权交易市场是我国绿色权益交易体系中的重要构成。绿色债券市场具有降低企业融资成本的天然属性,可以成为绿色企业或项目的直接融资重要渠道。因此,通过环境权益融资工具与现有绿色债券市场相结合的模式,能够直接促进环境权益市场和传统金融市场协同发展,增强环境权益市场的吸引力和运行效率。目前从实践来看,环境权益市场建设相对缓慢,围绕环境权益融资、促进绿色产业发展的案例较少。

---

① 企业通过环境金融创新获得额外收益,即通过环境权益替代现金利息或者增加担保手段增加经济性。

② 2021年7月,中国人民银行发布《环境权益融资工具》金融行业标准。环境权益的定义为政府为解决外部性问题,对行为主体在自然资源和环境容量消耗数量方面设定许可、进行总量控制而产生的权益。

二、碳交易为发挥市场化激励机制提供市场基础

1. 碳交易的市场化激励机制原理

碳资产定义与范围：碳资产是指在强制碳排放权交易机制或者自愿碳排放权交易机制下，产生的可直接或间接影响组织温室气体排放的配额排放权、减排信用额及相关活动①。

据世界银行报告[5]，2021 年全球共有 68 种直接碳定价机制在运作，包括 36 种碳税和 32 种碳排放交易系统（emissions trading system，ETS），部分国家的碳价已创历史新高，碳排放交易收入首次超过了碳税收入。2021 年全球碳定价收入约为 840 亿美元，较 2020 年增长近 60%，成为未来低碳转型的重要资金来源，覆盖了全球温室气体排放量的 23%。在我国，考虑到规模、行业覆盖率等因素，通过碳配额市场交易来体现碳定价是最主要形式，也可弥补碳税定价困难的问题。碳交易市场的基本原理是对碳减排形成的碳资产通过市场机制实现交易和转让，碳减排活动因获得额外收益增加本身经济补偿，使环境的外部性通过收益货币化得以内部化。

2. 国际碳市场现状

目前，全球共有 30 多个独立运行的碳交易市场，其中相对成熟的碳市场分别在欧盟、中国、英国、韩国、美国等。2005 年启动的欧盟碳排放交易市场是影响最为广泛且流动性较好的碳排放交易市场，全市场控排企业的碳排放总量达到欧盟排放总量的一半。2020 年以来，越来越多的政府提出实现碳中和目标，如欧盟各国提出长期和短期的气候目标，《欧洲绿色新政》出台后，其欧盟碳市场上限收紧，配额价格也不断创出历史新高，2021 年 12 月达到 90 欧元左右。

由于碳市场本身政策性、履约性的特点导致其流动性低于其他要素市

① 碳交易市场分为配额交易市场和自愿减排交易市场。配额交易市场采取总量控制与交易方式，由政府设定一定时期内的碳排放限额分配给控排企业，并允许其在确保履约的前提下，通过竞价的方式获取或转让配额。控排企业获得碳排放配额后即形成碳配额资产。自愿减排交易市场则采取自愿原则，减排项目开发后经主管部门审批和专业机构核证签发，由企业、机构或个人出于社会责任、品牌建设、社会效益等目的自愿进行项目碳减排量交易以抵消其温室气体排放。

场，为提高流动性，国际上多通过提高碳市场的金融属性、运用金融工具价格发现功能充分发挥市场化激励机制作用。

3. 我国碳市场发展现状

我国碳排放权交易市场是实现“双碳”目标的重要市场化机制和核心政策工具之一。我国碳市场自2011年启动以来，碳价在全球处于低位。全国碳市场目前碳价格在50元/吨左右，地方试点价格在20～100元/吨不等。根据国际货币基金组织测算，要想实现2度的温升控制目标，2030年全球平均碳价需要达到75美元/吨，而目前全球碳均价为5美元/吨。相比国际上成熟的欧盟碳市场，除碳价较低外，还存在品种主要局限于现货、流动性缺乏、金融机构未参与等问题，碳定价潜力仍未得到充分挖掘，激励机制不足就无法引导合理的长期投资。我国碳市场的成本有效性尚未充分发挥，还有较大优化发展空间。

三、碳资产债券成为运用市场化激励机制债券创新的现实选择

1. 相关历史实践及内涵

国际上并没有碳资产债券的标准定义及标准，国内曾由中广核集团于2009年提出碳债券的概念，是指政府、企业为筹集低碳经济项目资金而向投资者发行的、承诺在一定时期支付利息和到期还本的债务凭证，其核心特点是将低碳项目的清洁发展机制（Clean Development Mechanism，CDM）收入与债券利率水平挂钩[①]。

从相关实践案例的落地时间及当时绿色金融的发展阶段来看，可以认为通过挂钩碳收益强调与低碳项目的关联，是绿色债券的雏形。在如今绿色债

---

① 目前国内外市场上仅有两单公开认可的碳债券。2008年6月，大和证券和世界银行联合向日本零售市场发行核证减排量（Certified Emission Reduction，CER）价格联动的5年期美元债券。债券发行规模2 500万美元，前15个月以固定利率3%付息，后15个月以浮动利率计息。浮动利息来源于中国贵州省的一个水电项目产生的CER在市场上交易的收益。2014年5月，中广核风电发行国内第一支碳资产债券，为5年企业中期票据。发行规模10亿元人民币，利率由固定利率和浮动利率共同构成。浮动利率收益来源于中广核下属的5家风电项目公司在票据存续期内获签发的中国核证自愿减排量（Chinese Certified Emission Reduction，CCER）交易收益。

券已成相当规模以及"双碳"的政策背景下,以碳资产权益为核心的碳资产债的发展日益清晰。结合以往实践及现实发展需求,碳资产债是指企业将债券价值与碳资产的价值相关联,依托其拥有碳资产权益而发行的债券,应具备以下特征:碳资产为发行人合法拥有,碳资产需处在开发、运营或交易的任一阶段,碳资产具备明确的价值实现路径,以及投资人具备获得碳资产权益的权利。

2. 碳资产债券创新思路及主要模式

由于全国碳市场建设尚处于初期阶段,以及我国能源结构、经济转型发展阶段存在特殊性,我国碳交易市场发挥优化资源配置功能的路径与方式不能完全照搬国际纯市场化的做法,促进企业节能减排的工具市场定位导致了短期内全国碳市场不可能被赋予更多的金融属性。为更好发挥碳交易的市场化激励机制作用,通过"债券市场+碳交易市场",即通过碳交易市场之外的金融市场创新间接实现提高碳市场流动性、增加价格发现等功能,成为一种可能的现实选择。

我国目前碳交易市场,存在鲜明的履约期前交易活跃、其余时期交易稀少的"潮汐现象"。碳配额买方主要以履约为主,碳配额卖方出售碳资产则是出于碳资产管理的目的,而出于对碳市场政策连续性和市场有效性考虑的操作很少,买方碳资产管理以及卖方碳资产融资的需求无法有效满足。在债券市场,同样存在着发行人通过创新低成本融资、塑造市场良好形象,投资人跨市场规避投资风险的需求,两个市场的联通具有现实意义(见图1)。

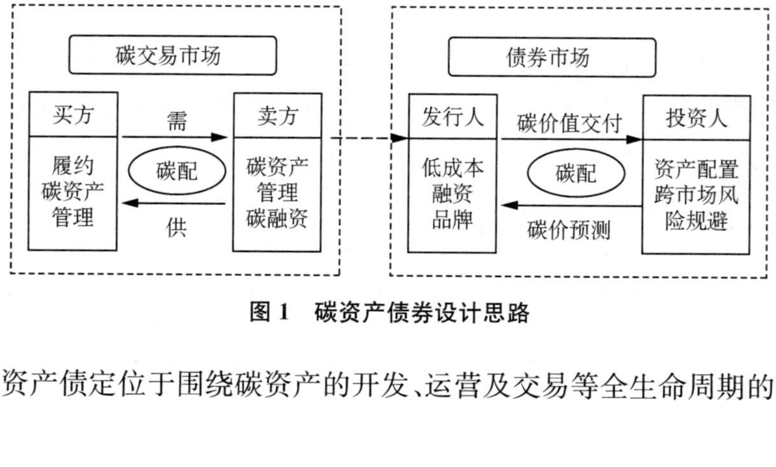

图1　碳资产债券设计思路

碳资产债定位于围绕碳资产的开发、运营及交易等全生命周期的债券创新，属于环境权益债券的子品种，是碳资产维度的环境权益债券。碳资产债的核心是债券价值与碳资产的价值相关联，从债券产品的要素角度可以分为用途关联、风险缓释关联、票面利率关联三类模式。

（1）用途关联模式，是指企业发行用于可开发成碳资产项目的债券，以碳资产项目本身现金流及碳资产收益作为主要还本付息来源。其中，碳资产项目类别建议符合CCER等自愿减排项目类别标准，如可再生能源、甲烷利用、林业碳汇等，项目应以已完成建设项目相关合法合规手续、已与相关投资机构签署碳资产交易协议、已获得国家主管部门CCER备案为准入标准。

此模式主要针对CCER项目开发领域，由于CCER的市场尚未重启项目备案，这种方式存在碳资产价值生成的不确定性。

（2）风险缓释关联模式，是指发行人以其自身或下属子公司合计拥有的碳资产为抵质押物或反担保物发行债券。其中，缓释措施需要落实碳资产登记、冻结及转让相关操作，以碳配额为抵质押物的，需要考虑年度履约因素设置阶段性担保安排。

此模式要点是将碳资产作为抵质押担保手段，目前碳资产的流动性以及处置登记的相关基础配套设施还不完善，所以目前碳资产抵质押无法大规模推广。

（3）票面利率关联模式，是指发行人以富余碳配额或CCER交易收益贴补票息发行债券。其中，票面利率通常设置固定＋浮动利率模式，用以体现碳资产的波动性收益。可选择将碳配额或者CCER作为挂钩标的，根据环境权益融资工具标准，环境权益融资标的即环境权益应具有经济性和流动性两个特点。其中，经济性是指具有公开、透明的市场化定价，或被第三方公允估值且为交易双方共同接受。流动性是指应具有活跃的二级市场交易，或便捷的流通转让渠道。CCER目前尚未重启项目备案，仅有存量在各个地方试点碳交易市场交易，且价格并不相同，因此尚未形成统一的市场价格。因此，碳配额作为挂钩标的成为现实可行的选择。

3. *碳配额挂钩碳资产债券方案设计要点*

鉴于目前具备全国统一市场价格的碳资产只有全国碳市场碳配额，本方案选用全国碳市场碳配额作为挂钩碳资产进行方案设计。结合2022年8月4日发行的全国首单碳资产债券22皖能源SCP004(碳资产)产品结构，设计要点如下所述。

（1）发行主体。拥有纳入全国碳交易市场控排企业的电力、能源等制造业企业；拥有富余碳配额资产；存在碳配额管理的牵头部门或子公司并具备碳资产管理能力；符合债券市场发债条件。

（2）债券品种。短期债券（短期融资券、超短期融资券），中长期债券（中期票据），项目收益票据。

（3）票面利率。采用“固定＋浮动”利率，其中浮动利率与挂钩碳配额的处置收益相挂钩，即浮动利率＝碳配额处置收益/发行金额，上限为［X］bps（碳配额处置收益＝处置价格×碳配额量）。

（4）挂钩碳配额量。发行人承诺从自身富余配额中拿出约定数量作为挂钩碳配额量，具体根据目前发行碳配额价格及浮动利率上限进行测算。碳配额处置收益实现方式：债券到期日为 T 日，（$T-N$）个工作日为处置日，处置日当天在全国碳交易市场进行挂牌交易，成交后取得处置收益。如当日成交稀少无法完成交易，则以当日收盘价作为处置价格。

（5）资金用途。募集资金可全部或部分用于企业绿色低碳转型项目，部分用于偿还集团本部有息债务、补充营运资金等。

4. 碳资产债券定价分析

本方案中将浮动利率的确定限定在碳配额价格一个因素，这也为债券市场与碳交易市场的连通创造了可行性。

企业发行碳资产债券成本＝固定利率＋浮动利率
＝（正常市场估值－投资人预测碳收益）＋实际碳收益
＝正常市场估值＋实际碳收益－投资人预测碳收益

由此可见，相较于发行人一般债券发行利率水平，企业发行成本能否节约（对应投资人能否获得超预期收益）取决于实际碳收益（实际结算的处置价格）与投资人预测碳收益（固定利率投标时预测的碳价格）的差额，即预期碳价与实际碳价的差距。由于碳市场碳配额价格存在波动，发行人、投资人均存在获得超预期收益的机会，可以有效激发市场主体的参与意愿。

举例分析如表 2 所示。发行人拟发行一期碳资产短期融资券（commercial

paper, CP)，发行规模 10 亿元，同期限债券二级市场估值 2%，碳收益支付上限[10 bps]，挂钩碳配额量 2 万吨，碳配额市场估值价格为 50 元/吨，投资人投标时预测碳资产不足值的价格假设为 40 元/吨。

表 2　碳资产债不同场景下市场主体收益模拟表

场景	具体内容	预计中标固定利率	碳市场场景	碳价（元/吨）	碳收益（万元）	浮动利率确定	债券实际利率	超预期收益方
投资遇冷	投资人不认可碳资产价值	2%	碳价下跌<50 元	40	80	0.08%	2.08%	投资人
		2%	碳价上涨≥50 元	80	160	0.10%	2.10%	投资人
投资理性	投资人认定碳资产不足值，未来碳价超出投资时预期	1.92%	碳价上涨>40 元	45	90	0.09%	2.01%	投资人
		1.92%	碳价上涨>50 元	80	160	0.10%	2.02%	投资人
	投资人认定碳资产不足值（临界平衡点）	1.92%	碳价=40 元	40	80	0.08%	2.00%	无
	投资人认定碳资产不足值，未来碳价不及投资时预期	1.92%	碳价下跌<50 元（且小于投资人 40 元预测）	30	60	0.06%	1.98%	
	投资人认定碳资产足值	1.90%	碳价下跌<50 元	40	80	0.08%	1.98%	
		1.90%	碳价上涨≥50 元	80	160	0.10%	2.00%	发行人
投资踊跃	投资人认同碳资产足值达到上限，且创新参与气氛过热，利率下降超过碳收益本身理论最高价值	1.80%	碳价下跌<50 元	40	80	0.08%	1.88%	发行人
		1.80%	碳价上涨≥50 元	80	160	0.10%	1.90%	发行人

5. 碳资产债券市场发展政策建议

（1）积极推动标准体系及制度建设。碳市场与债券市场的联动需要明确联动标的及金融产品的具体标准，因此，需要推动建立以碳资产债券为主体的环境权益债券的产品体系及标准，出台相关业务管理办法，明确适用碳资产标的、债券产品、募集资金用途、关联碳资产模式、交易管理、信息披露等内容。

（2）完善基础设施建设。一方面，加快完善碳核查体系，尽快扩大全国碳市场控排企业范围，加快CCER全国市场基础设施建设，尽快启动CCER全国市场交易，完善全国碳市场碳配额抵质押系统登记、冻结功能；另一方面，研究碳交易市场与债券市场交易数据系统对接，完善债券市场清算系统碳收益浮动利率逐日盯市及系统结算等功能，为大规模推动碳资产债券创新落地提供系统基础。

（3）拓展碳资产债种类。结合碳资产债券挂钩碳资产的基本内涵及碳市场的完善发展，在碳收益挂钩票面利率模式基础上拓展碳资产开发、碳配额抵质押等种类，丰富碳资产债券模式，覆盖更多绿色低碳转型活动。

（4）培育专业化、多样化市场主体。碳交易市场与债券市场联动涉及两个市场诸多专业参与主体，债券市场涉及企业发行人、主承销商、债券投资机构、信用评级机构、律师事务所、会计师事务所、资产评估机构、增信机构等，碳交易市场则涉及碳交易登记结算场所、碳交易场所、碳资产管理公司、碳认证机构、碳核查公司等，因此，需要加强两个市场主体之间的专业交流、培训，在各自市场成为碳金融专业机构，为碳资产债券实施储备专业力量。

（5）完善激励约束与考核评价机制。一方面，持续完善优化财政补贴、税收减免、政府担保等政府激励政策和机制，建立健全绿色金融统一监管协调制度，强化监管考核评价机制，与市场化激励机制实现更加高效联动；另一方面，不断完善碳排放交易的激励机制、补偿机制、考核机制和惩罚机制等制度安排，推动碳交易市场的市场化激励机制持续完善。

参考文献

[1] 2021年金融机构贷款投向统计报告[R]. 中国人民银行，2022-01-31；2022年二季度金融机构贷款投向统计报告[R]. 中国人民银行，2022-07-30.

[2] 中金公司研究部,中金研究院.碳中和经济学[M].北京:中信出版社,2021.
[3] 清华大学气候变化与可持续发展研究院.中国长期低碳发展战略与转型路径研究[M].北京:中国环境出版集团,2021.
[4] 环境权益融资工具标准发布 生态产品市场价值更加凸显[R].中银研究,2021-08-18.
[5] 2022年碳定价发展现状与未来趋势[R].世界银行,2022-05-24.

原载《金融市场研究》2022年第11期

论国资创投在推进科技创新、海聚英才和培育新质生产力中的引领作用

傅红岩*

当今世界，新一轮科技革命和产业变革风起云涌。习近平总书记多次强调，“科技是第一生产力、人才是第一资源、创新是第一动力”[1]。随着中国经济向高质量发展转变，以前沿性、突破性、颠覆性、战略性、爆发性等为主要特征的新质生产力正在加速培育。新质生产力的本质是创新，而创新又离不开人才，离不开风险投资、创业投资等资本的助力。作为科技创新的先导力量，国资创投应当在发掘科技前沿投资机遇、赋能人才创业、发挥创新活力、培育新质生产力、推进上海国际科创中心建设等方面发挥引领作用。

一、国资创投机构是海内外英才创业的孵化器、科技创新的加速器、新质生产力发展的助推器

以上海科创集团为例。上海科创集团自 1992 年成立以来，在发展的各个历史时期，都一直围绕“人才引领链、技术创新链、产业发展链、金融支持链”来扶持领军企业、领军人才创业，培育上海的高科技产业，并与时俱进。

在半导体和生物医药领域，从天使轮就开始支持，上海科创集团扶持了尹志尧、王晖、常兆华、戴保家、戴伟民、章开和、阮晨杰、王楠、王维航、周建华、顾铁、潘讴东、张一、王耀林、马璟等一大批企业家，培育出了中微半导体、盛美半导体、微创、翱捷科技、芯原微、安路科技、南芯、普冉、泰凌微、霍莱沃、奕瑞科技、和元生物、沛嘉医疗、益方生物、益诺思生物等一大批数百亿乃至

* 傅红岩，上海科创集团党委书记、董事长。

上千亿市值的独角兽企业、行业龙头企业。据初步统计，30 年来，上海科创系总共扶持了 15 000 家高科技企业，涵盖了数十个行业，形成了超过 3.5 万个专利，每年创造产值超过 6 000 亿元，年度贡献税收 800 亿元，科创板上市企业超过 102 家，推动了光刻机、刻蚀机、国产大硅片、国产大飞机、细胞和基因治疗、类脑智能、量子技术等一大批核心技术攻关，助力上海形成强大的创新生态，服务科创中心建设。

上海科创集团一直坚持海纳百川、海聚英才，承办了三届“海聚英才”大赛，通过以赛引才、以赛选才、以赛聚才等形式，服务了 14 000 多个创新人才及团队参赛，投资了斯微生物、燧原科技、御微半导体、钛米机器人、英韧科技、微松自动化、维安电子、隐冠半导体、烨映、原启生物、立芯科技等 11 家“海聚英才”大赛获奖项目。全力打造全球人才、技术、项目、资金汇聚上海的标杆性对接平台，助力青年才俊创业驶入快车道。

二、推动科技成果转化，破解新质生产力培育的难点、痛点、堵点和盲点

2023 年 9 月 7 日，习近平总书记在新时代推动东北全面振兴座谈会上强调，要积极培育新能源、新材料、先进制造、电子信息等战略性新兴产业，积极培育未来产业，加快形成新质生产力，增强发展新动能。与一般成熟产业侧重“1—10”“10—100”不同，新质生产力强调的是“从 0 到 1”，不仅仅阶段早，更是注重“新”，赛道新、产业新、技术新，是一个聚焦国家重大战略需求，围绕“卡脖子”环节、关键共性技术、前沿引领技术、现代工程技术、颠覆性创新技术，实现从基础研究到工程、技术、工艺、市场、产业、商业化的系统过程。由于自身周期长、高风险、技术演进路径不确定性的特点，创业者往往难以获得市场资本的投资，亟须国资创投机构发挥引领作用。

(1) 难点：新质生产力中的战略性新兴产业和未来产业在发展初期，其发展前景大多难以判断。尤其是未来产业本身具有高度的不确定性和复杂性，科技成果大多来自高校和科研院所，技术成熟度不够，需要长期的研发和验证；市场空间不确定，往往需要花费数年乃至十几年来培育市场，短期内难以实现爆发式增长。

(2) 痛点:投资期限不匹配。一般的市场化基金往往是“4+3”甚至“3+2”的存续期限,而战略性新兴产业、未来产业成长时间需要10年以上,市场上缺乏耐心资本。因此,社会资本往往乐于追逐相对成熟的项目。

(3) 堵点:大部分科学家缺少创业和企业经营管理的经验。缺乏容错机制,以及创业者与投资者之间的合理风险共担机制。

(4) 盲点:面向前沿科技攻关的新型举国体制有待健全。基础研究以及面向国家重大需求的科学和重大基础产业项目,纯市场化资金要么过于分散、实力不够,难免“小马拉大车”,要么利益诉求不一致,过于追求短期财务性回报,或者承担招商引资和返投任务,很难关注短期内出不了成果的战略性新兴产业和未来产业。

要破解难点、解决痛点、打通堵点、消除盲点,推进上海国际科创中心建设,就必须打造适合新质生产力培育的体制机制。

一是设立前沿科技创新基金,增加长期、耐心的资本供给。资金来源应以财政资金为主,投资方向是聚焦国家战略需求,重点投向具有市场前景的实验室成果、中试研发项目、突破关键核心技术的重大创新项目成果、未来产业科技成果转化项目,体现阶段早、企业小、科技硬、期限长的投资特点,解决科创企业在“0—1”阶段可持续投入不足,“卡脖子”领域耐心资本、长期资本缺失问题。

二是建立容错机制和让利机制,调动资本的积极性。要坚持早进慢出、主动让利、勇担风险的原则,对于勤勉尽责的国资创投机构,投早投小投硬可给予40%~50%,甚至70%的风险容忍度。对专门从事尖端科技、前沿科技投资的子基金,则要特别给予更长的投资和退出期、更高的管理费用,以及更高比例的收益分配。

三是建立产业、科研与投资之间的生态闭环,形成“科学家敢干、资本敢投、企业敢闯、政府敢支持”的创新生态。要落实好《关于进一步促进上海股权投资行业高质量发展的若干措施》,争取在落户补贴、贡献度奖励、投早投小风险补偿、科技保险等方面出台细则措施,重点吸引国内外专门致力于投科技成果转化、擅长做早期阶段前沿科技项目投资的投资机构、基金管理人集聚上海。

三、抓住智能化、健康化、绿色化三条主线，把握新质生产力发展的前沿脉搏

新质生产力涵盖的科技产业门类很多，但总体上，其发展趋势主要围绕智能化、健康化和绿色化这三条主线开展，目的是让社会生产更加智能且高效，让人健康且长寿，让能源更加清洁且便宜。比如，人工智能向通用人工智能发展将更多替代人类劳动力，扩展人类能力的边界；生物技术的进步不断攻克人类曾经的绝症，延长人类寿命；能源革命以更加清洁的能源替代化石能源，让社会的发展更具可持续性。从投资的角度来说，主要集中在三大类。

(1) 现有“卡脖子”关键核心技术领域。在一些基础研究领域和前沿科技领域存在着亟待突破的短板和弱项，比如，集成电路（中央处理器、图形处理器、现场可编程逻辑门阵列等复杂高端芯片设计，电子设计自动化工具和关键核心知识产权，芯粒技术、光刻机等装备关键系统及核心零部件）、生命科学（面向未来的合成生物技术、分子生物学、基因与细胞治疗等生命科学前沿领域，关键医疗器械核心部件和上游材料）、人工智能底层技术（大算力数据芯片、数据库架构、算法、基于自主生态的指令集、操作系统等）、航空航天（商用发动机、航电系统、航空电子、复合材料、可循环使用的商业火箭等）等。

(2) 存在现有社会需求的颠覆性创新产业。这些产业的原有需求都在，但技术突破后会带来更高的生产制造和使用效率，以及市场格局的重新塑造，市场空间巨大。未来5～10年有可能实现倍数级的增长。比如，合成生物、基因和细胞治疗、智能计算、扩展现实（XR）、6G技术、先进核能、新型储能、高端膜材料、高性能复合材料、非硅基芯材料等。

(3) 全新技术的引领性创新产业。这些技术和产业原来并不存在，但技术突破后，就会像苹果手机、英伟达AI芯片一样创造出全新的社会需求，10～15年内有望成为战略性新兴产业中坚力量。比如，通用AI、脑机接口、类脑智能、量子技术、卫星通信、生物安全、深海探采、空天利用、氢能、自动驾驶、纳米技术等。

四、以习近平总书记考察上海的重要讲话精神为指引，奋力开创上海国际科创中心建设的新局面

2023年年底，习近平总书记在考察上海市时作出重要指示，要求上海加快向具有全球影响力的科技创新中心迈进，并明确了“加强关键核心技术攻关”“加快培育世界级高端产业集群”“加快构建现代化产业体系”“不断提升国际经济中心地位和全球经济治理影响力”等进一步部署，为上海建设科创中心指明了前进方向[2]。当前，国资创投机构要按照中央、市委、市政府的要求，坚持海纳百川、海聚英才，着力打响科技创新“中华牌”“世界牌”。以更高的站位、更宽的视野、更大的投入，发挥国企引领作用，引导社会资本不断布局新质生产力的各大细分领域。

第一，打造服务新质生产力发展的创投体系。面向上海市“2＋(3＋6)＋(4＋5)”的现代化产业体系框架，上海科创系将充分利用母基金、创业引导基金、特色产业基金等基金网络，争取设立科技成果转化引导基金、创新策源基金和人才基金等，与各路社会资本合作，沿着“微笑曲线”和社会资本相互补充，相互协同，共同发力，形成好的创业环境，为青年英才服务。预计到“十四五”末，上海科创系的管理资产规模将超过2 000亿元，带动社会资本投资上海超过1万亿。

第二，倡导“投早投小投硬投长”的创投文化。按照“三最七高一低”的投资理念(产业链的最上游、价值链的最顶端、技术体系的最底层，这“三个最”是项目选择的纲领；“七个高”，包括高素质团队、高技术含量、高进入门槛、高成长预期、高盈利、高市场容量、高研发投入，是衡量项目的标尺；“一个低”是指低估值)，坚持投早、投小、投高科技。尤其注重坚持以创新人才为中心，以自主创新、技术攻关为指导，通过“公开海选”“揭榜挂帅”，定制化地发起设立与新质生产力相关的投资项目。力争实现“三个一批”：转化一批具有前沿性、颠覆性、“卡脖子”、补空白的重大科技成果；培育一批具有战略性、关键性、高成长性、鲜明科技属性的早期科创企业；集聚一批国内外具有影响力、号召力、爆发力的科研、创业领军人才。

第三，积极营造“热带雨林”式的创投生态。发挥上海科创集团“投贷孵

保引合”的综合优势，成为企业沟通政府和市场的桥梁纽带。继续承办好“海聚英才”大赛，办好“科创、海望登峰CEO创业营”，帮助初创企业找创始合作人、高管，帮助开拓市场，以及提供债权和股权等再融资服务，整合好政府的科技、财政、产业、土地、工商、税务等服务，加大与高校、国家大科学设施、科研院所的战略合作，加强大企业、龙头企业、上市公司等产业内上下游的市场对接，为新质生产力早期项目成长提供全方位赋能保障，助力企业长期成长。力争到“十四五”末，上海科创系面向新质生产力培育、前沿科技创新的科技金融服务科技企业超过5 000家，投服联动培育科技企业1 500家左右。

我们正处于科技创新的黄金时代。上海一直是中国最具吸引力、全球领先的科创中心，也是创新创业的热土。上海是海内外最优秀人才心驰神往的“创新热土”、全球前沿创新思想的“策源地”、世界科技发展的“风向标”、国际科技合作的“助推器”、全球技术转移的“枢纽地”。上海科创集团将牢牢把握世界科技革命和产业变革带来的难得历史机遇，吸引并集聚一大批海内外优秀人才在底层技术、攻克“卡脖子”技术、颠覆性创新等方面的创新创业，让科技创新的人才代代涌现，让科技创新的成果不断奔流，为推动中国的科技创新和经济的高质量发展、推进上海国际科创中心建设做出新的贡献！

参考文献

[1] 习近平著作选读(第一卷)[M]. 北京：人民出版社，2023.
[2] 习近平在上海考察时强调 聚焦建设“五个中心”重要使命 加快建成社会主义现代化国际大都市 返京途中在江苏盐城考察[EB/OL]. (2023-12-03)[2024-07-02]. http://qstheory.cn/yaowen/2023-12/03/c_1130006528.htm.

制度研究篇

中国供给侧结构性改革的维度框架与路径选择
——新古典经济学与新制度经济学的耦合视角

华桂宏　李子联*

在适度扩大总需求的同时，着力加强供给侧结构性改革，是增强我国经济持续增长动力、推动社会生产力水平实现整体跃升的重要手段，同时也是适应和引领经济发展新常态的必然要求和重大创新。然而，尽管这一重要而新颖的话题吸引了众多学术关注，但大部分研究仅对供给侧结构性改革提出的背景、价值和意义进行了论证，而对于"如何从理论上揭示供给侧结构性改革的深刻内涵"以及"如何结合中国的实践理解供给侧结构性改革的主要内容"这些问题，则较少涉及。对这些问题的解答，对于现实中供给侧结构性改革的推进，无疑更为重要。本文尝试从新古典经济学和新制度经济学相耦合的理论视野，对中国供给侧结构性改革所包含的维度框架及其对应的深化路径提供一种可供参考的分析思路。此举的另一意图在于，为从中国特色社会主义政治经济学角度理解并推进供给侧结构性改革提供另一种思考范式和理论启示。

一、理论内涵与维度框架

在供给侧结构性改革中，"供给侧"是改革的视角，"结构性"则是在供给侧框架下进行改革的方式。因此，理解供给侧结构性改革的内涵，关键在于把握"供给侧"的理论渊源及其框架体系所包含的维度。尽管在经济思想史

* 华桂宏，南京师范大学党委副书记、校长、教授；李子联，南京师范大学商学院教授。

中,可以对供给学说的根源进行近乎无穷尽的追溯,但就广泛性和全面性而言,新古典经济学常常被认为是从供给视角分析现实问题和制定经济政策的主流学说[1]。按新古典经济学供给体系的分析框架,一国或地区的产出增长是由劳动要素、资本要素以及“剩余项”共同推动的。其中,资本要素既包括物质资本,又包括人力资本,甚至还包括道德资本[2];“剩余项”的具体指向,则依据分析视角的不同而各有所指,通常包括除劳动和资本要素之外的土地和资源要素、技术创新和政策制度等[3]。因此,劳动、资本、土地、资源、科技创新和制度是供给侧经济增长的主要动力源[4],而供给侧改革的核心内涵则应是通过进一步深化改革来解放生产力,以有效的制度供给来支持结构优化和提升全要素生产率[5]。就供给侧动力因素所发挥的作用及其内在的逻辑关系而言,生产要素是经济增长的物质基础,是技术创新的“加工对象”,是政策制度的“激励对象”,发挥着基础性的支撑作用;技术创新是经济增长的持久动力,是提高生产要素投入产出效率的关键举措,是政策制度发挥激励作用的着力点,发挥着关键性的主导作用;政策制度是经济增长的核心动力,发挥着有效的激励作用和保障作用。因此,在供给侧结构性改革所形成的增长动力源中,生产要素是基础,技术创新是关键,政策制度则是核心,如图1所示。

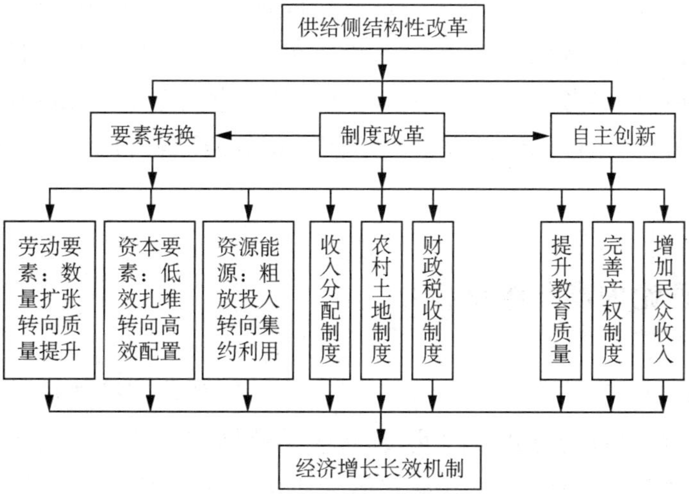

图1　供给侧结构性改革的维度框架

就中国的发展实践而言，上述供给侧经济增长的维度框架显然具有较强的适用性，能够较为有效地解释经济取得高速增长的原因以及未来发展所面临的约束。总结经济发展的历程，中国的经济增长是由劳动要素和物质资本要素的投入来共同驱动的，而人力资本和技术创新所发挥的作用较弱。其原因在于：首先，从劳动要素来看，城乡二元结构转型促使大量农村剩余劳动力向城市转移，因而为工业化的推进提供了丰裕且廉价的劳动要素，使得“中国制造”具有明显的成本优势，不仅扩大了出口贸易，还吸引了国际资本，两者都带来了产出的高速增长；其次，就物质资本要素而言，居民长期以来所形成的高额储蓄为社会投资提供了雄厚的资金支持，使得经济增长依赖社会投资的大规模增加，投资成了拉动经济增长的主要“马车”之一；最后，从自主创新来看，虽然所申请和所授权的专利数、技术市场合同转让金额均取得了快速增长，但现阶段人力资本积累速度的放缓使得这些专利技术并未有效地提升自主研发及其市场转化能力，导致表征技术进步的全要素生产率在经历了短暂的上升后却呈现出总体下降的趋势，因而其对经济增长所产生的促进作用较为有限。综合来看，在供给侧的动力源中，是要素投入而非创新驱动带来了经济的高速增长。也正因为如此，中国经济高速增长的过程中也出现了资源能源消耗大、环境污染不断恶化以及经济增长后劲不足等问题，而这将制约未来经济的可持续发展。因此，在发挥了生产要素的基础性支撑作用之后，应进一步发挥技术创新的关键性主导作用。

进一步地，按照新制度经济学的基本思想，供给结构中的要素投入所带来的经济增长只是制度变迁或体制转型的一种结果，是体制机制的转型及其所释放的能量创造了中国经济的增长奇迹[6]。那么在中国的实践中，究竟是什么制度影响了供给结构，并进而带来经济增长呢？一种观点认为，财政分权所带来的政府激励、所有制改革所带来的生产者激励、社会保障体系完善所带来的消费者激励以及市场开放所带来的全方位激励是经济获得增长的原因[7]。尽管这一总结较好地解释了经济持续高速增长的原因，但对于同时出现的土地、能源和环境等因素所带来的约束却并未给出解释。我们认为：收入分配制度、财政税收制度以及农村土地制度由于其所带来的“激励效应”和“抑制效应”，在推动了经济增长的同时，也不可避免地带来了发展约束。以收入分配制度所带来的经济效应为例：由于分配不平等，高收入阶层更加倾向于增加储蓄，从而使得物质资本积累增加，社会投资水平提高；低收入阶层则将减少教育投资，使得人力资本积累减少，经济增长的长效机制缺失。这一结果与中国供给侧“要素投入高、创新水平低”的增长模式极为一致[8]。因此，这些制度是从供给角度理解中国经济的重要视角，或者说，政策制度在中国的经济增长中发挥着激励作用和保障作用。

以上述维度框架对中国经济发展模式进行解释，可以概括如下：供给框架下“要素驱动”式的增长模式，尽管在短期内带来了经济的高速增长，但从长远来看，由于人力资本积累放缓和自主创新动力缺失，经济增长的动力基础仍然较为薄弱，长效机制仍不健全。要突破这一约束，以重构经济增长的长效机制，进而实现经济的可持续发展，则应通过深化制度改革来实现要素结构的转型升级和自主创新能力的提升。因此，中国供给侧改革的内涵可以理解为，包括收入分配制度、农村土地制度和财政税收制度在内的制度改革是核心手段，提升自主创新能力以提高供给体系的质量和效率是关键目标，而促进劳动要素质量和资本边际报酬的提高则是改革实现与否以及“红利”释放高低的基础因素。

二、要素维度的转换路径

要素转换是供给侧结构性改革的基础，不仅因为劳动、资本、土地和资源要素是推动经济增长的基本要件，更因为这些要素是自主创新和制度调整的发力点。就中国的经济现实而言，实现要素的转换应促进劳动要素从数量扩张向质量提升、资本要素从低效扎堆向高效配置以及资源能源从粗放投入向集约利用的转换。

首先，劳动要素从数量扩张向质量提升转换。中国丰裕且廉价的劳动力特别是农村转移劳动力是推动经济高速增长的重要原因之一；但是，随着生育率的下降和人口老龄化的加重，这一由人口数量扩张带来的“红利”却开始不断下降[9]。经测算：中国劳动要素的增长率 2001—2014 年由 0.99%下降到了 0.36%，且这一趋势仍将进一步加剧。根据国家统计局的预测，适龄劳动人口自 2013 年将会逐步下降，且至 2020 年后将呈快速下降的趋势。因此，劳动要素数量驱动的增长模式不仅将难以为继，还将由于要素存量和增量的同步减少而对未来增长形成制约。突破这一约束的唯一出路,就是在产业结构升级的基础上着力提高劳动要素特别是新增劳动要素的质量,形成以更少劳动投入来实现更多经济产出的高效生产格局。因此,就要素层面而言,提高劳动要素的供给质量和生产效率是供给侧结构性改革的重要内容之一。其中,发展教育能够极为有效地提高劳动力质量,基础教育能够提升思考应用能力,职业教育能够提高专业生产技巧,而业余培训则能够提高生产技术水平,因此,"教育红利"能够有效地抵消"人口红利"下降的影响[10],是实现劳动要素质量提升的关键举措。

其次,资本要素从低效扎堆向高效配置转换。在需求结构论中,投资驱动是经济获得持续高速增长的主要"马车",其所带来的"立竿见影"的作用,在不确定性事件如国际金融危机的冲击下尤为明显。投资之所以在中国发挥着更为重要的作用,不仅是因为投资具有高额储蓄所提供的雄厚的资金支持,更是因为政府长期以来所主导实施的重工业优先发展战略以及其在经济调控与资源配置中所发挥的强势作用,强化了投资这一政府可控工具在增长模式中的地位。但是,这一具有公共产品属性、偏离产业均衡发展以及注重短期福利效应的投资模式,自一开始便"注定"了其将带来投资产品的单一化、重复化和堆积化,最终将导致钢铁、水泥和平板玻璃等行业存在产能过剩的情况,因此,中国的资本要素存在大量低效扎堆的现象。不仅如此,从资本形成和累积的速度来看,物质资本的形成速度正在放缓,其增速由 2007 年最高峰的 24.75%下降到了 2014 年的 7.15%,且将随着未来经济结构的调整和人口老龄化趋势的恶化而进一步放缓,这使得资金资本紧缺的现象更为严重。资本分布结构的失衡以及规模积累的放缓,必然要求从低效扎堆向高效配置进行转换,以较少的资本投入带来较高的经济产出。要实现这一转换,应遵循市场的规则进行资本配置,具有较高回报率的行业应得到更多的资本配置。反之,不具有竞争性的"僵尸企业"和"僵尸行业"则应被市场淘汰。改善资本的供给结构以满足市场对差异化产品的多样化需求,将居民对国外产品的强烈需求转向国内[11];破除金融抑制以活跃资本资金价格,以市场供求机制促进利率价格的合理形成,并以此进一步引导资本的高效配置。

最后,资源能源从粗放投入向集约利用转换。要素驱动的增长模式除了体现在劳动和资本要素的大量投入外,还体现在生产过程中土地和自然资源要素的低效利用。应当说，这一依托土地和资源优势来招商引资从而促进地区经济增长的发展模式，在改革开放以来的很长一段时间内，确实有效地承接了发达国家和地区所转移的部分产业，从而较大程度地加快了工业化、城镇化和现代化的进程。以土地要素所发挥的经济效应为例，土地要素利用过程中所经历的农地使用权从集体向家庭的转变、农业用地向工业用地的转变以及农业用地和工业用地向城镇住宅用地的转变，使得土地要素为经济增长带来了巨大的“红利”，但土地过分利用所造成的紧张局面也不可避免地带来了制约作用。这是因为适合工厂、城市和道路的最佳用地仅占国土总量的12%，而这一部分土地恰恰又是最宝贵的农业资源，因此，在面对农业和工业发展共同的用地需求时，中国的耕地面积正在不断缩减[12]。以统计指标变动的 2009 年为界，耕地面积由 2001 年的 127 615 800 公顷急剧下降到了 2008 年的 121 716 000 公顷，再由 2009 年的 135 384 600 公顷下降到了 2013 年的 135 163 400 公顷。此外，资源和能源的消耗也在不断增加，如水资源的人均消耗量由 2003 年的最低峰 412.9 立方米上升到了 2014 年的 446.7 立方米，而能源的人均消费量则由 2001 年的 136 千克标准煤上升到了 2013 年的 335 千克标准煤。可见，自然资源的粗放和低效耗用成为一种有悖于可持续发展而必须改变的现实[9]。改变这一现实的出路在于实现资源能源从粗放投入向集约利用的转变，关键在于促进产业结构的优化升级，提升企业的自主创新能力，提高日常生产的操作技术水平。

三、创新维度的提升路径

自主创新是供给侧结构性改革的关键。技术水平的提高和创新能力的提升不仅能够有效地缓解生产要素供给紧张所带来的发展约束，还能为长期经济增长提供源源不断的推动力。不同于需求结构层面的四驾“马车”具有短期增长效应，自主创新能力的提升及其体系的形成是一个缓慢但却影响长远的过程。因此，从战略层面和制度设计的角度来促进自主创新能力的提升是创新“本身”所应具备的特征，具体而言这些措施主要包括提升教育质量、完善产权制度以及增加民众收入。

第一，教育育人是创新的源泉。如何培养经济主体的创新能力？教育尽管不是唯一但却是第一重要的手段。教育因其知识传播、文化熏陶、方法训练、技能培养以及创新实践而极大程度地为创新提供了知识基础和能力素养,而后者则是人力资本构成的基本要件。因此,教育所带来的人力资本的积累是提升自主创新的关键。但就目前而言,尽管中国科技人员的物质条件得到了较大的改善,如1990—2014年我国研究与试验发展经费的投入量年均增长率高达21.27%;同时,统计上的科技成果也在不断上升,如1990—2014年国内专利授权量年均增长率高达21.56%,但真正的科技竞争力却并没有同步提升[9]。这一技术创新没有出现同步提升的现象是由教育并没有带来人力资本的有效积累从而使其增速放缓导致的。以普通高校的毕业生数作为人力资本的替代变量,人力资本增长率呈逐年下降的趋势,其数值由2003年的40.36%下降到了2014年的3.24%,且有进一步放缓的迹象。这一特征使得创新投入及其产生的成果并没有真正地转化为市场的生产力,因而也并没有带来劳动生产率的提高,因此,人力资本是影响自主创新的关键变量。促进人力资本的快速积累以实现自主创新能力的形成,应从提升教育质量的角度不断提高受教育者的创新素养。其中,加大教育经费投入力度是重要的资金支撑,应依托经费投入吸引更多优秀人才,改善教育环境,提高教育水平;教育资源进一步公正平等地配置是重要的机制保障,应有倾斜地扶持中西部地区的教育以改变教育的地区差距,更加"高瞻远瞩"地扶持基础研究以为自主创新提供必要的理论保障;进一步营造自由独立的教育环境是重要的环境保障,应推进高校的"去行政化"以培养高校的独立精神,提高教师的薪资水平以使其能够更加自由专注地从事教学和科研活动。

第二,产权激励是创新的保障。教育质量提升所带来的受教育者知识技术水平的提高为自主创新提供了坚实的人才基础,但是,这些人才创新意识的形成与加强、创新愿望的激发与强化、创新氛围的营造与优化,都需要有效的产权保护制度来进行正向的激励。一项好的产权保护制度应不仅能够保护新技术、新知识和新产品的正常占有权和使用权,还能够以荣誉和利润的形式进一步激发更多民众的创新动机,以真正形成"万众创新"的蓬勃格局。一方面,制定更为严厉的打击违法侵权的法律条款和管理规定。以公共道德约束现实中出现的抄袭、伪造和仿制等侵权行为,并不是一项最优的公共政策;要最大限度地减少并制约这些行为,应通过严厉的法律手段和管理规定来达成。以高校学术抄袭的侵权行为为例，尽管这一行为长期以来为师德建设所坚决反对，但是这一现象不仅未见式微，相反却愈演愈烈。出现这一现象的根本原因在于法律法规不严。如果能够在日常考核和职称评定这些“节点”上做到无死角的彻底排查，并对侵权行为进行严厉惩罚，那么这一行为将能够被有效地制止，而科研和创新氛围也将因此而朝着良性方向发展。另一方面，以专利的形式对创新行为给予更高额度的支持和奖励。严惩的目的在于打击侵权行为，而重奖的目的在于激励创新动机。仍以高校学术创新为例，鼓励研究者从事更有价值的创新性研究，应在现有基础上给予其创新成果以更大额度的奖励，以排解其研究之外的生活和工作上的担忧。因此，配套财政经费的额外投入与大力支持，是产权保护与激励的重要支撑。

第三，增收惠民是创新的拉力。如果说提升教育质量和完善产权制度是从供给层面提升自主创新能力的举措，那么增收惠民则是扩大创新产品需求的重要手段。按照创新推动的需求假说，需求对创新活动的方向与数量具有决定性作用，只有当市场中存在足够的有效需求时，企业的创新投入才能通过市场最终转化为收益，从而从根本上激发企业的创新动力，实现整个国家自主创新能力的提升，因此，需求规模的大小直接决定了新产品的销售量和创新理念的实现[13]。其中，扩大消费需求的根本在于从源头上提高居民的收入水平。只有当居民的收入足以应付日常生活开支且有较多剩余时，居民才有可能形成并增加其对创新产品的需求。就目前而言，在影响居民收入水平和消费需求的因素中，收入分配是具有较强解释力的制度因素[14]，不仅是因为其直接带来了消费规模的缩小，更是因为其通过降低边际消费倾向而减少了需求。从收入分配对创新产品需求的影响机制来看，分配不平等提高了部分居民的收入水平，而后者所引致的需求规模的扩大激发了企业的创新动力；分配不平等抑制了居民消费结构的优化和升级，使得低收入阶层对创新产品难以形成有效需求，市场规模的缩小则降低了自主创新水平。因此，收入分配改革中的“提低”和“扩中”策略能够有效地培育创新产品的市场规模，因而更有利于自主创新水平的提高[15]。从这一角度来说，深化收入分配制度改革缩小居民收入差距，让经济活动的参与者都能够分享经济增长的果实，是提升自主创新能力的制度保障。

四、制度维度的调整路径

制度改革是供给侧结构性改革的核心。在优化供给侧环境的机制中，应强调以高效的制度供给和开放的市场空间，激发微观经济主体创新、创业和创造的潜能，构建、塑造和强化经济长期稳定发展的新动力[4]。就目前而言，深化各项经济制度改革的核心和主线应是继续推进和深化收入分配制度、农村土地制度和财政税收制度这三项较为重要且全面的经济制度的改革。之所以重要而全面，是因为常见的社会保障制度、工资分配制度、住房制度、企业制度、外资引进以及新型城镇化配套制度等均与此关联颇多。

首先，继续深化收入分配制度改革，提升经济增长质量。收入分配制度改革及其深化之所以在众多制度改革中具有更为重要的地位，主要是因为它不仅能够从需求层面扩大消费需求、提升投资质量和重构贸易模式，还能够从供给层面促进劳动要素的优化配置、促进人力资本的快速积累以及促进自主创新的能力提升，更能够从社会层面增进政治的稳定、教育的公平以及社会的和谐[16]。因此，一种旨在促进社会公平的收入分配制度，既能够从微观层面激发个体把“蛋糕做大”的生产积极性，又能够从宏观层面分别促进需求和供给对经济增长的拉动和推动作用，这对于新常态下经济增长质量的提升和可持续发展的实现，无疑具有十分重要的意义。继续深化收入分配制度改革，应在已有改革成果的基础上，继续坚定“壮士断腕”的改革魄力和秉承“统一战线”的改革智慧。一方面，应更加重视机会平等的制度建设和机制完善，让所有公众都能更加平等地参与经济建设、享受医疗保障、获得教育培训等。应进一步破除劳动要素市场的垄断壁垒，坚持人才选拔的唯贤理念；进一步取消城乡分割的传统障碍，实现要素自由流动的优化配置；进一步约束特殊社会群体的特殊权利，推进阶层社会资本的良性发展[17]。另一方面，应在继续加大对低收入者补助力度的同时，创造对口的就业机会以使这部分人群能够从工作中获得更有尊严的生活；提高税收免征额和应税税率，使更多中等收入者能够获得更大幅度的收入增长，并使中产人群规模不断壮大；扩征财产税以增加纳税种类，使高收入者对社会总税收的增长做出更大贡献。同时，政府应将所增加的税收更大比例地投到公共服务支出项目中，特别应加大惠民项目的支出,以使收入分配制度改革得到最广大人民群众的支持。

其次,继续深化农村土地制度改革,释放生产要素红利。土地制度是国家的基础性制度,也是供给侧结构性改革极为重要的内容[4]。其中,农村土地的高效利用及其制度完善尤为重要,不仅是因为依托于农村土地的农业是国民经济的基础产业,更是因为土地制度的改革及其深化能够带来其"本身"以及劳动要素更为优化的配置,这对于农民收入的增长、工业用地紧张的缓解以及农业现代化和规模化的实现,都具有重要的促进作用。比如,农地制度改革中农地使用权期限的延长以及土地流转机制的完善,使得农民能够在流转市场中按市场价格进行土地使用权转让,以此在满足城市建设用地需求的过程中获取高额的土地收益,而地方政府低价征收农村集体土地的现象也能得到较大的改观[18]。这既增加了城市用地的需求,又提高了农民的收入水平。因此,一项旨在扩大农民土地产权自由、增加农民土地交易收益的农地制度改革及其深化,不仅能够促进土地要素的合理流转,提高土地经营的产出效率,还能够激励农村剩余劳动要素的有效转移,推进新型城镇化和带来新的增长点。继续深化农村土地制度改革,应进一步进行土地整理和归置以盘活闲置的土地资源,进一步完善农村土地流转机制并积极引导土地承包经营权流转。可以尝试进行两个"探索":探索"地随人走"的"人地挂钩"模式,逐步实行城镇建设用地增加规模与吸纳农村人口进城定居规模相挂钩,城镇建设用地增加规模与吸纳外来人口定居规模相挂钩的运作方式;探索建立城乡统一的建设用地市场交易平台,成立农村土地整理公司进行统筹运作,退出的集体建设用地由村集体经济组织或原使用人负责复垦,经国土部门验收合格后,对置换的建设用地指标或占补平衡指标在综合交易平台上交易,而没有实现交易的,则由农村土地整理公司兜底收购。

最后,继续深化财政税收制度改革,增强经济主体活力。财政税收制度改革之所以更为重要,主要是因为它不仅能够实现财政收入增长的可持续,还能够促进经济向高收入状态的过渡转型,更能够使经济增长更具有包容性、协调性、绿色化和持久性。财税制度改革的内涵主要包括加强个人所得税和社会保障金系统的累进性、促进营业税向增值税的全面转型、逐步推行房产税以及进一步加强环境税等。其中:(1)个人所得税累进性的加强既有利于低收入群体收入水平的提高,又有利于居民收入差距的缩小,因而能够有效地缓和社会矛盾和释放生产者的积极性;(2)营业税向增值税的全面转型既能够避免企业税收重复性征收这一不公平现象的发生,又能够减轻企业的税收负担和缓解其成本压力,因而能够提高企业创业创新的积极性;(3)房产税的逐步推行不仅能够使民众的投机行为得到有效抑制,从而使其资金从虚拟经济转向实体经济,还能够使原来依靠房地产业而促进经济增长的模式向更具创新活力的新兴产业转型,这对于过剩产能的去处和创新产业的培育都具有十分重要的激励作用;(4)环境税的进一步加强既能够有效地减少企业"乱排乱放"各类废弃物的环境污染行为,还能够逐步地淘汰重污染、低效率和低创新的"僵尸企业"和"僵尸行业",因而对于产业结构的升级和创新能力的提升具有十分重要的促进作用。在供给侧结构性改革中,继续深化财政税收制度改革以实现创新持续和绿色协调的经济增长,应在现有基础上进一步加强个人所得税的累进性,进一步促进营业税向增值税的全面转型,进一步推进房产税和财产税,进一步征收环境税。

参考文献

[1] 尹伯成,华桂宏.供给学派[M].武汉:武汉出版社,1996.
[2] 王小锡.论道德的经济价值[J].中国社会科学,2011(4):55—66,221.
[3] 华桂宏.有效供给与经济发展[M].南京:南京师范大学出版社,2000.
[4] 贾康.供给侧改革的核心内涵是解放生产力[J].中国经济周刊,2015(49):78—79.
[5] 贾康.在供给侧结构性改革中推进金融创新[N].金融时报,2016-04-07(2).
[6] 史正富,张军.走向新的政治经济学[M].上海:上海人民出版社,2005.
[7] 沈坤荣,李子联.中国经济增长的动力与约束[J].经济学动态,2011(1):26—32.
[8] 李子联,朱江丽.收入分配与经济增长:中国经济增长模式的再解读[J].上海财经大学学报,2015,17(4):42—53.
[9] 贾康.供给侧结构性改革要领[J].中国金融,2016(1):25—28.
[10] 胡鞍钢,周绍杰,任皓.供给侧结构性改革——适应和引领中国经济新常态[J].清华大学学报(哲学社会科学版),2016,31(2):17—22,195.
[11] 李稻葵.关于供给侧结构性改革[J].理论视野,2015(12):16—19.
[12] 李子联,华桂宏.新常态下的中国经济增长[J].经济学家,2015(6):14—21.
[13] 范红忠.有效需求规模假说、研发投入与国家自主创新能力[J].经济研究,2007(3):33—44.
[14] 娄峰,李雪松.中国城镇居民消费需求的动态实证分析[J].中国社会科学,2009(3):109—115,206.
[15] 李子联,朱江丽.收入分配与自主创新:一个消费需求的视角[J].科学学研究,2014,

32(12):1897—1908.

[16] BARRO R J. Inequality and Growth in a Panel of Countries[J]. Journal of Economic Growth, 2000, 5(1): 5-32.

[17] 李子联. 中国收入分配格局:从结构失衡到合理有序[J]. 中南财经政法大学学报, 2015(3):34—41,159.

[18] 王国生. 增加农民收入问题讨论综述[J]. 经济理论与经济管理,2005(4):71—75.

原载《江海学刊》2016 年第 6 期

从共识出发:“特惠”视角下产业政策的关键问题

寇宗来*

近期,国内学界就产业政策展开了激烈的辩论。尤其受人关注的是所谓的“林张之争”。林毅夫指出,尽管绝大多数产业政策在实践中是失败的,但跨国比较却表明,尚未见国家不使用产业政策而取得产业发展的成功案例。张维迎则对产业政策进行了尖锐的批评。在他看来,“产业政策就是穿着马甲的计划经济”,如果没有产业政策的干扰,中国经济会发展得更好,所以应该“废除一切形式的产业政策”①。

之所以会出现这种大相径庭的认识,除了争论各方的基本哲学理念不同以外,一个很重要的原因就是,迄今为止学界仍然没有对产业政策的概念和范围形成共识。一旦不同人在谈到产业政策时所指对象实际不同,相关争论就成了没有共同基础的“各说各话”,由此可能产生两种形式的认知差异。一方面,产业政策的支持者认为,批评者将本不是产业政策的过错算作产业政策的过错;另一方面,产业政策的批评者则认为,支持者将本不是产业政策的功劳算作产业政策的功劳。

关于产业政策,本文采用一种相对“现实主义”的态度。既然产业政策在中国无所不在,而人们对产业政策的作用乃至存废又有巨大争议,笼统地肯定或者否定产业政策都没有什么真正的意义。现阶段最为迫切也最有价值的工作,是对产业政策进行科学细致的分类,考察各种产业政策是如何影响产业发展的,进而讨论如何才能提高产业政策的成功率,或者在何种情况下

* 寇宗来,复旦大学经济学院副院长、教授,复旦大学中国社会主义市场经济研究中心副主任。

① “产业政策思辨会”参见“探索与争鸣”微信公众号。

何种形式的产业政策才更有可能对产业发展起到促进作用而非抑制作用。

产业政策并非政府干预产业发展的唯一选择，现实中产业政策也是与其他政策共同发挥作用的。产业发展必然有其空间载体，故两类政策，即产业政策和区域政策对产业发展具有极其重要的影响。为了厘清概念和进行政策比较，笔者提供了一个基于“特惠”视角的分析框架，其中产业政策是针对特定产业、产品和企业维度的优惠政策，而区域政策则是针对特定地区的优惠政策，并从决策难度和可考核性等角度对两类政策的制定和实施加以深入分析。

一、“特惠”视角下的产业政策和区域政策

“特惠”对应所谓的非平衡发展战略，其核心是政府按照某些标准对产业主体进行区分并进行差异化对待，即对符合条件的、优先发展的产业主体提供优惠政策，目的就是在有限的资源约束下，通过“集中力量办大事”而实现快速的产业赶超①。

产业必然有其空间载体，故有两类政策对产业发展具有至关重要的影响，即产业政策和区域政策。据此分析框架，产业政策是政府按照某些标准遴选出某些优先发展的产业并对其提供的特惠政策，而区域政策则是政府按照某些标准遴选出某些优先发展的地区并对其提供特惠的政策。

产业政策之所以容易引起歧义，一个重要原因是产业本身并没有明确统一的界限。这里主要牵涉到产品、产业和企业之间的复杂对应关系。在现行统计口径下，产业是按照产品代码来进行分类的，但问题是单个企业可以生产不同产业代码的产品，或者多个企业可以生产相同产业代码的产品；随着时间推移或环境变化，有些企业还会改变其生产的产品种类，或者不断研究开发出新的产品。由此，每个产业通常都包含了多个企业，许多企业又同时牵涉到多个产业，而且这种交叉对应关系也是动态演化的。以国家发改委历次颁布实施的《产业结构调整指导目录》为例，产业政策分为鼓励类、限制类

① 中国政府还按照其他标准实施了各种各样的特惠政策。比如，以户籍为基础，居民被分为“城市户口”和“农村户口”，前者比后者享有更多的社会福利；以所有制为基础，企业被分为“国有企业”和“民营企业”，前者在信贷以及市场准入方面享有更多的优惠政策。

和淘汰类三种，有些明确针对某些四位码产品，其他一些则对应那些应用界限模糊不清的生产技术。

既然产业本身的界限是模糊的，产业政策的界限也必然是模糊不清的。鉴于此，本文将任何针对特定产品、产业和企业的优惠政策统称为"产业政策"。此定义强调了选择性，排除了没有明确目标指向的公共政策，也避免将产业政策与政府作用完全等同起来，否则就会陷入反对产业政策等于认同无政府主义的困境。

相较而言，区域范围界定比较清楚，区域政策的定义也没有什么争议。比如，改革开放初期，中国政府实施了经济特区政策，让深圳、珠海、汕头和厦门享有其他地区所没有的各种优惠政策。之后，国家又挑选了大连、秦皇岛、天津、烟台、青岛、连云港、南通、上海、宁波、温州、福州、广州、湛江和北海14个城市作为沿海开放城市，让它们在对外贸易等方面比其他城市享有更多的自主权。再之后，西部大开发、东北地区等老工业基地振兴战略、上海浦东新区、天津滨海新区都可被视为区域政策的典型例子(见表1)。

表1　一些常见政策的举例和分类

政策手段	特惠对象	产业政策	区域政策
研发抵扣	无	否	否
研发补贴	特定产品、企业、产业	是	否
研发补贴	高新技术企业	否	否
更大的决策自主权	深圳、珠海、厦门、汕头等经济特区	否	是
出口退税	出口加工区内的任何企业	否	是
西部大开发	西部省区市	否	是
基础设施建设	无	否	否
基础设施建设	配套于特定企业	是	否
自由贸易试验区	特定地区、特定产业	是	是
降低关税	无差别	否	否
降低关税	特定产业、产品	是	否

产业政策与区域政策并不排斥，两者可以有相同的产业主体。典型的例

子就是自由贸易试验区。一方面，这些政策只对上海、天津、福建、广东等地的特定区域开放，故应该被视为区域政策；但另一方面，这些政策也对试验区内部的产业作出了限定，因而也属于产业政策。

我们对产业政策和区域政策的定义，有助于厘清一些认识误区，特别值得讨论的是产业开发区。尽管许多人将其视为产业政策的成功典范，但实际上它是否属于产业政策，需要视情况而定。如果政府所设立的产业开发区只对某些特定企业或者产业开放，其的确是产业政策；但如果政府设立产业开发区时，只是笼统地规定要对园区内企业提供某些优惠措施却没有规定哪些企业可以进入园区，其在本质上是一种区域政策。同样地，尽管基础设施建设对产业发展有重大影响，但也不能笼统地将其归结为产业政策。如果某些基础设施是政府为吸引特定企业而做的配套措施，它们应该归类为产业政策。比如，郑州市政府为吸引富士康到当地投资，不但向其提供了 15 亿美元资助，帮助建设工厂和员工宿舍，还为其专门修建公路和发电厂。尽管修建公路和发电厂看起来像是公共品投资，但因为其主要是为特定企业服务的，故更应该被视为产业政策。但在通常情况下，城市为改善市内交通而做的地铁、高架投资，更应归入公共政策的范畴。

二、产业发展难题与特惠政策的合理性

按照新古典增长理论，发展中国家因为享有后发优势而具有更高的经济增长率，进而最终会与发达国家实现经济收敛。但历史经验和现实情况表明，除了少数东亚国家实现了经济赶超以外，绝大多数发展中国家要么没有实现经济起飞，要么最终掉入了“中等收入陷阱”，与发达国家的收入差距并未缩小，反而越来越大。这表明，发展中国家必然面临着某些产业发展难题。东亚经济体的成功实践就在于，以产业政策和区域政策为代表的特惠政策常常被用作促进产业发展、实现持续经济增长的重要手段。

1. 培育初始的产业能力

既有文献主要从市场失灵的角度，论证政府干预的合理性。这种论证的隐含假设是，“无形之手”是存在的，只不过难以发挥最佳作用。通常情况下此假设是合理的，但对于产业化初期的发展中国家而言，真正的问题可能不

是无形之手不能有效发挥作用,而是根本就不存在无形之手发挥作用的产业主体。的确,对那些落后的农业国而言,产业化初期几乎是“什么都缺”,缺乏物质资本,缺乏人力资本,缺乏基础设施,缺乏有竞争力的企业,也缺乏支持产业发展的政府治理能力。在这种情况下,完全依靠“自发市场”来实现产业化,若非不可能,至少也是极其缓慢的。面对“什么都缺”的窘境,许多发展中国家都采取了“非平衡发展战略”,即将有限的资源集中到某些特定的产业或地区,以求获得快速产业化;日、韩、中等东亚经济体的成功实践也表明,产业政策或特区政策的确可以构成快速产业化的强力推手。

在产业化初期,“政府主导”与“自发市场”相比有诸多优势。首先,政府具有征税的强制力量,有更强的信用从其他国家或世界银行等国际机构获得贷款,因而更容易筹措产业化必需的稀缺资本,也更有能力抵御相关的各种风险。其次,政府具有更强的产业配套能力。作为产业化主体,企业业绩好坏不但依赖自身努力,还依赖诸如基础设施等外部环境。政府可以通过关税等手段,对某些“幼稚产业”进行贸易保护,让它们至少在一定时间内免遭发达国家企业的竞争威胁,进而更加从容地积累产业能力。

2. 消除官员索贿的“反公共地悲剧”

产业政策的反对者认为,为促进产业发展,政府要保护私有产权,官员要做到廉洁自律,然后让市场自由发展。这个建议看起来合理,实际上却没有太多的可操作性。最主要的原因是,经济制度与经济发展水平互为因果,并不存在脱离经济发展水平的“良好”制度。若将建立类似发达国家的“先进”制度作为经济发展的前提,本质上就陷入了循环论证:正是因为没有经济发展,才没有良好的经济制度。产业发展的第一步就是要打破这个低水平循环陷阱。

在许多发展中国家,官员腐败,政府治理能力低下,产业化因此陷入了“反公共地悲剧”(the tragedy of the anticommons)而难以实现。反公共地悲剧是美国学者迈克尔·赫勒(Michael Heller)在研究苏联经济时提出的一个概念,刻画的是因为太多人拥有排斥权而导致社会资源被低效使用的情形[1]。设想人们创办企业必须从各主管部门申请各种许可证,此时每个官员的排斥权体现在,缺乏任何一个许可证企业都无法经营。通常,官员们“非合作地”决定索贿额度,而由于“多重加价”(multi-marginalization)[2],这会导致总体索贿额度太高，进而导致企业产量太低，甚至让创办企业无利可图。相对于非合作索贿，各官员组成“卡特尔”向企业一次性索贿，将是一个帕累托改进。这样做由于内化了多重加价的外部性，不但可以提高官员们的整体索贿额，也会提高企业的产量和利润。

基于上述分析，产业政策的一个合理性就是“以毒攻毒”：如果新办企业是由政府或某个强势领导鼎力支持的，虽然它仍然需要支付贿金，却可以避免同时应付众多官员索贿的巨大困境。由此可见，评价产业政策的好坏，在很大程度上取决于选取何种“比较基准”。在刚才的例子中，若与无索贿的理想状态相比，产业政策下的结果更差，因为此时仍然存在索贿。但若与众多官员非合作索贿相比，产业政策将是一个明显改进。

3. 防止“协调失败”

从产业链角度看，产业发展需要上下游企业之间的有机联动。上游企业的生产率越高，竞争越是充分，下游企业就越能获得物美价廉的中间品；反过来，下游企业的竞争力越强，市场需求就越大，其对上游企业的中间品需求和拉动作用也就越大。正是因为这种相互依存关系，产业发展通常都展示出很强的产业和空间集聚特性。然而，一旦某个企业的成功与否依赖其他企业的决策，协调失败就有可能发生。比如，上(下)游企业是否决定投资，取决于下(上)游企业是否投资，尽管上下游同时投资效率更高，但任何一方都可能害怕对方不投资而被“搁浅”并选择不投资。

面对协调失败问题，产业政策和区域政策往往大有可为。在“大推动”(big-push)方案中，政府可以对上下游企业同时提供诸如补贴之类的各种优惠政策，通过补偿它们可能被“搁浅”的风险来协调其投资行为[3]。实际上，如果产业发展只是面临协调问题，政府可能只需要对企业提供一个协调失败时进行补贴的“可置信承诺”就够了，最终并不一定真正需要支付可观的补贴成本。因为一旦上下游企业同时投资了，每个企业就能够在市场竞争中自我生存下来。如果协调失败与上下游企业的选址有关，政府可以对某些地区提供优惠政策而将相关企业都吸引到该地区，进而大幅度降低交通费用并提高整个产业链的竞争力。

4. 补偿“信息外部性”

创新是产业长久发展的基础。但站在企业角度看，永远存在着创新与模仿之间的两难问题。创新可以获得先动优势,但面临着很大的失败风险;模仿者可能会丧失先机,却可以学习创新者的成功经验,也可以从创新者失败的前车之鉴中汲取经验并降低失败风险。由此可见,不管成功与否,创新者都会对模仿者产生一种正的信息外部性,故市场的创新激励通常是不足的。特惠政策的一个合理性就是,政府需要对“第一个吃螃蟹”的产业主体提供补偿[4]。

改革开放初期,中国有大量的剩余劳动力。根据比较优势理论,中国应该生产劳动密集型产品。在抽象的理论层面,这的确没有什么问题。但落实到企业家层面,最直接的问题就是到底要进入哪个产业,具体生产哪种产品。在进入某个产业或者生产某个产品之前,企业家对它们的了解是不充分的,他们必须冒险选择,这将是一个不断试错的过程。不断试错意味着,一旦失败了,其他企业不会模仿,并因此避免了试错成本,而一旦成功,其他企业将一哄而上进行模仿,激烈的市场竞争会使创新者所获利润无法补偿其试错成本。不解决这种信息外部性问题,企业家不断试错的积极性乃至产业发展的原动力就会消失。与专利保护类似,按照进入市场的先后次序,对先进入者进行选择性支持,让他们至少在一段时间内对模仿者享有一定的竞争优势将是有利于产业发展的。如果政府对某些地区提供诸如税收优惠等手段以鼓励当地的企业家进行创新,这将对应于区域政策;而如果政府对特定的企业提供优惠政策以鼓励其进行创新,这将对应于产业政策。

三、企业家精神、央地分权与特惠政策的实施效果

自熊彼特以来,人们日益认识到“企业家精神”(entrepreneurship)在经济发展中的核心作用[5]。通常人们提到企业家精神时,都对其充满褒扬之词,但威廉·鲍莫尔(William Baumol)的分析表明,企业家精神并不必然对社会是有好处的,它可以是生产性的、非生产性的,甚至是破坏性的[6]。企业家精神也不是通常所谓的企业家所特有的。究其本质,社会中的任何个体,只要愿意通过承担风险而获得超额回报,都可以认为是有企业家精神的。按此逻辑,笔者将通常所谓的企业家称为“经济企业家”,而将具有企业家精神的政府官员称为“政治企业家”。两者的显著差异是,经济企业家掌控的主要

是其私人资源，而政治企业家则支配社会的公共资源。

特惠政策对产业发展的影响，主要取决于政治企业家与经济企业家之间的分工与互动。如果政治企业家与经济企业家能够分工协作、相互补充，特别是政治企业家所制定和实施的政策措施，能够让经济企业家更加有效地从事生产性活动，那么这些政策是有利于产业发展的。反之，如果政治企业家所制定和实施的政策措施，只是简单地替代或者扭曲了经济企业家的市场决策，或者鼓励各种并不产生社会价值的寻租活动，这些政策将是阻碍产业发展的。

不妨考虑 N 地区（D_1，D_2，…，D_N）—M 产业（C_1，C_2，…，C_M）的一般情形。如果没有政府干预，每个经济企业家都会根据自己所掌握的信息，决定在哪个产业以及哪个地区进行投资生产并自负盈亏。从事前角度看，经济企业家可以在各地区各产业之间自由选择，因而自由竞争的结果是，任何流动要素在各地区各产业的预期边际回报都必须是相等的。由于事前预期与事后实现之间总是存在差异，自由市场竞争下总是有一些投资被证明是失败的。那些决策与未来实现结果更加符合的经济企业家可以在竞争中存活、胜出和壮大起来，而那些决策不符合实际的经济企业家，则会遭受亏损，甚至被淘汰。

引入特惠政策视角之后，整个决策过程可以被理解成一个两阶段的博弈：首先是政治企业家进行特惠政策选择；然后，给定这些特惠政策，经济企业家再进行经营选择。产业政策或区域政策的含义将是，政治企业家选择其中的某个产业（如 C_i）或者某个地区（如 D_j）提供优惠政策（如税收优惠或者研发补贴）。与没有政府干预的基准情况相比，引入特惠政策提高了经济企业家将要素投在产业 C_i 或地区 D_j 上的边际回报率，进而会将更多的资源引入该产业或地区。

评估特惠政策是否促进了产业发展，关键要看它是否降低了基于事前预期的最优决策与基于事后实现的最优决策之间的差异。比如，从事前角度看，投资于 C_1 和 C_2 的预期回报率是一样的，但根据事后实现来看，投资于 C_1 的回报要远远高于 C_2。因此，如果政治企业家事前对 C_1 实施了优惠政策，进而引导更多资源投资于 C_1，就是促进效率的；但反过来，如果政治企业家事前反而是对 C_2 实施了优惠政策，最终结果就是降低了资源配置效率。

许多政策分析都采取了仁慈政府(benevolent government)的假设,认为政府制定政策的目标是社会福利最大化,但实际上,政治企业家作为政策的制定者,也是追求个人利益的,只不过他们的目标函数可能比经济企业家更加复杂,其中不仅包括经济利益,也包括政治利益(如政治晋升等)。政治企业家能否采取正确决策主要取决于两个因素:一是他们必须有足够的能力,二是他们必须具有正确的激励。

对于激励问题,因为政治企业家支配的是公共资源而非其私人资源,首要的挑战是防止他们的道德风险,即借助特惠政策而损公肥私的行为。类似企业中普遍采用的股权激励方案,解决政治企业家道德风险的关键,在于让他们的私人利益与公共利益相互一致。当特惠政策取得好的绩效时,他们应该获得奖励,而取得差的绩效时,他们将获得惩罚;奖励和惩罚的力度越大,他们采取损公肥私行为的可能性或积极性将越低。

这个奖惩规则貌似简单合理,但实际上却面临着严重的可实施性问题。本质性的难题是,一旦引入特惠政策,我们就无法得到没有特惠政策的“反事实”(counterfactual),因而也就无法真正知道特惠政策的效果是好是坏。权宜之计是,找到比较合理的替代性反事实。即针对某个特惠政策,找到特惠政策实施前足够相似的两个产业主体,然后以没有实施特惠政策的产业主体作为实施特惠政策的产业主体业绩考核的反事实。这样做的好处是,可以把一些趋势性的因素剔除掉,进而得到比较“干净”的政策效果。

一旦我们能够比较准确地评估特惠政策的绩效,也就能够比较准确地遴选出那些能力更高的政治企业家。然后,只要据此晋升机制对政治企业家“优胜劣汰”,在动态上就可以逐渐解决政策制定中的能力约束问题。

基于上面的理论分析,我们认为,要正确分析产业政策和区域政策,必须区分中央政府和地方政府,因为各种政策的制定、实施以及考核都与此密切相关。区域政策只能由中央政府制定,而产业政策既可以是中央政策层面的,也可以是地方政府层面的。下面分别对三种基本政策进行描述和分析。

1. 区域政策

中央政府选择某些地区并为其提供优惠政策,而每个地区内部却再无任何特惠政策。此类政策将产生两个层面的效果。一方面,这扭曲了要素在不同地区的边际回报,进而导致区域间的“虹吸效应”,即鼓励经济企业家将更多要素配置到享受优惠政策的地区。但另一方面,在任何一个区域内部,这不会扭曲要素在各个产业之间的相对回报,即不会改变经济企业家在各个产业之间的配置决策。

从政治企业家的决策难度看,区域政策的信息要求较低。在每个国家内部,不但地区数量,而且每个地区的资源禀赋都是相对稳定的,因而按照产业发展需求,就能比较容易确定应该对哪些地区提供优惠政策。

从政策评估角度看,如果区域政策主要吸引了外国投资,则没有优惠政策的地区将是评估区域政策效果的良好的替代性反事实;而如果区域间虹吸效应很强,这样做将会高估特区政策的实施效果。进一步,由于区域政策并不扭曲要素在不同产业之间的配置比例,所以,一旦某个产业在特区内证明是最具有比较优势或发展前景的,把这种经验移植到其他地区将很容易。

在此意义上,区域间虹吸效应可以被视为对信息外部性的一种补偿。这与中国渐进式改革的精神是一致的。的确,中国政府在设立经济特区时,一个重要的考量就是充分发挥市场机制,让特区内部的经济企业家先行先试,找到最符合中国比较优势的产业或产品,然后再将其成功经验推广到全国其他地方。

2. 中央层面的产业政策

中央政府选择某些产业并为其提供优惠政策(如太阳能板等),而对所有地区一视同仁。此类政策扭曲了要素在各个产业之间的边际回报,诱导经济企业家将更多资源配置到享有优惠政策的产业上面。中央政府之所以采取此类政策,是因为政治企业家认为某些产业是通过短期保护就能获得自我生存能力的"幼稚产业",或者是对国计民生具有重要影响的"战略性新兴产业"。这些行业通常被认为是具有很强的规模经济的,如果选对了方向,国家就会因此获得巨大的竞争优势;但如果选错了方向,国家则会因此遭受很大的损失。

从政治企业家的决策难度看,此类政策的信息要求非常高。一方面,如前所述,产业本身的边界是模糊不清的,而且还会随着经济形势和技术发展而不断演变。但是,政治企业家在选择特惠产业时必须对未来的经济形势以及各个产业的技术前景都有充分而准确的预期,这显然是极其困难的。另一方面,对于中国这样的大国,各个地区之间具有很大的禀赋差异,因而是否存在同时符合各地区比较优势的产业也是非常令人怀疑的。

从政策评估的角度看,此类政策几乎找不到合适的替代性反事实,因而无法科学地评估其真实效果。因为这是中央层面的政策,故不可能以任何一个地区作为对照组,只能寻找没有实施此产业政策而其他条件都非常类似的其他国家作为替代性反事实;但对于中国这样的大国而言,世界上并不存在这样的国家作为替代性反事实。

3. 地区层面的产业政策

中央政府层面没有特惠政策,但各地方政府会选择某些产业并对其提供优惠政策。与中央层面的产业政策相比,此类政策只会扭曲要素在每个地区内部各产业之间的要素回报率,进而影响每个地区内部经济企业家的产业选择。

从政治企业家的决策难度看,比中央层面的产业政策决策难度低很多,因为每个地区不但范围小了很多,而且地区内部的差异性也较小。

进一步,此时每个地区可以因地制宜,制定不同的产业政策,故从政策评估的角度看,各个地区可以相互构成替代性反事实,进而比较容易评估政策实施的真实效果。

现实情况是上述三种基本政策的组合。其中,区域政策的稳定性较高,产业政策则频频发生调整。在政策组合中,每种基本政策都会如前所述影响产业发展。不过,需要特别说明的是中央与地方产业政策的互动。在多数情况下,地方层面的产业政策需要与中央保持一致,结果是政策效果层层加码;但也有时候,如果地方认为中央政策非常不符合地方利益,他们就会采取"阳奉阴违"的策略来削弱中央政策的效果。比如,尽管地方无法公开反对中央政策,但可以选择一些与中央不同的产业进行大力支持,这在一定程度上会降低投资于中央特惠产业的相对回报。

四、基于共识的产业政策和经济发展的基本结论

近期的"林张之争"表明,人们对产业政策的作用乃至存废远未达成共识。考虑到产业发展总是与区域发展联系在一起的,本文从"特惠"视角提出了一个具有足够包容性的分析框架,将产业政策和区域政策分别定义为政府

从产业和区域维度实行的优惠政策，并从企业家精神、决策难度以及可考核性的角度，分别考察了不同政策的实施效果。

按照我们的理论分析和经验观察，笼统地肯定或否定产业政策皆不可取，因为产业政策的绩效与其制定和实施的政府层级密切相关。正如张五常在《中国的经济制度》中所论述的，区域竞争是改革开放以来中国经济取得巨大成就的关键因素[7]，而以招商引资等为代表的产业政策则是地方政府相互竞争的主要手段。借助中国独特的 GDP 锦标赛，地方官员(作为政治企业家)制定和实施产业政策的绩效是受到严格考核的，那些 GDP 表现较好的地区，其政府官员获得政治晋升的概率更高。与之相比，中央层面的产业政策则鲜见成功的案例。一方面，这是因为各地区、各产业差异巨大，进而正确决策的信息要求极高，难度极大；另一方面，是因为此类政策在本质上缺乏合适的替代性反事实，进而无法对政策制定者进行科学合理的考核。

产业政策对产业发展的影响还与经济发展阶段密切相关。改革开放初期，中国经济发展水平比较低，整个社会的主要矛盾是“人民日益增长的物质文化需要同落后的社会生产”之间的矛盾。在这种短缺经济下，“量就是质”，任何东西只要生产出来，就可以卖掉，GDP 基本上就是社会福利的“充分统计量”，各级官员在制定产业政策时面临的经济复杂性和技术不确定性都比较低，由 GDP 锦标赛所驱动的招商引资等产业政策往往都能取得很好的效果。但经过近四十年的高速经济增长，人们的收入水平大幅提高，需求层次日益高级化和分散化。此时要制定合理的产业政策就会面临难以克服的信息问题，因为官员已经很难了解市场的真正需求在哪里，也难以对日益复杂的技术前景做出准确的判断。

与产业政策相比，区域政策在概念界定上没有太大争议，在实际效果上也成就非凡。其中的原因是，区域政策(特区政策)通过制造虹吸效应为产业创新提供了巨大动力，同时又不改变要素在不同产业之间的相对回报，进而能够充分发挥市场企业家的产业选择功能。最成功也最典型的例子就是深圳。凭借特区政策，深圳已经从一个名不见经传的小渔村发展成为一个超级大都市，不但孕育了包括华为、腾讯、中兴、大疆、华大基因等在内的超级明星企业，而且深圳作为“世界之窗”也为中国其他地区提供了赖以借鉴的宝贵经验。

总体而言,产业政策会扭曲要素的产业间配置,要求决策者对各产业的发展前景都有准确把握,而决策层级越高,难度越大。区域政策尽管会导致区域间发展不平衡,却不会扭曲要素的产业间配置,故对决策者的信息要求比较低。区域政策和地区层面的产业政策具有较好的替代性反事实,绩效比较容易考核;中央层面的产业政策则难以考核。区域政策和地方层面的产业政策在政府引导和市场机制之间取得了良好的平衡,对经济发展起到了巨大的推动作用。中央层面的产业政策则因为决策信息要求太高以及难以进行绩效评估,鲜见成功的案例,因此必须再认真深入研究。

参考文献

[1] Heller M A. The Tragedy of the Anticommons: Property in the Transition from Marx to Markets[J]. Harvard Law Review, 1998, 111(3): 621-688.
[2] Tirole J. The Theory of Industrial Organization[M]. Cambridge: MIT Press, 1988.
[3] Murphy K M, Shleifer A, Vishny R W. Industrialization and the Big Push[J]. Journal of Political Economy, 1989(5): 1003-1026.
[4] Hausman R, Rodrik D. Economic Development as Self-Discovery[J]. Journal of Development Economics, 2003, 72(2): 603-633.
[5] [美]熊彼特. 经济发展理论[M]. 孔伟艳,朱攀峰,娄季芳,编译. 北京:北京出版社,2008.
[6] Baumol W J. Entrepreneurship: Productive, Unproductive, and Destructive[J]. Journal of Political Economy, 1990, 98(5): 893-921.
[7] 张五常. 中国的经济制度[M]. 香港:花千树出版公司,2008.

原载《探索与争鸣》2017 年第 2 期

双循环格局演进过程中的风险产业识别研究

刘江会　卢海燕　黄国妍*

加快形成以国内大循环为主体，国内与国际双循环相互促进的新发展格局是我国应对世界百年未有之大变局的重大战略选择，新发展格局背景下，党中央高度重视产业链、供应链安全稳定问题，并做出重大谋划和战略部署。党的二十大报告提出“增强国内大循环内生动力和可靠性，提升国际循环质量和水平，加快建设现代化经济体系，着力提高全要素生产率，着力提升产业链供应链韧性和安全水平”。建设安全稳定、自主可控的现代化产业体系是构建双循环新发展格局的基础，也是我国经济高质量发展的首要任务之一。

产业是大国的立国之本，但是，当前地缘政治动荡、新冠疫情和贸易摩擦等外部冲击导致全球产业分工的理论基础和实践基础都发生了深刻变化。其一，基于分工和专业化的效率逻辑而展开的全球产业链布局因考虑了安全因素后正在发生改变；欧美等主要国家产业链布局逐渐由效率逻辑为主的全球化的双循环模式向基于政治和安全逻辑的内循环为主转变。其二，跨国公司开始质疑长距离布局产业链，更加注重自主性和可控性，产业链在全球延展受挫；跨国公司产业链布局从追求“及时供应”(just in time)向考虑“以防万一”(just in case)转变。由此导致全球产业链的近岸化、本土化、碎片化趋势。其三，美国从遏制中国的角度出发，出台了一系列限制性政策措施，实质上加剧了中美在贸易和技术上的“脱钩”趋势，这一趋势如果持续下去必然导致中美之间发生产业链“脱钩”。这些变化给中国产业的发展带来重大冲击，

* 刘江会，上海师范大学商学院院长、教授；卢海燕，复旦大学经济学院博士生；黄国妍，上海师范大学商学院副教授。

当下我国产业链中间品对外依存度高、产业链现代化水平低、内循环相对不足等风险也日益凸显。这些变化与风险因素也必然对双循环新发展格局的构建提出重大挑战,并有可能成为制约中国经济高质量发展的重要因素。产业链安全可靠、自主可控成为未来我国产业发展必须考虑的关键变量[1—3]。

双循环新发展格局战略背景下,由于不同产业参与全球化分工的深度不同,嵌入全球价值链的程度不同,因此,在全球产业链重构以及由过去较多依赖国际循环的经济格局转向以内循环为主的新格局过程中,不同产业所面临的调整和遭遇的冲击必然不同。如何准确评估各产业内外双循环的状况,以及如何有效识别新发展格局演化过程中不同产业所面临的风险情况,尤其是如何有效识别关键产业的潜在风险,对于我国平稳推进双循环新发展格局并确保产业安全具有重要意义。而这不仅是支撑我国新发展格局形成的必要条件,也是确保新发展阶段我国全面建成社会主义现代化强国战略目标实现的重大议题。

目前国内学者在双循环水平评估方面虽有所尝试[4—5],但对识别双循环格局构建过程中的风险产业缺少有效的量化分析手段。鉴于此,本文将利用世界投入产出数据和复杂网络分析法,在对中国各产业双循环水平进行评估的基础上,通过"产业节点差异性"和"'产业边'的中间中心度"等指标来探究和识别双循环格局演进过程中面临高风险的产业,并据此提出针对性的政策建议。

一、文献综述

双循环新发展格局的演进过程,也是产业链调整和重塑的过程,由此给各产业带来的风险与各产业所嵌入的外部循环的相对水平高度相关。因此,要识别在双循环发展格局演进过程中哪些产业面临更高风险,先要对不同产业的内外循环水平进行准确评估。

(一) 双循环水平测度的研究

从数据和测度方法的角度,现有的有关双循环水平测度的研究可分为三种。一是基于 OECD-TiVA 行业投入产出数据的测度。如汪建新等[6]基于

OECD-TiVA 数据，通过分解进出口贸易中的国内外增加值的来源占比并进行国际比较，探究双循环水平及其有效联动的模式。二是基于对外依存度数据的测度。有学者借助对外贸易依存度、中间品出口比重和主要生产要素占全球比重等指标的测算，探究中国经济发展过程中内循环与外循环地位的演变过程及两者关系[7]。三是基于世界投入产出数据（World Input-Output Database，WIOD）的测度。黄群慧等[8]则在以经济循环理论解读新发展格局的基础上，基于供给端和需求端分别构建了国内国际循环测度指标，并提出基于列昂惕夫（Leontief）逆矩阵对一国 GDP 按照国内和国际循环生产结构进行分解的新方法。上述三种测度方法中，前两种方法主要基于传统意义上的统计指标，无法反映国内国际循环体系中产业间的关联性，第三种测度方法虽然考虑了产业部门间的关联性，但是限于研究目的，第三类文献只是测度了国内国际循环水平，而没有进一步深入地探究在双循环演进过程中可能存在的潜在风险。

（二）双循环格局演进与潜在风险

上述三类文献为测度国内国际循环水平提供了方法论，也为分析和识别在双循环新发展格局演进过程中不同产业面临的冲击和调整风险提供了可能性，并衍生出了丰富的研究成果，这些成果大致可以分为两类。一是以马克思主义政治经济学社会再生产理论为基础，分析双循环演进过程中存在的潜在风险。如王一鸣[9]从“生产、分配、流通和消费”四个环节相互衔接的角度归纳了构建双循环新格局面临的四种风险。李帮喜等[10]则应用马克思资本循环理论，在国民经济循环的理论框架下分析了国内需求与生产结构不匹配导致的对国际循环过度依赖的风险以及国际循环向国内循环过渡中经济硬着陆的风险。蔡昉等[11]、裴长洪等[12]及孔晓等[13]也据此提出相关论述。二是以全球供应链、价值链理论等作为分析双循环风险的逻辑基础。如王姝黛等[14]使用投入产出法与极值理论，计算在国内与国际经济循环体系中各部门的贸易中心度与金融风险，探讨贸易关联对金融风险的作用机制，并得出与其他部门间存在高强度贸易关联的中心部门具有“稳健但脆弱”的风险特征。刘戒骄等[15]分析了美国复兴制造业政策对制造业产业价值链的影响，进而探讨中国制造如何应对外循环中的贸易保护主义风险。王灵桂等[16]、郭克莎等[17]则分析了全球产业链的外循环出现“断链”情形时，处于全球价值链中低端的中国产业将会面临的冲击及其对双循环格局构建所产生的影响。马建堂[18]则基于疫情和贸易摩擦角度分析了外部冲击给中国双循环新发展格局形成带来的“梗阻”风险。何祚宇等[19]测算了中国外部循环内部化的潜力，并分析了外部循环内部化的短板。

但是，上述两类文献在研究双循环演进过程中存在的风险产业时，基本上都局限于定性分析范畴，缺少有效度量风险的量化指标及定量分析。

（三）复杂网络与产业关联、产业风险

基于投入产出数据分析产业关联度的复杂网络分析方法和技术的快速发展，为有效度量双循环格局演进过程中存在的风险产业提供了一个新的分析视角。相关研究认为要识别双循环演进过程中存在的风险产业，需要考虑各国及产业间存在的错综复杂的关联关系[20—21]，但由于反映各国产业间关联关系的数据并不满足常规统计学意义上的“变量独立性假设”，使得传统的多元统计方法无法处理关系数据[22]，因此，基于“关系”视角对社会现象及结构进行探究的复杂网络方法成为分析各国及产业间关联关系的一个可供选择的重要分析工具，并且已经在国际上形成了较为丰富的研究成果[23—25]，李敬等[26]尝试从区域关联网络的视角探究中国国民经济循环状况，王静[27]则从产业链与供应链上下游的关联集聚现象，探讨开放条件下两者的联动协调发展与影响因素。这些研究成果为从产业关联的角度测度国内国际循环水平及风险产业提供了新的可能性。

（四）研究述评

现有研究在双循环水平测度方面虽有尝试，但对双循环格局演进过程中存在的风险产业缺乏有效的量化分析手段，本文尝试做两方面的拓展研究。一方面，将网络分析方法与投入产出表有机结合，依据投入产出表中披露的各国产业及其中间品流动关系构建有向有值的全球产业网络，分别按照产品的国内及国际投入产出情况构建不同产业国内国际双循环水平测度指标，在一定程度上克服了传统统计指标在测度双循环水平时无法考虑国家间产业关联性的不足。另一方面，根据各国产业部门间的关联性，并基于复杂网络方法构建产业外

循环水平相对指数、节点差异性和“产业边”的中间中心度等量化指标，为有效测度和识别双循环中的风险产业提供了一个可行的测度方法。

二、国内国际双循环水平测度及潜在风险识别的指标说明

（一）全球产业网络构建方法及数据说明

网络分析方法将各行为主体及主体间关系抽象为网络中的“节点”和“产业边”，并借助多重指标描绘主体间关系的特征。网络分析方法凭借其强大的泛化能力，在社会学和经济学等多个领域和多种形式的复杂系统中得到广泛应用，如供应链网络[29]、全球海运网络[30]、乡村聚落空间网络[31]等。世界投入产出表中反映国家产业间产品消耗与分配关系的“中间投入-中间使用”矩阵[28]，产品间具有方向及大小的流动关系集合构成了加权有向的经济网络。投入产出表的水平和垂直方向分别表示某一产业部门产品在其他产业部门中的分配情况和某一产业部门对其各产业部门的中间消耗量。因此，投入产出表中披露的各国及产业间的产品流动关系可被分别视为构成全球产业网络的“节点”和“产业边”。

世界投入产出数据本身具有国家与产业的双重属性，因此，本文基于各国产业间中间品流动产生的关联关系测度国内国际循环水平，并进一步探究双循环新发展格局构建中存在的风险产业。本文使用 WIOD 2016 年公布的 2000—2014 年世界投入产出表，构建包含 43 个国家和 56 个产业，共计 2 408 个国家-产业节点的全球产业网络。

为更好地诠释各国产业部门间的关系，以便进行国内国际双循环水平的测度及风险产业识别指标的计算，本文以中国、美国和其他国家为例，绘制了标注出产业及“产业边”的全球产业网络示意图（见图 1）。

（二）国内国际双循环水平测度

1．国内循环水平（$Circulation_{in}^{i}$）

国内循环可解释为发生在封闭系统内的经济循环，而国际循环则可理解为发生于系统外部的经济循环[8]。在投入产出视角下，国内循环水平

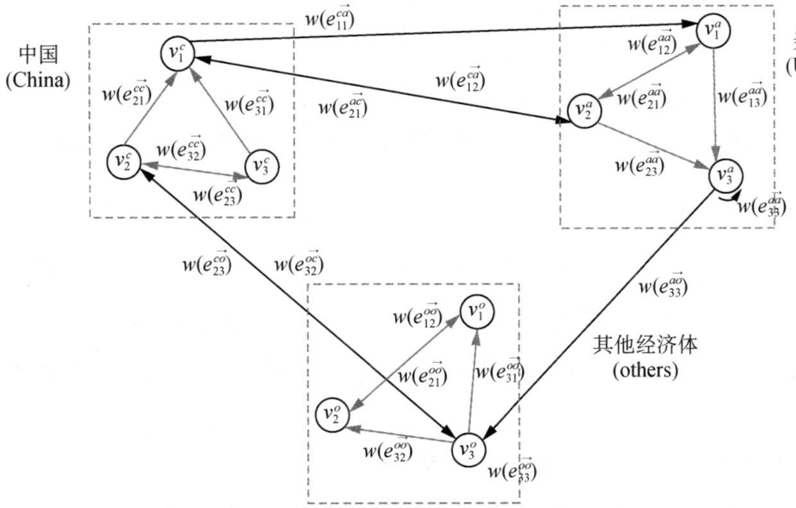

图 1　以中国、美国及其他经济体为例的产业网络结构

($Circulation_{in}^{i}$)可视作国内各产业部门之间依托中间品流动所建立的投入产出关系强度。产业间中间品的流动为有方向的价值流，因此，国内循环水平可通过式(1)计算得出：

$$Circulation_{in}^{i}=\sum_{p=1}^{n}\sum_{q=1}^{n}w(e_{pq}^{\overleftrightarrow{ii}}) \tag{1}$$

式(1)中，$Circulation_{in}^{i}$ 为 i 国的国内循环水平，$w(e_{pq}^{\overleftrightarrow{ii}})$ 表示 i 国内部 p 产业与 q 产业之间建立的“产业边”的强度大小(即 i 国内部 p 产业与 q 产业之间流动的中间品价值)，$\sum_{p=1}^{n}\sum_{q=1}^{n}w(e_{pq}^{\overleftrightarrow{ii}})$ 表示 i 国内部各产业间建立的所有“产业边”的强度之和(即 i 国内部所有产业间流动的中间品价值之和)。式(1)的值越大，则 i 国国内产业部门间的投入产出联系越强，即一国内循环水平越高，内需程度越高。

2. 国际循环水平($Circulation_{out}^{i}$)

在投入产出视角下，一国经济国际循环水平可以理解为该国与其他国家产业部门之间依托中间品所建立的投入产出关系强度，这一关系强度可以表示如下：

$$Circulation_{out}^{i}=\sum_{p,\,q=1}^{n}\sum_{j=1,\,j\neq i}^{m}w(e_{pq}^{\overleftrightarrow{ij}}) \tag{2}$$

式(2)中，$Circulation_{out}^{i}$ 为 i 国经济国际循环水平，$w(e_{pq}^{\overleftrightarrow{ij}})$ 为 i 国 p 产业与 j 国 q 产业之间建立的"产业边"的强度大小(即在 i 国 p 产业与 j 国 q 产业之间流动的中间品价值)，$\sum_{p,\,q=1}^{n}\sum_{j=1,\,j\neq i}^{m}w(e_{pq}^{\overleftrightarrow{ij}})$ 为 i 国各产业与所有其他国家各产业之间建立的所有"产业边"的强度之和(即 i 国各产业与所有其他国家各产业之间流动的中间品价值之和)。式(2)的值越大，则 i 国各产业部门与其他经济体产业部门之间流动的中间品总价值越高、投入产出关系越强，i 国的整体国际循环水平越高。

3. 一国外循环水平相对指数($E\text{-}I\ Index^{i}$)

复杂网络的凝聚子群密度可以用来测度子群内部成员间及两个不同的子群成员间的关系。本文借助凝聚子群密度来描述不同国家的外循环水平相对指数($E\text{-}I\ Index^{i}$)，以期对驱动各国经济发展的因素更依赖自身的内循环还是与其他经济体间的外循环做出判断。

$$E\text{-}I\ Index^{i}=\frac{\sum_{p,\,q=1}^{n}\sum_{j=1,\,j\neq i}^{m}w(e_{pq}^{\overleftrightarrow{ij}})-\sum_{p=1}^{n}\sum_{q=1}^{n}w(e_{pq}^{\overleftrightarrow{ii}})}{\sum_{p,\,q=1}^{n}\sum_{j=1,\,j\neq i}^{m}w(e_{pq}^{\overleftrightarrow{ij}})+\sum_{p=1}^{n}\sum_{q=1}^{n}w(e_{pq}^{\overleftrightarrow{ii}})} \tag{3}$$

式(3)中，$E\text{-}I\ Index^{i}$ 指的是 i 国的外循环水平相对指数，其中分子为 i 国国际循环水平 $\left[\sum_{p,\,q=1}^{n}\sum_{j=1,\,j\neq i}^{m}w(e_{pq}^{\overleftrightarrow{ij}})\right]$ 与国内循环水平 $\left[\sum_{p=1}^{n}\sum_{q=1}^{n}w(e_{pq}^{\overleftrightarrow{ii}})\right]$ 之差，分母为 i 国国际循环水平与国内循环水平之和。

$E\text{-}I\ Index^{i}$ 的取值范围为[−1, 1]，该值越接近 1，则表示驱动 i 国经济发展的因素越依赖其与其他经济体之间建立的外循环；相反，越接近−1，则驱动 i 国经济发展的因素越依赖其自身建立的内循环。

(三) 双循环新发展格局演进中存在的风险产业识别指标测度

本文进一步基于产业维度，构建产业外循环水平相对指数、产业节点差异性和"产业边"的中间中心度三个指标，对双循环新发展格局演进过程中存在的风险产业进行识别。外循环水平相对指数用于探究哪些产业发展的驱动因素更倾向于依赖与国外产业部门之间建立的外循环。产业节点差异性进一步通过产业与其他经济体间经济联系的分布情况找出面临外部风险较高的产业。“产业边”的中间中心度则更深入地探究产业网络中资源传输功能最强、处于核心位置的“产业边”,并明晰产业的对外依附情况。

1. 产业的外循环水平相对指数($E\text{-}I\ Index_p^i$)

与各国外循环水平相对指数的构建思路类似,使用 $E\text{-}I\ Index_p^i$ 测算一国各产业的外循环水平相对指数,以确定驱动各产业发展的因素是更倾向于其与国内各产业部门间的内循环还是与国外产业部门间建立的外循环。

$$E\text{-}I\ Index_p^i=\frac{\sum_{q=1}^{n}\sum_{j=1,\ j\neq i}^{m}w(\overleftrightarrow{e}_{pq}^{ij})-\sum_{q=1}^{n}w(\overleftrightarrow{e}_{pq}^{ii})}{\sum_{q=1}^{n}\sum_{j=1,\ j\neq i}^{m}w(\overleftrightarrow{e}_{pq}^{ij})+\sum_{q=1}^{n}w(\overleftrightarrow{e}_{pq}^{ii})} \tag{4}$$

式(4)中,$E\text{-}I\ Index_p^i$ 为 i 国 p 产业的外循环水平相对指数,$\sum_{q=1}^{n}\sum_{j=1,\ j\neq i}^{m}w(\overleftrightarrow{e}_{pq}^{ij})$ 表示 i 国 p 产业与所有其他经济体各产业之间建立的所有“产业边”的强度之和(即 i 国 p 产业与所有其他经济体各产业之间流动的中间品价值之和),$\sum_{q=1}^{n}w(\overleftrightarrow{e}_{pq}^{ii})$ 则为 i 国 p 产业与本国所有其他产业部门之间建立的所有“产业边”的强度之和(即 i 国 p 产业与本国所有其他产业部门之间流动的中间品价值之和)。

$E\text{-}I\ Index_p^i$ 的取值范围为[−1, 1],其值越接近1,则表示驱动 i 国 p 产业发展的因素越依赖其与国外产业部门间建立的外循环;相反,越接近−1,则驱动 i 国 p 产业发展的因素越依赖国内产业部门间建立的内循环。

2. 产业节点差异性($disparity_p^i$)

节点差异性($disparity_p^i$)用于衡量各国产业投入产出关系分布的离散化程度,判断一国产业所建立的经济联系是集聚于少数国家的产业还是较为均匀地分布于多个国家的产业[32—33]。该指标可用于识别一国特定产业在国内国际循环过程中存在的风险大小,某产业的节点差异性越高,意味着与该产业有经济联系的关联产业越集聚于少数国家,则该产业被这些少数国家“卡脖子”的风险越高。节点差异性($disparity_p^i$)指标计算方法如下:

$$disparity_p^i=\frac{(n-1)\sum_{q=1,\ q\neq p}^{n}\sum_{j=1,\ j\neq i}^{m}\left[\frac{w(e_{pq}^{\overleftrightarrow{ij}})}{s(v_p^i)}\right]^2-1}{n-2} \tag{5}$$

式(5)中，$\left[\frac{w(e_{pq}^{\overleftrightarrow{ij}})}{s(v_p^i)}\right]^2$ 是 i 国 p 产业与 j 国 q 产业之间流动的中间品价值$[w(e_{pq}^{\overleftrightarrow{ij}})]$占 i 国 p 产业与所有国外产业部门间流动的中间品总价值$[s(v_p^i)]$的比率的平方，它反映的是 i 国 p 产业与 j 国 q 产业之间的投入产出关系在 i 国 p 产业与所有其他国家建立的产业联系网络中的重要性。$\sum_{q=1,\ q\neq p}^{n}\sum_{j=1,\ j\neq i}^{m}\left[\frac{w(e_{pq}^{\overleftrightarrow{ij}})}{s(v_p^i)}\right]^2$ 表示 i 国 p 产业与国外每一个特定的产业部门间流动的中间品价值占 $s(v_p^i)$ 的比率的平方和。

$disparity_p^i$ 指标的取值范围为 0～1，节点差异性取值越接近 0，则该产业由于建立对外经济联系而造成的整体风险越低，不会由于依赖个别国家而产生较高的技术溢出风险。节点差异性取值越接近 1，则该产业所建立的对外经济联系越集中，面临的风险越高(见图 2)。

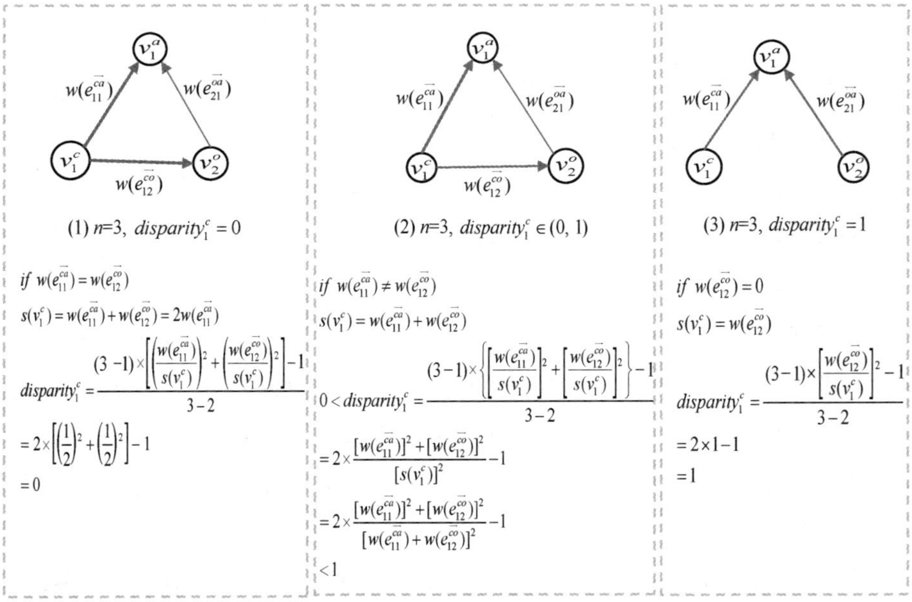

图 2　产业节点差异性指标举例说明

3. "产业边"的中间中心度$[EB(e_{gh}^{\vec{kl}})]$

"产业边"的中间中心度$[EB(e_{gh}^{\vec{kl}})]$测度了以 k 国 g 产业和 l 国 h 产业之间的投入产出关系作为"桥梁"将其他产业连接起来的能力。为计算 $EB(e_{gh}^{\vec{kl}})$，首先要搞清楚"产业边" $e_{gh}^{\vec{kl}}$ 所连接起来的产业路径有哪些，并找出其中的关键产业路径。

本文借鉴相关学者[34—35]的做法，将加权网络中的关键产业路径定义为连接 i 国 p 产业与 j 国 q 产业所有可能的路径中，对 j 国 q 产业贡献最大的一条特定路径。贡献越大，则意味着该路径上中间品的流动能力越强、速度越快。记连接 i 国 p 产业部门与 j 国 q 产业部门的产业链为 $\overrightarrow{v_p^i v_q^j}$，该产业链对应的产业路径如下：

$$\overrightarrow{v_p^i v_q^j} = \{v_{g_1}^{k_1}, v_{g_2}^{k_2}, \cdots, v_{g_n}^{k_m}\} = v_p^i \rightarrow v_{g_1}^{k_1} \rightarrow v_{g_2}^{k_2} \rightarrow \cdots \rightarrow v_{g_n}^{k_m} \rightarrow v_q^j$$

该产业路径由 $e_{pg_1}^{\overrightarrow{ik_1}}$, $e_{g_1g_2}^{\overrightarrow{k_1k_2}}$, $\cdots$, $e_{g_nq}^{\overrightarrow{k_mj}}$ 等"产业边"组成，如果构成某产业链的"产业边"的组合不同，则意味着该产业链有多条不同的产业路径。产业链 $\overrightarrow{v_p^i v_q^j}$ 某条特定产业路径的重要性计算如下：

$$dist(\overrightarrow{v_p^i v_q^j}) = \prod_{i \neq k_1 \neq k_2 \neq \cdots \neq k_m \neq j,\ p \neq g_1 \neq \cdots \neq g_n \neq q} a(e_{pg_1}^{\overrightarrow{ik_1}}) a(e_{g_1g_2}^{\overrightarrow{k_1k_2}}) \cdots a(e_{g_nq}^{\overrightarrow{k_mj}}) \tag{6}$$

式(6)中，$a(e_{g_1g_2}^{\overrightarrow{k_1k_2}}) = \dfrac{w(e_{g_1g_2}^{\overrightarrow{k_1k_2}})}{x_{g_2}^{k_2}}$ 指的是 k_1 国 g_1 产业投入到 k_2 国 g_2 产业的中间品价值 $\left[w(e_{g_1g_2}^{\overrightarrow{k_1k_2}})\right]$ 占 k_2 国 g_2 产业总投入 $(x_{g_2}^{k_2})$ 的比例。使得式(6)取值最大的产业路径，即产业链 $\overrightarrow{v_p^i v_q^j}$ 的关键产业路径。"产业边" $e_{gh}^{\vec{kl}}$ 的中间中心度 $\left[EB(e_{gh}^{\vec{kl}})\right]$ 的测算可以表示如下：

$$EB(e_{gh}^{\vec{kl}}) = \sum_{p,\ q=1}^{n} \sum_{i,\ j=1}^{m} \frac{N(e_{gh}^{\vec{kl}})_{pq}^{\vec{ij}}}{N_{pq}^{\vec{ij}}} \tag{7}$$

式(7)中，$N(e_{gh}^{\vec{kl}})_{pq}^{\vec{ij}}$ 表示连接 i 国 p 产业与 j 国 q 产业的产业链经过特定"产业边" $(e_{gh}^{\vec{kl}})$ 的关键产业路径的总数量，$N_{pq}^{\vec{ij}}$ 是指连接 i 国 p 产业与 j

国 q 产业的产业链的关键产业路径的总数量，$\sum_{p,\, q=1}^{n} \sum_{i,\, j=1}^{m} \frac{N(\vec{e_{gh}^{kl}})_{pq}^{\vec{ij}}}{N_{pq}^{\vec{ij}}}$ 为全球产业网络中连接任意两个产业的产业链经过“产业边”（$\vec{e_{gh}^{kl}}$）的所有关键产业路径数量与网络中连接任意两个产业的产业链的所有关键产业路径数量比值之和。

中间品由产业节点 v_g^k 流向产业节点 v_h^l 所形成的“产业边” $\vec{e_{gh}^{kl}}$ 的中间中心度 $EB(\vec{e_{gh}^{kl}})$ 值越大，表明 k 国 g 产业与 l 国 h 产业间的投入产出关系在整个产业网络中的地位越重要。表现出更高的中间中心度的“产业边”在受到外界冲击时会对整体网络造成更大的影响与冲击[36]。同时，$EB(\vec{e_{gh}^{kl}})$ 的值越大，表明与 k 国 g 产业相关的整个产业网络对 l 国 h 产业的依附性越强，也意味着 k 国 g 产业及其关联产业所面临的外部风险越大。

三、经济循环的国际特征与我国风险产业识别

（一）经济循环的国际特征：“以内循环为主”是大国共同特征并有强化趋势，成为塑造全球经济格局的重要因素

由式(3)计算得到的国家外循环水平相对指数（$E\text{-}I\ Index^i$）结果如图 3 所示。

首先，大国经济的特征都是以内需为主导，内部可循环。中国、德国、美国、日本等国的外循环水平相对指数均小于 0，中国和美国在－0.7 左右。爱尔兰、卢森堡等国外循环水平相对指数均大于 0，其中卢森堡接近 0.5，表现出较强的外向型经济特征。这也意味着大国经济活动相较于小国而言，内部产业间的联系更重要，而小国经济则更依赖与其他经济体产业部门之间的互动与联系，呈现出典型的所谓“大国大内循环，小国大外循环”特征。

其次，“以内循环为主”逐渐成为塑造全球经济格局的重要因素。进入 21 世纪以来，由于地缘政治、重大外部冲击的影响，各国的产业链系统更加注重自主性和可控性，促使全球产业链从“离岸”布局向“近岸”布局转变。在这一趋势下，各国的外循环水平相对指数普遍呈现出下降趋势，即各国经济

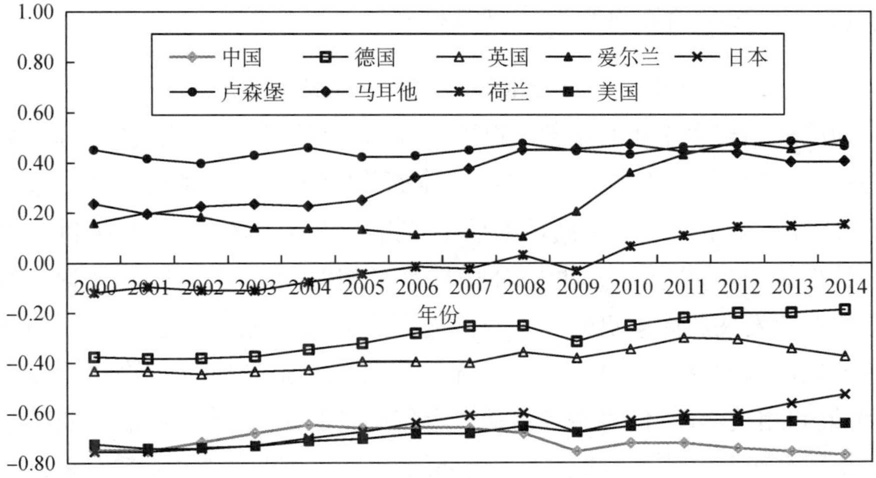

图 3　主要经济体 2000—2014 年外循环水平相对指数

“以内循环为主”的特征具有强化趋势，并成为重新塑造全球经济格局的重要因素。

顺应这一趋势，中国经济的外循环水平相对指数总体上呈现出先上升后下降的倒 U 型状态（见图 4），国内大循环在经济中的重要性越来越凸显，同时中国超大规模国内消费市场潜力的释放使得驱动中国经济发展的因素可以更多地依赖国内产业部门间建立的内循环。

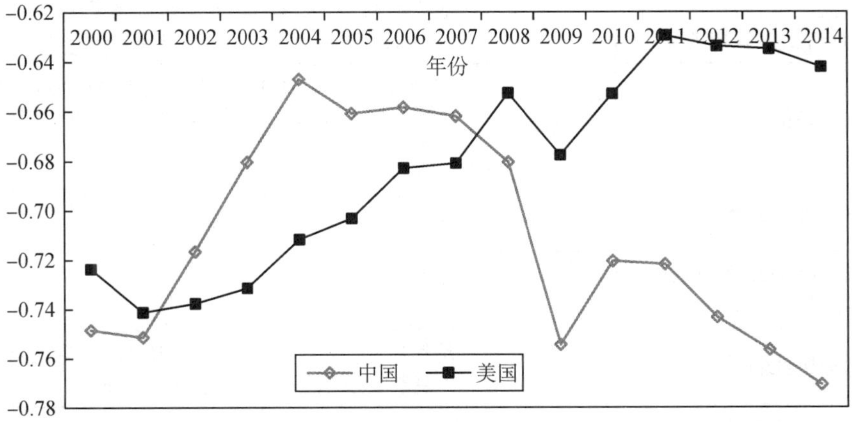

图 4　中国和美国外循环水平相对指数

(二) 双循环新发展格局演进过程中风险产业的识别

1. 产业外循环水平相对指数与"卡脖子"风险产业识别

中国外循环水平相对指数较高的产业与《科技日报》提出的"亟待攻克的核心技术"具有高度的重合性,这些产业面临"卡脖子"的风险较高。通过式(4)可以计算得出产业的外循环水平相对指数($E\text{-}I\ Index_p^i$)。根据世界投入产出数据的测算,中国各产业的外循环水平相对指数均小于0,这意味着驱动这些产业发展的因素更倾向于与国内产业部门之间建立的内循环。其中,通过比较可以发现,"计算机、电子、光学产品的制造""航空运输""计算机编程、咨询和相关活动;信息服务活动""电气设备的制造"等产业的外循环水平相对指数高于其他产业,即这些产业部门所建立的投入产出关系中来自其他经济体的部分的重要性相对于其他产业来说更高,更容易受到外部风险的影响,自主可控性有待进一步提升。

表1 外循环水平相对指数较高的产业与"亟待攻克的核心技术"

产业	*E-I* 指数	《科技日报》提出的"亟待攻克的核心技术"
计算机、电子、光学产品的制造	−0.646	光刻胶、顶级光刻机、射频器件、芯片、机器人触觉传感器、高端电容电阻、医学影像探测器、平板显示大号靶材、激光雷达
航空运输	−0.690	航空的适航标准、航空发动机短舱
计算机编程、咨询和相关活动;信息服务活动	−0.752	航空软件、操作系统、工业机器人算法、电子设计自动化工业软件、数据管理系统
电气设备的制造	−0.802	重型燃气轮机的叶片、真空蒸镀机、高压柱塞泵、水下连接器、电控柴油机高压共轨系统、高端焊接电源技术
机械和设备的制造	−0.837	掘进机主轴承、蛋白质3D高清透射式电镜、扫描电镜
金属制品的制造,机械和设备除外	−0.841	微球
基本金属的制造	−0.858	超精密抛光工艺、高端隔膜技术、航空钢材、铣刀材料、高端轴承钢、高强度不锈钢
化工和化工产品的制造	−0.862	车用燃料电池材料、环氧树脂
基本药品产品和药品制剂的制造	−0.920	创新药"靶点"

将外循环水平相对指数表现较高的产业与《科技日报》所提出的 35 项亟待攻克的“卡脖子”关键技术领域比较可以发现，两者之间具有较高一致性。其中，诸如“计算机、电子、光学产品的制造”的关键产业，既处于价值链中高端环节，又是“卡脖子”关键技术领域（如芯片、光刻胶和顶级光刻机等）。因此，识别并注重该类产业的发展，夯实产业基础能力，提升自主创新能力，将有助于降低双循环新发展格局构建中存在的潜在风险。

2. *产业节点差异性与“替代备份”不足的风险产业识别*

中国产业的海外关联产业节点的集中度比较高，尤其是资源类产业和高附加值制造业的关联产业面临“替代备份”不足的风险。由式(5)计算得到的产业节点差异性（$disparity_p^i$）用于衡量产业节点建立经济联系的分散化程度，即权衡其所连接“产业边”的强度是否均匀。2014 年中国产业节点差异性的平均值为 0.050，整体而言与其他经济体建立的经济联系较为集中。美国的产业节点差异性的平均值为 0.032，英国 0.021、法国 0.016、德国 0.014，这些发达经济体产业与其他经济体建立的投入产出关系相对而言更平均，面临的整体风险较低（见图 5）。

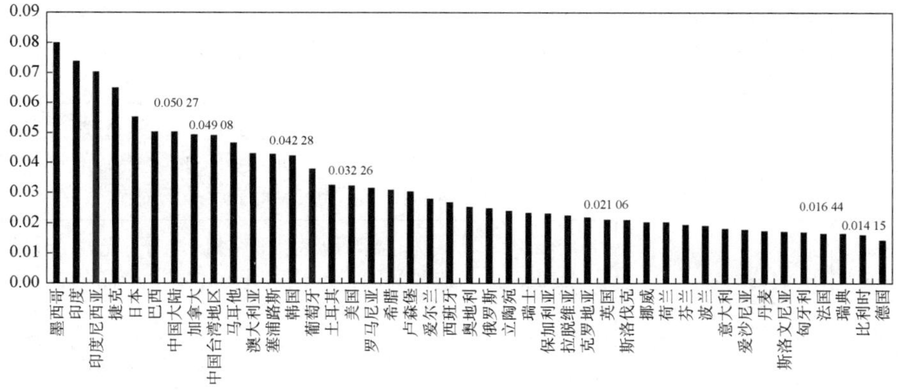

图 5　各国家或地区产业节点差异性指数平均值

对中国 56 个产业节点的差异性进行测度的结果显示，产业节点差异性指数排名靠前的产业主要有两类：一类是资源和能源类产业，另一类是高附加值制造业。其中，与中国资源能源类产业（如“焦炭和成品油的制造”“采石”等）有关联关系的海外产业节点主要集中在澳大利亚、俄罗斯、巴西等经济体。我国“计算机、电子、光学产品的制造”和“计算机编程、信息服务”等高附加值产业，其海外关联产业节点主要集中于韩国、日本、美国等经济体。这意味着在地缘政治和外部事件冲击下，我国资源能源类产业和高附加值制造业产业链、供应链遭遇断裂或“断供”的风险更高（如美国制约中国的高科技企业“芯片”等产品的获取），面临“替代来源的产业备份系统”不足的问题更为突出。

表 2　2014 年产业节点差异性与所建立的投入产出关系集中于哪些经济体的产业（部分）

排名	产业	节点差异性	建立的投入产出关系集中于哪些经济体的产业
1	焦炭和成品油的制造	0.262	“澳大利亚：采石”“俄罗斯：采石”“巴西：采石”
2	林业和伐木工程	0.251	“巴西：农作物和动物生产、狩猎及相关服务活动”“韩国：化工和化工产品的制造”“中国台湾地区：化工和化工产品的制造”
3	电力、燃气、蒸汽供应	0.235	“澳大利亚：采石”“俄罗斯：采石”“巴西：采石”
4	采石	0.129	“澳大利亚：采石”“俄罗斯：采石”“巴西：采石”
5	其他专业、科学和技术活动；兽医活动	0.112	“中国台湾地区：计算机、电子、光学产品的制造”“韩国：计算机、电子、光学产品的制造”“日本：计算机、电子、光学产品的制造”
6	计算机、电子、光学产品的制造	0.071	“中国台湾地区：计算机、电子、光学产品的制造”“韩国：计算机、电子、光学产品的制造”“日本：计算机、电子、光学产品的制造”
7	电信公司	0.068	“中国台湾地区：计算机、电子、光学产品的制造”“韩国：计算机、电子、光学产品的制造”“日本：电气设备的制造”
8	基本金属的制造	0.067	“澳大利亚：采石”“韩国：基本金属的制造”“俄罗斯：采石”

3.“产业边”的中间中心度与关键产业路径自主可控性风险识别

中国产业深度嵌入全球产业网络体系，其中，制造业的关键投入产出关系及其所连接的关键产业路径受制于其他经济体的程度最高，自主可控性亟待提升。

通过式（7）可以测算出与中国 56 个产业所连接的所有“产业边”的中间

中心度$\left[EB(e_{gh}^{\vec{kl}})\right]$，根据该指标我们可以分析我国各产业所嵌入的产业路径中有哪些路径在全球产业链体系中属于关键路径，以及这些关键路径的关键环节是否受制于人。比如，“中国大陆的计算机、电子、光学产品的制造”与“中国台湾地区的计算机、电子、光学产品的制造”之间的投入产出关系作为桥梁连接其他相关产业节点的能力最强，其之所以能够发挥核心连接作用，主要源于台积电作为全球最大的芯片代工厂及 5G 芯片和 7 nm 芯片的重要生产商，对于满足华为等国内企业的高端芯片需求至关重要。由于美国的施压，台积电停止为华为等中国手机制造商生产芯片，导致与此相关的上下游产业陷于停摆，如果通过建立其他产业路径恢复生产网络将面临巨大成本。

中国制造业所嵌入的全球产业网络中，关键产业路径受制于其他经济体的上述现象相较于其他产业而言尤为突出。根据测算结果可知，在世界投入产出表所刻画的全球产业网络体系中，中国服务业所嵌入的全部产业路径中有 381 条属于关键路径，有 9 对产业节点间的投入产出关系起到了核心连接作用，其中有 2 对是受制于其他经济体的，因为它们是由国内服务业与其他经济体的产业节点之间的投入产出关系构成的(占比 22.22%)，其所连接的关键产业路径有 56 条(占比为 14.69%)。

我国制造业所嵌入的全球产业网络体系中，自主可控性受制于其他经济体的程度明显高于服务业和生产性服务业。根据测算结果，我国生产性服务业受制于其他经济体的关键投入产出关系及其所连接的关键产业路径的数量占比分别为 26.66%和 9.16%，服务业两项占比分别为 22.22%和 14.69%。制造业的相应占比则分别为 38.89%和 15.13%，这意味着，在全球制造业网络体系中，我国对关键产业节点的自主可控性亟待提高。

四、研究结论与政策启示

(一) 研究结论

第一，国内国际循环水平的测度结果表明，大国经济的特征都是以内需为主导、内部可循环，各国经济“以内循环为主”的特征具有强化趋势，并成为重新塑造全球经济格局的重要因素；第二，将外循环水平相对指数表现较高的产业与《科技日报》所提出的35项亟待攻克的“卡脖子”关键技术领域比较可以发现，两者之间具有较高一致性；第三，中国海外关联产业节点的集中度比较高，尤其是资源能源类产业和高附加值制造业的关联产业面临“替代备份”不足的风险；第四，中国产业深度嵌入全球产业网络体系，其中，制造业的关键投入产出关系及其所连接的关键产业路径受制于其他经济体的程度最高，自主可控性亟待提升。

（二）政策启示

第一，为实现国内大循环为主的新发展格局，需要加快推进国内统一大市场建设，尤其是要强化国内城市间的连通性，充分发挥国内超大市场规模经济优势，为国内大循环为主的新发展格局提供支撑。中国要加快恢复国内产业链因为疫情冲击中断的部分，实现资本、技术和数据等要素在国内更大范围内的循环畅通，打造能够满足消费结构升级的商品和服务市场，形成具有特色的国内产业价值链，尤其是加快释放珠三角、长三角等城市群的经济效益与溢出效应，加快城市群之间的创新合作与协同发展。

第二，面临“卡脖子”的风险较高产业，需要切实提高原始创新和自主创新的能力与质量，突破关键核心技术对外国的依附性，实现以技术“补链”和“强链”。党的二十大报告提出建设现代化产业体系，“在关系安全发展的领域加快补齐短板，提升战略性资源供应保障能力”。将攻克关键技术领域的“卡脖子”环节提高至国家战略的高度，加快推进和完善中国自身的技术创新水平和体系建设。加大对知识产权的保护力度，鼓励实质性创新而非策略性创新。汇聚国家科研部门、企业、高校与科研院所、社会资本等多方力量，形成各创新主体相互协同的创新生态，推动关键技术的创新突破。

第三，积极适应全球产业链的近岸化和区域化的新趋势，加快推进长三角、粤港澳大湾区等区域一体化战略，通过区域内城市优势互补、规模互借、产业共生、创新协同，打造安全可靠的区域产业链体系，打破海外关联产业的高度集中带来的风险。聚焦双循环格局演进过程中的潜在风险产业，特别是断供风险较大的产业领域，进行精准产业链和供应链的战略设计，在保障产业链分工效率的情况下，构建必要的备份系统和多元化的供给方案，以国内产业集群为载体推动产业链、供应链与创新链的融合发展，进而实现产业安全的目标。积极培育本土跨国公司及专精特新企业，增强区域性产业链的配套设施和供应链的组织能力，巩固制造业基础和支柱地位。

第四，更大范围开放，深化“一带一路”、区域全面经济伙伴关系协定（regional comprehensive economic partnership，RCEP）高水平开放合作，为产业链的全球布局开辟更多元化的市场，提升产业路径中的关键环节的自主可控性。一方面，通过与发达经济体间建立的互补和竞合关系构建大口径外循环，以形成“以外带内”的双驱动战略，促进国内创新链与产业链的融合发展。另一方面，拉长板，利用中国在数字经济、低碳产业的发展优势，通过加强与“一带一路”和RCEP国家的合作，形成以中国企业和产业为核心的关键产业路径。通过创新产业集群发展，以及良好的营商环境建设，吸引全球的创新资源与创新资本的集聚，开拓更广阔的全球范围配置要素的市场空间和供应空间，使中国国内的产业链体系于国际市场得到延展布局，增强中国产业在全球的核心地位及重要性，加强企业在产业链建立的国际布局与关联中的主导位置。

参考文献

[1] 刘志彪. 重塑中国经济内外循环的新逻辑[J]. 探索与争鸣，2020(7)：42—49，157—158.

[2] 黄群慧. 新发展格局的理论逻辑、战略内涵与政策体系——基于经济现代化的视角[J]. 经济研究，2021，56(4)：4—23.

[3] 高培勇. 构建新发展格局：在统筹发展和安全中前行[J]. 经济研究，2021，56(3)：4—13.

[4] 陈全润，许健，夏炎，等. 国内国际双循环的测度方法及我国双循环格局演变趋势分析[J]. 中国管理科学，2022，30(1)：12—19.

[5] 黎峰. 国内国际双循环：理论框架与中国实践[J]. 财经研究，2021，47(4)：4—18.

[6] 汪建新，杨晨. 促进国内国际双循环有效联动的模式、机制与路径[J]. 经济学家，2021(8)：42—52.

[7] 江小涓，孟丽君. 内循环为主、外循环赋能与更高水平双循环——国际经验与中国实践[J]. 管理世界，2021，37(1)：1—19.

[8] 黄群慧，倪红福. 中国经济国内国际双循环的测度分析——兼论新发展格局的本质特征[J]. 管理世界，2021，37(12)：40—58.

[9] 王一鸣. 百年大变局、高质量发展与构建新发展格局[J]. 管理世界，2020，36(12)：1—13.

[10] 李帮喜，赵奕菡，冯志轩，等. 价值循环、经济结构与新发展格局：一个政治经济学的理论框架与国际比较[J]. 经济研究，2021，56(5)：4—19.

[11] 蔡昉，陈晓红，张军，等. 研究阐释党的十九届五中全会精神笔谈[J]. 中国工业经济，

2020(12):5—27.
[12] 裴长洪,刘洪愧.构建新发展格局科学内涵研究[J].中国工业经济,2021(6):5—22.
[13] 孔晓,谢地.构建新发展格局与马克思主义经济学的创新发展——全国第十四届马克思主义经济学发展与创新论坛综述[J].经济研究,2021,56(3):204—208.
[14] 王姝黛,杨子晖.产业贸易中心性、贸易外向度与金融风险——兼论新发展格局下的金融风险防范机制[J].中国工业经济,2022(8):63—81.
[15] 刘戒骄,王文娜,王德华,等.美国复兴制造业政策有效性及中国的应对策略[J].中国软科学,2022(7):1—16.
[16] 王灵桂,洪银兴,史丹,等.阐释党的十九届六中全会精神笔谈[J].中国工业经济,2021(12):5—30.
[17] 郭克莎,田潇潇.加快构建新发展格局与制造业转型升级路径[J].中国工业经济,2021(11):44—58.
[18] 马建堂.建设高标准市场体系与构建新发展格局[J].管理世界,2021,37(5):1—10.
[19] 何祚宇,高重阳,李敬子.中国外部循环内部化的潜力、短板与福利——基于保留价格和供需匹配的视角[J].中国工业经济,2022(6):24—41.
[20] Fagiolo G, Reyes J, Schiavo S. On the Topological Properties of the World Trade Web: A Weighted Network Analysis [J]. Physica A: Statistical Mechanics and Its Applications, 2008, 387(15): 3868-3873.
[21] Abeysinghe T, Forbes K. Trade Linkages and Output-Multiplier Effects: A Structural VAR Approach with a Focus on Asia[J]. Review of International Economics, 2005, 13(2): 356-375.
[22] Albert R, Barabási A. Statistical Mechanics of Complex Networks[J]. Reviews of Modern Physics, 2002, 74(1): 47.
[23] Tsekeris T. Network Analysis of Inter-Sectoral Relationships and Key Sectors in the Greek Economy[J]. Journal of Economic Interaction and Coordination, 2017, 12(2): 413-435.
[24] Mi Z, Meng J, Zheng H, et al. A Multi-Regional Input-Output Table Mapping China's Economic Outputs and Interdependencies in 2012 [J]. Scientific Data, 2018, 5(1): 180155.
[25] Zhang M. Sectoral Risk Research about Input-Output Structure of the United States [J]. Physica A: Statistical Mechanics and Its Applications, 2018, 491: 199-208.
[26] 李敬,刘洋.中国国民经济循环:结构与区域网络关系透视[J].经济研究,2022,57(2):27—42.
[27] 王静.跨界共融的产业链与供应链双联动协调发展研究[J].中国软科学,2021(6):31—43.
[28] 刘世锦,韩阳,王大伟.基于投入产出架构的新冠肺炎疫情冲击路径分析与应对政策[J].管理世界,2020,36(5):1—12,51,263.
[29] Basole R C, Bellamy M A. Supply Network Structure, Visibility, and Risk Diffusion: A Computational Approach[J]. Decision Sciences, 2014, 45(4): 753-789.

[30] Xu M, Pan Q, Alessandro M, et al. Modular Gateway-ness Connectivity and Structural Core Organization in Maritime Network Science[J]. Nature Communications, 2020, 11(1): 1-15.
[31] Yue Q, He J, Liu D. Identifying Restructuring Types of Rural Settlement Using Social Network Analysis: A Case Study of Ezhou City in Hubei Province of China[J]. Chinese Geographical Science, 2021, 31(6): 1011-1028.
[32] 马述忠,任婉婉,吴国杰.一国农产品贸易网络特征及其对全球价值链分工的影响——基于社会网络分析视角[J].管理世界,2016(3):60—72.
[33] 吕越,尉亚宁.全球价值链下的企业贸易网络和出口国内附加值[J].世界经济,2020,43(12):50—75.
[34] Opsahl T, Agneessens F, Skvoretz J. Node Centrality in Weighted Networks: Generalizing Degree and Shortest Paths[J]. Social Networks, 2010, 32(3): 245-251.
[35] Xu M, Liang S. Input-Output Networks Offer New Insights of Economic Structure[J]. Physica A: Statistical Mechanics and Its Applications, 2019, 527(C): 121178.
[36] Chen H, Zhang L, Ran L. Vulnerability Modeling and Assessment in Urban Transit Systems Considering Disaster Chains: A Weighted Complex Network Approach[J]. International Journal of Disaster Risk Reduction, 2021, 54: 1-16.

原载《中国软科学》2022 年第 12 期

迈向“邻里相助”:区域相对贫困视角下农村公共投资的空间福利

罗　翔　金　贵*

一、前言

通过公共投资促进经济增长和提升社会福利是一个世界性的现象。中国改革开放以来的经济发展不仅战胜了全世界最大规模的农村贫困,同时也实现了最大规模的福利改善[1]。然而,需要清醒认识到的是,中国城乡与区域发展之间的差距仍然不尽如人意。恶劣的空间环境给缩小城乡和区域发展差距带来挑战。一方面,空间环境的恶劣抑制了市场的发育,使得传统经济增长的减贫效应受损,增加了贫困的脆弱性与返贫率[2];另一方面,空间环境的恶劣也降低农户抵御风险冲击能力,固化了贫困的代际传递[3]。可以预期,通过调整政府公共支出行为减少区域相对贫困与提升空间福利,将是中国在消除绝对贫困后、全面建设社会主义现代化强国征程中面临的最为重要的挑战之一。

一般而言,收入的提升有可能在较短的时间内完成,但是福利的提升却不可能一蹴而就。因此,相较于绝对贫困,相对贫困的缓解是一个更为漫长的过程。具体到政策的治理上,当前较为一致的判断是要着力实现两个转变[4—5]:第一,由集中式的减贫治理向常规式的减贫治理转变;第二,由单纯减少农村贫困向综合提升农村福利转变。在这个意义上,中国的区域相对贫困问题就是空间福利的问题,或者更确切地说,通过农村公共投资增进空间福利的问题。那么,农村公共投资是否具有空间福利效应?仅有的少量文献

* 罗翔,华中师范大学公共管理学院教授;金贵,中国地质大学经济管理学院教授。

从溢出效应的角度考察了公共投资对经济增长的影响[6],这是一个有益的视角,但并没有针对公共投资(特别是农村公共投资)福利的空间作用机制提供相应的实证依据。

正如习近平总书记在十九届中共中央政治局第八次集体学习时的讲话所指出的,不管工业化、城镇化进展到哪一步,农业都要发展,乡村都不会消亡[7]。中央也越来越重视农村公共投资在提升地区福利中的作用,2020年1月的《中共中央、国务院关于抓好"三农"领域重点工作确保如期实现全面小康的意见》(中央一号文件)强调"对标全面建成小康社会加快补上农村基础设施和公共服务短板",并明确提出加大农村公共基础设施建设力度等八项任务①。显然,在中国政府致力于对抗区域相对贫困以实现城乡协调发展的背景下,研究农村公共投资对福利影响的空间机制具有非常重要的现实意义,它有助于我们更加深入地理解区域相对贫困治理背后空间福利增进的真正动因。然而,如前所述,当前该领域的实证研究非常欠缺。鉴于此,本文将从区域相对贫困角度出发,为农村公共投资影响中国空间福利提供直接的经验证据(溢出效应),同时也将为构建区域协调发展的治理体制提出政策建议。

二、文献综述

在发展中国家,由于农村公共投资不足,贫困地区缺乏有效的道路、灌溉、安全饮用水等公共设施与服务,造成了长期的福利损失[8]。与此同时,生活在偏远山区农村的贫困人口也较难从经济增长中获益,因此,通过公共投资改善空间环境以实现区域福利的提升就被认为是最有效的政策手段[9]。实践中,联合国千年发展目标(Millennium Development Goals, MDGs)提出之后,发展中国家公共投资的规模获得了空前的增强。在非洲,空间基础设施项目的投资额可以占到GDP的6%~12%[10]。类似地,中国的农村公共投资在改革开放后一直保持着较快的增长速度,特别是2001年中央实施农

① 这八项任务具体是加大农村公共基础设施建设力度、提高农村供水保障水平、扎实搞好农村人居环境整治、提高农村教育质量、加强农村基层医疗卫生服务、加强农村社会保障、改善乡村公共文化服务和治理农村生态环境突出问题。

村税费改革以来，政府在农村基础设施（如道路、电力、通信等）、教育以及农田灌溉上的投入，其年均增长率均超过了 10%。如果细化到村级层面的公共投资，中国每年每村平均投资规模是 42 万元，人均公共投资规模是 241 元，这一数量接近韩国在快速工业化阶段的农村公共投资力度[11]。

在公共投资的结构上，基础设施与教育对福利的提升尤为重要。在中国，农村基础设施投资被认为是影响地区福利的一个重要因素[12]，这是因为，从已有的实证研究来看，基础设施的发展有利于本地经济的增长，也有利于政策干预[13]。具体而言，中国落后地区低水平福利均衡的一个重要原因是地理上的隔绝阻碍了贫困群体的市场参与度，而基础设施（道路、水利、电力等）的修建增加了农村地区的就业机会，特别是增加了贫困农户到非农部门的就业机会，从而有助于整体福利水平的提升[14]。此外，路途遥远也抑制了技术人员与政府官员到山区农村考察的意愿，交通基础设施的发展一方面能够促进基层农业技术的推广，另一方面对提高贫困地区在政治上的受关注程度也有所帮助[15]。

除了基础设施，教育的公共投资对福利的影响同样被认为是非常重要的，这主要表现在人力资本的积累上。中国教育公共投资不足是一个不争的事实，其中农村教育公共投资尤为不足。以幼儿园教育经费支出为例，2017 年城市幼儿园生均教育经费支出为 8 874 元，农村幼儿园生均教育经费支出为 4 333 元，城市幼儿园生均教育经费支出是农村的 2.05 倍[16]。教育公共投资不足对中国农村福利的负面影响都是非常显著的：一是有损于人力资本的积累；二是固化了贫困的代际传递。对于第一点，来自中国的经验证据与国际实证研究的发现并无本质上的不同[17]。值得一提的是第二点，在中国农村，福利长期低水平均衡的一个重要原因是恶劣的空间环境限制了劳动力的流动与市场的可达性，从而导致低收入与贫困的代际传递[18]。教育公共投资的一个重要意义在于，它能够有效地阻断贫困的代际传递，并且这种作用在农村地区更加明显[19]。最新的证据来自杨娟、解雨巷等人基于中国居民收入调查（Chinese Household Income Project Survey, CHIPS）数据[20]与中国综合社会调查（Chinese General Social Survey, CGSS）[21]数据的两项研究，分别从不同的角度共同证实了教育公共投资有助于改善贫困代际传递的结论。

既有关于公共投资与农村贫困的文献为理解公共支出政策与福利变化二者之间的关系提供了洞见。然而,需要指出的是,在这些研究中,福利的变动是由经济增长与惠及本地的公共政策决定的,空间因素被严重忽视了。应该看到,作为公共物品的农村公共投资(基础设施与教育支出)具有非常强的外部性,这一外部性必然使得农村公共投资的福利效应带有“空间”特征①。进一步地,在政策治理上,如果农村公共投资对福利的影响存在空间溢出效应,那么在当前的财政支出结构下(以地方政府为支出主体),落后地区通过公共投资提升福利的难度往往更大,特别是那些地处贫困中心的地区还要承受“溢出”所导致的公共投资的效率损失,从而对福利提升的程度就更弱。因此,忽视空间因素而仅在总量上增加的农村公共投资,可能无助于区域福利的增进。当然,关于农村公共投资对空间福利的影响,还需要更为细致的研究,而这也是本文试图做出的边际学术贡献。

三、计量模型的设定与数据来源

1. 中国农村公共投资的特征事实

在进行计量模型的设定之前,有必要首先简要回顾与描述中国农村公共投资的特征事实,这有助于我们更好地理解接下来空间计量模型的设定,以及农村公共投资溢出效应对区域福利增进的政策背景。事实上,自 2000 年以来,中国农业政策的核心目的就在于解决农村基础设施与基本公共服务的供给不足,以实现粮食安全与城乡协调发展。相应地,农村公共支出分为两类:一类是农村公共基础建设的支出;另一类是农村基本公共服务的支出。表 1 展示了农村公共基础建设支出的分摊情况。从表中可以看出,除大型水利、跨区域流域治理等具有较强外部性的农村公共基础设施属中央政府事权外,大部分农村公共基础设施建设均属县、乡两级政府事权范围。表 2 展示了农村基本公共服务支出的分担情况。同样可以看出,除了课本费这一项由中央政府完全承担之外,大部分的农村基本公共服务都由中央和地方分担,

① 比如,较新的实证研究已经开始注意到,农村地区基础设施与教育的发展不仅有助于缩小中国城乡与区域之间的差距,同时还能够通过提高生产率与私人资本的积累以及二者之间的互补性来促进区域发展[22]。

其中地方政府又承担了主要责任。

表1　农村公共基础建设支出的“中央-地方”分摊情况

支出分类	支出内容	支出责任
农业生产基础设施	跨区域的水域治理	中央政府
	大型农田水利	中央政府
	小流域治理	县级政府
	小型农田水利	县级政府
	农业生产基地	县级政府
农村生活基础设施	农村道路	县、乡级政府
	农村安全饮水	县、乡级政府
	农村危房改造	中央专项资金
农村发展基础设施	农村义务教育设施	县、乡级政府
	农村医疗卫生设施	县、乡级政府，中央定向对贫困地区补助

表2　农村基本公共服务支出的“中央-地方”分摊情况

支出分类	支出内容	支出责任
农村基本公共教育	免除课本费	中央政府
	免除学杂费	中央与省级政府分担
	公用经费	中央与省级政府分担
	校舍维护费	中央与县级政府分担
	教师工资	中央与县级政府分担
	贫困补助	县、乡级政府
农村基本医疗服务	农村公共卫生服务	中央与省、县级政府分担
	新型农村合作医疗保险	中央与省、县级政府分担
	医疗救助	县级政府
	农村居民最低生活保障	中央与省、县级政府分担
农村基本社会服务	农村五保户供养	县级政府
	孤儿养育保障	省级政府
	新型农村社会养老保险	中央与省、县级政府分担

可以看出，在当前中国农村公共支出结构中，地方财政承担了绝大部分，这不利于农村贫困的缓解和地区经济发展，因为经济越不发达的地区农村贫困越严重，而地方政府却要负担更多的农村公共性支出。特别是，如果农村公共支出存在空间溢出效应，那么中心贫困地区还要遭受“溢出”所带来的福利损失。在接下来的部分，本文将给出农村公共投资溢出效应的直接证据。

2. 空间杜宾模型的设定

如前所述，以基础设施、教育、科技为主要载体的农村公共投资具有非常强的外部性，它对本地区与其他地区的福利都会施加影响，并且越是“空间邻近”的地区，这种影响就越显著，因此，我们可以通过构建空间杜宾模型(spatial Durbin model, SDM)来验证公共投资对福利的空间溢出效应：

$$HDI_{it} = \beta_0 + \beta_1 Rinvest_{it} + \rho WRinvest_{jt} + \beta_3 Controls_{it} + \alpha_i + \alpha_i t + \varepsilon_{it} \tag{1}$$

式(1)中下标 i 和 t 分别代表第 i 个省(市、区)和第 t 年；W 是非随机的空间权重矩阵；α_i 表示个体固定效应，$\alpha_i t$ 表示时间固定效应，ε_{it} 是随机误差项，β_0 是常数项；β_1 与 ρ 是待估计系数。由于此部分进行的是宏观层面的计量研究，我们采用被文献普遍接受的人类发展指数(Human Development Index, HDI, $HDI = \sqrt[3]{LEI \times EI \times II}$)作为衡量福利水平的被解释变量。具体地，$LEI$、$EI$、$II$ 这三个二级指标分别是：$LEI = \frac{LE - 20}{85 - 20}$，$LE$ 为出生时的预期寿命；$EI = \frac{MYSI/15 + EYSI/18}{2}$，$MYS$ 为平均受教育年限，EYS 为预期受教育年限；$I = \frac{\ln(GNI_{pc}) - \ln(100)}{\ln(75\,000) - \ln(100)}$，$GNI_{pc}$ 为购买力调整后的实际人均国民总收入。

解释变量 $Rinvest$ 为人均农村公共投资。按照功能划分，农村公共投资主要包括基础设施、教育和科技三类。相应地，对上述三类公共投资进行加总，并除以农村地区人口即可得到具体的人均农村公共投资数值。$Controls$ 表示控制变量，考虑到我们使用的是面板 SDM 模型，预期不会遭遇内生性

问题，因此，在控制变量中拟选择一些较为显著与公共投资以及福利水平相关的因素。具体而言，这些控制变量包括：(1)第三产业占 GDP 的比重；(2)人口密度；(3)每千人口卫生技术人员；(4)每千人口义务教师；(5)人均公园绿地面积。最后，需要说明的是，要正确估计式(1)，关键在于非随机的空间权重矩阵 $W=\sum_{j=1}^{N} w_{ij}=\begin{bmatrix} w_{11} & w_{12} & \cdots & w_{1N} \\ \cdots & \cdots & \cdots & \cdots \\ w_{n1} & w_{n2} & \cdots & w_{nN} \end{bmatrix}$ 的设定。对此，我们将采用两种方法来构建 W：(1) queen 法则的空间权重矩阵。如果两地接壤，$w_{ij}=1$，否则，$w_{ij}=0$；(2)反距离的空间权重矩阵。$w_{ij}=\frac{1}{|d_{ij}|}$，$d_{ij}$ 为 i 地区和 j 地区的地理距离。

3. 数据来源

本文使用的是 2006—2018 年省级层面的面板数据，这是因为“农村基础设施投资”是被解释变量农村公共投资的核心组成部分，而“农村基础设施投资”数据所能获取的最初年份为 2006 年。接下来，我们具体交代数据来源：(1)被解释变量。出生时的预期寿命(LE)数据来源于 2000 年、2010 年的人口普查与每五年一次的 1%人口抽样调查数据，并采用相近年份的平均预期寿命进行插值；平均受教育年限(MYS)的基础数据来源于《中国统计年鉴》，通过全国和各地小学、初中、高中和中专、大专及以上各种受教育程度人口比重计算得出；预期受教育年限(EYS)与平均教育程度之间具有较高的相关性，假设各地平均教育年限和预期教育年限之间的比例关系与全国一致，则利用全国层面教育数据可以估计出各地的教育数据。(2)解释变量。农村基础设施投资数据来源于《中国城乡建设统计年鉴》；农村教育投资数据来源于《中国教育经费统计年鉴》；农业科技投资＝各地区科技研究活动经费政府资金×政府资金投入到农林牧渔比例，其中，科技活动经费政府资金数据来源于《中国科技统计年鉴》，各地区财政支出数据来源于《中国统计年鉴》，各地区农林牧渔支出数据来源于各省(区、市)统计年鉴；农业人口数据来源于《中国农村统计年鉴》。(3)控制变量。第三产业占 GDP 的比重、人口密度、每千人口卫生技术人员、每千人口义务教师、人均公园绿地面积均来源于《中国统计年鉴》。表 3 是所有变量的统计性描述。

表 3　变量的统计性描述(n＝403)

变量名	均值	标准差	最小值	最大值
人类发展指数 *HDI*	0.708	0.073	0.470	0.906
人均农村公共投资(元)	2 107.602	1 702.823	255.547 9	14 233.01
第三产业占 GDP 的比重(%)	43.570	9.396	28.6	81
人口密度(人/千米^2)	431.628	646.118	2.337	3 825.692
每千人口卫生技术人员(人)	5.293	1.847	2.191	15.46
每千人口义务教师(人)	6.957	1.411	3.441	10.482
人均公园绿地(米^2)	11.383	3.049	5.49	20.38

四、估计结果及其解释

1. 基准回归

表 4 提供的是本文基准回归的结果。模型 1 是没有考虑空间因素的 FE 估计，从回归结果来看，人均农村公共投资对 *HDI* 的回归系数显著为正，说明增加本地的农村公共投资能提升当地的福利水平，这不仅与当前文献的发现一致[23]，同时也符合我们对中国区域发展事实的观察。在控制变量中：人口密度对 *HDI* 的影响为正，这可以从人口(人力资本)的集聚促进经济增长中得到解释；每千人口卫生技术人员、人均公园绿地对 *HDI* 的影响显著为正，意味着提供良好的公共服务对福利水平的增进是非常重要的①。

表 4　基准回归结果

被解释变量：*HDI*			
	模型 1 FE	模型 2 FE-SDM (queen 矩阵)	模型 3 FE-SDM (反距离矩阵)
人均农村公共投资	0.000*** (0.000)	0.000*** (0.000)	0.000* (0.000)

① 每千人口义务教师对 *HDI* 的影响不显著，这可能与我们使用的是省级层面的数据有关：一方面，中国目前存在着大量的留守儿童与流动儿童，受制于城乡二元体制，留守/流动儿童在城市与农村均无法享受良好的义务教育[26]；另一方面，城市儿童基本上都能享受完善的义务教育。因此，如果城乡分割的二元体制不能改变，增加义务教育的供给对 *HDI* 提升的作用并不大。

（续表）

被解释变量：*HDI*			
	模型 1 FE	模型 2 FE-SDM（queen 矩阵）	模型 3 FE-SDM（反距离矩阵）
人均农村公共投资的空间滞后项		0.000*** (0.000)	0.000*** (0.000)
第三产业占 GDP 的比重	0.000 (0.001)	−0.000 (0.000)	−0.001*** (0.000)
人口密度	0.000* (0.000)	0.000*** (0.000)	0.000*** (0.000)
每千人口卫生技术人员	0.007** (0.003)	0.000 (0.001)	0.000*** (0.001)
每千人口义务教师	−0.006 (0.005)	−0.002 (0.002)	−0.000 (0.003)
人均公园绿地	0.009*** (0.001)	0.002*** (0.001)	0.001*** (0.000)
豪斯曼（Hausman）检验（*p* 值）	0.000***	0.000***	0.000***
个体效应	控制	控制	控制
异方差	控制	控制	控制
R^2	0.839	0.932	0.937
观察值	403	403	403

注：(1) * 表示在 10%的置信水平下显著不为 0，** 表示在 5%的置信水平下显著不为 0，*** 表示在 1%的置信水平下显著不为 0；(2)括号中报告的是标准误；(3)由于空间杜宾模型并不满足标准计量模型中扰动项独立同分布的假设，因此对于上述所有模型，本文采用的都是最大似然估计(maximum liklihood estimation，MLE)；(4)模型 3 的人均农村公共投资在接近 10%的置信水平下显著；(5)核心估计系数偏小，这是因为 *HDI* 本身设定偏小(最大为 1)。

由于本文关注的核心机制是农村公共投资的空间溢出效应，接下来我们将对模型 2 与模型 3 的结果进行重点讨论。

从解释变量人均农村公共投资对被解释变量 *HDI* 的影响来看，无论是使用 queen 矩阵的模型 2，还是使用反地理距离矩阵的模型 3，其回归系数都显著为正，这意味着农村公共投资对 *HDI* 具有正向空间溢出效应。这种空间溢出效应是通过两种机制传导的。第一，放大经济增长的作用。经验研究显示，在农村公共投资长期供给不足的村庄，家庭的初始人力资本较弱，再加上生产、生活方式也更为传统，流动往往会面临较高的调整成本[24]。必要的农村公共投资（如教育、道路）的好处在于能够提升人力资本与地理可达性，从而降低流动的成本以帮助劳动力流动到市场机制（就业与收入）更好的地区分享经济增长的成果[25]。显然，增加本地农村公共投资规模对周边地区福利的增进都将有所帮助。第二，抵御外部生产风险的冲击。农业生产的一个典型特征是相邻地区往往会面对同质性的外部风险冲击，如旱灾、虫灾等。以基础设施、农田水利与电力通信为代表的公共投资不仅能够有效对抗同质性的外部农业风险冲击，同时还有助于生产要素（特别是技术人员）地区间的流动，从而促进农业技术的推广。因此，本地农村公共投资的增加也能够带动邻近地区福利的提升。

模型 2 与模型 3 中控制变量的回归结果与模型 1 基本保持了一致，即人口集聚与更好的公共服务对福利提升具有正向作用。需要解释的是模型 3 中第三产业占 GDP 比重对 *HDI* 的影响。从回归结果来看，二者之间的估计系数为负，这意味服务业比重的提升反而降低了本地的福利水平，而这也确实与现实情况有所不符。我们认为造成这一结果的原因可能与所使用的空间权重矩阵有关。由于模型 3 使用的是反距离空间权重矩阵，地理因素对地区发展的作用就进一步被强化了。正如新经济地理学所强调的，基本的区位因素在解释区域间相对集聚的空间“模式”时起着根本的作用，而收益递增则辅助性地决定了空间差异的程度[27]。具体到中国，经济集聚所导致的收益递增主要体现在东部沿海发达省市，尽管中国经济中服务业占 GDP 的比重在上升，但是少数发达地区拥有更快的上升速度，再加上这些地区在企业数量、人力资本、市场规模与交通条件上都占据优势，从而对周边地区造成“虹吸效应”（siphon effect）。因此，一旦考虑到地区之间的经济互动与收益递增，在省级层面上，本地服务业比重的提高对 *HDI* 的影响就有可能是负向的。

2. 稳健性检验

正如前文强调的，对于空间计量而言，非随机空间权重矩阵的构建是关键[28]，而其中核心的因素又是对空间关联性的把握。queen 法则下的空间关联性取决于区域的大小，这意味着只有相邻的区域或者较大的地区才具有显著的空间溢出效应。显然，在实践中该假定过于严格。此外，反距离矩阵虽然体现了地理位置的重要性，但却忽视了地区本身差异对空间关联性的影响。因此，本文将构建两类空间权重矩阵：一是赋予地理位置更高权重的反距离平方矩阵；二是捕捉地区内部差异的引力模型矩阵。引力模型的空间权重矩阵的构建可参照相关学者的研究[29]。其中，$w_{ij}=F_{ij}=\frac{\sqrt{P_iV_iP_jV_j}}{d_{ij}^2}$，$P_i$ 和 P_j 代表 i 地区和 j 地区的样本平均常住人口规模，V_i 和 V_j 代表 i 地区和 j 地区的样本平均 GDP，同样地，d_{ij} 代表两地之间的地理距离。在此基础上，我们就可以对式(1)进行回归，作为空间溢出效应的稳健性检验。

表 5 报告的是农村公共支出空间溢出稳健性检验结果。模型 4 与模型 5 分别是反距离平方空间权重矩阵与引力模型构造权重矩阵的估计结果，从解释变量人均农村公共投资与人均公共投资的空间滞后项的系数看，其方向与显著性与表 4 中相关模型保持一致。同时 Hausman 检验的 P 统计量也在 1%的置信水平下拒绝了 FE 估计与 RE 估计无系统差别的原假设，这说明本文关于农村公共投资对 HDI 具有空间溢出效应的结论是可靠、稳健的。

表 5　稳健性检验结果

被解释变量：*HDI*		
	模型 4 FE-SDM (反距离的平方)	模型 5 FE-SDM (引力模型)
人均农村公共投资	0.000*** (0.000)	0.000* (0.000)
人均农村公共投资的空间滞后项	0.000* (0.000)	0.000** (0.000)
控制变量	控制	控制
个体效应	控制	控制
异方差	控制	控制
Hausman 检验(p 值)	0.000***	0.000***
R^2	0.919	0.927
观察值	403	403

注：同表 4。

五、结论与讨论

1. 主要结论与政策建议

从促进区域协调发展的角度来看，通过调整政府支出行为减少区域相对贫困与提升空间福利，将是未来中国区域可持续发展政策面临的最为重要的挑战之一。本文基于2006—2018年的省级面板数据，使用空间杜宾模型发现：农村公共投资对 *HDI* 的影响具有正向的空间溢出效应；反距离平方矩阵与引力模型矩阵作为替代空间权重矩阵的稳健性检验支持农村公共投资对 *HDI* 具有空间溢出效应的结论。本文的研究结论说明，单纯从经济增长的角度解释公共投资的福利效应是不够全面的。不可否认，改革开放以来中国大规模的公共投资得益于经济的快速增长，这在极大程度上改善了社会福利，包括地区繁荣、收入增加等，在这一层面上，经济增长与福利增进是相联系的。但是还应该看到，在经济快速增长的同时，中国城乡与区域之间的差距并没有因此而缩小。特别是在当前经济分权的治理模式下，由于公共投资与本地经济增长有关，不同地区的公共物品与公共服务差距巨大，再加上本文所证明的溢出效应，于是，越是贫困地区，地方政府越是缺乏动机去改善公共福利，这就从空间福利的角度解释了为什么只顾及经济增长的公共投资在减少区域贫困上通常是难以奏效的[30]。更为重要的是，忽略空间福利的公共政策可能反而会有损区域的可持续发展。事实上，一旦地方政府为了增长而竞争，除非将公共福利（如环境保护、社会保障等）作为晋升的考核目标，否则公共投资势必会优先投入生产性项目，而这些项目恰恰又偏离了地方的比较优势，长期就会导致地区间的市场分割与福利损失[31]，我们观察到的经济增长与福利增进的空间非同步性由此也可以得到解释。

基于上述发现与认识，本文的政策建议是改善当前农村公共支出的结构与方向。具体而言，政府可以在以下两个方面有所作为。

第一，调整中央农村公共投资的结构与方向。正如本文一再表明的，现阶段中国农村公共投资的结构中，地方财政承担了绝大部分，这不利于农村相对贫困的缓解和地区经济发展，因为经济越不发达的地区，农村贫困越严重，而地方政府却要负担更多的农村公共支出。因此，在支出结构上，要提高中央农村公共投资的比例,这不仅有利于弥补"辐射力"强、地处中心的贫困地区由于"溢出"而造成的福利损失,同时还能够改善地方政府实行反周期(anti-cyclical)政策的处境,长期来看对空间福利的增进也有所帮助。在支出方向上,中央财政转移支付要更多地投入改善农村生产环境以及基础设施建设等"投入大、周期长"的项目上,以减轻地方政府在发展农村文教医疗以及社会保障事业上的财政压力。

第二,规范地方政府的公共投资行为。在现实中,中国的空间福利长期难以得到实质性的提升,其制度性的根源在于地方政府有相当强的能力进行经济投资,而这种行为在"政治锦标赛"(political tournaments)的体制下又被极大地鼓励了。因此,未来应该进一步规范地方政府的公共投资行为,有意识地将地方财政逐步转为公共财政。这样做的好处在于:一方面,可以促使地方政府避免发展背离其比较优势的产业,以及由此导致地区间的福利损失;另一方面,地方政府在教育、医疗上的投入能够放大农村公共投资的溢出效应,这不仅有利于人力资本的积累,也有利于落后地区分享经济增长的成果,从而在整体上提升中国的区域福利。

2. 进一步讨论

中国改革开放四十多年的城乡发展印证了公共投资在提升区域福利(尤其是农村福利)中的作用。对此,一种较为直观的理解是,农村福利的变化与公共投资的规模有关。的确,道路、教育、灌溉等服务是被一定规模的公共投资保证的。但是还应该看到,公共投资规模的增加与农村福利的增进在空间上并非一致。比如最近的一项研究显示,中国农村公共支出是顺周期的(pro-cyclical),并且这种顺周期的特征在欠发达地区表现得更为显著[32]。这也意味着在当前的财政支出结构下(以地方政府为支出主体),落后地区通过公共投资来提升福利的难度往往更大,特别是对于那些地处行政边界的贫困地区,其农村公共投资的外部性在很大程度上无法有效地内部化,从而对福利提升的程度就更低①。因此,忽视空间因素而仅在总量上增加农村公共投资可能无助于地区福利的提升。另一种直观解释则强调了制度性的负面影

---

① 在2012年国务院扶贫办发布的名单中,592个国家扶贫开发工作重点县有超过一半位于省(区、市)交界处,而边界县的贫困发生率远高于非边界县。此外,11个集中连片特殊困难地区中,有10个为多省(区、市)交界地区。

响，认为分权体制下的经济竞争加剧了地方保护主义，从而导致了空间福利的损失，如市场分割下的经济增长、基础设施区域间互联的不通不足等[33—34]。然而，保护主义并非都是负面的，在现实中，地方政府往往会对一些新兴或者成长中的产业进行保护，这些产业在发展的初期可能需要政府进行大量的公共投资，那么理论上就不能排除当前的保护主义在未来提升空间福利的可能①。进一步地，如果地方政府公共投资的意图是保护偏离其比较优势的产业，其代价在市场化的区域分工中将越来越大[31]。最终，地方保护主义就不会成为一种持久的现象，从而也不会造成长期的空间福利损失。

显然，上述两种关于公共投资与空间福利之间关系的解释是不彻底的。在笔者看来，农村公共投资的溢出效应是影响空间福利变化的一个重要因素。在中国，农村公共投资对区域与城乡发展具有空间溢出效应，这是既有文献已经证明的，但是这些研究没有进一步说明农村公共投资是如何影响空间福利的。本文的研究显示，农村公共投资对福利的影响具有正向的空间溢出效应，这为公共政策的区域治理提供了直接的经验证据。此外，本文的实证研究表明，农村公共投资可能还存在负向的“虹吸效应”。理论上，农村公共投资会提高当地的可达性与吸引力，如果公共投资所在地本身又具有较好的发展基础，则会加快生产要素向该地区的流动而对相邻地区造成“虹吸效应”，以至于一个地区公共投资的增加会有损于其他地区的福利。当然，关于农村公共投资对福利的影响是否存在“虹吸效应”，本文并没有给出直接的证据，而这也是未来值得研究的一个重要方向。

与此同时，在政策评估上，本文试图反映的一个重要信息是，如果不考虑溢出效应，则有可能高估农村公共投资对空间福利提升的作用，其政策治理的“错觉”就是继续保持中央财政支出相对弱化的局面。这也就解释了为什么贫困地区通常缺乏动机（也无法）通过农村公共投资提升空间福利。进一步地，农村公共投资对福利的影响能够在多大程度上内部化(internalization)也决定了空间福利的提升程度。一般而言，当经济活动存在

① 对地方保护主义在中国区域分工中的作用的研究利用29个省(区、市)和32个工业部门的面板数据对相关假说进行检验后发现，地方保护主义确实存在。同时，尽管有证据说明地方保护主义的危害，但是中国区域专业化的趋势在经历了短暂的逆转后在长期仍然得到了长足的发展。因此，地方保护主义并非导致空间福利损失的深层次原因[35]。

正外部性,地方政府会策略性地减少辖区边界上的公共投资,产生区域发展中的边界效应[36]。一旦位于行政边界又是传统意义上的"连片特困地区",农村公共投资的福利效应就更难以内部化(相较于辖区内部),从而造成了地区间的福利损失。农村公共投资是否存在福利的边界效应,同样是一个极具价值的研究方向①。

最后,本文的不足之处也是明显的。由于我们使用的是省级面板数据,在具体捕捉农村公共投资对 *HDI* 的空间溢出效应时,二者之间的回归系数偏小,这既与被解释变量 *HDI* 的设定有关(*HDI* 的最大值为 1),还受限于数据的可得性(目前只能获得省级农村公共投资的数据)。因此,在省级层面上,农村公共投资对整体 *HDI* 的提升确实是有限的。此外,由于使用的是省级面板数据,我们也没有对不同类型公共投资在空间上发挥作用的机制加以分析。未来如果能够获得尺度更小的数据(如县级数据),农村公共投资对空间福利的影响机制就能更加准确地被反映出来。希望笔者的工作能够让学界与政府意识到农村公共投资对提升空间福利的重要性,启发更多的后续研究。

参考文献

[1] UNDP. Human Development Report 2005 [M]. New York: Oxford University Press, 2005.
[2] Glauben T, Herzfeld T, Rozelle S, et al. Persistent Poverty in Rural China: Where, Why, and How to Escape?[J]. World Development, 2012, 40(4): 784-795.
[3] 刘彦随,周扬,刘继来. 中国农村贫困化地域分异特征及其精准扶贫策略[J]. 中国科学院院刊,2016,31(3):269—278.
[4] 孙久文,夏添. 中国扶贫战略与 2020 年后相对贫困线划定——基于理论、政策和数据的分析[J]. 中国农村经济,2019(10):98—113.
[5] 檀学文. 走向共同富裕的解决相对贫困思路研究[J]. 中国农村经济,2020(6):21—36.
[6] 张学良. 中国交通基础设施促进了区域经济增长吗——兼论交通基础设施的空间溢出

① 比如,最新的实证研究显示,中国省(区、市)边界县的经济产出显著低于其他县,即存在区域经济发展的边界效应(border effect),并且这种边界效应只存在于地方政府主导的公共投资[37]。相应地,该研究认为,在边界效应下加强中央政府的公共投资,同时建立地区间的共享机制对区域的协调发展至关重要。事实上,此观点与本文所强调的公共投资的空间溢出效应是互为补充的:无论农村公共投资对福利的影响是正向溢出还是负向溢出,中心贫困地区的福利损失都更大,而纠正这种空间福利损失的政策手段就是增加对落后地区中央转移支付的力度。

效应[J]. 中国社会科学,2012(3):60—77,206.
[7] 习近平. 论"三农"工作[M]. 北京:中央文献出版社,2022.
[8] World Bank. World Development Report 2004: Making Services Work for Poor People [M]. Washington DC: The World Bank, 2003.
[9] 罗仁福,张林秀,赵启然,等. 从农村公共基础设施变迁看未来农村公共投资方向[J]. 中国软科学,2011(9):30—40.
[10] Briceño-Garmendia C, Dominguez C, Pushak N. Mali's Infrastructure: A Continental Perspective[J]. World Bank Policy Research Working Paper, 2011(5688): 1-40.
[11] 张林秀,白云丽,杨云帆,等. 改革开放以来农村公共投资演进及效果分析[J]. 农业经济问题,2018(8):28—39.
[12] 陆铭,陈钊. 中国区域经济发展中的市场整合与工业集聚[M]. 上海:三联书店,2006.
[13] Démurger S. Infrastructure Development and Economic Growth: An Explanation for Regional Disparities in China?[J]. Journal of Comparative economics, 2001, 29(1): 95-117.
[14] Fan S, Chan-Kang C. Regional Road Development, Rural and Urban Poverty: Evidence from China[J]. Transport Policy, 2008, 15(5): 305-314.
[15] 罗庆,李小建. 国外农村贫困地理研究进展[J]. 经济地理,2014,34(6):1—8.
[16] 韩凤芹,曹蕊. 构建儿童早期发展公共服务体系:理论探讨与现实选择[J]. 财政研究,2020(9):80—92.
[17] 程名望,Yanhong J,盖庆恩,等. 农村减贫:应该更关注教育还是健康?——基于收入增长和差距缩小双重视角的实证[J]. 经济研究,2014,49(11):130—144.
[18] Liu Y, Xu Y. A Geographic Identification of Multidimensional Poverty in Rural China under the Framework of Sustainable Livelihoods Analysis [J]. Applied Geography, 2016, 100(73): 62-76.
[19] 潘慧,章元. 中国战胜农村贫困:从理论到实践[M]. 北京:北京大学出版社,2018.
[20] 杨娟,周青. 增加公共教育经费有助于改善教育的代际流动性吗?[J]. 北京师范大学学报(社会科学版),2013(2):116-125.
[21] 解雨巷,解垩. 教育流动、职业流动与阶层代际传递[J]. 中国人口科学,2019(2):40—52,126—127.
[22] 方迎风,童光荣,邹薇. 公共资本、私人投资与区域性贫困陷阱[J]. 经济评论,2015(5):70—83.
[23] 杨云帆,罗仁福,张林秀,等. 农村村级公共投资结构与变迁——基于5省101村的长期跟踪调查[J]. 中国农村经济,2015(1):73—84.
[24] Vladicescu N, Cantarji V, Jigau I. The Impact of Migration and Remittances on Communities, Families and Children in Moldova [M]. New York: United Nations Children's Fund (UNICEF), 2008.
[25] Fan S, Zhang L, Zhang X. Reforms, Investment, and Poverty in Rural China[J]. Economic Development and Cultural Change, 2004, 52(2): 395-421.
[26] 黎煦,朱志胜,陶政宇,等. 回流对贫困地区农村儿童认知能力的影响——基于137所农

村寄宿制小学的实证研究[J]. 中国农村经济,2019(9):70—87.
[27] Davis D R, Weinstein D E. Bones, Bombs, and Break Points: The Geography of Economic Activity[J]. American Economic Review, 2002, 92(5): 1269-1289.
[28] Harris R, Moffat J, Kravtsova V. In Search of 'W'[J]. Spatial Economic Analysis, 2011, 6(3): 249-270.
[29] Luo X, Wan Q, Jin G, et al. Fluctuation and Spillover: Poverty Reduction Effect of Rural Public Expenditure Scale Based on Spatial Poverty[J]. Applied Spatial Analysis and Policy, 2021, 14(2): 247-272.
[30] Scott R, Zhang L, Huang J. China's War on Poverty: Assessing Targeting and the Growth Impacts of Poverty Programs[J]. Journal of Chinese Economic and Business Studies, 2003, 1(3): 301-307.
[31] 陈钊,陆铭. 在集聚中走向平衡:中国城乡与区域经济协调发展的实证研究[M]. 北京:北京大学出版社,2009.
[32] Luo X, Lu X, Zhang Z, et al. Regional Differences and Rural Public Expenditure Cyclicality: Evidence from Transitory and Persistent Shocks in China[J]. The Annals of Regional Science, 2020, 65(2): 281-318.
[33] Cai H, Chen Y, Gong Q. Polluting thy Neighbor: Unintended Consequences of China's Pollution Reduction Mandates [J]. Journal of Environmental Economics and Management, 2016, 100(76): 86-104.
[34] Tombe T, Zhu X. Trade, Migration, and Productivity: A Quantitative Analysis of China[J]. American Economic Review, 2019, 109(5): 1843-1872.
[35] Bai C E, Du Y, Tao Z, et al. Local Protectionism and Regional Specialization: Evidence from China's industries [J]. Journal of International Economics, 2004, 63(2): 397-417.
[36] 唐为. 分权、外部性与边界效应[J]. 经济研究,2019,54(3):103—118.

原载《华中师范大学学报(人文社会科学版)》2022 年第 3 期

技术差距、市场结构与发展中国家的技术进步

陆 剑 王小明*

一、引言

自约瑟夫·熊彼特(Joseph Schumpeter)在"创造性破坏"理论中提出两个有关市场结构和技术进步的假说①以来,市场结构与技术进步之间的关系一直是产业经济学领域中的常青课题。对于我国而言,更具现实意义的是什么样的市场结构能够促进发展中国家的技术进步,进而推动经济的可持续增长。经验观察[1]显示,合适的市场结构往往和发展中国家所处的技术发展阶段有关。19世纪后半期的德国、法国和俄罗斯都曾通过"非竞争性"的制度安排来进行大规模的投资,加速自己的技术吸收进程。这些"非竞争性"安排包括大企业的垄断力量、银行和大企业之间的长期合作关系、政府对大企业的扶持等。结合东亚的经济发展进程,我们可以看到落后国家在技术差距较大时,以技术吸收为特征的研发往往是在一个垄断力量较强、刚性较多的市场结构下进行的,而当它们接近技术前沿时,市场结构的竞争性则逐渐增强[3]。

在实证研究方面,市场结构和技术进步之间的关系自斯蒂芬·尼克尔(Stephen Nickell)[3]的经典工作后,已积累了大量文献[4]。就本文的主题而言,主要介绍将技术差距、市场结构和技术进步同时纳入研究视野的实证研究。有研究[5]利用英国企业层面数据发现,竞争的加剧提高了"前沿公司"的

* 陆剑,湖北大学商学院副教授;王小明,上海财经大学长三角与长江经济带发展研究院副教授。

① 这两个假说是:垄断力量或市场集中度与研发投入呈正相关;企业规模与研发投入成正相关。它们说明了垄断有利于技术进步,可以给经济体带来动态收益。

创新活动,并同时阻碍了“非前沿公司”的创新活动。但该研究使用勒纳(Lerner)指数刻度市场竞争程度,将产生技术进步和市场结构的内生性问题:技术绩效好的企业往往获得更高的价格-成本边际。贸易作为影响一国市场竞争程度的重要力量,成为学者们绕过市场结构度量内生性问题的一个重要选项。有学者[6]将南非的贸易自由化视为一个竞争程度增加的自然实验,通过对行业层面数据的实证研究发现,贸易自由化对贸易自由化前接近世界技术前沿的行业的生产率增长有显著的促进作用,但对贸易自由化前落后世界技术前沿的行业的生产率增长产生了阻碍。有学者[7]指出,更低的进口关税一方面促进了美国接近世界质量前沿的产品的质量提高,另一方面则抑制了美国落后世界质量前沿的产品的质量提高。也有学者选择反映市场竞争程度的制度因素绕过市场结构度量的内生性问题。有研究[8]揭示了上游行业的反竞争性规制对 OECD 国家 20 个工业行业的生产率的异质性影响。其指出,一行业越是接近技术前沿,其生产率受到上游行业的反竞争性规制的负面影响的程度就越大。

以中国的企业或行业为样本,讨论市场结构和技术进步的经验研究也已有多篇重要文献。吴延兵[9]以及杨治和宋芳晖[10]得出市场集中度和技术进步之间不存在显著的线性相关性。在此基础上,后续的文献沿两条研究路径进一步厘清中国市场结构和技术进步的关系。其一,市场结构和技术进步存在非线性关系,从而导致线性模型结果不显著。寇宗来和高琼[11]以及聂辉华等[12]分别利用托宾(Tobit)模型研究中国规模以上工业企业数据,同时发现企业规模和市场集中度与研发强度之间存在显著的倒 U 型关系。其二,对样本进行分类处理,避免研究样本的异质性对实证结果的影响。施东晖[13]的研究表明在股权分散和高度集中的企业中,市场竞争对产出增长率具有正向的影响;周黎安和罗凯[14]指出虽然企业规模和创新存在正向关系,但该正向关系主要存在于非国有企业。陈林和朱卫平[15]在针对产业层面数据的研究中发现,存在行政进入壁垒的产业的创新和市场结构存在倒 U 型关系,而自由市场产业则不存在该关系。遗憾的是,上述文献并没有把技术差距作为一个重要影响因素纳入其实证研究,但在中国工业生产率测度领域的文献中,我们却可以找到技术差距影响中国市场结构和技术进步关系的证据。例如:涂正革和肖耿[16]指出垄断性较高的行业的相对前沿技术效率较大，而竞争性较强的行业的前沿技术进步较快；陆剑等人[17]指出中国工业行业中技术差距较大的行业垄断性也较强。

就市场结构和技术进步的理论分析而言，现有的研究主要集中于三个领域：产业组织理论、边界分析方法和内生增长理论。三种研究框架中，内生增长理论因采用建立在个体最优行为上的一般均衡模型，更易于分析市场结构和企业研发决策的相互作用以及这一微观机制在宏观技术进步过程中的表现和作用，成为近年来的主流方法。其中，吉恩·格罗斯曼（Gene Grossman）和埃尔赫南·赫尔普曼（Elhanan Helpman）[18]强调垄断收益将刺激人们对创新的投入。彼得罗·佩雷托（Pietro Peretto）[19]在假定研发没有外溢性的基础上证明了：进入壁垒的上升将提高现任企业的研发规模，加快技术进步。相反，也有学者[20]在引入委托代理机制后得出：市场竞争程度的加剧会促进技术进步。有研究[5]指出，如果市场竞争的加剧削减创新前垄断收益的幅度大于削减创新后垄断收益的幅度，则竞争和技术进步之间将因"逃离竞争效应"和"熊彼特效应"的同时作用而呈现倒 U 型关系；后续也有不少相关的研究[4,21—22]。这些研究为市场结构和技术进步之间的关系提供了丰富的刻画，指出了关键的影响因素，如生产不同质量产品企业的垄断收益的大小、研发活动的外溢性、企业对研发收益和成本的预期、是否存在委托代理问题等。

上述理论研究虽然一般性地讨论了市场结构和技术进步之间的关系，但并没有把技术差距因素明确地纳入对两者关系的探讨。随着技术差距对市场结构与技术进步关系的显著影响被越来越多的实证研究确认，关于技术差距、市场结构和技术进步的理论研究文献也逐步累积。有学者[23]认为技术创新和技术模仿往往和不同的市场结构相结合。当技术差距大时，技术模仿和扩大研发项目的规模将更有效，此时应依赖老企业的留存收益进行研发投资，实现技术进步；当技术差距小时，技术创新更有效，此时则应通过选择更有效率的新企业来提高创新的效率，实现技术进步。在第一种情况下，垄断的市场结构可以有效阻止新企业的进入，增加老企业的规模，并促进技术进步；在第二种情况下，竞争的市场结构将提高新企业的选择效率，促进技术进步。从国外企业的进入的角度[24]，可以得到市场竞争程度的变化对处于不同技术水平的企业研发（R&D）投入的刺激是不一样的：对于技术差距小的企业而言,国外企业的进入将促使其提高 R&D 投入;技术差距大的企业则将完全退出 R&D 竞争。以此前的模型[5]为基础,进一步利用实验经济学方法对综合“逃离竞争效应”和“熊彼特效应”的经济机制进行数值实验[25],结果表明:市场竞争强度的增加将使得相同技术水平公司增加研发投入,并使技术落后公司减少研发投入。有学者[26]将异质性企业引入内生市场结构模型[27],指出不同技术水平企业对竞争加剧的反应并不一致,高技术水平的企业的反应是提高质量并提高价格,而低技术水平企业的反应是降低质量并降低价格。这种反应机制将导致竞争程度的提高,进一步提升高技术水平企业的技术水平,同时进一步抑制低技术水平企业的技术水平。

综上所述,当前的理论研究还主要集中于从不同技术水平企业的行为出发,对技术差距、市场结构和技术进步的一般性讨论,对发展中国家的特殊性给予的关注较少。本文的研究主要是对内生市场结构模型[27]进行扩展并将其应用于对发展中国家的分析,旨在为发展中国家市场结构和技术进步之间的关系应随着技术差距的变化而改变的经验观察提供一种理论解释,并为后续有关中国技术差距、市场结构和技术进步的经验研究的模型设计提供一种思路。内生市场结构模型[27]一般性讨论了封闭经济体中外溢知识的规模和企业数目之间的关系,认为市场结构会通过影响外溢知识的形成决定技术进步的速度。在其基础上,本文在寡头垄断的框架下构建发展中国家外溢知识形成的两种机制:当技术差距较大时,发展中国家企业的研发活动本身不会产生知识的外溢,其可利用的外溢知识主要来自国外部门;当技术差距较小时,发展中国家企业的研发活动会产生知识的外溢,可利用的外溢知识主要来自国内部门。模型的结论是:在第一种情况下,市场垄断力量的增加将扩大企业内部的研发规模,从而提高技术吸收的效率,促进技术进步;在第二种情况下,市场垄断力量的增加将缩小行业的外溢知识规模,从而降低企业的研发效率,阻碍技术进步。

本文的结构安排如下:第一部分是引言;第二部分是模型的设定和静态部分分析;第三部分是动态分析和一般均衡;第四部分是稳态均衡及比较静态分析;第五部分是结论,并指出政策含义以及后续研究的方向。

二、模型的设定和静态分析

(一) 家庭部门

设经济体拥有总数标准化为 1 的拥有无限寿命的消费者，效用函数为

$$U=\int_0^{\infty}[\ln Q(t)]e^{-\rho t}\,dt,\qquad Q(q_1(t),\ \cdots,\ q_n(t))=(\sum_{i=1}^{n}q_i^{\alpha})^{1/\alpha}$$

其中，$i=1,\ \cdots,\ N$ 代表 N 种产品；q_i 代表第 i 种产品的数量；Q 是总产量指标，为 N 种产品的加权数，其设定体现了消费者对产品的多样性偏好；ρ 是时间偏好率。

遵循格罗斯曼和赫尔普曼[18]的分析框架，消费者的最优化问题可以分两步进行。

第一步，设其总消费支出是 E，每种产品的价格为 P_i。那么，每个产品的需求为

$$q_i=\frac{p_i^{\frac{1}{\alpha-1}}}{\sum_{i=1}^{n}p_i^{\frac{\alpha}{\alpha-1}}}E \tag{1}$$

第二步，关于消费者总支出的最优路径，可得常见的跨期支出条件，总支出的增长率满足①：

$$\dot{E}/E=r(t)-\rho \tag{2}$$

其中，$r(t)$ 为 t 时点的即时利率。

(二) 企业部门

1. 企业的定价行为

设经济体只存在一个行业，该行业中存在着 N 个生产差异性产品的企

① 篇幅所限，本文在不影响读者理解的前提下将详细的推导过程放在了“数学附录”中，感兴趣的读者可以从《世界经济研究》网站下载。

业，并假定每个企业只生产一种产品，则企业数目等于产品种类的数目。已知每个企业面临的需求函数(式 1)后，根据伯川德-纳什均衡定义，企业 i 在假定其他企业的价格不变时决定自己的最优定价。求解可得在伯川德-纳什均衡中：

$$p_i = \frac{\eta_i}{\eta_i - 1} c_i = \frac{1 - \alpha\lambda_i}{\alpha(1 - \lambda_i)} c_i,\ i = 1,\ \cdots,\ N \tag{3}$$

$$\pi_i = \frac{\lambda_i}{\eta_i} E = \frac{\lambda_i (1 - \alpha)}{1 - \alpha\lambda_i} E,\ i = 1,\ \cdots,\ N \tag{4}$$

其中，π_i 为第 i 个企业的利润；λ_i 为第 i 个企业的销售收入所占的份额：

$$\lambda_i \equiv \frac{p_i^{\frac{\alpha}{\alpha-1}}}{\sum_{j=1}^{n} p_j^{\frac{\alpha}{\alpha-1}}} = \frac{p_i q_i}{E} \tag{5}$$

η_i 为第 i 种产品的需求价格弹性：

$$\eta_i = \frac{d \ln q_i}{d \ln p_i} = \frac{1 - \alpha\lambda_i}{1 - \alpha} \tag{6}$$

易见，假定其他企业的成本和定价不变，某个企业的成本越低，则定价越低，市场份额越大，则利润越大。这反映了企业进行降低成本的研发的静态激励。

2. 企业的生产函数和研发函数

设企业的生产函数是：

$$q_i = Z_i^{\theta} L_{q_i},\ 0 < \theta < 1 \tag{7}$$

其中，Z_i 表示第 i 个企业的知识水平；L_{q_i} 为投入生产的劳动的数量；参数 θ 反映了知识在生产中的贡献率，且 $\theta > \rho$ ①。该函数中企业生产对于劳动投入规模报酬不变。将工资正规化为 1 之后，企业的平均生产成本 c_i 为其知识水平的幂函数：

① 该参数设定可以保证在初始技术差距较小时的稳态均衡中，发展中国家企业劳动生产率的增长率 g 的取值为正，详细讨论见“数学附录”。

$$c_i = Z_i^{-\theta} \tag{8}$$

因此,企业的知识水平越高则平均生产成本水平越低。

设生产知识的研发函数是:

$$\dot{Z}_i = Z_i^{1-\varphi} S_i^{\varphi} L_{z_i} \tag{9}$$

其中,L_{z_i} 为企业 i 投入研发的劳动的数量;S_i 代表企业 i 可利用的来自外界的知识溢出;参数 φ 和 $1-\varphi$ 分别代表自有知识和外溢知识对研发劳动生产率的贡献比例。这一设定反映了企业对外溢知识的利用程度取决于自身的知识积累:给定外溢知识的水平,企业自有知识越多,则其可获得的知识增量越大。

设外溢知识 S_i 的形成满足:

$$S_i = \begin{cases} \left(\dfrac{1}{\chi_i} - 1\right) Z_i, & \chi_i < \hat{\chi} \\ N^{\frac{1}{\gamma}} Z_i, & \chi_i \geqslant \hat{\chi} \end{cases} \tag{10}$$

其中,$\chi_i \equiv z_i / \bar{z}$ 表示国内企业知识水平和国外知识水平 $\bar{z}$ 的比例。由于在本文的研究中,国内被假定为发展中国家,国外是发达国家,所以该值小于1,且其取值越大表示发展中国家的技术差距越小。$\hat{\chi}$ 为国内外知识水平比例的一个临界值。

当 $\chi_i < \hat{\chi}$ 时,国内外的技术差距较大。此时国内企业的外溢知识都来自国外,国内企业间不存在知识的外溢。在这种情况下,技术差距越大,国内企业可利用的国外知识就越多[$(1/\chi_i - 1)$ 项];但是其吸收能力和自身的知识存量成正比(Z_i 项)。该设定的考虑是:新技术的研发过程中产生的新知识可以被区分为可扩散的显性知识和不可扩散的隐性知识。前者形成了新知识的外溢部分,而后者只能为研发企业独占。对于发展中国家的企业而言,如果技术差距较大,则其研发主要是模仿已有技术而非创造新技术。此时,发展中国家企业研发形成的知识中,显性知识部分在发达国家曾经的研发活动后已经扩散出来并形成了发展中国家所有企业可利用的外溢知识,而隐性知识部分仍不具备外溢性。所以,发展中国家企业的研发活动并没有增加这些企业可利用的外溢知识的数量,其研发活动的外溢性较低。

当 $\chi_i \geqslant \hat{\chi}$ 时，国内外技术差距较小。此时，发展中国家企业所进行的研发就可能产生新的知识，新知识中的显性知识部分就形成新的外溢知识，从而研发活动具备外溢性。与此同时，一方面，国内企业间的知识外溢要易于国际知识外溢；另一方面，国内外技术差距缩小时发达国家企业对其技术知识的保护加强，所以，来自国内企业研发活动的外溢知识形成了发展中国家企业可利用外溢知识的主要组成部分。为简化分析，模型假定在这种情况下所有的外溢知识都来自国内，并且设定 $0<\gamma<\varphi$，这样做主要是考虑到企业研发的知识外溢具有网络效应，从而企业数目对知识生产的贡献呈规模报酬递增。

此外，假定国外的知识水平按照一个外生给定的增长率增长：

$$\dot{\bar{z}}/\bar{z}=\bar{g} \tag{11}$$

三、动态分析和一般均衡

(一) 均衡的设定

设每个企业的目标都是最大化其贴现的净现金流，即企业的价值：

$$V_i=\int_0^{\infty} R(t)\prod\nolimits_i(t)\mathrm{d}t, \qquad \prod\nolimits_i=(P_i-Z_i^{-\theta})q_i-L_{z_i}$$

其中，$R(t)\equiv \mathrm{e}^{-\int_0^t r(t)\mathrm{d}t}$ 为 t 时点的贴现利率；$\prod_i$ 为企业在 t 时点的净利润，即销售利润减去当期的研发成本后的净额。均衡被设定为开环策略下微分博弈的纳什均衡。在该博弈中，每个企业在每个时点 t 的策略是在给定该时点其他企业定价的条件下选择研发投入，即 $a_i=L_{Z_i}(t)$，$t\in(0,\infty)$ ①。设 N 个企业的策略形成的策略集是 $A_N=(a_1, \cdots, a_N)$，并定义 $V_i[N, A_N]$

① 严格意义上每个企业的策略应包括研发劳动投入和产品的定价，但由于企业的定价肯定满足静态下的优化条件，所以在决定了研发投入时，企业在每个时点的知识水平和成本水平就已经确定，从而相当于确定了企业的定价水平。

为市场上有 N 个企业，且这些企业的策略集为 A_N 时企业 i 的价值。

设该市场在 t 时点的进入成本为 β。企业将在考虑进入成本和进入收益(进入后净现金流的贴现值)的前提下自由选择是否进入市场。从后文的分析可知，在稳态均衡时 β 等于企业的即时净利润和时间偏好率的乘积，它反映了垄断租的大小。因此，在本文的设定中，进入成本不仅仅指狭义的进入壁垒，还包括相关政府或制度因素，如政府给予大企业的财政、信贷支持、主银行制度等。这些都将提高现任企业的垄断租、增加新企业进入市场的难度。该广义的进入壁垒是反映市场结构垄断性的外生制度因素，β 值越大表示市场结构的垄断性越高。与此相对应的是由市场集中度和企业规模描述的市场结构，它可以被看作由上述制度因素和企业间竞争内生决定。

N 个企业的开环策略下的纳什均衡可以定义为 $V_i[N, A_N] \geqslant V_i[N, A_{N'}]$，且 $\beta \geqslant V_i[N+1, A_{N+1}]$ 对于所有 $N>1$ 成立，其中，$A_{N'}=(a_1, \cdots, a'_i, \cdots, a_N)$。即给定企业数目 N 和其他企业的策略，某企业的策略选择将使得该企业的价值最大化；当企业数目再增加一个时，企业间的策略博弈将使得每个企业的价值不大于其进入成本。在这两个条件下，企业的数目和每个企业的策略选择达到均衡。

(二) 企业的动态行为

企业的动态行为包括选择其每个时点的研发劳动投入和定价，以此最大化企业的价值。假设企业在博弈初始时刻决定自己在每个时点的研发劳动和定价时，拥有对每个时点其他企业定价和企业数目的完美预期，但认为外溢知识大小是给定的外生因素①。因此，对于企业 i 而言，其动态行为策略解下述最优控制问题：

$$\max V_i = \int_0^{\infty} R(t) \prod\nolimits_i (t) \mathrm{d}t \quad 满足 \prod\nolimits_i = (P_i - Z_i^{-\theta}) q_i - L_{z_i},$$

$$\dot{Z}_i = Z_i^{1-\varphi} S_i^{\varphi} L_{z_i},\ i=1, \cdots, N$$

其中，企业数目和其他企业的定价对企业 i 最优行为的影响体现在每个

① 该设定的合理性在于：不同企业的研发行为相较于生产行为更难以为企业所了解，所以单个企业很难考虑自身的研发对公共知识集大小的影响。

时点的需求 q_i 是所有企业定价和企业数目的函数。一方面,由于企业的行为选择包括研发投入,所以上述影响体现了以企业数目为表征的市场结构对企业研发决策的作用。另一方面,在考虑进入均衡后,企业数目将由企业的进入决策内生决定,而进入收益会受到进入后研发成本的影响,因此,企业的研发决策也会反作用于市场结构。

定义现值汉密尔顿函数 $H \equiv (P_i - Z_i^{-\theta})q_i - L_{z_i} + m_i Z_i^{1-\varphi} S_i^{\varphi} L_{z_i}$,其中,状态变量是 Z_i,控制变量是 P_i 和 L_{Z_i},m_i 是汉密尔顿乘子。

为简化分析,我们设定国内企业在初始时点的知识存量相等,即 $z_{0i} = z_0$。因此,每个国内企业在该微分博弈中都是对称的。均衡时,每个企业在每个时点的知识水平相等,即 $z_i = z$,并且它们的研发劳动投入、生产劳动投入、可利用外溢知识、利润水平、产量水平和汉密尔顿函数及乘子都相等。所以,我们可以定义 $L_{z_i} = L_z$,$L_{q_i} = L_q$,$S_i = S$,$\prod_i = \prod$,$q_i = q$,$H_i = H$,$m_i = m$。同时,开环策略微分博弈的第一个纳什均衡条件就退化成了代表性企业的最优化问题。

由一阶必要条件可知:

$$r_z \equiv r = \theta(S/Z)^{\varphi} L_q - \varphi(\dot{S}/S) \tag{12}$$

其中,r_z 为企业进行研发投入的收益率。通过式(12)可知,研发投入收益率和企业的生产规模 L_q 成正比,反映了:企业规模越大,研发成功后可获得的收益越多。研发投入收益率和企业的自有知识水平成反比,体现了自有知识在研发过程中的贡献呈规模报酬递减。研发投入收益率和外溢知识成正比体现了外溢知识的外部效应,即外溢知识的增加可以提高企业研发效率。综合而言,外溢知识与自有知识的比率越大,研发收益率越高,我们将之命名为知识外溢的静态外部效应。但该收益率和外溢知识的增长率成反比,这是因为外溢知识的增加说明其他企业的知识水平也将增加,从而企业在某个时点的研发投入带来的动态收益减少,这可以看作知识外溢的动态外部效应。

(三) 进入均衡

假定该行业再进入一个新企业时,新企业的知识水平等于原有企业的平均知识水平①。在对称假定下就等于原有企业的知识水平 Z。因此，新企业在 t 时点进入后，在新的开环均衡下，新企业的价值应该和其他企业相同，即 $V(N+1)$。

设进入均衡时的企业个数为 N，则对称均衡下的企业的价值为 $V(N)$，进入均衡要求 $V(N)=\beta$。此时，开环策略微分博弈的第二个纳什均衡条件被满足。

将 $V=\int_0^{\infty}R(t)\prod(t)\mathrm{d}t$ 两边取对数并对时间求导，可得：$r=\prod/V+\dot{V}/V$，由于进入均衡时 V 等于 β，则进入均衡条件为

$$r_N \equiv r=\frac{\prod}{\beta}=\frac{\pi-L_z}{\beta} \tag{13}$$

其中，π 为企业销售利润。由静态分析(式 3—式 6)又可将上式改写为

$$r_N=\frac{NL_q-(\varepsilon-1)(N-1)L_Z}{\beta(\varepsilon-1)(N-1)} \tag{14}$$

其中，$\varepsilon\equiv\frac{1}{1-\alpha}$ 为产品间替代率。r_N 为企业进入投资的收益率。由式(14)可知，进入投资收益率和企业的生产规模 L_q 成正比，反映了企业规模越大，每个单位产品需要摊销的沉没进入成本就越少，进入投资收益率就越大。进入投资收益率和企业数目成反比，是因为企业数目越多，则新企业进入后的市场份额就越少，进入投资收益率越低。进入投资收益率和研发投入成反比，体现了：一旦企业进入，为了和其他企业进行研发竞争，其必须投入的研发成本将降低企业的利润，减少进入后的收益。

(四) 资本市场均衡和劳动力市场均衡

由于研发和组织新企业进入市场的投入所带来的收益在后期才能实现，所以这两种行为实质上都是投资行为。由前面的分析知，这两种投资的收益率分别为 r_z 和 r_N。假设这两种投资的资金都将在一个完美的资本市场上

① 此设定和佩雷托[19]一样，关于其合理性的具体讨论见该文。

筹集，则资本市场均衡要求两个收益率相等：

$$\theta\left(\frac{S}{Z}\right)^{\varphi}L_q-\varphi\frac{\dot{S}}{S}=\frac{NL_q-(\varepsilon-1)(N-1)L_Z}{\beta(\varepsilon-1)(N-1)} \tag{15}$$

同时，我们易知劳动力市场均衡要求

$$1=NL_q+NL_Z+\dot{N}\beta \tag{16}$$

即劳动供给应等于生产、研发投资和进入投资的劳动力需求。

(五) 一般均衡

首先，由静态分析可知总支出 $E=\frac{\eta\pi}{\lambda}=[\varepsilon(N-1)+1]\frac{NL_q}{(\varepsilon-1)(N-1)}$，代入到式(2)，可得：

$$\left[\frac{\varepsilon}{\varepsilon(N-1)+1}-\frac{\varepsilon-1}{(\varepsilon-1)(N-1)}\right]\dot{N}+\frac{\dot{N}}{N}+\frac{\dot{L}_q}{L_q}=r-\rho \tag{17}$$

至此，一般均衡就由式(12)、式(14)、式(15)、式(16)、式(17)与式(10)六个方程来刻画。

四、稳态均衡及比较静态分析

由于外溢知识 S 的形成机制根据国内外知识水平比率的不同而异，我们可以把均衡分为两类：初始国内外知识水平比率大于或等于临界值 $\hat{\chi}$ 时的均衡和初始国内外知识水平比率小于临界值 $\hat{\chi}$ 时的均衡。接下来，我们分别予以讨论。

(一) 初始国内外知识水平比率大于或等于临界值

令 $g\equiv\theta\frac{\dot{z}}{z}=\theta N^{\frac{\varphi}{\gamma}}L_Z$ 表示劳动生产率的增长率。易见，企业劳动生产率的增长和企业研发投入成正比，且研发投入的贡献为规模报酬不变。该增长率还和企业数目成正比，且企业数目的贡献呈规模报酬递增，这主要来自外溢知识形成中的网络效应。相较而言，对于劳动生产率的增长，企业数目增加的贡献将强于研发劳动的投入，但企业自身的研发投入是增加劳动生产率的必要条件，这保证了均衡时的研发投入为正。

将 S 的表达式(式 10)代入式(12)，利用 g 的定义式，并考虑稳态下式(12)—式(17)中 N、L_q、L_Z 为常数，则可得：

$$r_z = \theta N^{\frac{\varphi}{\gamma}} L_q - \frac{\varphi g}{\theta} \tag{18}$$

$$r_N = \frac{NL_q - (\varepsilon - 1)(N-1)\dfrac{g}{\theta N^{\frac{\varphi}{\gamma}}}}{\beta(\varepsilon - 1)(N-1)} \tag{19}$$

$$r = \rho \tag{20}$$

$$1 = NL_q + \frac{Ng}{\theta N^{\frac{\varphi}{\gamma}}} \tag{21}$$

由式(18)—式(21)可得 $g = \dfrac{\rho\theta[N - \beta(\varepsilon - 1)(N-1)\theta N^{\frac{\varphi}{\gamma}}]}{N(\theta(\varepsilon - 1) - \varphi) - \theta(\varepsilon - 1)}$。该方程规定了 g 和 N 在资本市场均衡时应满足的关系，用曲线 RR 表示。根据参数的取值，该曲线会有不同的形状，但可以保证稳态均衡存在且稳定的曲线满足 $\dfrac{\partial g}{\partial N} < 0$，$\dfrac{\partial g}{\partial \beta} < 0$ ①。

同时根据式(18)、式(20)和式(21)可得 $g = \dfrac{\theta^2 N^{\frac{\varphi}{\gamma}-1} - \rho\theta}{\varphi + \theta}$。该方程规定了 g 和 N 在劳动力市场上均衡时应满足的关系，用 LL 曲线表示。LL 曲线和 RR 曲线相交定义了均衡时的 g 和 N，分别定义为 g^* 和 N^*。由比较静态分析可知：$\dfrac{dg^*}{d\beta} < 0$，$\dfrac{dN^*}{d\beta} < 0$，且该均衡是稳定的②。考虑到知识水平的增长率为劳动生产率的增长率除以参数 θ，因而有以下命题：

命题 1：如果初始国内外知识水平比率大于临界值，即国内外技术差距

① 参数的取值范围、曲线性质及稳定性的讨论，参见“数学附录”。

② 该均衡的存在性、稳定性证明及比较静态的讨论在“数学附录”中给出。

较小，则在稳态均衡中，市场结构垄断性的加强(减弱)将减少(增加)稳态下的企业数目，降低(增加)经济体的知识水平的增长率。

当国内外技术差距较小时，发展中国家企业自身的研发活动具有外溢性，此时企业数目增加虽然一方面减少了企业进入后的市场份额，降低进入投资收益率，但另一方面却扩大了外溢知识的整体规模，提高了研发效率，从而减少企业进入后所需的研发投入，提高了进入投资收益率。由于知识外溢网络效应的存在保证了上述正向因素强于负向因素，所以进入投资收益率和企业数目成正比。同时，企业数目的增加虽然增加了生产劳动的投入，但也减少了达到既定劳动生产率增长率所需的研发劳动的投入，而且网络效应的存在使得前者弱于后者，所以企业数目和劳动力市场可支持的劳动生产率增长率也成正比。因此，在稳态均衡下，如果进入壁垒或者市场结构垄断性增加，则进入投资收益率的下降将减少均衡时的企业数目，进而降低均衡时的劳动生产率增长率及知识水平增长率。

(二) 初始国内外知识水平比率小于临界值

这种情况又可以分为两个子类，主要区别在于稳态下的国内外知识水平比率和临界值之间的关系。

先考虑第一种情况，即稳态下的国内外知识水平比率小于临界值。

将 S 的表达式(式 10)代入式(12)，并考虑稳态下式(12)、式(14)、式(16)、式(17)中 N、L_q、L_Z 和 χ 为常数，则可得：

$$r_z = \theta\left(\frac{1}{\chi}-1\right)^{\varphi} L_q - \varphi \frac{\dot{Z}}{Z} \tag{22}$$

$$r_N = \frac{NL_q-(\varepsilon-1)(N-1)L_Z}{\beta(\varepsilon-1)(N-1)} \tag{23}$$

$$r = \rho \tag{24}$$

$$1 = NL_q + NL_Z \tag{25}$$

此外，在国外知识水平按照外生给定的增长率 $\bar{g}$ 增长的假定下，国内的知识水平增长率 $g \equiv \dot{Z}_i/Z_i$ 满足 $g \equiv \dot{\chi}_i/\chi_i + \bar{g}$。根据式(9)和式(10)，在 $\dot{\chi}=0$ 的稳态时就有：

$$g = \bar{g} = (1/\chi - 1)^{\varphi} L_z \tag{26}$$①

此时，式(22)可写为

$$r_z = \theta\bar{g}(L_q/L_Z) - \varphi\bar{g} \tag{22'}$$

代入式(24)可得：

$$\frac{\rho + \varphi\bar{g}}{\theta\bar{g}} L_z = L_q \tag{27}$$

由式(23)、式(24)和式(27)可得：

$$L_z = \frac{\rho\beta\theta\bar{g}(\varepsilon - 1)(N - 1)}{N(\rho + \varphi\bar{g}) - \theta\bar{g}(\varepsilon - 1)(N - 1)} \tag{28}$$

该式定义了一个 N 和 L_Z 之间的曲线，命名为 RR 曲线，它表示资本市场均衡时两者之间应遵循的关系。易证该曲线的斜率为正，且 $\frac{\partial L_Z}{\partial \beta} > 0$。

根据式(25)和式(27)，可得 $L_z = \frac{\theta\bar{g}}{(\rho + (\theta + \varphi)\bar{g})N}$。该式也定义了一个 N 和 L_Z 之间的曲线，命名为 LL 曲线，它表示劳动力市场均衡时两者之间应遵循的关系。易证该曲线的斜率为负。LL 曲线和 RR 曲线相交定义了均衡时的 N 和 L_Z，分别定义为 L_Z^* 和 N^*。我们可以证明该均衡是稳定的。由比较静态分析可知 $\frac{\mathrm{d}L_z^*}{\mathrm{d}\beta} > 0$，$\frac{\mathrm{d}N^*}{\mathrm{d}\beta} < 0$②。由式(26)可知 χ 和 L_Z 呈同向变动，因此有 $\frac{\mathrm{d}\chi^*}{\mathrm{d}\beta} > 0$。上述结论可以用命题 2 描述：

命题 2：如果初始国内外技术差距较大且稳态下的国内外知识水平比率小于临界值，则在稳态均衡中，国内的知识增长率等于国外的知识增长率，但稳态下的国内外知识水平比率和市场结构的垄断性有关。市场结构垄断性的加强(减弱)将减少(增加)稳态下的企业数目，提高(降低)稳态下的国内外

---

① 稳态下国内知识增长率等于外生给定的水平简化了本文的分析，虽然该特征是模型外生设定的，但该假定符合对俱乐部收敛的理论研究。例如，有学者[28]在将发达国家的研发活动纳入内生因素以后，推导出稳态时发展中国家和发达国家将获得相同的增长率，但生产率水平仍存在差异。

② 对均衡存在性、稳定性及比较静态分析，参见“数学附录”。

知识水平比率。

和命题 1 相比，正是由于技术差距较大时外溢知识都来自国外部门而发展中国家企业自身的研发行为没有外溢性，所以企业数目的增加只会减少企业进入后的市场份额，而不存在提高研发劳动效率的效应，进入投资收益率和企业数目成反比。同时，由于均衡时生产劳动的投入和研发劳动的投入成一个固定比例关系（式 27），所以企业数目和企业的研发投入成反比。当市场结构的垄断性增加时，进入投资收益率的下降将减少均衡时的企业数目，提高企业内部的研发投入规模。在企业自身的研发活动没有外溢性的前提下，对称均衡时国内外知识水平比率只取决于每个企业的研发投入规模，因此，市场结构垄断性的加强将提高稳态下的国内外知识水平比率。

需要指出的是，模型中垄断性市场结构的制度安排建立在企业间以利润最大化为目标进行竞争的基础上，并不包含政府通过行政干预和市场分割等行政手段来维护现任企业的垄断力量，前者违反了利润最大化的行为设定，后者排除了企业间的竞争，如市场分割导致每个子市场上只有一个企业，则式(28)中 $N=1$，企业的研发投入为 0。

再考虑第二种情况，即稳态下的国内外知识水平比率大于临界值。这时需要考察的是当国内外技术差距较大时稳态下的国内外知识水平比率是不是稳定的。如果稳定，则当国内外相对知识比率小于稳态值时，它将上升收敛到稳态值，而在这一过程中，一旦达到了临界值，则其动态和初始国内外知识水平比率大于或等于临界值的情况一样。由于上文已经证明了均衡的稳定性，所以我们有以下命题：

命题 3：如果初始国内外技术差距较大且稳态下的国内外知识水平比率大于临界值，则国内外知识水平比率将首先收敛到临界值水平，其后的动态特征和命题 1 一样。

五、结论

对于发展中国家而言，是垄断性的市场结构还是竞争性的市场结构有利于其技术进步和经济增长？该问题不仅有着理论方面的价值，也具有重要的实践意义。在我国,学术界对反垄断法的热烈讨论反映的也是对这个问题的焦虑:什么性质的市场结构有利于减少我国与发达国家之间的技术差距,从而加快经济发展?合适的政府政策和制度安排是什么?作为一个发展中的经济大国,我国各个行业的技术发展水平各不相同,这种差异性进一步增加了问题的复杂程度。

本文试图对上述问题做出初步的理论探讨。本文构建的模型说明合适的垄断或竞争程度应视发展中国家的不同发展阶段而定。从一个较大的技术差距开始,垄断性的市场结构可以提高其收敛的稳态知识水平;当与发达国家的技术差距小于某一个临界水平之后,则竞争性的市场结构可促进其技术进步。过早采取竞争性市场结构将使发展中国家的知识水平收敛到临界值以下,不利于发展中国家的技术进步。而且,如果考虑到一国拥有多个行业,这些行业市场结构的安排就应视其所处的技术差距状态的不同而异,技术差距较大的行业应采取垄断性的市场结构,而技术差距较小的行业则应采取竞争性的市场结构。

从政策的角度看,当前我国企业的研发投入普遍较低,与我国的经济总量很不相称。究其原因,我国很多行业中企业的规模太小,产业比较分散,单个企业模仿和吸收国外技术的能力比较弱,产业的升级很慢。集中的一个表现在于我国的出口商品大部分仍然处于高投入、高能耗和高污染的低端产品市场。国家的经济政策应该鼓励企业之间的兼并与收购,按照市场的方式产生比较集中的市场结构,这将有利于增强我国吸收和消化国外先进科技的能力,并最终缩小与国外的技术差距。

应指出的是,本文构建的并非一个完备的开放经济模型。在这个经济体系中,只有国外的知识是可以流动的,并没有考虑贸易和跨国投资对市场结构和技术进步的影响,而后两者对分析我国的经济运行机制十分重要。此外,国内外知识水平比率的临界值作为左右发展中国家外溢知识形成机制的重要参数是外生给定的,文中并没有讨论确定该参数取值的经济机制。这些都是以后研究的扩展方向。

参考文献

[1] Gerschenkron A. Economic Backwardness in Historical Perspective[M]. Cambridge,

MA: Harvard University Press, 1992.
[2] [日]大野健一. 从江户到平成:解密日本经济发展之路[M]. 臧馨,臧新远,译. 北京:中信出版社,2006.
[3] Nickell S J. Competition and Corporate Performance[J]. Journal of Political Economy, 1996, 104(4): 724-746.
[4] Aghion P, Griffith R. Competition and Growth: Reconciling Theory and Evidence[M]. Cambridge, MA: MIT Press, 2008.
[5] Aghion P, Bloom N, Blundell R, et al. Competition and Innovation: An Inverted-U Relationship[J]. The Quarterly Journal of Economics, 2005, 120(2): 701-728.
[6] Aghion P, Fedderke J, Howitt P, et al. Testing Creative Destruction in an Opening Economy: The Case of the South African Manufacturing Industries[J]. Economics of Transition, 2013, 21(3): 419-450.
[7] Amiti M, Khandelwal A K. Import Competition and Quality Upgrading[J]. Review of Economics and Statistics, 2013, 95(2): 476-490.
[8] Bourlès R, Cette G, Lopez J, et al. Do Product Market Regulations in Upstream Sectors Curb Productivity Growth? Panel Data Evidence for OECD Countries [J]. Review of Economics and Statistics, 2013, 95(5): 1750-1768.
[9] 吴延兵. 市场结构、产权结构与R&D——中国制造业的实证分析[J]. 统计研究,2007(5):67—75.
[10] 杨治,宋芳晖. 中国工业企业技术创新状况的行业差异[J]. 经济理论与经济管理,1999(6):56—59.
[11] 寇宗来,高琼. 市场结构、市场绩效与企业的创新行为——基于中国工业企业层面的面板数据分析[J]. 产业经济研究,2013(3):1—11,110.
[12] 聂辉华,谭松涛,王宇锋. 创新、企业规模和市场竞争:基于中国企业层面的面板数据分析[J]. 世界经济,2008(7):57—66.
[13] 施东晖. 转轨经济中的所有权与竞争:来自中国上市公司的经验证据[J]. 经济研究,2003(8):46—54,92.
[14] 周黎安,罗凯. 企业规模与创新:来自中国省级水平的经验证据[J]. 经济学(季刊),2005(2):623—638.
[15] 陈林,朱卫平. 创新、市场结构与行政进入壁垒——基于中国工业企业数据的熊彼特假说实证检验[J]. 经济学(季刊),2011,10(2):653—674.
[16] 涂正革,肖耿. 中国的工业生产力革命——用随机前沿生产模型对中国大中型工业企业全要素生产率增长的分解及分析[J]. 经济研究,2005(3):12.
[17] 陆剑,柳剑平,程时雄. 中国与OECD主要国家工业行业技术差距的动态测度[J]. 世界经济,2014,37(9):25—52.
[18] Grossman G M, Helpman E. Quality Ladders in the Theory of Growth[J]. The Review of Economic Studies, 1991, 58(1): 43-61.
[19] Peretto P F. Cost Reduction, Entry, and the Interdependence of Market Structure and Economic Growth[J]. Journal of Monetary Economics, 1999, 43(1): 173-195.

[20] Aghion P, Howitt P. Market Structure and the Growth Process [J]. Review of Economic Dynamics, 1998, 1(1): 276-305.
[21] Barro R J. Sala-I-Martin, X. Technological Diffusion, Convergence, and Growth[J]. Journal of Economic Growth, 1995, 2(1): 1-26.
[22] Segerstrom P S, Zolnierek J M. The R&D Incentives of Industry Leaders [J]. International Economic Review, 1999, 40(3): 745-766.
[23] Acemoglu D, Aghion P, Zilibotti F. Distance to Frontier, Selection, and Economic Growth[J]. Journal of the European Economic Association, 2006, 4(1): 37-74.
[24] Aghion P, Blundell R, Griffith R, et al. The Effects of Entry on Incumbent Innovation and Productivity[J]. The Review of Economics and Statistics, 2009, 91(1): 20-32.
[25] Aghion P, Bechtold S, Cassar L, et al. The Causal Effects of Competition on Innovation: Experimental Evidence [J]. The Journal of Law, Economics, and Organization, 2018, 34(2): 162-195.
[26] Antoniades A. Heterogeneous Firms, Quality, and Trade[J]. Journal of International Economics, 2015, 95(2): 263-273.
[27] Peretto P, Smulders S. Technological Distance, Growth and Scale Effects [J]. The Economic Journal, 2002, 112(481): 603-624.
[28] Howitt P. Endogenous Growth and Cross-Country Income Differences [J]. American Economic Review, 2000, 90(4): 829-846.

原载《世界经济研究》2016 年第 6 期

建设促进上海房地产市场平稳健康发展的长效机制

卢为民*

2017年以来，中央多次强调，要坚持“房子是用来住的，不是用来炒的”的定位，综合运用金融、土地等手段，加快建立促进房地产市场平稳健康发展的长效机制，既抑制房地产泡沫，又防止大起大落。本文坚持问题导向和目标导向，从分析上海房地产市场发展轨迹及面临的深层次问题入手，以实现总量平衡、结构合理、价格稳定为目标，提出了研究促进上海房地产市场平稳健康发展长效机制的思路与对策。

一、上海住房价格的发展演变

（一）上海房价的演变轨迹和特点

1. 总体演变轨迹

1998年我国取消福利分房制度后，商品房市场发展迅速，以上海为代表的一线城市住房价格在近20年的城市发展中不断突破新高，总体上呈现出波动上涨态势。从上海房价变化特征看，大致可将1998年后的上海房价变化划分为3个阶段：住房制度改革后的稳中有升阶段（1998—2007年）、国际金融危机后的震荡上行阶段（2008—2014年）以及快速上升阶段（2015—2016年）。

（1）住房制度改革后的稳中有升阶段（1998—2007年）。1998年住房制度改革后，上海住房市场不断发展，房价平稳上涨，年均增速基本保持在

* 卢为民，高级经济师，上海市土地交易事务中心副主任。

10%以上(2000 年和 2006 年除外),属于房价平稳上升的 10 年。在此期间,上海房地产业增加值占 GDP 的比重也逐年上升,从 2000 年的 5.52%上升至 2005 年的 7.74%,房地产业成为上海拉动国民经济增长的重要产业。针对这一阶段房价上涨过快、投资增幅过大、住房结构失衡等问题,上海结合贯彻国家层面的"国八条""国六条"等文件,在 2006 年出台了一系列调控措施,住房市场投资过热的问题得到了一定缓解。但到 2007 年,受人民币升值和流动性过剩影响,商品住房价格再次大幅上涨。

(2) 国际金融危机后的震荡上行阶段(2008—2014 年)。2008 年受全球金融危机影响,经济下行趋势明显,上海房地产业也随之进入低迷阶段,房价首次出现负增长。但随着中央经济刺激政策措施出台,上海房价再度获得上升动力,2009 年涨幅高达 52.4%,为历史最高涨幅。2010 年,楼市进入紧调控时期,房价涨幅虽有所降低,但房价依旧保持过快上升态势。2011 年,调控政策进一步收紧,房价开始下降。2012 年,中央和上海政策依旧收紧,房价保持平稳。但 2013 年房价再次呈现整体上升态势。受 2013 年密集出台的调控政策影响,2014 年楼市成交量萎缩,部分区域出现价格下跌,房价年均涨幅仅 1.4%。

(3) 快速上升阶段(2015—2016 年)。受 2014 年下半年"930"新政影响,以限贷放宽为标志的信贷政策全面松绑,释放了很大一部分改善性需求。此外,受央行降息降准的影响,房价再次大幅上涨。2015 年房价涨幅高达 31%,2016 年春节后房价再次暴涨,上海政府出台"325"新政,收紧限购要求。但受"9 月购房信贷新政"谣言影响,楼市成交量短期内迅速增加。直至 11 月 29 日二套房认定标准再次收紧,银行层面也相应收紧信贷,成交量大幅减少,房价上涨势头才得到及时遏制。但由于前期涨幅过大,2016 年房价总体涨幅高达 20%。

2. 上海房价变化的主要特点

上海房价变化表现出三大特点。一是房价呈"梯度"加速上涨。上海新建商品房月度价格指数在近 10 年间共计发生了 4 次梯度攀爬,形成"平行台阶"的年份分别在 2008 年、2011 年、2014 年和 2017 年左右。此外,随着时间推移,攀升坡度益发陡峭。二是部分年份房价异常波动,房价过快上涨。房价上涨过快的年份分别为 2003 年、2009 年、2015 年和 2016 年,这 4 个年份的房价年度涨幅均超过20%。其中,2009年房价涨幅高达52.4%;2008年、2011年房价出现小幅下降,降幅分别为1.7%和5.1%。三是房地产泡沫近年来有所扩大。按照国外比较公认的房地产泡沫定义,房地产泡沫是指因过度投机导致房地产市场价格偏离市场基础价格并持续上涨的现象。在计算上,以合理房价收入比为依据,计算合理房价与真实房价之差,以此算出房地产泡沫的大小。随着时间变化,2014年以后房地产泡沫呈现出不断扩大的趋势。

(二)上海房价变化背后的逻辑

1. 房价总体不断上涨

房价总体不断上涨主要来自两方面的原因:一是成本驱动;二是供需关系的变化。另外,还与通货膨胀有很大关系。

(1)成本不断增加带动房价上涨。成本是影响上海房价上涨的重要因素。房地产成本主要包括5个部分:土地成本、工程建设及配套成本、财务销售及管理费用、各类税费以及企业利润。近年来,上海土地价格上涨过快是不争的事实,2016年商品住房用地价格占当期商品住房价格的比重超过一半,房价面临巨大的上涨压力。此外,建筑材料、人工费也逐年攀升,加上开发商利润依然偏高,房地产成本逐年攀升,进而带动房价上涨。

(2)供给相对稳定,需求持续旺盛。供给层面,上海住房供给保持相对稳定。尽管土地供应的有限性、房屋建设长周期性,及住房供应结构的不合理等因素制约着新增有效供给,但从历年上海商品住宅竣工面积变化看,上海住房土地供给量基本每年都保持在1 500公顷以上,以2003—2007年供给最多,年度供给超过2 000公顷,2004年达到供应高峰3 000多公顷。但总体来看,近年来上海商品住房还是维持在较为稳定的供应水平。

需求层面,上海居住需求、投资投机需求持续旺盛。购房需求主要有三类,即居住需求、投资需求、投机需求。居住需求可划分为刚性需求和改善性需求。刚性需求是指为满足基本居住需求而产生的购房需求。改善性需求是指随着居民收入水平不断提高,为追求更高水平的居住品质而衍生出的购房需求。投资需求是指购房者通过购买房屋进行出租,以获得租金收入和房产升值长期回报为目的。投机需求则是指短期内通过买卖房屋,赚取高额差价获利的购房行为，这种行为往往伴随“高杠杆”借贷行为。

(3) 通货膨胀拉高房价。通货膨胀的主要表现是货币超发。国家统计局公布的数据显示，1998—2016 年，我国通货膨胀率累计达到 43.1%。流动性过剩会导致商品和服务价格上涨，随着过多货币不断进入资产市场，房地产等资产价格也水涨船高。此外，当通货膨胀率高于名义利率时，意味着“负利率”时代到来。近几年，上海 CPI 年度涨幅保持在 2%～3%，而一年期存款利率仅为 1.5%，这种背景下，为抵御通胀风险而购房的投资需求大大增加，又进一步拉高房价。

2. 房价呈现梯度变化的原因

上海房价呈现阶段性上涨的梯度变化特征，主要与宏观经济形势和宏观政策，以及与之相关的投资投机快速增加有关。长期来看，我国房地产(住房)市场发展是一个典型的政策市，受政策调控影响十分显著。

(1) 2003 年和 2009 年房价大涨主要源自在过分强调房地产业的支柱产业地位背景下，实施过于宽松的货币政策，极大地刺激了购房需求。其一，产业定位上过分强调房地产业的支柱产业地位。2003 年，国家层面出台了《国务院关于促进房地产市场持续健康发展的通知》(国发〔2003〕18 号)，首次明确将房地产业作为国民经济的支柱产业。随后，2008 年为了应对国际金融危机，年底召开的中央经济工作会议再次强调房地产业支柱地位，会议提出的 2009 年 5 项重点工作中，有两项提及房地产：“要把满足居民合理改善居住条件愿望和发挥房地产支柱产业作用结合起来”“增加保障性住房供给，减轻居民合理购买自住普通商品住房负担，发挥房地产在扩大内需中的积极作用”。其二，在这样的产业定位下实施过于宽松的货币政策。2003 年和 2009 年为近 20 年 M2 涨幅最高的两年。宽松的货币政策会激发大量的投机性需求，对房价上涨起到助推作用。尤其是 2008 年年末，为应对国际金融危机，防止国内经济增速持续回落，我国政府提出全面实施一系列促进经济平稳较快发展的经济刺激计划，包括“4 万亿元”投资拉动内需计划，地方政府随后也推出“18 万亿元”的投资方案。在这种背景下，国家和地方政府又陆续出台了包括降低利率、减少首付比例、提高公积金贷款额度、减少交易环节税收等激励住房消费政策，激发了居民购房热情，海量的资金涌向房地产市场，推高资产价格。2009 年，上海住房价格暴涨，涨幅达到 52.4%，是迄今为止最高年度增幅。

(2) 2015 年房价大涨的原因主要源自全国范围内政策调控“一刀切”,刺激上海长期被抑制需求瞬间释放。2015 年上海房价大涨始于经济下行压力下,中央和地方政府为去房地产库存出台的一系列刺激政策,主要包括放松对首套房贷的认定,上调公积金贷款额度,及央行累计 6 次降息、5 次全面降准等政策。上海居民的住房需求此前连年受到抑制,此轮政策放开,购房需求迅速释放,尤其是在宏观经济下行、海量信贷资金缺乏多样化的投资渠道的背景下,楼市相关调控政策的放开导致资金涌入发展前景预期向好的上海房地产市场,最终导致房价暴涨。2015 年,住房价格上涨 31%,涨幅仅次于 2009 年。

(3) 2016 年房价大涨的原因主要源自调控政策出台时间过晚,未能及时压制 2015 年延续的市场过热势头。2016 年上半年房价变化延续了 2015 年房价走势,属于惯性上涨,尽管 3 月 25 日,上海进一步收紧限购,将外来人口购房需缴纳最低社保年限标准由 2 年调至 5 年,仍未能扭转大众“买涨不买跌”的购房心理,8 月上海楼市在“新政将出”谣言的背景下更是呈现出“恐慌性购房”主导下的成交量爆发局面,最终 11 月 29 日“认房认贷”政策推出,楼市进入速冻状态,房价涨幅才得到一定程度的遏制。2016 年全年房价涨幅较 2015 年下降 10 个百分点,但仍旧高达 20%。

二、当前及未来一段时期上海房地产市场面临的形势和问题

近年来,上海认真落实中央要求,紧密结合上海实际,出台了一系列调控政策,有力促进了房地产市场的平稳健康发展。与此同时,在新的发展阶段,上海房地产市场也面临一系列新情况、新问题。

(一) 发展阶段判断:总量基本满足,更加注重结构优化和品质提升

1. 上海住房市场总体上度过了住房短缺和大规模建设阶段,现有住房总量基本满足居民的住房需求,处于紧平衡状态

(1) 城市化基本完成,人口增速趋缓,住房需求趋于稳定。2005—2015 年,上海城镇化率从 82%逐步提高至 89%。2015 年全国城镇化率仅为

56%。从人口流动看，上海2015年常住人口首次出现负增长，城市化水平基本饱和。

(2) 存量房交易占主导，标志着上海的房地产市场基本成熟。上海存量房交易远超新增住房交易，已接近部分发达国家的水平。上海近5年存量房交易逐年上升，2016年二手商品住宅销售面积占比高达69%，是新房销售面积的两倍以上。在房地产市场发展较为成熟的欧美日等发达区域，存量房是房地产交易的主体，美国、英国、法国、澳大利亚的二手房成交量分别是新房成交量的9倍、8.1倍、1.9倍、3.5倍。

(3) 住房套户比已达到部分发达国家水平。截至2017年3月，按照上海统计局公布的2015年户均人数2.7人和上海住建委公布的住房套数计算，上海住房套户比为1.2，已经达到德国等发达国家的供需比例。

(4) 户籍人口人均居住面积已经较高，但常住人口人均住房面积与国际大都市还有一定差距。按照户籍人口计算，2016年年底上海户籍人口人均住房面积为36.1平方米/人，仅次于纽约，与伦敦、东京持平，远高于我国香港地区。但以城镇常住人口为统计口径计算，上海2014年的人均住房建筑面积为26.3平方米/人，低于对标城市的平均水平(35.8平方米/人)，只高于我国香港地区，低于纽约、伦敦、东京、新加坡等城市。

2. 上海房地产发展正迈向以结构优化和品质提升为主的阶段

主要基于以下3个方面的判断。

(1) 居民收入水平持续提高，催生对高品质住宅的追求。根据马斯洛需求层次原理，随着居民收入水平不断提高，其对住房的需求也会发生变化。“居者有其屋”仅能满足其基本的安身需求，当收入水平提高到一定标准，取而代之的是对更高居住品质的诉求。这一阶段，改善性住房需求会大大增加。自1998年以来，上海城镇居民人均可支配收入年均增速保持在11%左右。加上我国经济长期保持稳定增速，居民对未来收入增加预期向好，对高品质的住房会有更多需求。

(2) 上海城市发展定位对住房结构优化、品质提升提出了新要求。上海2040规划中提出，上海要迈向卓越的全球城市，建成创新之城、人文之城、生态之城。同时，对住房结构优化和品质也提出更高要求，使之与城市发展定位相匹配。

(3) 从数量满足到品质提升，也是国际大都市发展的一般规律。通过对纽约、伦敦、东京、新加坡、首尔、我国香港地区等地的分析，发现国际大都市住房发展有着共同的规律，即各城市的住房市场在不同的时期，随着大都市经济社会水平、住房市场发展情况以及居民住房需求等变化，有着不同的住房规划目标，大致可分为 4 个阶段：第一阶段表现为住房发展初期，以解决居民的住房短缺问题、提高住房建设效率为主；第二阶段表现为住房短缺缓解后，注重提高住房面积、质量、性能和住房舒适度；第三阶段表现为住房质量得到保障后，注重营造宜居的居住环境和提升居住品质；第四阶段表现为住房环境品质提升后，以增加社区人文关怀、培养多样性社区、满足各类人群的居住需求为主。从上海的发展情况看，上海房地产发展正处于从第二阶段向第三阶段过渡时期，即迈入适当补充数量，以结构优化、品质提升为主的阶段。

3. 住房需求基本满足，但各类需求依然旺盛

尽管上海绝大部分居民的住房问题已经得到解决，但住房市场中刚性需求、改善性需求及投资需求依然旺盛。根据统计局数据，“六普”期间上海常住人口人均住房建筑面积达 27.25 平方米，自有住房比例达 57.9%，居民住房条件较“五普”显著改善，但住房需求依然较多。

(1) 刚性需求依然较多。刚性需求主要包括结婚需求和动迁需求等住房需求。其中，结婚需求主要为青年群体结婚、组建家庭衍生出的购房需求。“六普”资料显示，上海婚育旺盛期人口比重上升。年龄在 20～34 岁的婚育旺盛期人口数量为 731.97 万人，比“五普”时增长 78.5%，占总人口的 31.8%，且一半以上婚育旺盛期人口为外来常住人口，是拉升全市婚育旺盛期人口比重的主要因素。随着上海婚育旺盛期人口步入婚姻阶段，因结婚而购房的刚性需求大大增加。

(2) 改善性需求虽被暂时抑制，但依然强烈。尽管上海常住人口人均住房面积已达 27 平方米，但实际中居住面积过低的家庭仍占相当比例。数据显示，2013 年家庭住房建筑面积低于 40 平方米的家庭占比近 40%。随着时间推移，二孩政策效应显现，居民改善性住房需求将会进一步增加。在当前以行政手段为主遏制炒作的背景下，“认房认贷”新政不仅有效打击了投资投机需求，也使得相当一部分改善性住房需求面临首付比例和贷款利率大幅提

升的资金压力，导致购房计划暂时搁置，一旦政策放松，被短期抑制的需求将会瞬间释放。

(3) 上海房地产投资具有风险低、收益高的优势，投资需求将长期存在。市场经济条件中，房地产除了具有居住属性，还有资产属性，投资性需求是房地产资产属性衍生出的客观需求，其产生是合理和必然的，对房地产市场繁荣有着积极的促进作用。与外地城市相比，上海房地产投资以低风险、高收益著称。近年来上海房价持续上涨，2016 年后更是出现了短期快速上涨，一线城市只涨不跌的神话加强了社会大众进一步看涨上海房价的预期。在投资渠道有限、实体经济不景气、通货膨胀压力大背景下，社会资本不断涌入上海楼市。

(4) 人才住房和外来务工人员等居住问题比较突出。随着上海"四个中心"、科创中心和全球城市的建设，将会吸引大量的青年人才、国际人才以及外省市务工人员来沪发展，由此将带来大量的住房需求，但由于房价高企，且租赁市场尚未成熟，这部分群体的住房需求没有得到很好的满足。

(二) 土地资源相对稀缺，新增土地供给约束趋紧

从土地供给看，上海人口密度大，土地资源相对稀缺。上海市域面积为 6 787 平方公里，只有北京的 1/3，天津的 1/2。这样狭小的地域范围，却承担着比上述几个城市都要多的人口，2016 年上海人口密度为 3 834 人/平方公里，是北京和天津人口密度的近 3 倍。目前，上海已逐步划定建设用地红线，并提出未来规划建设用地负增长的目标，新增土地供给约束进一步收紧。按照上海"十三五"规划，到 2020 年，上海建设用地将控制在 3 185 平方公里，《上海市城市总体规划(2017—2035 年)》提出，到 2035 年上海建设用地总面积锁定在 3 200 平方公里。2016 年年底已达到 3 160 平方公里，未来新增建设用地空间十分有限。因此，在土地紧缺的情况下，实现房地产的持续供给，以满足不断增长的住房需求，难度较大。

(三) 结构问题：供给结构失衡，供需错配问题突出

1. 租赁住房与出售住房的失衡

租赁市场发展滞后，过分依赖出售问题较多。

(1) 住房租赁比重远低于销售比重。上海租赁比重远低于国际大都市

平均水平。从存量的租赁与销售比重看,上海租和售比重约为 25∶75,明显低于其他国际大都市(纽约为 68∶32,东京为 52∶48,首尔为 59∶41,柏林为 7∶3),产权房比重明显偏高。从新增的租赁与销售比重看,目前还是以售为主。2016 年上海新建住宅中,用于租赁的比重不到 15%,远低于发达国家和地区新增供应的租赁比例。例如,德国科隆市规定,新建住房中 26%用于出租,日本 2011 年新建住房中用于租赁的比重也超过 20%。

(2) 租赁市场不规范问题突出。一是供应主体单一。上海目前租赁市场仍处于自发状态,主要以个人住房租赁为主,出租行为难监管。相比之下,国外政府或机构持有的租赁住房比例较高,如伦敦政府持有的租赁住房约占整个市场租赁住房的 24%。二是房屋质量安全无保障。满足租赁需求的住房供给基本只能通过二手房市场获得,大多数承租人通过中介或者自己寻找房源租住,房屋安全无保障,往往存在消防隐患、卫生条件差等问题。三是租期和租金随意调整现象较多。租赁合同的法律约束力较弱,房东随意缩短租期现象时有发生,租赁稳定性较差。租赁合同大多一年一签,房东可随意调整租金涨幅,直接影响承租人的租赁意愿。

(3) 租购不同权问题突出。目前租客通过租房,还无法享受一些特殊的城市公共服务,如子女教育问题等。由于承租人长期处于弱势地位,促使更多承租人转向购房市场。

2. 市场化住房与保障房的失衡

保障房比重偏低,人才、养老住房问题突出。

(1) 上海保障性住房比重较低,难以满足居住需求。近年来,上海大力推进"四位一体"的住房保障体系建设,取得了显著进展,但仍然面临着不少问题。其中一个突出表现就是,保障房的比例偏低,而商品住房比重过高,超过 90%。对比国际大都市,上海保障房比重明显低于国际水平。例如,新加坡拥有十分完善的公共住房保障体系,政府提供的组屋套数占比高达 75.9%,容纳了 85%以上的新加坡公民。在我国香港地区,带有保障属性的公屋占比超过 40%,容纳了近一半的香港人口。欧洲和日本的住房保障比重也比较高。

(2) 从上海保障房的实际供应情况看,廉租房和共有产权房以户籍对象为主,覆盖面十分有限。其中,廉租房主要针对城镇户籍的低收入住房困难家庭。

共有产权房主要针对城镇户籍的中等及中等偏下收入的住房困难家庭。公共租赁房不仅数量少，而且还存在着入住门槛限制、设施配套不全等问题，难以满足大多数处于起步阶段的创新群体的较高租赁需求，特别是在陆家嘴金融区、张江高科技园区等创新群体大量集聚的地区，存在租赁住房短缺问题。

（3）从保障房的需求情况看，人才和养老住房问题比较突出。一方面，青年创新群体未完全纳入既有的保障体系，易造成人才流失，不利于科创中心建设。在上海楼市严格限购的背景下，大量青年创新群体既无购房资格和购房能力，又面临租赁市场不规范，难以满足其居住需求的问题，成为租买两难的"夹心层"。这种情况下，大量青年人才选择离开一线城市，向生活成本较低的二、三线城市寻求发展。上海四个中心建设、科创中心发展都离不开人才，人才流失将直接影响城市发展。另一方面，上海已经进入深度老龄化阶段，目前为中低收入老年人提供适老住宅尚未被纳入保障体系建设。

3. 商服用房(地)与住宅用房(地)的失衡

商服比重偏高，类住宅问题突出。商服用房（地）与住宅用房（地）结构失衡主要表现为上海商服用地占比明显偏高。从国际对比看，上海 2014 年存量商服用地占比已达 10.4%，远超伦敦、纽约、东京、巴黎等国际大都市平均水平，这些大都市商业用地占比基本在 5%以下，而上海商服用地占比是国际水平的两倍以上。从国家标准看，《城市用地分类与规划建设用地标准》中指出我国城市规划建设商服用地占比应当保持在 5%～8%，而 2014 年上海存量商服用地占建设用地比重较 2010 年的 9.9%进一步上升，达到 10.4%。由于结构的失衡，商服用房（地）与住房（地）价格倒挂，住宅的限购限贷等政策也带来了所谓的"类住宅"问题，严重影响了房地产市场秩序。尤其是在 2016 年限购政策进一步收紧后，酒店式公寓等"类住宅"成为新的炒作热点。"类住宅"的火爆也带来了一系列其他问题。比如，擅自改变房屋使用性质，增加房屋安全隐患；虚假宣传，严重误导购房人，扰乱市场秩序。

4. 工业用地与住宅用地的失衡

工业用地占比过高，不利于宜居城市建设。上海工业用地占比明显偏高。从国际对比看，工业用地占建设用地比重远超国际大都市平均水平，2014 年上海存量工业用地占建设用地比重为 27%，是国际代表性城市的 3～10 倍，国际大都市的工业用地比重一般都在 15%以内。与此同时，上海在工业用地利用上存在两个严重问题。一是利用效率偏低，部分地区存在污染严重等问题，不利于宜居城市建设。二是工业区内居住、商业等相关配套设施不足，不利于产业升级和产城融合发展。产城融合是上海实现创新驱动、转型发展的重要途径，而不少工业区居住、商业等相关配套不足的问题引发产城分离问题，严重影响了产业的转型升级。

5. 户型结构失衡

中小套住房比重偏低，与人口结构变化趋势不相适应。

从供应层面看，上海住房供给户型结构存在房型过大的问题，中小套型住房比重偏低，尤其是市场供应商品住房中小套型比例更低。具体来看，一是存量中小套型占比不足。上海现有城镇住宅的中小套型住房占存量住房的比重约为 63%，低于国际同类型城市比例（我国香港地区 77%，纽约 92%），并且年代较为久远、房型与设施不能符合现代居民生活需求的小套型住宅占据相当比重。二是新增供应中小套型明显不足。2009 年以来，根据国家房地产调控政策精神，上海加大了保障性住房用地供应力度，保障性住房用地供应占住房用地供应比例连续 3 年超过 70%，同时又降低了普通商品住房用地中中小套型比例控制要求，普通商品住房中小套型占比约 20%。

从需求层面看，未来上海的人口结构将呈现少子化、家庭小型化的变化趋势，对住房的需求也会发生相应的变化。一方面，上海的少子化趋势已经非常明显；另一方面，家庭结构的小型化趋势也十分明显。常住人口中，平均每户人口 1978—2000 年逐年递减，2015 年户均人口已经降为 2.69 人，根据“六普”数据以及近年的变化预计，到 2040 年户均人口将降至 2.5 人。可见，少子化和家庭结构的小型化是上海未来人口变化的发展趋势，势必增加对中小套型住房的需求。

（四）价格问题：房价上涨压力大，居民购房负担重

1. 房价上涨过快且明显偏高，居民难以承受

近年来，上海房价不断上涨，新建住宅价格由 2006 年的 7 039 元/平方米上升到 2016 年的 25 910 元/平方米，累计涨幅高达 268.1%，远超同期上海市居民人均可支配收入累计涨幅（162.7%）和同期上海 GDP 累计涨幅（159.8%）。房价涨幅过大，与居民收入涨幅、社会经济增幅不匹配（见图 1）。

从国际对比看，德国房价长期保持稳定，从1977年至今，德国人均收入增长约3倍，但同期名义住房价格仅上涨约60%。从衡量购房能力的房价收入比看，国际公认的合理区间是4～6倍，例如，在新加坡，公民购买组屋的房价收入比小于4。考虑到我国父母对子女的首次购房往往提供一些资助，按照首付支持50%来计算，我国房价收入比的合理区间可定为6～9倍。月薪8000元的青年人才，如果在中环附近购买一套60平方米的市场化商品住房(单价按4.5万元/平方米计算)，房价收入比为14，明显高于我国房价收入比合理区间6～9倍，也就是说这些青年人才根本买不起60平方米的小房子。

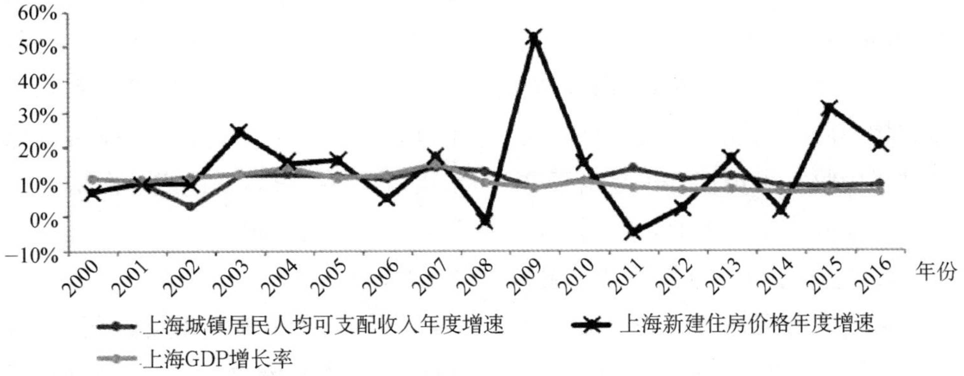

图1 上海房价增速与居民收入增速及GDP增长率年度变化对比

2. 未来上海房价上涨压力依然较大，保持房价稳定难度较高

尽管高房价超过普通市民可负担的能力范围，但未来房价进一步上涨压力依然很大。这主要基于以下原因：一是在上海城市发展前景好、房价普遍看涨的预期引导下，投机投资性买房的冲动依然较大，从而造成房价居高不下；二是在土地日益短缺的背景下，开发商炒地的冲动不减，从而造成地价居高不下；三是如果相关政策跟不上，房地产供应体系不完善，投机炒作的空间仍会大量存在，严重影响房价的稳定。

三、建立上海房地产市场平稳健康发展长效机制的思路与对策

建立长效机制是实现上海房地产市场长期平稳健康发展的重要保证。长效机制要注重优化中长期供给体系，引导市场预期，实现房地产动态均衡，

促进房地产市场稳定。上海作为超大型城市，房地产发展有着自身的特点和规律。在建立上海房地产长效机制过程中，既要落实中央要求，又要结合本地实际，有的放矢，提高调控的针对性和有效性。

（一）总体把握：针对“三大问题”，推进“五个转变”，实现“三个目标”

1. 建立房地产市场长效机制必须解决“三大问题”

当前和未来一段时期，上海房地产市场主要面临三大问题。一是供给的“可持续”问题，即如何实现在新增建设用地日益减少的背景下，完善供给体系，满足持续增加的住房需求。二是结构的“匹配性”问题，即如何解决目前房地产市场中出售与租赁、市场与保障、工商业与住房、户型结构等一系列供需结构不匹配问题。三是价格的“稳定性和可负担”问题，即如何保持房价稳定且居民收入可负担。正是由于这三大问题的存在，很容易造成上海房地产市场的大起大落。因此，建立长效机制必须从这三大问题入手。

2. 建立房地产市场长效机制必须实现“三个目标”

从国内外房地产发展的历史和实践经验看，只要房地产市场达到“总量平衡、结构合理、价格稳定”这三个目标，就会处于平稳健康状态。业界把“三个目标”作为房地产市场平稳健康发展的基本标志。总量平衡是要实现供需总量的动态均衡；结构合理是指供需结构能实现有效匹配；价格稳定是指房价保持基本稳定。其中总量平衡和结构合理是基础，保持房价稳定是关键。在价格上，除了要实现稳定以外，还要坚持以人民为中心的理念，确保市民的可负担能力。

3. 建立房地产市场长效机制必须推进“五个转变”

长效机制与短期政策最大的不同在于，长效机制不是应急性措施，而是着眼于长远，能够保障房地产市场在较长一段时间保持平稳健康发展。既然着眼长远，就要适应房地产市场发展的一般规律和趋势。从国际房地产市场发展的一般规律和趋势看，主要有四个特征：当城市化完成后，房地产供给主要以存量供给为主；随着国际化、人口流动性的发展，租赁市场日益发育；随着经济社会发展，更加注重社会福利和公平性建设，住房保障日益受到重视；随着市场经济的日益完善，在调控手段上，更加注重经济手段和法律手段等。

为此，建立房地产市场的长效机制，必须顺应房地产发展的基本规律，推进“五个转变”。一是由目前的以需求调控为主向供需两端调控转变；二是以增量供应为主向存量供应为主转变；三是以售为主向购租并举转变；四是以市场化供给为主向注重保障转变；五是以行政手段调控为主向以经济和法律手段调控为主转变。

总之，建立长效机制，就是要以实现房地产市场平稳健康发展为目标，按照“房子是用来住的，不是用来炒的”的总体定位，针对上海房地产市场发展中面临的供给可持续问题、结构的匹配性问题，以及价格的稳定性和可负担问题，坚持“三个为主”，完善市场体系和住房保障体系，推进房地产供给侧结构性改革，通过建立循环供给机制、优化供给结构、抑制投机炒作，实现“可持续供给”“匹配性供给”“可负担供给”，进而实现供需总量平衡、结构合理和价格稳定（见图 2）。

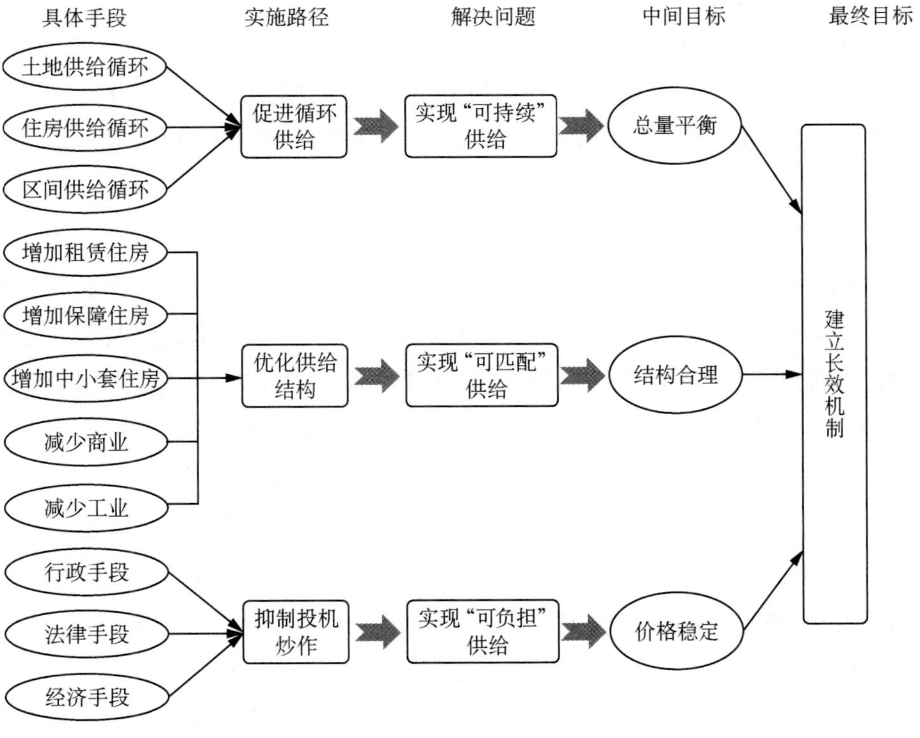

图 2　建立长效机制的思路框架图

(二)预期引导:以澄清认识误区和加强舆论宣传为重点,稳定房地产供给预期

在市场经济条件下,预期是影响房地产投资的重要因素,预期管理也是房地产市场调控的重要手段。对上海等一线城市来说,来自供给方面的预期影响更为明显。尤其在上海划定建设用地红线和提出未来规划建设用地负增长的目标后,社会上有不少关于房地产供给短缺的议论,以及由此引发的房价必涨预期。在这种舆论和预期引导下,一些开发商和购房者产生了强烈的"炒地"和"炒房"冲动,严重影响了上海房地产市场的稳定。

1. 当前房地产供给方面存在的几个认识误区

(1) 错把"新增建设用地供给"当作"土地供给"。该观点认为,《中共上海市委关于制定上海市国民经济和社会发展第十三个五年规划的建议》提出,"逐年减少建设用地增量,规划建设用地总量实现负增长"。这就意味着,随着新增建设用地的减少,市场上的土地供给量必然减少,进而造成土地供给短缺。其实,土地供给不仅包括新增建设用地供给,还包括存量建设用地供给。新增建设用地供给的减少,并不意味着市场上土地供给总量的减少。

(2) 错把"土地供给"当作"房地产供给"。目前上海的土地供给因受规划控制的刚性约束,扩展空间十分有限,而住房需求则不断增加,由此将导致住房供不应求和房价上涨。实际上,这又犯了一个概念性错误。其实,"土地供给"不等同于"房地产供给",因为从"土地供给"到形成实际的住房供给,一般需要 2～3 年。土地供给最多只能影响未来的住房供给量,而不能影响当期的住房供给。房地产供给量主要取决于当期市场上的住房供给量。

(3) 错把"新房供给"当作"整个住房供给"。该观点认为,未来随着新增建设用地的减少,新房供给将越来越少,房价将越来越高。这其实是把"新房供给"当作"整个住房供给"。实际上,市场上的住房供给,除了新房之外,还有存量住房,而存量住房的增加完全可以弥补新房的不足。

(4) 错把"行政区范围内的房地产供给"当作"全部供给"。该观点认为,上海只有 6 787 平方公里,这样狭小的地域范围承担着比北京、天津等大城市都要多的人口。因此,未来上海房地产的供求矛盾必将超过上述任何一个

城市。实际上,这是受传统的行政区经济思维的影响。近年来随着高铁、城际铁路、轨道交通等快速干道的发展,城市群或都市圈内的同城效应日益加剧,大都市住房消费外溢现象日趋明显。目前,已有不少上海人到苏州、嘉兴等地买房,甚至有部分人住在昆山,在上海上班。这实际上等同于上海人在变相使用着苏州、嘉兴的土地指标。

2. 加强舆论宣传,合理引导房地产供给预期的建议

(1) 强化对上海"房地产供给"的科学内涵的宣传。房地产供给包括土地供给和房屋供给两部分。随着国土和房管部门的分开,土地供给和房产供给也相对分离。随着城市群或都市圈的快速发展,房地产供给不仅包括本行政区内的供给,还有来自行政区外的供给。因此,上海房地产供给=土地供给(新增建设用地供给+存量建设用地供给)+房屋供给(新房供给+存量房供给)+行政区外的房地产供给。建议相关部门和媒体在对外宣传时全面考虑,通盘分析。

(2) 强化对房地产供给重点的变化及其影响的宣传引导。从国际大都市房地产供给体系演变的一般规律看,新增建设用地和新房供给越来越少,而存量建设用地和存量房供给则成为主流。在住房供给体系中,租赁住房的供给比重将不断增加。存量住房和租赁住房的增加,有助于房屋的循环利用,客观上增加了市场上的房屋供给。建议相关部门和媒体在对外宣传或分析房地产供给时,强化对存量土地和存量住房以及租赁住房供给的宣传力度。

(3) 强化对土地和住房供给信息的权威发布。目前,无论从上海"十三五"住房发展规划,还是从国土部门发布的年度土地供应计划看,都只涉及新增土地和住房供给量,而没有涉及存量土地和房屋的供给量。建议政府相关部门定期发布土地供给总量(包括增量和存量)和住房供给总量(包括新房和二手房)等相关信息,以稳定市场预期。

3. 供给数量上:以建立循环供给机制为重点,实现供给的可持续

如何在土地严重短缺的背景下,实现房地产的可持续供给呢?中央"十三五"规划建议明确提出,坚持节约优先,树立节约集约循环利用的资源观,用最少的资源环境代价取得最大的经济社会效益。因此,在建立房地产长效机制过程中,结合上海土地资源紧缺的市情,强化"四个循环",完善房地产供

应链，构建房地产供给长效机制。要明确“循环供给”的内涵及其意义，房地产供给包括土地供给和住房供给。其中，土地供给既包括增量用地供给，也包括存量用地供给。住房供给包括增量住房供给和存量供给住房两部分。所谓房地产循环供给，是指以满足居民住房需求为目标，统筹安排都市圈内的土地和住房资源，构建从土地供给到住房供给，从增量供给到存量供给，从区内供给到区外供给的循环供给机制，从而为居民提供源源不断的住房供给，实现房地产市场的供需均衡。

（三）强化循环使用，构建房地产供给长效机制的对策建议

根据循环供给思维，建议在建立房地产长效机制过程中，结合上海土地资源紧缺的市情，推进“四个循环”，完善房地产供应链，构建房地产供给长效机制。

1. 强化土地循环使用，大力发展存量土地市场，减少对新增建设用地的依赖，保障土地供给总流量

以探索住房用地租赁和短期出让为重点，完善土地一级市场，为实现二级市场循环供给奠定基础。相较于长期出让，短期出让和土地租赁既有利于加速土地流转和循环利用，还可以降低企业拿地成本，保障政府获取土地增值收益。建议结合当前的租赁住房建设，探索推进住房用地租赁制等模式。以放宽对存量用地流转限制为重点，完善土地二级市场，提高二级市场的供地比重。

2. 强化住房循环使用，大力发展存量房市场，减少对新房的依赖，保障住房供给总流量

一要以增加租赁住房建设为重点，完善住房一级市场（增量市场），为促进住房的循环供给和利用提供基础。相较于以售为主的住宅开发模式，租赁住房更有利于加快房屋周转和提高供给效率，更有利于提高土地利用效率。二要以完善税收制度、建立房屋银行、加大旧房改造为重点，完善住房二级市场（存量市场），推进存量房供给。建议通过以下途径增加市场上的住房供给流量：一是借鉴国外经验，政府或机构建立房屋银行，收购存量空置房，通过出售或出租，增加住房供给；二是加大旧住房改造力度；三是完善税收制度，提高保有成本，降低转让成本，促进存量房的出租或出售。

3. 强化土地供给和房屋供给的衔接与循环使用，健全房地产供应链，保障房地产供给总流量

一是安排各类供给时，要把握好优先顺序。考虑到新增土地供给的短缺和资源的循环利用，在房地产市场上出现供不应求时，建议首先盘活存量住房，其次盘活存量土地，最后才增加新增用地。二是在编制土地供给计划时，要充分考虑未来市场上的房屋供给量。由于土地供给与形成房屋实际供给存在时间差，要注意防止因缺乏科学预测而造成未来住房的供不应求或供过于求。

4. 探索整个都市圈房地产的循环使用，形成对上海房地产供给的有效补充

为缓解上海因自身土地资源紧缺造成的住房供不应求问题，建议统筹安排都市圈内的土地供给。具体来说，一是推进上海都市圈土地供给规划的编制。结合大都市住房消费外溢现象，统一编制土地供给规划和计划，实现土地资源在更大范围内的优化配置。二是探索建立都市圈统一的土地和房屋交易平台，为开发商和购房者提供更充分的供需信息，促进都市圈内房地产市场的供需均衡。由于涉及跨行政区的问题，还需要提请国家相关部门统筹协调。

5. 供给结构上：以“三增两减”为重点，优化供给结构，实现供需匹配

针对目前上海住房租赁和保障比重过低、商办和工业占比过高、大户型偏多的问题，要以增加租赁、保障、中小套比重，减少商办和工业比重来实现供需结构相匹配，即实施“三增两减”策略。

（1）要增加租赁住房供应。发达国家经验表明，住房租赁市场的发育，不仅能增加住房供给，而且还可减少购房需求，从而对稳定房价起到很好的作用。住房租赁市场发展，重点要健全以市场配置为主、政府提供基本保障的规模化住房租赁体系，构建“先租后买、先小后大、不断升级”的住房梯度消费格局。

（2）要多渠道增加租赁住房用地供应。在新增用地上，在住房用地供应计划和住房建设计划中，相应增加租赁住房用地和租赁住房的供应比重，尤其是在产业集聚区、交通枢纽地区、商办过剩地区重点发展租赁住房，在开发建设上予以土地出让优惠和税收扶持等。在存量用地转化上，要加快存量用

地盘活力度,在符合规划的前提下,允许过量商办用地、减量化工业用地向租赁住用地转换,改建房屋用于租赁。

(3) 要支持多层次租赁住房消费需求。一方面,构建适应不同层次需求的租赁住房供应体系。廉租房、公共租赁房主要用于满足中低收入者,市场化租赁住房的对象可定位为中高收入者。另一方面,加强政策引导,鼓励住房租赁消费。例如,通过个人所得税减免、增加住房公积金提取额度、发放不同标准的住房补贴等形式,鼓励居民通过租房解决居住问题。

(4) 要促进住房租赁市场规范化发展。一是培育专业化、规模化的租赁住房供应主体。出台相关信贷、税收优惠政策推进租赁平台建设,引导企业通过收储、购买等方式多渠道筹集房源,提高住房租赁企业规模化、集约化、专业化水平。支持企业和机构建设发展持有型物业并向社会出租,探索推动企业将其持有房源集中向园区企业、机构出租的新模式。同时,鼓励个人住房委托企业化运作,减少住房空置率。国外经验表明,政府政策扶持对发展住房租赁市场意义重大。二是加强住房租赁市场管理,维护租赁关系的稳定。完善租赁契约管理制度,稳定租期。强化住房租赁合同登记备案,加强集中整治和行政执法。

(5) 要加强立法,保障租赁的基本权益。目前,租赁市场乱象丛生,租赁权利不受保障。住建部近期表示,将通过立法明确租赁当事人的权利义务,保障当事人的合法权益,逐步使租房居民在基本公共服务方面与买房居民享有同等待遇。建议尽快出台《上海市住房租赁条例》,推进租赁市场发展,规范租赁市场,保障租赁的基本权益,促进租售并举住房市场格局尽快形成。

原载《科学发展》2018 年第 7 期
(本文参与撰写人员有蒋琦珺、艾方青、唐扬辉)

债券市场开放促进了人民币国际化吗?

——基于路径选择的分析视角

路　颖　李明亮　朱　蕾　周洪荣*

债券市场作为基础金融市场和利率定价市场,是一国发展直接融资的重要抓手,债券市场的开放问题应站在国民经济发展和国家金融战略高度予以考虑。一方面,推进债券市场开放,将为市场引入资金活水,丰富市场投资者群体,并大幅提升本币资产的境外持有比例,提升本国货币的国际地位;另一方面,通过对外开放,我们可以借鉴国际债券市场在品种结构、期限结构等方面的金融技术,促进国内债券市场制度的改革及人才、技术与信息等金融基础设施的完善,推动国内债券市场更规范、更快速地发展,为国内实体经济的发展提供更有力、更高质量的支持。

一、债券市场开放对货币国际化的影响机制

国际货币基金组织对国际货币的定义如下:"国际货币是指超越了货币发行国的国界,在世界范围内被国际市场接受认可,在全世界被广泛使用的货币"。从货币职能角度,一般认为货币能够在世界范围内执行交易媒介、计价单位、价值储藏这三大职能时,就可以被称为国际货币。国内外学者在货币国际化研究方面取得共识,成熟、开放程度较高的金融市场是货币取得国际化地位的重要条件之一。债券市场开放可以通过促进货币交易媒介功能、提升货币计价单位功能、支持货币价值储藏功能、完善货币回流渠道四个方

* 路颖,时任海通证券研究所所长;李明亮,海通证券研究所政策研究首席分析师;朱蕾,海通证券研究所政策研究高级分析师;周洪荣,海通证券研究所政策研究高级分析师。

面促进货币国际化。

第一，开放的债券市场能够为国际债券投资者提供便捷的债券投资场所，降低投资者持有货币的成本，使其对该货币的持有意愿增加，进而促进货币的交易职能。第二，债券市场的开放可以保障和推动利率市场化的深化，通过辐射衍生产品、信贷、股票、外汇等其他金融市场的价格水平，强化货币在国际金融市场的计价单位职能，并会一定程度地影响商品贸易的定价货币选择，间接提升货币在国际贸易市场上的计价单位职能。第三，债券产品与信贷产品、权益产品相比较，兼具一定的流动性与收益，债券产品流动性高，能够实现货币的保值增值，是国际投资者主要的投资标的；通过债券市场的开放，吸引更多的境外投资者持有以本国货币计价的债券产品，从而实现支持本币的价值储藏职能。第四，境内债券市场的开放可以吸引境外投资者投资人民币债券产品，吸收大量的跨境资金回流至境内资本市场，保持国际贸易收支顺差和币值稳定，巩固货币的国际货币地位。

二、发达经济体与新兴经济体债券市场开放和货币国际化

这部分将以英国、美国、日本为发达经济体债券市场开放与货币国际化经验研究的样本，分析债券市场开放过程的经验及教训，及其在本币国际化进程中发挥的作用。总体来说，债券市场开放是本国货币国际化的主要依托，完善统一的债券市场基础设施、多样化的债券市场交易工具能够推动债券市场开放；债券市场开放过程中也需要注重一级市场与二级市场、在岸市场与离岸市场等多层次市场的协调发展。当然，除了债券市场的推动作用外，货币国际化与经济发展水平、国际贸易的规模和结构等宏观因素密切相关。

1. 债券市场开放是本国货币国际化的主要依托

通过梳理美国、英国、日本以及新兴经济体的发展经验，我们发现债券市场开放通过促进货币交易媒介功能、提升货币计价单位功能、支持货币价值储藏功能、完善货币回流渠道等基本机制促进本国货币国际化。此外，从英美两国的经验来看，开放的债券市场也能通过利率定价中枢和流动性发行等机制提升货币国际化程度。一国的债券市场开放度越高、规模越大、参与人

数越多,则短期利率越低、交易成本越低,从而货币的国际化程度越高;一国的债券市场开放度越高、规模越大、品种越多,则流动性越高、风险越低,从而外国的投资越多,对该国货币的需求越高,其货币的国际地位越高。

2. 债券市场多样化的交易工具有助于吸引海外投资者

丰富完善、交易活跃的债券市场交易工具,对于降低市场交易结算风险、降低外汇风险、吸引投资者参与具有重要意义。从美国经验来看,美国债券市场交易品种齐全,流动性好,衍生品丰富,在美债国际化过程中对吸引投资者参与市场交易起到了关键性的作用。美国债券市场主要有政府债券、市政债券、联邦机构债券、企业债券、抵押贷款支持债券和资产支持债券等品种。美国证券业与金融市场协会(Securities Industry and Financial Markets Association, SIFMA)披露,截至2021年年末,国债余额约占美国债券市场的42.8%,是债券市场第一大品种,同时也是流动性最好的债券品种,2021年日均成交额达6 241亿美元。抵押贷款相关证券和公司债的规模和流动性均次于国债,规模占比分别约23.1%、18.8%,日均成交额分别为2 793亿美元和370亿美元。同时,美国也拥有全球品种最多的金融衍生品,包括外汇期货、抵押债券期货、长期政府债券期货、利率互换期货等,也成为吸引投资者的重要因素。

3. 完善统一的债券市场基础设施助力国际化

通过建立完善统一的债券市场基础设施,市场和托管结算体系的整合使得跨市场交易可以顺畅实现,各个交易系统的定价机制得以理顺,充分发挥市场的作用,和国际市场高效衔接,最终实现债券和货币的国际化跨越。在交易发行市场整合方面,英国将三个互相独立、针对不同层次投资者的债券子市场整合在伦敦证券交易所;日本将零散的交易所整合成为日本证券交易集团;美国将债券托管结算体系由分割市场、分离托管结算的局面,整合成统一托管、集中清算的组织架构,并发展成为世界上最发达和最高效的债券托管结算体系。

4. 金融开放需要注重多层次市场的协调

在债券国际化的过程中,金融监管需要注意在不同层次市场的开放节奏,如一级市场与二级市场、在岸市场与离岸市场要有序协调。

一方面,离岸债券市场往往是在岸债券市场产品创新的“试验田”,其产品及制度创新对在岸市场具有重要的借鉴意义，同时也会对在岸市场产品及制度创新形成“倒逼机制”。日本的经验充分说明，过于发展离岸市场可能导致在岸市场“空心化”结果。本土在岸市场作为基础、离岸市场作为辅助和补充的主次不能颠倒，否则头重脚轻的格局必然会影响债券市场健康发展。

另一方面，一、二级市场要有适宜的联动，以二级市场交易的活跃促进一级市场的发行，反过来，以一级市场发行优质债券带动二级市场的流动性加强。我国债券市场规模庞大，但流动性却不高，一、二级市场并不协调发展。

5. 货币国际化与经济发展水平、国际贸易的规模和结构等宏观因素密切相关

产品创新、制度开放、债券市场基础设施建设等措施为货币国际化创造了有利条件，但究其根本，货币国际化的深度和广度在很大程度上取决于一国的国际贸易规模和结构。这一点在英镑和美元的货币化过程中体现得尤为明显，英国的日不落帝国商贸格局以及美国经济在第二次世界大战后的发展很大程度上决定了其货币国际化的成功。

相反，从日元国际化经验来看，日本单一化的经贸格局最终限制了日元国际化的发展，阻碍了非欧美国家尤其是东亚投资者投资日本债券的动力。类似的情况也发生在韩元国际化历程上，经贸格局的纵深不足同样掣肘了韩元的国际化发展。

三、中国债券市场开放存在的问题

近年来，外资流入中国债券市场的速度加快，主要得益于外资进入渠道的放开、国内债券纳入国际债券指数的驱动，以及中国在全球新冠疫情中的稳健发展吸引全球资本的“避风港”效应。当然，中国债市开放仍然面临比较明显的问题，包括我国债券市场前台统一、后台分割的分割体系，品种吸引力不够，对冲工具不完善，国内评级机构发展水平参差不齐等，以及去全球化等潜在风险。

1. 外资持有境内债券比重较低，债市开放程度依然不高

尽管近年来境外投资者的债券托管量在不断增加，境外持有债券规模占

比在2016—2021年增加了约2个百分点,但是从持有比重的绝对数值看,截至2022年12月,债券市场托管余额为144.8万亿元,外资持有3.46万亿元,占比约2.38%,这与中国作为全球第三大债券市场及人民币的国际地位还不匹配①。

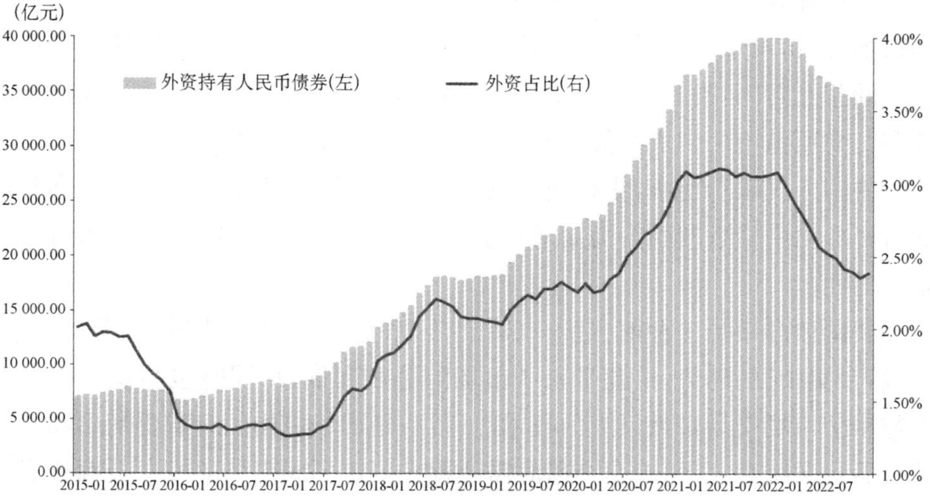

图1 外资持有中国债券的规模和占比

资料来源:Wind,海通证券研究所。

2. 境外机构持有中国债券品种较单一,集中于国债和政金债

根据中国人民银行公开数据,截至2022年12月末,境外机构的主要托管券种是国债,托管量为2.29万亿元,占比67.7%;其次是政策性金融债,托管量为0.75万亿元,占比22.0%;二者合计89.7%,投资品种较为集中。究其原因,一是境外投资者对我国债券的投资策略主要为配置性质,持有到期比重较高,对信用债有一定的回避态度。二是国内评级机构发展水平参差不齐,由于国内评级体系未能与国际规则有效对接,境外投资者对于国内信用评级的信心不足,对信用债持有意愿不强。三是国内对冲信用风险的衍生品发展不佳,境外机构无法利用衍生品锁定信用风险,在持债时会尽量规避信

---

① 国际货币基金组织发布的官方外汇储备货币构成(Currency Composition of Official Foreign Exchange Reserves, COFER)数据显示,2022年第一季度,人民币在全球外汇储备中的占比达2.88%,在主要储备货币中排名第五。

用品种。

3. 债券市场多个“通道”不统一,存在一定进入壁垒

在金融分业监管的框架下,国内形成了银行间和交易所两个债券市场,两个交易前台(同业拆借中心和交易所),三个托管机构后台(中债登、上海清算所和中证登)的格局。债券市场登记托管体系面临着两个问题:一是银行间市场分裂,两个登记托管后台造成了市场事实上的分割;二是各个债券市场之间相互封闭,投资人往往只能选择参与某一市场。后台方面,银行间市场和交易所债市由中央结算公司和中证登公司分别托管。自2012年以来,按照中国人民银行要求,银行间市场由交易商协会负责审核的中期票据和短期融资券由中债登转到上海清算所托管。这在实际上形成债券市场后台分割的局面。

我国债券市场这种前台统一、后台分割的局面有悖于国际市场“前台多元,后台集中”的趋势,由此带来了市场的分割和低效,同时也给境外投资者参与多个市场交易带来巨大的技术障碍:一是市场机构同时需要使用和学习几套后台系统和流程;二是交易时需要预先拟定不同市场的投资金额和意向品种,投资灵活度低,客观上也构成对外资进入我国债券市场的壁垒。

4. 境外机构在中国债市的交易活跃度远低于其他市场

根据中国人民银行公开数据,2022年12月,境外机构在银行间债券市场的日均交易量约为397亿元,按照年末3.46万亿元的托管量计算,12月的日均换手率为1.15%;而美国国债自2010年以来,每季度的日均换手率都在2.5%以上。造成交易量不活跃的原因在于:一是我国国债发行模式与发达国家不同,新发较多而续发少,单只国债可交易规模低于欧美,所以市场中的流通筹码少,交易活跃度客观受限;二是在境内债券市场投资者中配置型机构居多,持有到期的策略使得大量债券在发行之后难以进入二级市场流通环节;三是我国债券市场的对冲工具不完善,境外投资者因参与利率互换的交易者较少而难以找到对手方,标准化利率风险对冲和套期保值操作难以开展,抑制了其交易的积极性。

另外,去全球化潜在风险可能削弱外资持有人民币债券的意愿。全球步入“后疫情时期”,虽然中国在此次新冠疫情中表现出色,人民币汇率上升带来一定“避风港”效应。但值得注意,新冠对“去全球化”的影响作用力度及持

续度可能导致国际资本回流,减少对人民币债券市场的投资。2008年金融危机、2010年欧债危机均发生过此类情况,这对中国债券市场开放和人民币国际化可能存在不利影响。

四、中国债券市场开放与人民币国际化的融合路径与政策建议

我国债券市场对外开放始于20世纪90年代,逐步为境外投资者投资人民币债券提供政策便利,并且放开境内机构境外发行的相关限制,相关制度框架也不断完善。2005年亚洲债券基金子基金泛亚债券指数基金获准进入银行间债券市场,这是我国银行间债券市场引入的第一家境外机构投资者。随后,合格境外机构投资者(QFII)、人民币合格境外机构投资者(RQFII)、债券通等开放举措逐渐落地推进,中国债券市场开放加快;离岸人民币债券、熊猫债券等发行的稳步推进提升了债券市场的对外开放程度。从目前的规模来看,我国债券市场投资端的对外开放要远大于发行端的对外开放。

理论和国际经验表明,债券市场的高水平开放有助于计价货币国际化的实现。当前,人民币国际化发展迎来重大机遇,如何通过债券市场开放推动人民币国际化发展,是问题的核心所在。本文提出以下政策建议。

1. 完善债券市场基础设施建设

债券市场较明显的分割体系导致债券市场存在交易成本高、效率低、跨市场风险大等问题,影响了债券市场作为金融市场重要组成部分的功能的发挥。建立完善统一的债券市场基础设施,将使得跨市场交易可以顺畅实现、各个交易系统的定价机制得以理顺、与国际市场可以高效衔接,最终实现债券和货币的国际化跨越。

一方面,加快整合境内债券市场基础设施实现互联互通,完善基础设施作为债券市场对外开放和发展抓手的功能。进一步整合中央结算公司、中证登及上海清算所的债券托管结算功能,促进债券市场后台一体化,提高交易便利度。前台多元化、后台一体化是国际金融市场发展的趋势,也是金融市场内在规律要求。另一方面,强化我国中央托管结算机构与国际托管结算机构的联系合作,不断推动我国交易清算和托管系统与国际接轨。

2. 创新发展特色债券品种,激发市场活力

在未来的市场发展中,应加大债券市场品种的创新,为各类投资者提供更为丰富和完善的金融投资工具,激发市场活力,增加投资者的投资热情。具体而言,可以引导不同发展阶段、不同类型和特点的企业通过适当方式参与债券市场融资,发展高收益债券市场,完善绿色债券发行与投资,引导低信用等级企业通过私募或其他方式发债,丰富债券市场产品类型和信用层次。

第一,发展高收益债券,拓宽双创企业融资渠道。相较于传统品种和融资方式,大力发展高收益债券是满足双创企业开拓筹资新渠道需求的最佳选择。双创企业普遍具有轻资产、高风险、成长性好、前期资金需求大等特点。高收益债券以高于一般投资收益的风险溢价覆盖投资风险,这与科技创新和新兴产业初期风险较高、一旦成功就获得高收益的特性相一致。探索高收益债券的发行方式,包括债券要约交换/债券置换、折价发行债券、债务人占有模式下的融资等。

第二,完善绿色债券发行与投资,共建生态文明。绿色债券作为绿色金融的重要组成部分,不仅能够助力资金进入绿色领域,满足绿色低碳项目的资金需求,还能够推动各微观企业进行绿色低碳转型。建议推动国内与国际绿色债券标准趋同,健全绿色债券顶层设计;推进绿色债券模式创新,形成多元化产品体系,调动市场积极性;建议避免“重发行、轻投资”,加大投资端优惠政策的范围和力度。

3. 完善衍生产品体系,丰富风险管理工具,提高境外投资者参与热情

随着债券市场的对外开放,境外投资者对于利率风险和汇率风险的管理需求将会增加,适时向境外投资者开放利率期权、信用违约互换等衍生产品,有利于境外参与者更好管理自身风险,吸引更多境内外投资者参与中国债券市场。

我国国债期货市场的产品结构有待进一步丰富。从我国国债现券市场实际情况来看,现阶段推出超长期或是其他不同期限的国债期货品种意义重大。从市场主体角度看,后续在条件成熟时,建议允许和引导境外投资者积极参与境内利率衍生品市场,推动境内衍生品市场的开放。

4. 构建自贸区离岸债券市场,与在岸市场开放协同共进,建设人民币全球债券发行中心

发展自贸区债券发行。债券市场对外开放和“金改 40 条”中“建设面向

国际的金融市场"政策已为发展自贸区债券市场做好铺垫,基础设施早在去年已积极做好各项准备,但市场至今仍处于空转状态。真正发展自贸区债券市场,要处理好三个关键问题。一是简政放权,实行"负面清单",实行总体额度。要求信用评级,将国内市场评级机构和主承销商的服务延伸到自贸区。二是打通自贸区债券市场与境外离岸市场界限。通过境外合格中央证券存管机构(central securities depository, CSD)引入不在境内直接操作的客户,使境外离岸市场参与者可以买卖自贸区离岸债券。三是在市场开放的基础上,以境内市场足够开放为前提,有序发展人民币全球债券发行,打通在岸、离岸界限。

5. 明确债市开放相关税后优惠,提高税收缴纳便利性

目前对于境外投资者投资我国债市的相关税收规则并不明确,在实践中则是按照股票市场开放的相关税收规定进行操作。建议对现有的实践做法以法律规则的形式进行进一步明确。具体来说,对于转让差价所得的所得税,明确免税的优惠政策;对于转让差价所得的增值税,将免税的优惠政策实行范围从 QFII 扩大到其他境外投资者;对于利息所得税,将 10%的预提所得税实行范围从 QFII 扩大到其他境外投资者。

对于缴税方式,《国家税务总局关于中国居民企业向 QFII 支付股息、红利、利息代扣代缴企业所得税有关问题的通知》规定由债券发行人代扣代缴。建议可以通过中央托管机构进行代扣代缴的集中申报和税收缴纳。

6. 完善债券市场评级体系,掌握人民币资产定价权

债市开放过程中,要谨慎使用国外评级机构的评级。评级牵涉到一个国家的主权,尤其是主权信用评级,关系到人民币国际化过程中对于定价权的掌握。因此,在国内外评级机构对于同一事项评级不同时,需要进一步规定以国内评级机构为主。

对于评级机构要加强监管,避免评级机构评级业务与其他业务利益冲突的问题;对于国内评级机构,要改变由发行人付费的制度,改由债券投资人付费或监管部门统一招标;尽快建立债券资信评级方面的有关法律法规,明确评级机构因评级有失公允而损害投资者利益时所应承担的责任。

7. 建立债市开放环境下的风险监测和预警机制

随着债券市场开放,债券市场与其他金融要素(如股票、期货等)市场之

间的联动关系会变得更加紧密，对于宏观经济的影响也会变得更加显著。因此，在债市开放过程中，尤其需要注重防范风险，建立债市风险监测和预警机制。

从操作层面上来说，建议基于统一的债券登记托管体系，建立债券市场风险监测平台。现有的分散的债券登记托管体系使得债券市场数据分布在不同的债券登记托管机构中，无法对整个债券市场进行实时监测。统一的债券登记托管体系可以方便汇总整个债券市场的数据，通过建立债券市场风险监测平台，实时地对债券市场进行风险监测和预警。

参考文献

[1] 巴曙松，邵杨楠，陈康洁，等. 境外投资者持债动机与提高我国债市开放度的建议[J]. 经济纵横，2016(11)：52—59.

[2] 巴曙松，赵勇，郭云钊. 债券市场改革与人民币国际化的互动[J]. 西部论丛，2010(9)：50—52.

[3] 陈雨露，王芳，杨明. 作为国家竞争战略的货币国际化：美元的经验证据——兼论人民币的国际化问题[J]. 经济研究，2005(2)：35—44.

[4] 李扬，殷剑峰. 我国债券市场发展历程、缺陷和改革建议[J]. 中国经贸导刊，2006(1)：9—10.

[5] 孙凡婷. 人民币国际化背景下对熊猫债发展的若干思考[J]. 经济师，2020(3)：121—122.

[6] 谭小芬，徐慧伦，耿亚莹. 以债券市场发展与开放助推人民币国际化[J]. 经济参考研究，2018(12)：23—25.

[7] 王莹. 债券市场开放对人民币国际化的影响研究[D]. 上海：上海社会科学院，2019.

[8] 吴长凤，魏佳. 债券市场对外开放的演进与启示[J]. 中国外汇，2020(12)：4.

[9] 张艳红，黄泽民. 日元作为主要国际交易货币的成因及其启示[J]. 华东师范大学学报(哲学社会科学版)，2019(4)：13.

[10] 中国人民银行. 2020 年人民币国际化报告[R/OL]. (2020-08-17)[2023-01-01]. http://www.pbc.gov.cn/huobizhengceersi/214481/3871621/4073241/index.html.

原载《金融市场研究》2023 年第 5 期

（海通证券研究所政策研究分析师吴一萍、李姝醒、纪尧对此文也有贡献）

论中国股指期货市场发展的主体

姚兴涛*

随着中国证券市场的进一步发展，推出股指期货交易，发展股指期货市场已成为市场内外关注的热点。尤其是证券市场法规体系的完善、集中统一监管体系的建立、证券市场的规模不断扩大使得基础市场能够满足推出股指期货的条件，截至1999年年底，沪深两家证券交易所上市的公司达949家，在境外和香港交易所上市的公司有46家，我国境内上市的股票(A股和B股)达1 029只，股票市场市价总值已达近2.65万亿元，相当于GDP的30%多，流通市值8 214亿元。同时，投资者结构的变化也使股指期货的需求增加。1999年新成立4家基金管理公司，证券投资基金已达20只，发行份额达458.5亿个单位，年底新基金市值近500亿元，约占股市流通市值的5.5%。允许国有企业、国有控股企业和上市公司参与证券一、二级市场，保险公司通过证券投资基金间接进入证券市场证券公司的增资扩股使得一批综合类大券商迅速成长，机构投资者的发展壮大使得股指期货交易的市场主体逐步明确。

我国股指期货曾有一段短暂的历史：1994年1月，海南证券报价交易中心曾推出过股指期货合约，但立即被中国证监会通报批评，累计成交111手后停止交易。在中国发展股指期货市场仍有一系列理论问题和技术问题需要认真研究、严密论证，避免重蹈覆辙，并奠定其规范试点、有序发展的基础。

一、制度创新的主体

回顾中国期货市场试点的历程，市场效率不高的原因之一便是创新的主

* 姚兴涛，时任上海财政证券公司交易总监。

体是政府而不是最基本的生产经营单位。政府既是期货市场的制度需求者，也是期货市场的制度供给者，政府替代厂商成为期货市场的创新主体，不同于芝加哥商品交易所的创立是厂商强烈的制度需求导致的制度创新。由政府推动的强制性制度创新，一方面，具有制度创新边际成本较低的优势，可节约组织成本、学习成本和实施成本；另一方面，也可能存在制度创新边际收益较低的劣势，主要表现在制度安排与制度环境的协调问题上。影响制度创新效益的关键因素是，既要看政府的制度需求是否同样构成企业的制度需求，即企业回避价格波动风险的偏好是否与政府同样强烈，又要看制度供给是否有效率，即制度供给是否高效率地使企业实现回避价格波动风险的偏好。

从股指期货创新的动力看，政府、证券公司等证券市场主体及期货市场主体均已预见到其潜在利益，并认识到只要进行制度创新便可获得潜在利益。从政府的角度看，证券市场要实现其优化配置资源、为国企改革和发展服务、降低金融风险、发展高新技术产业等一系列功能，培育机构投资者的重要性日益显现。目前，三类企业（国有企业、国有控股企业、上市公司）可以参与股市、保险资金通过证券投资基金间接进入股市、证券公司增资扩股及证券投资基金规模不断扩大都体现出中国证券市场的投资者队伍逐步向以机构投资者为主体转变。随着证券投资基金从品种到组织结构的进一步创新，保险资金及三类企业入市政策的进一步放宽及各类机构投资者（社保基金、养老基金等）逐步加入证券市场，证券公司融资渠道进一步拓宽（进入银行间债券市场、股票抵押贷款、发行金融债券等），机构投资者的类型和规模必定会有很大发展，而机构投资者的发展需要相应的制度安排，包括股指期货作为避险工具。除了股票，基金在资本市场也是不可或缺的成员，市场要扩容，需要一大批机构投资者。但目前证券市场仅有封闭型基金，经过“327 事件”后，金融期货等衍生金融工具被禁止了，但如果没有它们市场就很难扩容，因为开放式基金对它们的需求非常迫切。市场扩容需要引入股指期货作为避险工具。

另外一个重要的考虑因素是中国证券市场累积的体制性风险对避险工具的需求。一定程度上，这种风险所带来的需求更迫切。所谓体制性风险，是中国证券市场及整个经济体制的缺陷所形成的股市风险。当前上市公司的质量堪忧。对上市公司的年报进行统计可以发现，上市公司的每股平均利润一年比一年低，股东权益的回报率也是一年不如一年，上市时间越长的公司，业绩越差，使得股市价值回归的压力相当大。由此造成的风险被称为“体制性风险”，主要基于上市公司的质量问题，从根本上说是一种体制性问题。尽管可以改变上市公司的构成和从体制上解决股权结构优化问题及完善治理结构（包括民营经济融资政策的放宽、高新技术板块的推出、国有股配售回购及一系列有关完善企业治理结构的法规的实施等），但经济体系应该提供分散风险或保险的制度安排，从现实的选择看，迫切需要股指期货交易提供这种功能。所以，政府进行制度创新的动力十分强烈。

从证券市场的投资者主体看，证券公司和证券投资基金等机构投资者进行创新的动力同样大，不仅因为机构投资者有规避风险的需求，还因为交易工具多样化所带来的收益。从加入 WTO 对证券公司的冲击看，境外券商（投资银行）的竞争表现在创新能力、创新人才、创新机制、创新环境的竞争上，随着新技术的应用和同业竞争的加剧，传统市场或传统业务的利润大大下降，创新业务所占利润份额不断增加，尤其是衍生品的创新和交易。投资银行混合经营的趋势不仅带来机构、业务上的融合，也必然带来一系列的创新契机，制度变革是创新的根本动力。境内证券公司的创新业务几乎是空白，仅有的创新是承销发行业务发行方式创新，这在发达资本市场已是常规手段。在市场、产品、服务方面的创新能力不足是面对境外投资银行竞争的最大挑战，谁在这方面领先一步，就可带来较大的竞争优势和市场初期的超额利润，在中国证券业未来的格局变化中处于有利地位。所以，机构投资者对股指期货创新所带来的潜在利益的预期很高，所进行的超前研究和准备也非常积极。大型证券公司几乎都在进行有关股指期货及股权类衍生产品或金融创新的项目研究，国泰君安在研究所下设有金融工程部，兴业证券推出了区域股价指数（福建股指数和厦门股指数），中信证券的研究更系统，其在广泛研究国内外证券市场的基础上，推出了针对我国股票市场设计而成的公司型指数体系，中信指数体系包括中信风格指数、中信成分股指数和中信特征指数。

期货交易所和期货经纪公司对股指期货同样抱有极高的期望，各期货交易所都在进行相关课题的研究，并希望能够推出该品种。期货经纪公司更是把推出股指期货作为发展的吸引力，期望金融期货的发展能够使整个行业走出低谷，推动中国期货市场的发展迈入一个新阶段。

那么，谁能够成为制度创新的第一行动集团呢？从现行体制看，政府才能承担这一重任。因为在集中统一的监管体系下，期货交易所、证券交易所和中国证监会是一个行动集团，严格的监管和相应的法规安排决定了其他主体难以承担创新任务。第二行动集团是在制度创新过程中助第一行动集团一臂之力的人或机构，与第一集团一道努力促成制度创新。由于利益的冲突，股指期货面临设在证券交易所或期货交易所的选择。第二行动集团是证券业还是期货业呢？这已不是十分重要，由于不断增加的股指期货需求和多方面的创新动力，股指期货的推出将改变中国期货市场制度安排与制度环境的不协调问题，从根本上改善中国期货市场及金融衍生品市场发展的基础，推动期货市场功能的发挥。

二、股指期货应作为证券市场的一部分由证券交易所推出

当我们讨论推出股指期货交易的技术性问题时，股指期货由证券交易所推出还是由期货交易所推出便是需要做出的选择之一。也许几年前做这样的选择要简单得多，但世纪之交的交易所革命使我们必须慎重抉择，避免再走先分后合、浪费资源的老路。股指期货应作为证券市场的一部分由证券交易所推出，这符合市场一体化发展的趋势，我们有能力这样做，也有利于提高市场效率和规范化程度。

1. 股指期货交易广义上就是证券交易

股票指数反映了一个假想的股票组合的价值变化，每种股票在组合中的权重等于组合投资中该股票的比例，组合中的股票可以有相同的权重，或权重以某种方式随时间变化。大部分指数可以被看作付红利的证券，这里的证券就是计算指数的股票组合，证券所付红利就是该组合的持有人收到的红利。以证券为标的的股指期货被称作衍生品，或叫衍生工具，但由于衍生品的种类、技术越来越复杂，其价值的决定已不单是传统意义上的商品定价方法；交易行为日益脱离实体经济中的贸易特征，定价已成为一种虚拟化程度越来越高的衍生品定价理论，更符合证券的概念，国外已形成统一的概念“衍生证券”作为金融衍生品的名称。

2. 市场一体化能够提高效率

传统的交易所产业架构是高度分割化的，各个交易所按照交易产品划分买卖现货的证券交易所和买卖衍生产品的金融衍生产品交易所，而每一个国家(地区)内部一般存在一个占据主导地位的证券交易所和衍生产品交易所。另外，交易过程又被划分为交易、结算、存管等不同的运作环节，并由交易所、结算公司和存管公司等不同的机构提供相关服务。

进入20世纪90年代后，信息技术的进步使投资者在任何地方都可以买卖在任何一家交易所上市的证券，中小型交易所逐渐丧失了地理位置的优越性，而机构投资者整合性交易服务的需求日益增加，要求能快捷、低成本地管理各种复杂的交易策略。规模经济已成为影响交易所竞争力和效率的重要因素，急剧变革且日益复杂的市场环境使高度分割化的架构模式迅速变得过时而缺乏效率。一方面，各国国内证券交易所和衍生产品交易所的合并成为一种趋势，如法兰克福证券交易所和德国期货交易所、巴黎证券交易所和期货交易所、斯德哥尔摩证券交易所和瑞典衍生产品交易所、新加坡证券交易所和国际金融交易所、香港联交所和期货交易所。纳斯达克市场收购美国证券交易所和费城证券交易所也是为了增强其在股权类衍生品方面的竞争优势，通过整合不同的交易产品和交易环境，证券交易所和衍生产品交易所的合并将提供更多元化的产品选择，吸引更多的投资者，从而发挥交易所经营的传统准则:以流动性创造更大的流动性，以此形成衍生产品市场和现货市场互相促进、共同发展的局面。另一方面，随着投资者对整合式交易服务的需求日益增加，纵向合并也在另一层面进行，即交易所和结算公司之间进行合并，从而提供更综合的交易设施，并降低整个市场的交易成本和运行风险，如巴黎证券交易所和法国清算公司、法兰克福证券交易所和德国清算公司，以及香港联交所、香港期交所与3家结算公司的大合并。同时，通过国际横向联盟，建立衍生产品共同交易和清算平台。1997年9月，德国期货交易所和瑞士期权及金融期货交易所共同开发了统一的衍生产品交易和结算系统(EUREX)，并因交叉保证金效应而提高了会员的运营效率，从而在短短的13个月内就超过伦敦国际金融期货期权交易所(LIFFE)成为欧洲最大的衍生产品交易所;1998年11月，EUREX又与芬兰赫尔辛基交易所签署了战略联盟意向书，将赫尔辛基交易所的主要衍生产品纳入EUREX系统供所有会员进行交易。巴黎国际期货交易所和芝加哥商品交易所联合开发了全球期货交易系统(NSC-Globex)并于1999年2月与新加坡国际金融交易所(SIMEX)推出联盟计划,旨在建立贯通北美、欧洲和亚洲的国际期货电子交易市场。

3. 先进的技术手段提供了强有力的支持

现代先进的电子交易技术和通信手段等都给证券交易所提供了强有力的支持以实现产品和服务的多样化。同时,网络技术的发展必然带来竞争的加剧和市场的变化,以满足整合性金融服务为目的的交易所必须依靠先进的技术手段才能在竞争中立于不败之地。

4. 指数的使用权问题和其他产品开发问题

指数类衍生品已出现的纠纷是新加坡国际金融交易所推出的一些地区股市指数产品,因标的指数的使用权问题不利于期货交易所,这个问题可能暂时还不会涉及。但开发多层次的股权类衍生品方面,证券交易所有更大的优势,股权类衍生品的主要需求来自其基础市场的投资者。

5. 与现行法规并无冲突

《中华人民共和国证券法》(1998年版)第95条规定"证券交易所是提供证券集中竞价交易场所的不以营利为目的的法人",股指期货合约作为衍生证券能够在证券交易所交易。总则第2条规定:"在中国境内,股票、公司债券和国务院依法认定的其他证券的发行和交易,适用本法。本法未规定的适用公司法和其他法律、行政法规的规定。"全国人大常委会办公厅研究室在《中华人民共和国证券法应用指南》中对该条款作如下解释:"证券法是按照以下原则来确定所调整的证券种类的:一是证券法调整的证券应限于资本证券,其基本形式为股权凭证(如股票、投资基金券等)和债权凭证(如公司债券、金融债券、政府债券等),这两类证券是我国证券市场交易的基本品种,已有了一定的经验。而对于证券期货、期权等衍生品种,暂不列入本法的调整范围。"可见,立法者考虑到了对衍生产品的调整问题,限于实践不够而暂时没有列入。

股指期货交易适用《中华人民共和国证券法》外其他法律、行政法规的规定。国务院1999年发布的《期货交易管理暂行条例》总则第4条规定:"期货交易必须在期货交易所内进行。禁止不通过期货交易所的场外期货交易。"证券交易所的章程和业务规则中也明确其交易限于证券的现货买卖。可见,对股指期货交易的管理需要完善相应的法规。

三、股指期货市场的主体

中国股指期货市场的主体应该首先确定为各类机构投资者，通过要求较高的交易单位和最低保证金要求，在初期不鼓励个人投资者过分参与市场，以减少市场风险和最大限度降低其可能产生的负作用，待条件成熟、取得经验后再适当放开。一些国际经验值得参考。

韩国从20世纪80年代中期起就探讨建立期货期权市场的可能性，首先由专家论证后认为，商品期货、金融类衍生品中债券、货币不具备条件，从市场规模、流动性、投资者结构出发，股权类衍生品具备了与国外相同产品市场相近的条件。他们于1996年5月才推出股指期货一个品种(KOSPI200指数期货)，使市场参与者有足够的时间熟悉衍生品，并确定了较高交易单位和最低保证金要求，不鼓励个人投资者过分参与市场，对外资也有严格限制。市场设计以机构投资者为主体，1996年日均交易量达3 670张合约，金额达1 574亿韩元，占标的物现货市场交易额的32.3%，1996年年底的持仓量(未平仓合约)达4 908张合约。在交易量中，证券公司占80.4%，个人投资者占12%，外国投资者为3%。随着市场的顺利运作，逐步放宽了对外国投资者的限制，降低了交易单位和最低保证金要求，并于1997年7月推出了指数期权交易。

英国的衍生品市场迄今仍是面向机构投资者的，其基于股票的衍生产品的最终使用者从历史上看，可以分为3个完全不同的阵营：以基金管理人，公司理财人以及其他形式出现的机构投资者；以股票市场做市商和全权交易商(通常是交易所会员)形式出现的专业投资者；以私人投资者形式出现的零售投资者。虽然英国及其他市场通常都有这些主要使用者集团，但每种集团参与市场的程度却是变化很大的。指数期货的使用者几乎全部来自机构和专业阵营，因为英国的业务分离制度是极有利于机构投资者的。合约的巨大规模意味着大多数私人投资者将很少有足够的资金拥有与合约规模对应的基础资产(相应的股票组合)，因而暴露在潜在的无限风险之下。

随着培育机构投资者各项制度的实施，中国证券市场的投资者结构必定向以机构投资者为主体的方向转变。预计2000年证券投资基金的规模将达

1 000 亿元，证券公司的融资渠道进一步拓宽，证券公司为机构投资者管理资产的业务也将在制度规范下不断发展，机构投资者的规模能够支持股指期货的推出和发展。

参考文献

[1] 姚兴涛. 金融衍生品市场论[M]. 上海：立信会计出版社，1999.
[2] 国际货币基金组织. 国际资本市场：发展、前景和政策[M]. 北京：中国金融出版社，1996.
[3] 北洋咨询集团. 第三届投资银行国际研讨会论文集[DB/OL]. (1999-10-06)[2022-05-25]. http://china-beiyang.com/.
[4] 张宇燕. 经济发展和制度选择[M]. 北京：中国人民大学出版社，1992.
[5] 施红梅，施东晖. 世纪之交的证券交易所革命[N]. 证券市场导报，1999-09-01(2).
[6] 陈游. 韩国股指期权市场成功发展的经验[J]. 财会月刊，2009(8)：70-71.
[7] [英]大卫・福特. 股票衍生产品[M]. 吴林祥，译. 上海：上海财经大学出版社，1999.

原载《金融研究》2000 年第 5 期

中国规制制度型开放的路径探析

尹　晨　檀榕基　周思力*

2018年12月,中央经济工作会议首次提出推动由商品和要素流动型开放向规则等制度型开放转变,党的十九届四中全会和十九届五中全会对制度型开放作了进一步阐述。2022年10月,党的二十大报告指出"稳步扩大规则、规制、管理、标准等制度型开放"。同年11月,习近平总书记在第五届中国国际进口博览会开幕式上强调,中国将推动各国各方共享制度型开放机遇,稳步扩大规则、规制、管理、标准等制度型开放。2023年1月,习近平总书记在中共中央政治局第二次集体学习时强调,推进高水平对外开放,稳步推动规则、规制、管理、标准等制度型开放,增强在国际大循环中的话语权。同年6月,国务院印发《关于在有条件的自由贸易试验区和自由贸易港试点对接国际高标准推进制度型开放的若干措施》。这些都为中国稳步扩大制度型开放、推进高水平对外开放提供了目标和方向。

目前,对于制度型开放,围绕规则制度型开放的研究很多,但聚焦规制制度型开放的研究较少;围绕制度型开放重要性的研究很多,但聚焦制度型开放具体路径的研究较少。在笔者的调查研究中发现,即便是在开放前沿的海南自由贸易港和各地自贸试验区,实践者们提出最多的问题是:"什么是规制制度型开放?怎么推进规制制度型开放?"同时,学习贯彻党的二十大精神,需要把"稳步扩大规则、规制、管理、标准等制度型开放"的要求落到实处。这就要求相关领域研究不能再停留在一般性的意义、特征、要求等层面的分析,而是要进一步提出具体的、可操作的政策建议。

---

* 尹晨,复旦大学社会发展与公共政策学院党委书记、教授;檀榕基,珠海复旦创新研究院博士后;周思力,澳门大学工商管理学院副教授。

因此，本文聚焦研究中国规制制度型开放的内涵与路径，希望能为现阶段中国规制制度型开放提供具有参考价值的“路线图”和“施工表”。

一、文献综述

在规制的前沿理论研究方面，国外学者更多地在法治语境中探讨规制理论的演变与发展，关注规制与治理的实务进展，探索国际公法与公共政策的交叉和融合，分析国内规制与全球规制的互动和衔接等[1]。

从全球主要经济体的开放实践和主要多双边贸易机制的发展来看，国际经贸规则体系和框架在第二次世界大战后就已开始逐步纳入规制制度型开放的内容。尤其是进入21世纪以后，WTO体系下以关税减让等边境措施为代表的传统贸易规则和规制停滞不前，而以规则一致、竞争中性、国有企业、知识产权、劳工权益与环境标准等为代表的“边境后”规制和措施正在成为区域内或国家间经贸谈判的主流[2—4]。例如，《全面与进步跨太平洋伙伴关系协定》(CPTPP)、《美墨加协定》(USMCA)、《数字经济伙伴关系协定》(DEPA)、《日英经济合作协定》(EPA)等经贸协定均提出了高水平的规制要求。2021年12月，WTO《服务贸易国内规制参考文件》的谈判结束；2022年12月，中国、美国、欧盟等WTO主要谈判参加方正式启动该文件在WTO的生效程序。

国内学者在规制与制度型开放领域的相关研究方向则较为多元，主要围绕以下四个方面。

(一) 阐释制度型开放的深层内涵及重要意义

例如，赵蓓文[5]阐述了经济全球化和全球经济治理之间的关联性，提出全球经济新格局下全球经济治理的新内涵、新特征，在进入制度型开放以后，中国同时存在三条主线的发展，即主动对接国际经贸规则、积极引领国际经贸规则以及向共建全球治理新规则拓展。赵伟洪和张旭[6]的研究从时代背景、历史逻辑与实践基础三个层面出发，认为中国从商品、要素流动型开放走向制度型开放，既体现了经济全球化的一般规律和发展趋势，也适应了中国由高速度发展阶段转向高质量发展阶段的特征和需要。李大伟[7]研究了在新发展格局下如何推进制度型开放，提出积极构建和其他经济体的全领域规则协调机制、逐步形成适应新时代制度型开放要求的国家安全维护机制、有效提升我国规则体系的正向外溢效应等诸多思路。国家发展改革委对外经济研究所课题组[8]提出要基于要素流动自由化便利化的理念创新数字贸易、跨境人才流动等新兴经贸合作领域的具体规则，以政府采购、国有企业、补贴政策、知识产权保护为重点加速深化"边境后"规制改革。张丹等[9]评述了我国自贸试验区对推动制度型开放的主要成效和面临的障碍，建议自贸试验区要加快完善有利于接轨国际规则的制度框架、促进有利于差异制度试验的改革试点、构建有利于系统集成创新的体制机制和推动有利于成熟经验推广的制度建设。尹晨等[10]在制度型开放视野下探讨了上海自贸试验区制度创新，并提出了在投资规则建设、贸易规则建设、法治环境完善和服务"一带一路"建设政策沟通等重点领域进一步加强先行探索的政策建议。

（二）对CPTPP和DEPA等高水平国际经贸规则中涉及规制的条款的研究

例如，韩剑和刘瑞喜[11]梳理了美国、欧盟和中国近年来签署的自由贸易协定中的环境章节，总结了在不同自由贸易协定中环境规制的侧重，分析了申请加入CPTPP对中国环境规制的挑战及其应对策略。管育鹰[12]研究了CPTPP中的知识产权规制条款，提出中国需要在商标和地理标识保护、专利保护、著作权保护、规制程序等方面加强对标。崔浩然和李本[13]分析了CPTPP对国有企业规制的相关条款，介绍了越南在国有企业规制方面的建立分类标准、采用竞争中性原则、强化信息披露等改革举措。孙晓涛[14]研究了CPTPP中的金融规制条款，介绍了新加坡在金融规制方面提出的25项负面清单不符措施。周念利和于美月[15]对比了DEPA与RCEP在数字贸易规制领域的差别，提出中国申请加入DEPA，需要应对"数据跨境流动和本地化存储""数字产品相关规则""数字贸易便利化""新兴趋势和技术相关规则""数据创新与数据公开""中小企业及数据包容"等方面的挑战。郁建兴、马淑琴等[16]分析了DEPA在数字经济规制领域的新要求及其对中国的挑战，同时提出了中国加强数字经济规制的主要领域和相关政策建议。

(三) 国际规制新发展及案例分析

黄新华和赵荷花[17]介绍了“更好规制”的理念及其在英国、美国、加拿大、日本等国的实践。黄新华和韩笑[18]介绍了2008年的国际金融危机后，发达经济体从“放松规制”和“轻触式规制”向“更多规制”的转变。钭晓东[19]介绍了“韧性规制”的理念及其与传统的“刚性规制”的区别。魏光禧[20]介绍了“合作规制”和“元规制”的理念及其在人工智能安全伦理的规制优化方面的应用。杨尊源[21]介绍了“市场规制”“社会中间层规制”“软法规制”等理念及其在消费外部性规制方面的应用。

(四) 在新兴领域的规制创新探索

方小敏和张亚贤[22]介绍了国际上目前对超级平台市场力量规制的三种模式，即欧盟的直接规制模式、德国的新类型市场力量预防性滥用控制模式以及中国和美国的反垄断法准用模式。闫海和王天依[23]分析了颠覆性技术创新对传统规制的挑战，提出对颠覆性技术不能采用传统的被动规制，而必须按照早期阶段、实验阶段、准立法阶段、正式立法阶段等不同的时序阶段，采取不同的规制工具进行主动规制。邹青松[24]介绍了欧盟在数字经济规制中的元规制体系，包括内部管理计划的制定、内部监督机构及外部监督机制三大部分。石佳友和刘忠炫[25]针对最新的基因编辑技术的风险，提出了包括公法和私法的协同、软法和硬法的协同以及多元主体协同在内的“协同规制”。

通过梳理文献可知，国内外与规制制度型开放间接相关的研究较多，但聚焦中国规制制度型开放的研究，尤其是探析中国规制制度型开放具体路径的文献很少，目前检索到的中文期刊论文只有《制度型开放中政府规制变革的动因、挑战与路径》[26]一篇。

本文将探索在全球化新发展阶段与中国式现代化建设相匹配的规制制度型开放路径，提出有针对性、可操作的政策建议，以期对中国特色的开放经济理论和实践做出创新贡献。

二、中国规制制度型开放的路径

对标国际高标准的经贸规则，对接中国式现代化建设，中国规制制度型开放的具体路径主要包括以下五个方向。

(一) 研究国际规制发展大趋势,参考借鉴国际高水平规制的经验和做法

20 世纪 70 年代以后,尤其在时任美国总统里根和英国首相撒切尔的推动下,市场经济发达国家掀起了政府规制变革运动,通过"放松规制"(deregulation)减少政府对经济的直接干预,强调进一步扩大市场竞争。20 世纪 90 年代中期以后,随着无限制放松管制带来的问题越来越多,传统的市场失灵问题还没有解决,新的市场失灵问题又不断出现,越来越多的市场经济发达国家开始对"放松规制"甚至"解除规制"进行反思。在此背景下,一些新的规制理念和实践开始涌现。

1. "更好规制"(better regulation)的理念和实践

时任英国首相布莱尔于 1997 年下令成立"更好规制"工作小组,并将其作为独立的内阁顾问机构。经过近 20 年的不断完善,2018 年,英国商业、能源以及工业战略部联合颁布《更好规制框架指南》,对"更好规制"的基本原则、关键机构、培训方式以及操作使用等进行了流程规范。欧盟在 2001 年(同年中国加入 WTO)推出了"更好规制"的蓝图,指出"提高规制质量本身是一种公共利益,可以提高治理过程的可信度,并为公民的福祉作出贡献"[27]。2015 年,欧盟发布《更好规制一揽子计划》[28]。欧盟的"更好规制"理念和政策在美国、加拿大、澳大利亚、新西兰、日本等市场经济发达国家也得到借鉴和推广,并逐步向亚洲、非洲等地的发展中国家传播。在此趋势下,经合组织(OECD)总结了"更好规制"的十项标准:问题界定清晰;政府行动合理;有法律基础;规制收益大于规制成本;规制成本和收益公布透明;规制规则清楚、一致且易于理解;所有利益相关者有机会陈述其意见;设计激励机构和回应性战略,确保规制遵守;选择最合理的级别政府执行规制;制定政府行动的最佳形式[29]。

2. "更多规制"(more regulation)的理念和实践

在反思过度放松规制和"轻触式规制"(light touch regulation)弊端的基础上,尤其在反思规制失灵导致国际金融危机的基础上,美国出现了"更多规制"的规制治理变革趋势[30]。"更多规制"重新重视政府组织、法律制度和专

业能力在规制过程中的优势作用，重申政府部门在规制体系中应承担更多监管责任，同时强调企业的责任践行、协会的自我规制和公众的规制参与[31]；“更多规制”强调侵入性和主动性，以在规制体系中建立起“可信的威慑”(credible deterrence)，强调规制的前瞻性和标准化；“更多规制”致力于提高规制分析与监管能力、风险预测准确性和规制措施有效性，提出规制质量不仅取决于规制策略和规制环境，还依赖规制机构的内部文化、执行能力以及自主规制[32]。

3. “韧性规制(Resilient regulation)”的理念和实践

韧性规制关注的是在遭遇风险冲击和环境扰动时系统所保持的抗逆力、适应力和学习力，强调的是在纷繁复杂的风险情境中系统自身的结构调整与功能优化，反思并弥补了传统刚性规制的不足[19]。韧性规制强调主体结构的稳态与韧性，强调主体在受到环境变动时“复原”的内在特质与外在状态，强调主体在风险的预防、抵御、适应、修复等环节中的韧性呈现[33]；韧性规制聚焦过程的韧性，强调系统对逆向事件及其负外部性进行抵御、吸收和恢复的能力应该体现在事前、事中和事后全过程[34]；韧性规制重视规范体系的韧性，强调需要积极应对复杂环境下的风险，需要构建可持续的制度体系、法律规范等进行全方位的保障。

4. “元规制(Meta regulation)”的理念和实践

随着经济社会发展，尤其是科学技术的突飞猛进，规制的难度和复杂度日益提高，规制者甚至赶不上受规制行业、被规制主体的动态发展和不断创新。此时，元规制就体现出了优势。元规制是指规制者根据公共规制目标，促使被规制者自身针对公共问题做出内部的、自我规制性质的回应，规制者对不采取自我规制的被规制者给予处罚，对采取良好自我规制的被规制者给予奖励。因此，元规制也被称为“约束性自我规制”，是外部规制与内部规制的有机结合[35]。目前，元规制已经在欧盟颁布的《一般数据保护条例》和《数字服务法》的规制中得到应用，欧盟的数据控制者和数据处理者必须按照规制要求设立内部监督机构、制定并执行内部管理计划并接受合规审计和外部监督。

综合来看，国际规制发展已经从“放松规制”回归“重新规制”(re-regulation)。但是，重新规制不是简单地回到一味加强政府规制的老路，而是强调规制的科学性、多元性、开放性、灵活性和合作性。对于中国规制制度型开放而言，加强对规制的动态评估，提高规制的多元参与，提高规制的规范性和透明度，不断创新和优化规制技术和规制工具，上述这些国际规制发展的新理念和新实践，都值得我们学习借鉴和消化吸收。

(二) 对接国际规制惯例和高水平规则，积极推进规制完善

要回答好中国规制的制度型开放这道必答题，我们需要对接国际规制惯例和高水平规则。目前，需要对接的主要是三项：一是 WTO《服务贸易国内规制参考文件》(以下简称《参考文件》)；二是 CPTPP；三是 DEPA。

1. 对接《参考文件》的规制

2021 年 12 月 2 日，WTO 中 67 个成员完成了服务贸易国内规制的多边谈判，联合发布了《服务贸易国内规制参考文件》。《参考文件》分为三部分：第一部分为总则，主要包含服务贸易国内规制的背景、现状、成员承诺的基本规则、技术援助、发展中国家的过渡期以及最不发达国家的特殊参与制度；第二部分为“服务贸易国内规制纪律”，为各成员方制定或完善相关规则提供了具体的构建标准作为参考；第三部分为“关于金融服务的服务贸易国内规制的替代性纪律”，该部分仅适用于影响金融服务的国内规制措施。

对接《参考文件》的具体条款，中国在服务贸易国内规制部分，需要在以下三个方面积极推进规制改革和完善。

一是对接《参考文件》，完善国内规制的规则披露。“服务贸易国内规制纪律”第 13 条“信息的公布和获取”详细规定了规制部门应当给所服务的申请人提供的基本信息，包括要求、程序、主管机关的联络信息、授权费用、技术标准、复议或上诉程序、公众参与的机会、处理申请的时间节点等。中国相关的规制部门需要对相关的法规、规章、制度等进行全面梳理，排查相关信息披露与《参考文件》存在的差距，并按照《参考文件》的要求进行补充、完善、更新和发布，提升规制的时效性和透明度。

二是对接《参考文件》，填补国内规制的空白领域。在许可审批事项方面，《参考文件》就受理申请时间表、确定申请材料完备性、提供审批进展状态、告知申请最终决定、提供拒绝申请的理由、确保获批申请生效等 6 个方面作了具体规定。目前国内的一些规制规则仅要求受理部门应书面告知最终

作出的不予许可决定，并未规定须附上拒绝申请的具体说明。中国相关的规制部门应填补类似规制空白，建立和完善审批的“形式预审查”制度，提供拒绝申请的理由，避免出现申请人仅仅因为材料不完整或形式不标准而被实质性拒绝的情况。

三是对接《参考文件》，通过发展弥合电子化规制在地区间和部门间的不平衡。《参考文件》不少条款都鼓励成员尽可能通过电子化程序促进规制便利化。近年来，中国大力推行政务电子化，如上海自贸试验区率先探索国际贸易“单一窗口”的服务贸易板块等。但总体而言，中国不同地区规制的电子化水平还存在较大差异，不同部门的电子化规制还缺乏系统集成。因此，我们需要进一步统筹推进统一的电子化规制平台的建设，将电子化规制覆盖所有地区和部门。

2. 对接 CPTPP 的规制

2021 年 9 月，中国正式提出申请加入 CPTPP。CPTPP 除了对“边境上”的贸易和投资提出高水平开放要求之外，更重要的是对“边境后”的规制也提出了高水平的要求，有些还是比较敏感和复杂的要求。这就需要我们一方面加强与缔约国的接触、沟通和磋商，另一方面主动逐项对标 CPTPP 条款，积极开展规制制度型开放的压力测试。

(1) 环境规制。CPTPP 包含 137 个类别的环境条款，是目前全球环境规制要求最高的贸易协定之一。国内环境规制全方位、多维度对接 CPTPP，可以采取层次化、差异化对接策略。如针对环境执法、跨境跨区域合作、透明度较高等已具备较好实施基础的领域，可以优先对接；针对环境标志产品技术标准制定、环境影响评估等与我国现阶段改革重点相契合的领域，可以渐进对接；针对公众参与、环境绩效的自愿性机制、争端解决等基础相对薄弱的领域，则加强探索对接，逐步推动全领域、全链条的规制协调与融合[36]。我们需要进一步完善环境规制规则体系，如对野生动植物非法交易、非法捕捞、非法采挖和加工等制定更权威和更高阶位的规制规则，加快制定完善科技伦理规范和标准、健全生物遗传资源获取与惠益分享立法，建立具有公信力和约束力的信息披露制度，基于绿色理念构建与 CPTPP 接轨的低碳贸易投资标准体系和认证体系。我们还需要提高环境规制创新能力，强化环境规制执行力度，完善跨部门、跨区域、跨层级的规制协调机制，依法推动联合、动态、信用规制，同时施行失信惩戒，提高环境政策决策、实施和执行的效率和透明度。

（2）市场竞争规制。CPTPP 的第 16 章和第 17 章对市场竞争规制作了诸多细化规定。对接 CPTPP，我们需要加快完善市场竞争规制的政策体系，加快《中华人民共和国反垄断法》修订，深入推进公平竞争审查和反不正当竞争制度建设，对妨碍公平竞争的规章制度进行修订，提高市场竞争规制的透明度并规范执行；我们需要继续深化国有企业改革，适应竞争中性的政策环境，可以合理借鉴 CPTPP 成员国越南的经验做法，综合考虑资源配置效率、战略敏感性、社会资本进入意愿、社会公共属性、自然垄断属性、公平竞争原则、国际规则约束等多重因素，加快探索我国国有企业分类管理，建立更加透明和更高质量的国有企业信息披露机制[37]。

（3）知识产权保护规制。CPTPP 在知识产权保护规制方面，扩大了保护客体范围，延长了保护时间期限，提高了保护准入门槛，加大了执法力度，同时为权利人提供了更充分的保障。对接 CPTPP，我们需要进一步修订《中华人民共和国专利法》《中华人民共和国商标法》《中华人民共和国著作权法》等规制依据，加快著作权保护期、专利申请新颖性宽限期等领域的修订，完善气味、声音、地理标志等非传统商标类的专利保护。在数字经济时代，加速推动互联网、大数据、人工智能等知识产权立法；同时，我们需要采取切实有效措施提高知识产权规制执法效率，畅通权利救济途径，依法严厉打击侵犯知识产权的犯罪活动[38]。

CPTPP 中对一些领域的规制，如劳工、跨境数据等，与中国的现行法规存在较大差异，这就需要实事求是，按照“立足国情、以我为主”的原则，借鉴越南、新加坡、文莱等成员国的谈判策略和不符措施等做法，加强与成员国的沟通、说明和谈判。

对于难以在全国范围内统一实施的规制对接，我们可以继续发挥自由贸易港和自贸试验区“大胆闯、大胆试”的制度创新优势，在具备条件的自由贸易港和自贸试验区率先开展规制对接的压力测试，待经验成熟后迅速在全国复制和推广。

3. 对接 DEPA 的规制

2021 年 11 月，中国正式提出申请加入 DEPA。2022 年 8 月，相关工作组设立，开始推进中国加入 DEPA 的谈判。作为全球第一个关于数字经济问题的专项协定，DEPA 在一定程度上为全球数字经济标准提供了高水平样板。中国申请加入 DEPA，符合中国进一步深化国内改革和扩大高水平对外开放的方向，亦需要逐项对照 DEPA 条款，在数字经济规制方面进行改革和完善。

（1）数据跨境流动规制。对照 DEPA 的第 4.2 条、第 5.1 和 5.2 条、第 9.4 和 9.5 条，我们可以基于“数据安全自由流动”原则，为数据跨境流动提供审慎包容规制的中国方案[39]。DEPA 鼓励数据跨境自由流动，同时兼顾民事权益与技术创新收益，将网络虚拟财产、数据、个人信息纳入保护范围。我们可以基于数据的敏感程度、关键程度和司法管辖要求等，积极探索跨境数据的分级分类规制；对于 DEPA 中特别提及的个人信息保护，我们需要进一步明确个人信息保护的原则、框架和责任主体，提升个人信息保护能力；我们需要在《个人信息出境标准合同办法》的基础上，进一步制定跨境数据流动标准合同、签订跨境数据流动安全协议等，探索建立安全有序的跨境数据流动和数据治理生态体系；我们还需要在国内数据交易所的相关规制设计中，提前做好跨境数据确权、交易、交付等机制安排。

（2）数字贸易便利化。DEPA 注重以电子化促进数字贸易便利化，具体要求体现在贸易文件无纸化、电子发票、推进电子支付等贸易流程的各个方面。同时，DEPA 还关注贸易主体的数字身份问题，要求推动各国促进个人以及公司在数字身份方面的合作。中国在自贸试验区已经先行探索国际贸易单一窗口、无纸化贸易、电子认证、数字证书、电子支付等措施。对接 DEPA，我国需要进一步推进统一的国际贸易单一窗口建设，搭建全国统一的电子发票、电子支付、数字身份平台，同时积极推动中国的数字贸易平台与 DEPA 缔约方相关平台之间的互联互通。

（3）数字经济创新规制。DEPA 第 8 章“新兴趋势和技术”要求缔约方在金融科技、人工智能等领域加强合作，推动金融科技和人工智能治理框架的构建。第 9 章“创新和数字经济”要求缔约方在数据共享机制、数据沙盒等领域加强合作，促进数据驱动创新。金融科技、人工智能、数据创新等都是中国正在努力实现“弯道超车”的领域。对接 DEPA，我们可以积极设置数字化跨境合作业务的安全测试区，在企业层面设置沙盒监管，鼓励产业和企业在测试区域和沙盒监管的框架下“大胆试、大胆闯”，积极探索数字经济创新发展，进一步推动产业数字化和数字产业化；我们还需要在金融科技、人工智能等领域率先探索建立规制和治理框架，加快推进数字经济与实体经济深度融合。

(4) 数字经济包容性。DEPA 关心数字经济发展的包容性，特别关注中小企业在数字经济中的生存和发展问题，特别关注弱势群体在数字经济中的普惠性。对接 DEPA，我们需要采取切实措施，抓紧落实。尤其是在 DEPA 提到的海关程序、与数据流动和数据隐私相关的法规、数据沙盒、与数字贸易有关的技术法规标准或合格评估程序、数字贸易促进方案、政府采购机会、中小企业信息平台、针对中小企业的融资方案、数字中小企业对话等领域，我们要加强合作，增强中小企业在数字经济中的贸易和投资机会。不仅如此，我们还应特别关心妇女、农村人口、老年人、残疾人等特定群体，着力消除数字鸿沟、破除数据壁垒，确保所有个人和企业拥有参与数字经济、为其做出贡献并从中受益的机会和条件。

(三) 在新领域先行先试规制创新，在规制竞争中提供“中国方案”

进入 21 世纪，大数据、人工智能、基因技术、5G 网络等新科技层出不穷，新产品、新服务、新产业、新业态、新模式也随之不断涌现。一方面，这促进了生产力提高、促进了经济社会发展；另一方面，这也给相应的规制提出了全新的考验。

在大部分新领域，全球尚未形成统一或公认的规制规则或国际惯例。主要经济体，特别是美国和欧盟，在大力支持新领域发展的同时也在积极探索新领域的规制，抓紧形成规制的制度性公共产品，积极利用技术优势、市场优势、话语权优势等追求“布鲁塞尔效应”，试图将国家(地区)的制度性公共产品推广成为全球的规则或标准。

比如，在基于 5G 网络的数字经济和平台经济、跨境电子商务、大数据、人工智能、金融科技等诸多新领域，中国在技术上已经从过去的“追赶”逐步变成“并跑”，甚至在某些领域已实现了“领跑”；中国利用超大规模市场优势，在新领域快速实现技术的商业化、市场化，不断推进创新链与产业链的融合发展；中国积极推动“一带一路”建设，大力支持中国的高新技术企业“走出去”，加快拓展全球市场。但目前，中国在新领域的规制创新以及参与国际规制竞争还相对滞后。中国亟须在全球新技术和新经济领域规则创设和规制建构的过程中争取主动权，积极探索规制创新，及时总结归纳形成制度性公共产品，积极推动规制的“中国方案”主动“走出去”，提高在全球治理体系中的话语权。

在新技术和新经济领域，规制应针对不同的发展阶段而各有侧重。在技术创新阶段，规制总体还是要有利于激励创新。此时的规制，可以更多采用“元规制”的模式，即规制者要求市场主体按照规制要求设立内部监督机构，制定并执行内部管理计划，接受合规审计和外部监督；规制应更多发挥行业组织自律规制的作用，更多发挥行业公约、伦理规范、技术指南、示范等“软法”的作用；应更多设置与外界有效隔离的监管沙盒，市场主体在监管沙盒框架内可以充分测试科技产品、商业模式等，承担较轻的规制成本并享有部分法律责任豁免；应更多采用制度激励型和合作治理型政策工具，较少采用命令控制型政策工具；可以在先行先试区域（如具备条件的自由贸易港和自贸试验区）内积极探索试验性立法和创制性立法，更好助力经济社会发展和改革攻坚任务。

在技术成熟后的大规模应用和推广阶段，规制目标总体要回归克服市场失灵。此时的规制，可以在有效评估和完善的基础上，将试验性立法推广至全国，逐步完善“硬法”体系；在不断完善内部治理、自律规制的基础上，强化外部规制；届时，命令控制型规制工具（信息规制、价格规制、准入规制和数量规制等）将有所回归。同时，国家可以通过组织规制型制度创新案例的评选和发布，鼓励行业协会率先形成规制自律规范，鼓励有地方立法权的区域开展创新性、试验性立法等，支持先行先试的地区和组织及时总结提炼新领域规制创新的经验，形成国际制度性公共产品的“中国方案”。

在规制竞争的全球背景下，我们要积极组织和支持新领域规制的“中国方案”主动“走出去”。要及时将新领域规制的议题和制度性公共产品纳入“一带一路”建设的政策沟通之中，加强与“一带一路”共建国家（地区）相关部门的沟通与协商；要及时将新领域规制的议题和制度性公共产品纳入双边贸易和投资协定（以及升级版协定）的谈判之中；要积极争取将新领域规制的议题和制度性公共产品纳入 RCEP 升级版的谈判之中；要有序推进上合组织、金砖国家等经贸功能的进一步拓展和提升，在制度型经贸合作中纳入新领域规制内容。与此同时，我们要持续鼓励和支持新领域龙头企业在“走出去”的过程中，主动加强与当地政府的政策沟通，在规制创新领域加强国际合作。

（四）加强国际合作，以高水平开放促进高质量规制

中国的规制制度型开放，一方面，是中国高水平对外开放的重要内容，是中国提升国际竞争力、参与国际经济治理、增强制度性话语权的重要内容；另一方面，是以高水平开放促进高质量发展的重要内容，以国际视野和国际经验来进一步深化政府规制改革，破除要素充分自由流动的障碍，促进国内大循环和国内国际双循环的畅通，优化营商环境，降低制度性交易成本，推进国家治理体系和治理能力的现代化。

中国规制的制度型开放，要通过开放推进规制标准的市场化、法治化和国际化。我们要处理好有效市场和有为政府的关系，充分发挥市场在资源配置中的决定性作用，以有效规制来促进产权保护、市场准入、公平竞争、社会信用等市场经济基础制度的完善和实施；要强化竞争政策的基础性地位，落实公平竞争审查制度，对各类规制政策进行公平竞争性评估，为各类市场主体公平地参与市场竞争创造条件；要进一步完善规制依据和标准体系建设，尽可能消除规制依据和标准的空白，在制定规制相关的法律法规和政策规章时充分收集和听取利益相关者、中小企业、行业协会等政策共同体的意见和建议；在规制执行过程中，对规制主体、规制对象、规制依据和规制方式等方面进行信息公开，提高规制的规范化和透明度。如前文所述，我国需要参考借鉴国际高水平规制的经验和做法，对接国际规制惯例和高水平规则，有序调整和完善规制相关的法律法规和政策规章，逐步建立起与国际接轨的规制标准体系。

中国规制的制度型开放，要通过开放促进规制流程的不断优化，建构事前、事中、事后的规制全流程。我们要进一步深化“放管服”改革，进一步缩减市场准入负面清单，建立市场主体承诺即入制；要学习借鉴国际经验，从事物发展的全过程、产业发展的全链条、企业发展的全生命周期出发来整合再造事前、事中、事后的规制全流程，实现规制的系统集成；要建立和完善统一的规制平台，实现各类规制数据和信息的归集、整合、推送与共享，实现规制综

合执法，实现跨区域、跨部门、跨层级的规制协作；要充分利用人工智能、大数据、云计算、物联网、区块链等现代科学技术，对市场主体进行即时监督监测，对风险和问题进行智能化感知、研判、评估和应对。

中国规制的制度型开放，要通过创新规制工具，进一步优化规制工具体系。我们要充分学习和借鉴国际规制创新经验，不但学习借鉴前文所提到的“更好规制”“更多规制”“韧性规制”“元规制”等理念，还要参考借鉴国际规制从“单一政府规制”向“多元规制治理”、从“命令管控规制”向“包容审慎规制”、从“运动式规制”向“常态化规制”转变的新趋势[26]；要吸收和借鉴规制影响评估、风险规制、日落规则、“一进一出”规则、触发式规制、沙盒监管等新型规制工具；要建立包括命令控制型工具、经济激励型工具、社会激励型工具、信用规制型工具等在内的规制工具“谱系”，并在不同环境情况下，动态优化规制工具组合。

中国规制的制度型开放，需要进一步加强规制国际合作。如前文所述，通过“一带一路”建设的政策沟通和规制合作，通过双边和区域性投资贸易协定的谈判，通过申请加入 CPTPP 和 DEPA，以及通过深化上合组织、金砖国家的规制合作，共同促进中国规制的“引进来”和“走出去”，推动国际规制体系的交流和完善。随着规制制度型开放的深入，我们要探索建立和完善国际规制协调机制，建立规制协调审查程序，明确国际规制协调的主管机构，统筹规制文件审查、外文版本发布，参与国际规制谈判等。我们可以借鉴发达国家的实践经验，不断完善规制标准和规制结果的国际互认，加强第三方认证制度建设，与其他国家有序开展数据互换、规制互认、执法互动等方面的合作[26]。

（五）未雨绸缪，做好应对各类外部风险与挑战的规制准备

党的二十大报告指出：“我国发展进入战略机遇和风险挑战并存、不确定难预料因素增多的时期，各种‘黑天鹅’、‘灰犀牛’事件随时可能发生。我们必须增强忧患意识，坚持底线思维，做到居安思危、未雨绸缪，准备经受风高浪急甚至惊涛骇浪的重大考验。”

从 2018 年特朗普政府挑起对华贸易战以来，中国所遭遇的极限施压、“筑墙设垒”、“脱钩断链”、单边制裁等，都披着美国“规制”和“长臂管辖”的外

衣[40]。我们“不主动惹事”，但“也不怕事”，要做好“经受风高浪急甚至惊涛骇浪”的规制准备。

我们可以借鉴欧盟的《阻断条例》、英国的《保护贸易利益法》、加拿大的《外国域外管辖措施法》、澳大利亚的《外国诉讼程序法》、墨西哥的《保护贸易和投资免受违反国际法的外国法律规制法》、俄罗斯的《反制裁法》等，进一步完善反域外制裁和反“长臂管辖”的规制依据。2020 年 9 月，中国商务部颁布了《不可靠实体清单规定》；2021 年 1 月，颁布了《阻断外国法律与措施不当域外适用办法》；2021 年 6 月，第十三届全国人民代表大会常务委员会第二十九次会议通过了《中华人民共和国反外国制裁法》。下一步，我们需要进一步完善相关的规制体系，要尽快出台配套的行政规章和实践指引等细化操作性文件；要明确制定清单和执行措施的主管部门和实施部门；当措施涉及多部门时，还需要确定协同工作机制。

我们要坚定维护并持续推动相关的多边机制的恢复和建设。中国是 WTO 改革的积极支持者和参与者，应全力支持 WTO 重新发挥好争端解决机制的作用，支持上诉机构率先恢复功能。2001 年，联合国国际法委员会提出《国家对国际不法行为的责任条款草案》。20 多年来，该条款草案受到国际社会广泛重视，也被国际法院和一些区域性司法机构在相关案件的裁决中援引。我们可以支持和推动国际社会在该条款草案的基础上进一步确立国际不法行为的认定机构和标准、制衡措施的合法性、制衡措施的合理性标准等。

党的十九届四中全会通过的《中共中央关于坚持和完善中国特色社会主义制度、推进国家治理体系和治理能力现代化若干重大问题的决定》明确指出，要加快推进我国法域外适用的法律体系建设，健全现行法律域外适用的标准和程序，强化涉外执法司法实践，提升我国司法实践的国际影响力。我们应认真研究美国、欧盟等国内法域外适用的原则和做法，充分利用国际法中“保护管辖”和“普遍管辖”原则，在反垄断、证券交易、出口管制、金融监管、知识产权、国家安全、恐怖主义、欺诈与腐败等领域扩张中国法律的域外管辖权，为中国企业在跨国司法事务中适用本国法律，以及中国法院和相关规制部门对等管辖国外企业的违法行为，提供法律制度依据。

我们还应进一步全面提升相应的规制能力。相关规制部门应积极支持和帮助受到外国单边制裁、“长臂管辖”影响的企业和个人积极应诉和反诉，维护自身合法权益。相关规制部门应做好反制裁、反干预和反“长臂管辖”的执行准备工作。从长远来看，相关规制部门需要进一步加强国际合作，提升涉外执法能力，完善域外管辖制度，“综合利用立法、执法、司法等手段开展斗争，坚决维护国家主权、尊严和核心利益”。

三、结语

制度型开放是新时代中国积极应对国际经贸规则变革和重构的应有之义，是新阶段推动中国高水平开放、支撑经济高质量发展的必由之路，是新征程上建设中国式现代化的关键之要。制度型开放，不仅包括我们比较熟悉的规则制度型开放，也包括管理、标准以及本文聚焦的规制制度型开放。

本文结合中国高水平开放的战略与实践，提出了与全球化新阶段和中国式现代化相匹配的规制制度型开放路径。

在后续理论研究和政策推进中，中国规制制度型开放还要处理好以下四方面的关系：学习借鉴国际规制新理念、新经验和新做法与坚持中国特色、切合中国实际的关系；对接国际规制惯例和高水平规则实践与大胆探索规制创新、在规制竞争中提供“中国方案”的关系；高水平规制与高质量发展的关系；规制制度型开放中发展与安全的关系。

参考文献

[1] [英]科林·斯科特. 规制，治理与法律：前沿问题研究[M]. 安永康，译. 北京：清华大学出版社，2018.
[2] Park I, Park S. Consolidation and Harmonization of Regional Trade Agreements (RTAs): A Path Toward Global Free Trade [M]. Seoul: Korea University, 2009.
[3] Gantz D A. Liberalizing International Trade After Doha Multilateral, Plurilateral, Regional, and Unilateral Initiatives [M]. Cambridge: Cambridge University Press 2013.
[4] Nottage L. The TPP Investment Chapter and Investor-State Arbitration in Asia and Oceania: Assessing Prospects for Ratification [J]. Melbourne Journal of International Law, 2016, 17(2): 313-348.
[5] 赵蓓文. 制度型开放与中国参与全球经济治理的政策实践[J]. 世界经济研究，2021(5)：3—8.

[6] 赵伟洪,张旭.中国制度型开放的时代背景、历史逻辑与实践基础[J].经济学家,2022(4):17—27.
[7] 李大伟.新发展格局下如何推进制度型开放[J].开放导报,2020(6):31—38.
[8] 国家发展改革委对外经济研究所课题组.中国推进制度型开放的思路研究[J].宏观经济研究,2021(2):125—135,148.
[9] 张丹.自贸试验区对推动制度型开放的主要成效、面临障碍及建议[J].对外经贸实务,2020(3):4—8.
[10] 尹晨,周思力,王祎馨.论制度型开放视野下的上海自贸区制度创新[J].复旦学报(社会科学版),2019,61(5):175—180.
[11] 韩剑,刘瑞喜.中国加入CPTPP参与全球环境经贸规则治理的策略研究[J].国际贸易,2022(5):31—39.
[12] 管育鹰.CPTPP知识产权条款及我国法律制度的应对[J].法学杂志,2022,43(2):95—108.
[13] 崔浩然,李本.应对CPTPP国企规则的挑战:越南国内法的调适及其借鉴[J].国际贸易,2022(8):61—69.
[14] 孙晓涛.新加坡CPTPP金融服务负面清单及对我国的启示[J].国际贸易,2022(6):81—88.
[15] 周念利,于美月.中国应如何对接DEPA——基于DEPA与RCEP对比的视角[J].理论学刊,2022(2):55—64.
[16] 郁建兴,马淑琴,任婉婉,等.中国高水平参与DEPA的关键领域与路径选择[J].浙江工商大学学报,2022(1):5—14.
[17] 黄新华,赵荷花."更好规制":规制治理的新理念与新追求[J].天津行政学院学报,2021,23(1):3—12.
[18] 黄新华,韩笑.规制治理变革的新图景——从"轻触式规制"到"更多规制"[J].学习论坛,2021(4):49—57.
[19] 钭晓东.从"刚性规制"迈向"韧性治理":环境风险治理体系与治理能力现代化变革[J].中国高校社会科学,2022(5):96—109,159.
[20] 魏光禧.合作规制:基于元规制模式的人工智能安全伦理规制优化[J].昆明理工大学学报(社会科学版),2022,22(6):28—35.
[21] 杨尊源.规制治理理论视域下的经济法规制机制——以消费外部性问题为例[J].河南工业大学学报(社会科学版),2021,37(1):22—29.
[22] 方小敏,张亚贤.超级平台市场力量的三种规制模式[J].南京大学学报(哲学·人文科学·社会科学),2023,60(1):94—104,162.
[23] 闫海,王天依.论颠覆性技术对规制的挑战及其应对[J].中国科技论坛,2023(1):58—68.
[24] 邹青松.内部管理型规制:数字经济风险的欧盟法回应[J].南京大学学报(哲学·人文科学·社会科学),2023,60(1):105—115.
[25] 石佳友,刘忠炫.基因编辑技术的风险应对:伦理治理与法律规制[J].法治研究,2023(1):86—98.

[26] 黄新华,赵荷花. 制度型开放中政府规制变革的动因、挑战与路径[J]. 北京社会科学,2022(3):119—128.

[27] Radaelli C M. Whither Better Regulation for the Lisbon Agenda [J]. Journal of European Public Policy, 2007, 14(2): 190-207.

[28] Bunea A, Ibenskas R. Unveiling Patterns of Contestation over Better Regulation Reforms in the European Union[J]. Public Administration, 2017, 95(3):389-604.

[29] 经济合作与发展组织(OECD). OECD 国家的监管政策——从干预主义到监管治理[M]. 陈伟,译. 北京:法律出版社,2006.

[30] [英]罗伯特·鲍德温,[英]马丁·凯夫,[英]马丁·洛奇. 牛津规制手册[M]. 宋华琳,等译. 上海:三联书店,2017.

[31] 黄新华,韩笑. 规制治理变革的新图景——从"轻触式规制"到"更多规制"[J]. 学习论坛,2021(4):49—57.

[32] [荷]乔安妮·凯勒曼,[荷]雅各布·德汗,[荷]费姆克·德弗里斯. 21 世纪金融监管[M]. 张晓朴,译. 北京:中信出版社,2016.

[33] Maguire B S, Cartwright S. Assessing a Community's Capacity to Manage Change: A Resilience Approach to Social Assessment[R]. Canberra Australian Government Bureau of Rural Sciences, 2008.

[34] Jerome K. Risk and Resilience: Exploring the Relationship[R]. Homeland Security Studies and Analysis Institute, 2010.

[35] 魏光禧. 合作规制:基于元规制模式的人工智能安全伦理规制优化[J]. 昆明理工大学学报(社会科学版),2022,22(6):28—35.

[36] 韩剑,刘瑞喜. 中国加入 CPTPP 参与全球环境经贸规则治理的策略研究[J]. 国际贸易,2022(5):31—39.

[37] 刘向东. 对接 CPTPP 完善中国竞争规则基础制度的建议[J]. 全球化,2022(4):93—101,135.

[38] 王晓红. 加入 CPTPP:战略意义、现实差距与政策建议[J]. 开放导报,2022(1):7—21.

[39] 周念利,于美月. 中国应如何对接 DEPA——基于 DEPA 与 RCEP 对比的视角[J]. 理论学刊,2022(2):55—64.

[40] 白雪,邹国勇. 美国"长臂管辖"的欧盟应对:措施、成效与启示[J]. 武大国际法评论,2021,5(5):53—76.

原载《复旦学报(社会科学版)》2023 年第 6 期;被《中国社会科学文摘》2024 年第 3 期全文摘要转载,被人大复印资料《国民经济管理》2024 年第 3 期全文转载

后　记

今年3月的一天，几位同窗学友相约去看望尹伯成师，并一起商量用什么方式为尹师庆祝90大寿，以及如何向尹伯成教授从教63周年纪念活动献礼。商议的结果，出一本论文集成了不二选项。经过几个月的准备，这本论文集终于要付梓印行了。

提供论文的作者全部是先生的学生。多数是博士研究生，也有硕士研究生，还有跟随先生做研究的博士后。这些论文中，有许多是已经发表过的，也有部分是新创作的，属于首次公开发表。当然，论文作者只是先生众多弟子中的很小一部分，每人也仅选自己的一篇论文提供发表或再发表。

论文集题为《高质量发展与中国式现代化——中国特色社会主义市场经济理论与实践探索》，力求有较强的包容性和广泛的代表性，大致反映了所收论文的研究范围和重点话题。此外，论文集以此为题，多少也代表了先生弟子所从事工作的特点。他们有的在大学里从事经济学教学与研究工作，走着先生曾经走过的道路；有的是经济职场上的资深从业者，用在学校学到的理论知识从事专业实践工作；还有的是不同方面的领导干部，身为主政一方的“父母官”，或是某一家大型企业的“当家人”。中国特色社会主义市场经济理论与实践探索，正代表了他们的思考和实际努力。为满足弟子们的愿望，先生也提供了一篇论文，现置于“理论研究篇”之首。他写这篇文章时已年过八旬有五，仍思维敏捷、笔耕不辍，为这本论文集添色许多，并留下一段佳话。

先生从教60余年来，教过的学生难以计数，入室的亲炙弟子也有百人之多，用“桃李满天下”加以概括颇为贴切。作为亲炙弟子，我们除了近距离感受先生学术思想的精深外，还尤其受到先生在治学处世上“几个坚持”的熏陶教化。

一直坚持理论联系实际，研究外国的经济学说为中国的经济建设服务。

先生的指导方向是外国经济思想史，但无论是在课堂上，还是著书立说，先生总是透过历史上经济学家就某一问题的系统论述，厘清各家学说的渊源流变，然后结合中国经济实际，分析这些学说流派中有哪些合理成分对当今中国经济建设有参考价值。先生在耄耋之年所写的文章，多数是把握时代脉搏和贴近中国经济实际的鲜活之作。

二是坚持做学问为普通大众说话，倡导服务于大众的中国经济学。先生曾担任复旦大学经济系主任，出版过多部影响面很广的著作教材，长期担任复旦大学房地产研究中心主任。在房地产市场火爆的繁荣周期，借助先生的身份、学术地位和影响力，其一言一行，很容易成为一般人眼中的“市场机会”。先生却公开亮明自己的观点：“我一直是坚决反对炒房的！”他还多次积极撰文，提出建立促进我国房地产市场良性发展的长效机制，减少反反复复的临时调控（见复旦大学经济学院院友会刊《仙舟客》第5期）。回首一望，先生观点之前瞻，不仅出自其深厚的理论学养，更多是道德文章才有的功力所致。

三是坚持用通俗易懂的语言讲清高深的经济学道理，教学和写作做到“深入浅出”。先生写文章一贯通晓易懂，绝不堆砌一些故弄玄虚的新词、新概念，他撰写的几部教材和教学指导书因内容丰富和深入浅出而广受欢迎，多次再版，创造了国内经济学著作出版印刷的一个纪录。我们不仅受益于他的教风、文风，更是在多年以后仍不断体味其“深入浅出”的难得境界。把经济学文章写得艰深难懂并不难，难的是用浅显的语言把深奥的道理讲清、讲透，“深入浅出”其实是学术大家独有的文风。

四是坚持学以致用，凭借独到的专业眼光和市场预判优化家庭的资产配置，改善住房条件。在我们的印象中，先生在复旦大学老一代知名教授中住房是宽裕的。硕大的书房，一排整齐的书橱贴墙而立，书卷气、鸿儒风立刻扑面而来。后来，先生换到更大的房子，居住环境更好。先生不是依靠体制得以改善住房状况，而是在社会主义市场经济大潮中身体力行，比较早地参与中国住宅商品化、市场化的进程，实现了住房条件的显著改善。先生的亲身实践，早已说明我国住房市场一直存在着改善需求端的巨大潜力。作为弟子，每每想到这一点，都会更加感受到经济学理性思维的有用之处。

先生是1936年生人，今年89岁。九象征着吉祥如意，中国人的传统文化中有以九为大的说法，给老人庆生有“过九不过十”的习俗传承，这本论文集就是给先生祝寿的礼物。当然，论文集难免挂一漏万，留下太多的“遗珠”，未必能起到全面检阅先生弟子学术作品的作用，但作为一本公开出版物，至少能够算得上先生 60 余年教人育才的一个重要记录。

由于所收到的文章选题多样，按“理论研究篇”“实践研究篇”“制度研究篇”归于三类，只能是一个大致的分类办法，难以做到严密完美。根据出版社的要求，论文汇编成册，原来各文中的“摘要”“关键词”等一律不作保留，作者信息也做了相应的简化统一。若有不妥之处，敬请各方谅解。

感谢尹伯成师允准将其一篇文章编入此集。感谢为本论文集提供文章的各位同窗学友，以及为收集、整理、编辑文稿等工作付出努力的各位。尤其要感谢复旦大学出版社责任编辑戚雅斯女士和上海师范大学商学院的姚沁老师，没有她俩的辛勤付出，此论文集不可能在如此短的时间内得以出版问世。

本书编委会（徐康宁执笔）

2024 年 5 月 27 日

图书在版编目(CIP)数据

高质量发展与中国式现代化:中国特色社会主义市场经济理论与实践探索/本书编委会编.--上海:复旦大学出版社,2024.8.--ISBN 978-7-309-17527-1

Ⅰ.F123.9

中国国家版本馆 CIP 数据核字第 202409U494 号

高质量发展与中国式现代化:中国特色社会主义市场经济理论与实践探索
GAO ZHILIANG FAZHAN YU ZHONGGUOSHI XIANDAIHUA: ZHONGGUO TESE SHEHUI ZHUYI SHICHANG JINGJI LILUN YU SHIJIAN TANSUO
本书编委会 编
责任编辑/戚雅斯

复旦大学出版社有限公司出版发行
上海市国权路 579 号 邮编:200433
网址:fupnet@fudanpress.com http://www.fudanpress.com
门市零售:86-21-65102580 团体订购:86-21-65104505
出版部电话:86-21-65642845
杭州日报报业集团盛元印务有限公司

开本 787 毫米×1092 毫米 1/16 印张 23.25 字数 357 千字
2024 年 8 月第 1 版
2024 年 8 月第 1 版第 1 次印刷

ISBN 978-7-309-17527-1/F·3054
定价:90.00 元